U0924249

厦门大学法律评论

2019年卷 总第三十一辑

主编 周赟

厦门大学出版社
XIAMEN UNIVERSITY PRESS
国家一级出版社
全国百佳图书出版单位

图书在版编目(CIP)数据

厦门大学法律评论.第三十一辑/周赟主编.—厦门:厦门大学出版社,2019.7
ISBN 978-7-5615-7424-9

Ⅰ.①厦… Ⅱ.①周… Ⅲ.①法学—研究—文集 Ⅳ.①D90-53

中国版本图书馆 CIP 数据核字(2019)第 094714 号

出 版 人 郑文礼
责任编辑 李 宁
电脑制作 张雨秋
技术编辑 许克华

出版发行 厦门大学出版社
社 址 厦门市软件园二期望海路 39 号
邮政编码 361008
总 编 办 0592-2182177 0592-2181406(传真)
营销中心 0592-2184458 0592-2181365
网 址 http://www.xmupress.com
邮 箱 xmup@xmupress.com
印 刷 厦门市明亮彩印有限公司

开本 787 mm×1 092 mm 1/16
印张 17.75
插页 2
字数 428 千字
版次 2019 年 7 月第 1 版
印次 2019 年 7 月第 1 次印刷
定价 68.00 元

厦门大学出版社
微信二维码

厦门大学出版社
微博二维码

编辑者言

编辑者将怀着对作者和作品的温情与敬意，持守对法治及其理论的虔诚与审慎，以《厦门大学法律评论》（以下简称《评论》）参与中国的学术建设、社会进步。

一、编辑者为此所提供的形异而神一的理论平台包括：学术专论；学术评论（包括学术批评、立法评论、案例评析等）；学术译作；学术随笔；法律教育评论；司法官来稿（视稿源情况可以分别是“检察官来稿”“执法官来稿”“代理人来稿”等）。

在必要且可能时，编辑者将就某一特定主题以专题研讨的形式展示作者之智识于读者。

二、稿件篇幅不限。编辑者希望作者可以借此从容铺陈，而读者则从条分缕析中得享阅读之乐。所刊稿件若确因版面所限，编辑者将商请作者删减。

三、编辑者在收到稿件后两个月内就刊用与否回复作者。

四、《评论》已被列为《高等学校文科学术文摘》之文摘源出版物，所有在《评论》上发表的文章均可能被《高等学校文科学术文摘》转载或摘编。

《评论》已加入“中国期刊全文数据库”（CJFD）、北京万方数据股份有限公司“万方数据”库（WANFANG DATA）、“中国法律知识总库”以及 DOI 系统。所有在《评论》上发表的文章均被同步编入如上数据库。编辑者就此敬请作者于惠赐作品时慎重考虑。

五、稿件一经采用，即由出版者支付稿酬（其中包括 CJFD 的作者著作权使用费），并提供样书两册。

六、稿件请用 Word 文档形式发送电子邮件至：lawrev@xmu.edu.cn。

七、编辑部电话：0592-2187782。

来稿请注明作者姓名、出生年份、性别、籍贯、所在机构、学位、职称、通信方式，并请附上中英文标题、摘要和关键词。作者的以上信息，仅当文章录用并刊发时一并载明，以便读者与作者通联。

《厦门大学法律评论》编辑部

DOI简介

DOI(digital object identifier),即文献数字对象识别号,为美国出版商协会(The Association of American Publishers,AAP)于 1994 年建立,1997 年成为数字资源命名的一项标准。DOI 能让学术文章永久寻址,实现文献永续存在。

《厦门大学法律评论》从 2013 年起,通过台湾元照出版公司提供的平台,正式加入 DOI 系统,所有在本刊刊发的文章将正式获得全球唯一且永续的"身份证号"。

DOI 之特色可以简要地从如下几个方面进行介绍:

· 唯一且永续存在的标识符:DOI 的意义在于,替数字文献加上固定的寻址,避免文献搜寻结果为"该资源已经被移除或无效",解决大量网络信息链接失效的问题,提高引文的正确性。

· 文献跨入国际 DOI 学术圈:透过国际的 DOI 系统进行解析,跨越单一平台或数据库的局限走入国际,提升论文的能见度与学术影响力。

· 提高作品的引用率:对学术期刊及其文章而言,DOI 可永久成功链接的特性,让服务质量提升;对搜寻服务来说,在学术文献中加入 DOI,会提高检索结果的正确性,导引读者取得全文,提高文献被引用的机会。

· DOI 的呈现方式:在文献标题处以脚注形式加上,具体如 DOI:10.3966/102559312013020213001。

目　录

学术专论

学术评论

学术专题

学术译作

Contents

Academic Translation

《厦门大学法律评论》总第三十一辑
厦门大学出版社 2019 年 6 月版
《唐代佛教僧人妖言谋反类犯罪研究》
第 1 页～第 13 页

唐代佛教僧人妖言谋反类犯罪研究*

段知壮**

摘要:从古代中国国家统治秩序维护的角度来看,妖言谋反类犯罪乃是对皇权政治最严重的威胁,因此其也成为国家法律规范体系的重点打击对象。宗教教徒天然具备的"神圣性"使之成为妖言谋反类犯罪的特殊"关注"群体。但结合唐代有佛教僧人参与的妖言谋反类犯罪案例可以发现,该类案件或是通过引入宗教因素而进行的政治斗争,或是有宗教色彩添附的民间普通刑事案件,单就犯罪行为本身的宗教色彩之影响并不强烈,佛教因素在具体的案件中通常是以一种象征性的符号而被引入的。这背后鲜明地展现了唐代宗教教权的衰落与国家政权对宗教事务全方位的管控,而以佛教僧人为主体的妖言谋反类犯罪也已经不再具备与同类案件明显的区别性因素。

关键词:妖言谋反犯罪;世俗政权;宗教因素

On Crimes of Fallacy and Treason Implemented by Buddhist Monks in the Tang Dynasty

Duan Zhizhuang

Abstract: From the view of maintaining the state order in ancient China, the crimes of fallacy and treason are the most serious threat to imperial politics, so it had became the focus of the national legal system. The "sacredness" inherent in religious beliefs makes them a special "concern" group for these kinds of crimes. However, combining with the cases of fallacy

* 文章 DOI:10.3966/615471682019060031001。

本文系浙江省社会科学界联合会研究课题"宗教戒律与唐代犯罪学思想研究"(2018N11)阶段性成果。

** 段知壮,男,1988 年生,吉林四平人,法学博士,浙江师范大学行知学院讲师,日本爱知大学中国研究科博士候选人。电子信箱:b97@qq.com。

and treason crimes involving Buddhist monks in the Tang Dynasty, we could find that such cases are either political struggles by absorbing religious factors or ordinary civil criminal cases with religious colors. The influence of the religious features of the crime itself is not strong, and the Buddhist factors were often embodied in a symbolic form. It clearly shows the decline of religious authority and the overall control of religious affairs by the state power in the Tang Dynasty. In fact, the crimes of fallacy and treason implemented by Buddhist monks are no longer distinguished from similar cases.

Key Words: crimes of fallacy and treason; state power; religious features

唐代法律在许多方面给予了僧道群体一定的法律特权，其中最为典型的便是专门针对宗教教徒所制定的特别法律规范——《道僧格》。然而对于危及皇权和国家安全的重大犯罪实际上是严惩不贷的，因而即便是僧道，只要犯下危及皇权的罪行，也一律按照唐律治罪，而没有特别法可遵。《天圣令》狱官令之“唐 11”条：“诸道士、女冠、僧、尼犯罪徒以上及奸、盗、诈脱法服，依律科断，余犯依僧道法”①，也就是说，僧人一旦触犯了量刑为徒罪及其以上的犯罪，以及奸、盗、诈脱法服之罪，就不再适用“宗教特殊法”《道僧格》。② 但唐代佛教僧人所为的，或者说与佛教有关的妖言谋反罪与其他类型的妖言谋反是否具有区别性？僧人所为的妖言谋反罪是否具有特殊的行为模式？在法律规范层面却并没有给出具体的答案。本文试图结合史籍中记载的佛教僧人妖言谋反类犯罪，分析此类犯罪行为所具有的共通性特点，以及国家在处理此类案件上的倾向性。

---

① 《天一阁藏明钞本天圣令校证(附唐令复原研究)》，中华书局 2006 年版，第 342 页。

② 唐代律令中，计数、计等级凡云“以上”“以下”者，皆包含本书、本等在内，可参见戴建国：《〈天圣令〉所附唐令为开元二十五年令考》，载《唐研究》(第 14 卷)，北京大学出版社 2008 年版，第 15 页。此外关于“诈脱法服”的断句有学者疑为“诈、脱法服”。此处存疑，僧尼如果犯奸罪是要比常人加重处罚的；如果犯盗罪，“弟子若盗师主物及师主盗弟子物等，亦同凡盗之法”，而常人卑幼盗尊亲属财是减等处罚，所以僧尼犯盗罪也比常人更重。但是僧道如果辄着俗服，则还俗。也就是说，当僧尼面临着奸、盗犯罪的指控时，是有可能通过脱掉法服失去僧道身份从而减轻处罚的，这种情况则应当是被法律禁止的。而如果将诈、脱法服视为两种犯罪情况，那“脱法服”被明确规定为还俗，依律还是依“僧道法”并没有什么显著的不同。详见张径真：《法律视角下的隋唐佛教管理研究》，中国社会科学院研究生院 2012 年博士学位论文；赵晶：《唐代〈道僧格〉再探——兼论〈天圣令·狱官令〉“僧道科法”条》，载《华东政法大学学报》2013 年第 6 期；池建华：《道法互动：唐代道教与法律的关系研究》，上海师范大学 2015 年硕士学位论文。

为便于分析，兹将所见唐代僧人妖言谋反类犯罪的记载举例如下①。

案例一（昙晟案）：武德元年（公元618年），"怀戎沙门高昙晟因县令设斋，士民大集，昙晟与僧五千人拥斋众而反，杀县令及镇将，自称大乘皇帝，立尼静宣为邪输皇后，改元法轮。遣使招开道，立为齐王。开道帅众五千人归之，居数月，袭杀昙晟，悉并其众"②。

案例二（道澄案）：武德二年（公元619年），"（刘）武周进逼介州，沙门道澄以佛幡縋之入城，遂陷介州"③。

案例三（志觉案）：武德四年（公元621年），"志觉，太原人，为沙门，死经十日而苏，言多妖妄，谓总管李仲文曰：'公五色光，见有金狗自卫。'仲文答曰：'关中十五已上，并事洛阳。亢阳不雨，谷食腾涌，天意人事，表里可知。若为计，今其时也。'高祖固疑之，及唐俭使太原，又言于高祖曰：'仲文信惑妖邪，自谓应谶及言龙附己，即于汾州置龙游府；又娶陶氏之女，以应桃李之歌。'高祖追仲文赴朝，以罪伏诛"④。

案例四（法雅案）：贞观三年（公元629年），"裴寂字玄真，蒲州桑泉人也"，"有沙门法雅，初以恩倖出入两宫，至是禁绝之，法雅怨望，出妖言，伏法。兵部尚书杜如晦鞫其狱，法雅乃称寂知其言，寂对曰：'法雅惟云时候方行疾疫，初不闻妖言。'法雅证之，坐是免官，削食邑之半，放归本邑"。⑤

案例五（僧人自焚案）：高宗年间，"郎余令，定州新乐人也"，"时有客僧聚众欲自焚，长史裴照率官属欲往观之。余令曰：'好生恶死，人之性也。违越教义，不近人情。明公佐守重藩，须察其奸诈，岂得轻举，观此妖妄。'照从其言，因收僧按问，果得诈状"。⑥

案例六（白铁余案）：弘道元年（公元683年），"绥州步落稽白铁余，埋铜佛于地中，久之，草生其上，给其乡人曰：'吾于此数见佛光。'择日集众掘地，果得之，因曰：'得见圣佛者，百疾

---

① 已有前辈学者对唐代僧人妖言谋反类犯罪进行过相关介绍，详见李斌城：《隋唐五代农民起义与宗教及儒家的关系》，载《唐史学会论文集》，陕西人民出版社1986年版，第299～304页；[日]诸户立雄：《中国仏教制度史の研究》，平河出版社1990年版，第181～192页；郑显文：《唐代律令制研究》，北京大学出版社2004年版，第259～261页；王清淮、朱玫、李广仓：《中国邪教史》，群众出版社2007年版，第130～132页；严耀中：《佛教戒律与中国社会》，上海古籍出版社2007年版，第366～379页；刘淑芬：《中古佛教政策与社邑的转型》，载《唐研究》（第13卷），北京大学出版社2007年版，第253～262页；陈登武：《从内律到王法：唐代僧人的法律规范》，载《政大法学评论》2009年第111期；叶珠红：《唐代僧俗交涉之研究——以僧人世俗化为主》，花木兰文化出版社2010年版，第51页；张海峰：《唐代佛教与法律》，上海人民出版社2014年版，第264～268页。但诸位学者所提及的具体案例均有差别，如陈登武收录案例当中高宗永徽四年（公元653年）睦州陈硕贞案与开元三年（公元715年）相州崔子喦案被推测与弥勒信仰有关而被收入，但其中并无僧人参与的记载。对此学界也存有争议，如李斌城认为睦州陈硕贞是利用道教组织发动民众造反，详见李斌城：《隋唐五代农民起义与宗教及儒家的关系》，载《唐史学会论文集》，陕西人民出版社1986年版，第305页；《中国农民战争史·隋唐五代十国卷》，人民出版社1988年版，第134～135页。

② （宋）司马光：《资治通鉴》（卷一八六）《唐纪·高祖武德元年》，（元）胡三省音注，中华书局1956年版，第5833～5834页。

③ （宋）司马光：《资治通鉴》（卷一八七）《唐纪·高祖武德二年》，（元）胡三省音注，中华书局1956年版，第5858页。

④ （宋）王钦若等：《册府元龟》（卷九二二）《总录部·妖妄》，中华书局1960年版，第10888页。

⑤ （后晋）刘昫等：《旧唐书》（卷五七）《裴寂传》，中华书局1975年版，第2285～2288页。

⑥ （后晋）刘昫等：《旧唐书》（卷一三九）《郎余令传》，中华书局1975年版，第4961～4962页。

皆愈。'远近赴之。铁余以杂色囊盛之数十重，得厚施，乃去一囊。数年间，归信者众，遂谋作乱。据城平县，自称光明圣皇帝，置百官，进攻绥德、大斌二县，杀官吏，焚民居。遣右武卫将军程务挺与夏州都督王方翼讨之，甲申，攻拔其城，擒铁余，余党悉平"①。

案例七(法澄案)：长寿二年(公元 693 年)，"法师讳法澄，字元所得，俗姓孙氏，乐安人也"，"及法师将扶汝南，谋其义举，坐入宫掖"，"中宗和帝知名放出，中使供承，朝夕不绝"。②

案例八(理中案)：长寿三年(公元 694 年)，"姚璹字令璋，散骑常侍思廉之孙也"，"时新都丞朱待辟坐赃至死，逮捕系狱。待辟素善沙门理中，阴结诸不逞，因待辟以杀璹为名，拟据巴蜀为乱。人密表告之者，制令璹按其狱。璹深持之，事涉疑似引而诛死者，仅以千数。则天又令洛州长史宋元爽、御史中丞霍献可等重加详覆，亦无所发明。逮系狱数百人，不胜酷毒，递相附会，以就反状。因此籍没者复五十余家，其余称知反配流者亦十八九，道路冤之"。③

案例九(贺玄景案)：景云二年(公元 711 年)，"有长发贺玄景，自称五戒贤者。同为妖者十余人。于陆浑山中结草舍，幻惑愚人子女，倾家产事之。绐云至心求者必得成佛。玄景为金簿袈裟，独坐暗室，令愚者窃视，云佛放光，众皆慑伏。缘于悬崖下烧火，遣数人于半崖间披红碧纱为仙衣，随风飞飏。令众观之，诳曰：'此仙也。'各令着仙衣以飞就之，即得成道。克日设斋，饮中置莨菪子，与众餐之。女子好发者，截取为剃头，串仙衣，临崖下视，眼花恍忽，推崖底，一时烧杀，没取资财。事败，官司来检，灰中得焦拳尸骸数百余人。敕决杀玄景，县官左降"④。

案例十(明悟案)：先天元年(公元 712 年)，"玄宗废后王氏，同州下邽人"，"后兄守一以后无子，常惧有废立，导以符厌之事。有左道僧明悟为祭南北斗，刻霹雳木书天地字及上讳，合而佩之。且祝曰：'佩此有子，当与则天皇后为比。'事发，上亲究之，皆验"。⑤

案例十一(慧范案)：开元元年(公元 713 年)，"太平公主者，高宗少女也。以则天所生，特承恩宠"⑥，"太平公主依上皇之势，擅权用事，与上有隙"，"及僧慧范等谋废立，又与宫人元氏谋于赤箭粉中置毒进于上"。⑦

案例十二(王怀古案)：开元三年(公元 715 年)，"王怀古，玄宗开元初谓人曰：'释迦牟尼佛末，更有新佛出。李家欲末，刘家欲兴。今各当有黑雪下具州，合出银城。'敕下诸道按察使捕而戮之"。⑧

---

① (宋)司马光:《资治通鉴》(卷二〇三)《唐纪·高宗弘道元年》，(元)胡三省音注，中华书局 1956 年版，第 6413～6414 页。

② 周绍良:《唐代墓志汇编》，上海古籍出版社 1992 年版，第 1362 页。

③ (后晋)刘昫等:《旧唐书》(卷八九)《姚璹传》，中华书局 1975 年版，第 2902～2904 页。

④ (唐)张鷟:《朝野佥载》(卷五)，恒鹤校点，载《唐五代笔记小说大观》，上海古籍出版社 2000 年版，第 65 页。

⑤ (后晋)刘昫等:《旧唐书》(卷五一)《后妃传上》，中华书局 1975 年版，第 2177 页。

⑥ (后晋)刘昫等:《旧唐书》(卷一八三)《太平公主传》，中华书局 1975 年版，第 4738 页。

⑦ (宋)司马光:《资治通鉴》(卷二一〇)《唐纪·玄宗开元元年》，(元)胡三省音注，中华书局 1956 年版，第 6681～6682 页。

⑧ (宋)王钦若等:《册府元龟》(卷九二二)《总录部·妖妄》，中华书局 1960 年版，第 10889 页。

案例十三(怀照案):开元七年(公元719年),"李尚隐,其先出赵郡,徙贯万年","俄出为蒲州刺史。浮屠怀照者,自言母梦日入怀生已,镂石著验,闻人冯待征等助实其言。尚隐劾处妖妄,诏流怀照播州"。①

案例十四(法坚案):建中四年(公元783年),"浑瑊,皋兰州人也","邠宁节度使韩游瑰与庆州刺史论惟明统兵三千,自乾陵北过,赴醴泉以拒朱泚。会谍报泚已出兵,帝遽令追游瑰兵,才至奉天,贼军果至","贼大修攻具,以僧法坚为匠师,毁佛寺房宇以为梯橹。是月,贼自丁未至辛未,四面攻城,昼夜矢石不绝,瑊随机应敌,仅能自固"。②

案例十五(惟晓案):大历年间,"自信安洪光、东阳捍狼山僧惟晓等,结连数郡,荧惑愚甿。破其巢窟,伏戎自殪,山越一清"。③

案例十六(李广弘案):贞元三年(公元787年),"李广弘者,或云宗室亲王之胤。落发为僧,自云见五岳、四渎神,己当为人主。贞元三年,自邠州至京师,有市人董昌者,通导广弘,舍于资敬寺尼智因之室。智因本宫人。董昌以酒食结殿前射生将韩钦绪、李政谏、南珍霞,神策将魏修、李傪,前越州参军刘昉、陆缓、陆绛、陆充、徐纲等,同谋为逆。广弘言岳渎神言,可以十月十日举事,必捷。自钦绪已下,皆有署置为宰相,以智因尼为后。谋于举事日夜令钦绪击鼓于凌霄门,焚飞龙厩舍草积;又令珍霞盗击街鼓,集城中人;又令政谏、修、傪等领射生、神策兵内应;事克,纵剽五日,朝官悉杀之。事未发,魏修、李傪上变,令内官王希迁等捕其党羽斩之,德宗因禁止诸色人不得辄入寺观"。④

案例十七(圆净案):元和十年(公元815年),"缁青节度使李师道阴与嵩山僧圆净谋反,勇士数百人伏于东都进奏院,乘洛城无兵,欲窃发焚烧宫殿而肆行剽掠。小将杨进、李再兴告变,留守吕元膺乃出兵围之,贼突围而出,入嵩岳,山棚尽擒之。讯其首,僧圆净主谋也。僧临刑叹曰:'误我事,不得使洛城流血。'"⑤

案例十八(道峦案):元和年间,"僧道峦属火于顶,加钳于颈,以苦行惑民,人心大迷,信脱衣辍食,竭产施与,甚为民病,公付史以鞫之,果验奸秽,遂杖杀以释民惑"⑥。

案例十九(欢欢案):长庆二年(公元822年),"欢欢,景公寺僧也,穆宗长庆二年,以妖言惑众,下伏内鞫之,多引中人无验竟杖杀之,其坐死者数人"⑦。

案例二十(亳州妖僧案):宝历二年(公元826年),"李德裕字文饶,赵郡人","亳州言出圣水,饮之者愈疾。德裕奏曰:'臣访闻此水,本因妖僧诳惑,狡计丐钱。数月已来,江南之人,奔走塞路。每三二十家,都顾一人取水。拟取之时,疾者断食荤血,既饮之后,又二七日蔬飧,危疾之人,俟之愈病。其水斗价三贯,而取这益之他水,沿路转以市人,老疾饮之,多至

① (宋)欧阳修、宋祁:《新唐书》(卷一三〇)《李尚隐传》,中华书局1975年版,第4498～4499页。

② (后晋)刘昫等:《旧唐书》(卷一三四)《浑瑊传》,中华书局1975年版,第3703～3705页。

③ (清)董诰等:《全唐文》(卷五三〇)《检校尚书左仆射同中书门下平章事上柱国晋国公赠太傅韩公行状》,孙映达等点校,山西教育出版社2002年版,第3184页。

④ (后晋)刘昫等:《旧唐书》(卷一四四)《韩游瑰传》,中华书局1975年版,第3920页。

⑤ (后晋)刘昫等:《旧唐书》(卷一五)《宪宗本纪下》,中华书局1975年版,第454页。

⑥ 吴刚:《全唐文补遗》第4辑,三秦出版社1997年版,第133页。

⑦ (宋)王钦若等:《册府元龟》(卷九二二)《总录部·妖妄》,中华书局1960年版,第10891页。

危笃’”。①

案例二十一(沙门改塔案):文宗年间,“文宗时,有沙门能改塔,履险若平。换塔杪一柱,人以为神。上闻之曰:‘塔固当人功所建,然当时匠者岂亦有神?’沙门后果以妖妄伏法”。②

案例二十二(贺兰进兴案):开成四年(公元 839 年),“先是蓝田县百姓贺兰进兴,聚集乡村百姓为念佛会,因之妄有妖语,军镇捕捉,横及无辜,以要财贿,贫者多至自诬。及付台之后,皆望有所申明”③。

案例二十三(大慈寺僧案):乾符元年(公元 874 年),“高燕公镇蜀日,大慈寺僧申报堂佛光见。燕公判曰:‘付马步使捉佛光过。’所司密察之,诱其童子,具云:‘僧辈以镜承隙日中影,闪于佛上。’由此乖露,擒而罪之”。④

案例二十四(弥勒会妖人案):僖宗年间,“青城县弥勒会妖人窥此声势,乃伪作陈仆射行李,云山东盗起,车驾必谋幸蜀,先以陈公走马赴任。乃树一魁妖,共翼佐之。军府未喻,亦差迎候。至近驿,有指挥索白马四匹,察事者觉其非常,乃羁縻之。未供承间,而真陈仆射亦连辔而至,其妖人等悉擒缚,而俟命颍川,俾隐而诛之。识者曰:‘陈仆射由阉官之力,无涓尘之效。盗处方镇,始为妖物所凭,终以自贻诛灭,非不幸也。’”。⑤

案例二十五(功德山案):僖宗年间,“汴中有妖僧功德山,远近桑门皆归之。至于士庶,无不降附者。能于纸上画神寇,放入人家,令作祸祟。幻惑居人。”“又滑州有一僧,颇善妖术,与功德山无异,公私颇患之,时中书令王铎镇滑台,遂下令曰:南燕地分有灾,宜善禳之。”“遂自公衙至于诸军营,开启道场,延僧数千人。僧数不足,遂牒汴州,请功德山一行徒众悉赴之”,“洎入营,悉键门而坑之,方袍而死者数千人。衙中只留功德山已下酋长,讯之,并是巢贼之党。将欲自二州相应而起,咸命诛之”。⑥

结合以上二十五则案例可以总结出唐代僧人妖言谋反类犯罪主要有三个方面的特征。

一、僧人妖言谋反类犯罪的个体倾向

唐代佛教僧人妖言谋反类犯罪大多是以个人身份实施的,而非僧团集体为之。在得出这一结论之前首先得对昙晟案进行特别说明,在以上所有案例中,只有昙晟案中存有“昙晟

① (后晋)刘昫等:《旧唐书》(卷一七四)《李德裕传》,中华书局 1975 年版,第 4509～4516 页。

② (宋)王谠:《唐语林校证》(卷六)《补遗》,周勋初校证,中华书局 1987 年版,第 607 页。

③ (宋)王钦若等:《册府元龟》(卷五四七)《谏诤部・直谏》,中华书局 1960 年版,第 6566 页。

④ (五代)孙光宪:《北梦锁言・逸文》(卷三)《大慈寺佛光》,林艾园校点,载《唐五代笔记小说大观》,上海古籍出版社 2000 年版,第 1983 页。

⑤ (五代)孙光宪:《北梦锁言》(卷四)《妖人伪称陈仆射》,林艾园校点,载《唐五代笔记小说大观》,上海古籍出版社 2000 年版,第 1830 页。

⑥ (宋)李昉等:《太平广记》(卷二八七)《功德山》,汪绍楹点校,中华书局 1961 年版,第 2285～2286 页。

与僧五千人拥斋众而反”的字眼,①也就是说只有昙晟案是以僧团集体的形式参与谋反犯罪的。但需要注意到昙晟案发生的时间为武德元年(公元 618 年)。唐朝建立之初其影响力仅限于长安周围的关中地区,此时李渊虽然在长安建立唐朝,但东都洛阳方面却是立越王侗为皇帝。之后洛阳的隋政权又将帝位禅让给了王世充,建立郑国,年号为“开明”。后来秦王李世民在嵩山少林寺僧兵的帮助下击败了王世充,才最终进据洛阳。唐王朝最终名副其实地统一全中国的时间是在武德四年(公元 621 年)左右。那么在分析唐代整体的佛教僧人犯罪问题时,武德元年(公元 618 年)发生的这场僧团叛乱就有必要进行特别对待,在这前后的一段时间内整个中国正处在战事集中的状态之下,一些小型的地方武装势力是难以完全消除的,如同时期的沙门慧玼就曾“统众自卫”,“大业末历,郊垒多虞,禅定一众,雅推玼善能御敌,乃总集诸处人畜,普在昆池一庄,多设战楼,用以防拟,玼独号令,莫敢当锋”。② 换一个角度来说,如果王世充的郑国最终统一了天下,那么帮助秦王的少林寺僧团无疑也就成了一个叛乱的团体。恰恰是少林寺僧兵的这种帮助让唐政府认识到了僧团的力量,因此武德四年(公元 621 年)刚刚平定了王世充之后便下敕“伪乱地僧,是非难识,州别一寺,留三十僧,余者从俗”③。

如上所述,如果暂时不把昙晟案计算在内的话,那么其他的所有案例都是僧人以个人身份发起或者参与的妖言谋反类犯罪。有的案例虽然也是聚众,但是所聚之众并没有说明全部是僧人,如白铁余案。再如李广弘案,李广弘本身是僧人,但在其谋反案当中除了尼僧智因之外其他的大部分参与者是朝中军官,而并不是佛教僧团组织。对贺兰进兴案的处理其实从反面更加说明了这一个问题,贺兰进兴仅仅是组织了一个小型的民间念佛会,却被冠以谋反的罪名,以至于“军镇捕捉,横及无辜,以要财贿,贫者多至自诬。及付台之后,皆望有所申明”,其中明显可以看到官府对佛教僧人及其信众团体聚众行事的监控及惩处力度,文宗开成四年(公元 839 年)的该案与武德元年(公元 618 年)的昙晟案之间无疑形成了鲜明的对比,此时的佛教已经成为国家行政管理当中的必然组成部分,而再也无法组成强有力的“自主”僧团了。

事实上许多学者都曾对此问题进行过探讨,如严耀中提到早在十六国之后,中国就基本上没有超出单个寺院规模的僧团组织。④ 武乾也曾提到唐朝以前,对邪教的法律惩禁往往扩大为大规模的宗教迫害运动;唐以后,则只惩首从,而不问信众。⑤ 这一方面反映出历朝历代国家在宗教管理政策上的变化,另一方面也可以看到,宗教团体自唐代为分界线之后再也无法像前代一样组织强有力的教团。英国汉学家 Glen Dudbridge(杜德桥)也曾根据对

① 刘淑芬曾根据《旧唐书》《新唐书》《资治通鉴》中的不同记载而对昙晟案的人数提出质疑,其认为即使此斋会参与的僧人有 5000 人之多,这些僧众也未必完全赞同昙晟之谋,详见刘淑芬:《中古佛教政策与社邑的转型》,载《唐研究》(第 13 卷),北京大学出版社 2007 年版,第 254 页。

② (唐)道宣:《续高僧传》(卷二三)《唐京师普光寺释慧玼传》,郭绍林点校,中华书局 2014 年版,第 858 页。

③ (唐)道宣:《续高僧传》(卷二五)《唐京师胜光寺释慧乘传》,郭绍林点校,中华书局 2014 年版,第 940 页。

④ 严耀中:《佛教戒律与中国社会》,上海古籍出版社 2007 年版,第 456 页。

⑤ 武乾:《中国古代对巫术邪教的法律惩禁》,载《法学》1999 年第 9 期。

《广异志》的研究提到，唐代对佛教控制的国家政策，竟能无远弗届地到达偏远山区，从而推向国家统治政策的落实，显然超越人们的想象。① 张践也提到隋唐时期，已不再发现佛教高僧与谋军国的记载。② 以上这些学者的观点无疑都指向同一个事实，那就是时至唐代，宗教教权已然臣服于世俗王权的统摄之下，也就是说，唐代僧人妖言谋反类犯罪并不是佛教僧团的集体意识，而一般只是个别僧人的单独行为。

二、政治斗争类犯罪对宗教因素的引入

许多僧人参与的妖言谋反类犯罪都涉及政治斗争，与其说他们是谋反犯罪的参与者，倒不如说他们是政治斗争的牺牲品。如慧范案，僧人慧范被认定为太平公主集团的主犯之一，"有胡僧惠范，家富于财货，善事权贵，公主与之私"，这里提到僧人慧范本来就"善事权贵"，是一个热心参与政治活动的僧人。事实上慧范在参与太平公主谋逆案之前就早已经频繁地参与到政治斗争当中，如《资治通鉴》载："胡僧慧范以妖妄游权贵之门，与张易之兄弟善，韦后亦重之。及易之诛，复称慧范预其谋，以功加银青光禄大夫，赐爵上庸县公，出入宫掖，上数微行幸其舍。"③这段记载中有一点非常值得注意，本来慧范"与张易之兄弟善"，但在张易之兄弟失势之后却又能因为"复称慧范预其谋"而得到加官晋爵，由此可见僧人慧范的"墙头草"功夫非常高明。太平公主被赐死后，"籍其家，财货山积，珍奇宝物，侔于御府，马牧羊牧田园质库，数年征敛不尽。慧范家产亦数十万贯"④。所以与其说僧人慧范犯了谋反罪，倒不如说他是在政治投机中失误而最终导致的身败名裂，武德二年（公元 619 年）协助刘武周攻克介州的道澄也是如此。武则天时期的尼僧法澄案更鲜明地说明了这一现象：法澄于长寿二年（公元 693 年）因汝南王谋反连坐才被没为宫婢，其本身并没有参与到谋反活动当中，其到中宗时被平反，后来成了绍唐寺及兴圣寺寺主。郭启瑞在分析唐前期的谋反类犯罪时也明确提出了其中的政治优先性。⑤ 再如法雅案，法雅之所以出"妖言"是因为其本来受到恩宠，后来又被禁绝，所以才导致的"怨望"。并且在对法雅的审理当中更多的关注点在于与法雅有密切交往的裴寂是否知情，由此可见官员是否与僧人的"妖言"相结合才是统治者关注的重点所在。陈登武在分析欢欢案时也指出，其"多引中人"应该是与朝中宦官多有往来，欢欢如何妖言惑众因史料不足而无法详知，但与宦官来往当属事实，被"杖杀"甚至有同坐死者，或与"阿党"有关。⑥ 严耀中在谈及李广弘案时也提到，这种军官与僧尼的合谋至少是在

---

① Glen Dudbridge, Religious Experience and Lay Society in Tang China，转引自陈登武：《从内律到王法：唐代僧人的法律规范》，载《政大法学评论》2009 年第 111 期。

② 张践：《中国古代政教关系史》，中国社会科学出版社 2012 年版，第 673 页。

③ （宋）司马光：《资治通鉴》（卷二〇八）《唐纪 · 中宗神龙元年》，（元）胡三省音注，中华书局 1956 年版，第 6585 页。

④ （后晋）刘昫等：《旧唐书》（卷一八三）《太平公主传》，中华书局 1975 年版，第 4740 页。

⑤ 郭启瑞：《唐代前期（公元 618—755 年）反逆案的处置》，载《第五届唐代文化学术研讨会论文集》，丽文文化事业股份有限公司 2001 年版，第 653 页。

⑥ 陈登武：《从内律到王法：唐代僧人的法律规范》，载《政大法学评论》2009 年第 111 期。

宦官与佛教结合的氛围背景下进行的。① 再如理中案、明悟案，皆是如此。

不过需要提及的是，也有僧人陷入政治事件之中而又能明哲保身的情形。如文宗时甘露之变②后，当事人李训前往终南山投靠高僧宗密，“时宰臣李训酷重于密，及开成中伪甘露发，中官率禁兵五百人出阁，所遇者一皆屠戮。时王涯、贾餗、舒元舆方在中书会食，闻难作，奔入终南投密。唯李训欲求剪发，匿之，从者止之，训改图趋凤翔。时仇士良知之，遣人捕密入左军，面数其不告之罪，将害之。密怡然曰：‘贫道识训年深，亦知其反叛，然本师教法，遇苦即救，不爱身命，死固甘心。’中尉鱼恒志嘉之，奏释其罪。朝士闻之，扼腕出涕焉”③。与积极参与政治斗争不同，宗密的这种“遇苦即救”的佛教慈悲确实是一个冠冕堂皇且有充分说服力的理由。

那么为什么政治动乱当中经常会有佛教僧人的参与呢？安史之乱中史思明的一个举动或许能提供一个合理的解释。《资治通鉴》中引《蓟门纪乱》载：“乾元二年（公元 759 年）四月癸酉，思明僭位于范阳，建元顺天，国号大燕，立妻辛氏为皇后，次子朝兴为皇太子，长子朝义为怀王。六月，于开元寺造塔，改寺名为顺天。”④意大利汉学家 Antonino Forte（富安敦）曾据此敏锐地观察到，史思明企图创立一个新的以当时年号（顺天）为名的官寺网络。因为他宣布新的燕国建立并企图推翻唐王朝，他同样企图以新的顺天寺的官寺网络取代此前由玄宗设立的开元官寺就显得十分自然了。⑤ 官寺对于政治合法性与宗教正统性之间的关系已经不证自明。⑥ 孙昌武也曾提到，唐代有在特定寺院里举行一些政治性活动的传统。⑦

除了官寺制度，国忌行香也是该问题的极佳体现，魏严坚就曾提到唐代国忌设斋行香是佛界与俗世互为拉抬，两相互利的活动。⑧ 有时候皇帝甚至会以行政命令的手段去干涉佛教宗派的内部传承，如协助郭子仪主持售卖度牒的高僧神会，就被德宗钦定为禅宗七祖，“故德宗皇帝，贞元十二年（公元 796 年），敕皇太子，集诸禅师，楷定禅门宗旨，搜求传法傍正。遂有敕下，立菏泽大师为第七祖。内神龙寺，见在铭记。又御制七代祖师赞文，见行于

---

① 严耀中：《唐代内侍省宦官奉佛因果补说》，载《唐研究》第 10 卷，北京大学出版社 2004 年版，第 69 页。

② 关于甘露之变的详细介绍可参见王寿南：《论甘露之变》，载《第一届国际唐代学术会议论文集》，台湾学生书局 1989 年版，第 497～516 页。

③ （宋）赞宁：《宋高僧传》（卷六）《唐圭峰草堂寺宗密传》，范祥雍点校，中华书局 1987 年版，第 125～126 页。

④ （宋）司马光编：《资治通鉴》（卷二二一）《唐纪 · 肃宗乾元二年》，（元）胡三省音注，中华书局 1956 年版，第 6585 页。

⑤ Antonino Forte，Chinese State Monasteries in the Seventh and Eighth Centuries，p.218，转引自聂顺新：《唐代佛教官寺制度研究》，复旦大学 2012 年博士学位论文。

⑥ 聂顺新：《唐代佛教官寺制度研究》，复旦大学 2012 年博士学位论文，第 132 页。

⑦ 孙昌武：《唐长安佛寺考》，载《唐研究》（第 2 卷），北京大学出版社 1996 年版，第 35 页。

⑧ 魏严坚：《圣俗之间：唐政权运作下的长安佛事》，载《台中技术学院通识教育学报》2007 年第 1 期。关于唐代国忌行香制度还可参见梁子：《唐人国忌行香述略》，载《佛学研究》2005 年刊；陈大为：《唐后期五代宋初敦煌僧寺研究》，上海古籍出版社 2014 年版，第 106～107 页。

世”①。这种做法一方面表现出了政权对教权全方位的管控，②另一方面也能看到教权与政权紧密结合，互为辅助的功用。韩国学者任大熙曾提到宗教组织在对一般人进行教化的同时也是对王朝的国家支配正当性进行宣传，③而在各类政治活动中经常会有佛教僧人的身影出现，这或许正是一种试图用宗教信仰为政权构建合法性与正统性的行为。④ 这其中最为人熟知的莫过于武则天与《大云经》《宝雨经》了，⑤孙英刚在谈及唐中宗与佛教时也提到佛法与王法总是一对不可分割的孪生兄弟，宗教要依靠王法的扶持来发扬光大；反之，王权也要利用宗教来宣扬自己统治的合法性，维护自己的统治。⑥ 再如垂拱四年(公元688年)，越王李贞及其子琅琊王李冲起兵反武则天时曾“令道士及僧转读诸经，以祈事集”⑦。此外李斌城在谈及五代十国时期的佛教时，也明确指出统治者们多将佛教作为实现个人政治野心的工具。⑧ 再如志觉案，陈登武曾对该谶语进行解说，志觉告诉李仲文“有金狗自卫”，是想为李仲文塑造“金德”理论，以承唐代土德。⑨ 如曾德雄所言，“左道”在政治生活中俨然已成权利正当性的重要依据，⑩谶言本就是与政治是紧密结合的，⑪志觉的谶言只是为李仲文提供了一个假设，李仲文的种种附合决不会简单仅因几句谶言而起，也就是说如果没有李仲

① 张春波：《禅门师资承袭图》，佛光文化出版公司1996年版，第44页。

② 可参见苏金华：《从“方外之宾”到“释吏”——略论汉唐五代僧侣政治地位之变化》，载《敦煌学辑刊》1998年第2期。

③ [韩]任大熙：《唐律中损坏的类型规定研究》，载《中国古代法律文献研究前沿论坛论文集》，2015年，第246页。

④ 需要指出的是，宗教与政治之间的这种紧密关系并不仅限于中国古代的佛教，许多学者都曾提到宗教的利益始终同世俗的利益和需求纠缠在一起；宗教可以成为塑造社会秩序的力量，同时也能为反抗和统治提供合法化证明。可参见 J. Milton Yinger, Religion in the Struggle for Power: A Study in the Sociology of Religion, New York: Russel&Russel, 1961, p.221; Mark Juergensmeyer, The New Cold War? Religion Nationalism Confronts the Secular State, Berkeley, Los Angeles and Oxford: University of California Press, 1993, pp.30～35。

⑤ 学界对此问题的研究已非常深入，可参见古正美：《从天王传统到佛王传统：中国中世佛教治国意识形态研究》，商周出版社2003年版，第237～297页。

⑥ 孙英刚：《长安与荆州之间：唐中宗与佛教》，载《唐代宗教信仰与社会》，上海辞书出版社2003年版，第144页。

⑦ (后晋)刘昫等：《旧唐书》(卷七六)《越王贞传》，中华书局1975年版，第2662页。

⑧ 李斌城：《五代十国佛教研究》，载《唐研究》(第1卷)，北京大学出版社1995年版，第49页。

⑨ 陈登武：《从内律到王法：唐代僧人的法律规范》，载《政大法学评论》2009年第111期。

⑩ 曾德雄：《谶纬的起源》，载《学术研究》2006年第7期。对谶纬与政治合法性问题的研究还可参见丁鼎、杨洪权：《神秘的预言——中国古代谶语研究》，山西人民出版社1993年版，第18～19页；黄正建：《敦煌占卜文书与唐五代占卜研究》，学苑出版社2001年版，第192～193页；邝向雄：《唐代谶谣初探》，首都师范大学硕士2004年学位论文；李晓瑞：《政治谣谚：中国古代社会一种重要的舆论形态》，载《新闻爱好者》2007年第2期；舒大清：《中国古代政治童谣与谶纬、谶语、诗谶的对比》，载《求索》2008年第11期；胡展志：《浅析谶与纬的区别及合流》，载《安徽文学》2009年第1期；王淑荣：《论隋唐时期的“左道”》，陕西师范大学2010年硕士学位论文。

⑪ 孙英刚曾论述到，所谓祥瑞与灾异往往在一线之间，除了观念和常识的影响，政治立场的向背往往决定了对这些“异象”的界定和解释。详见孙英刚：《“洛阳测影”与“洛州无影”：中古知识世界与政治中心观》，载《神圣空间：中古宗教中的空间因素》，复旦大学出版社2014年版，第223页。

文的笃信与加以运用，那么志觉的谶言也就毫无效力可言，并且高祖决定诛杀李仲文的理由也不止谋反谶言这一项而已。①

三、因添附宗教色彩而被特殊化的普通犯罪

有时候史籍中记载的僧人妖言谋反犯罪并没有一个明确的目的与缘由，如僧人自焚案、沙门改塔案、大慈寺僧案等，其动机无非是试图制造出一些人为的“灵异”，从而吸引更多的信众，当然除此之外这其中极可能还存在着敛财的因素。陈玺也提到唐代在司法实践中，妖妄惑众或聚敛资财等行为，一般可纳入广义妖妄犯罪范畴。② 以亳州妖僧案为例，亳州妖僧之所以要制造出“圣水疗疾”的谎言，最根本的目的便是敛财，根据记载他也确实达到了这样一个初衷。再看白铁余案也是如此，白铁余煞费心机地埋铜佛、包裹铜佛无非是为了得到更多的施舍，在此之后的谋反情节想必并非白铁余埋铜佛之初的设想。在白铁余案的记述中用到了“遂”字，由此可以推测谋反的情节应该是在当事人依靠妖言而获得了巨大财富之后的贪得无厌所导致。与此类似的贺玄景案就显得要残忍得多，但贺玄景虽然手段极为残忍，但是其目的与前述两案并没有本质上的区别。最值得玩味的是唐末的功德山案，从记载来看功德山及滑州妖僧、大慈寺僧等并没有什么本质区别，只是故弄玄虚而吸引信众而已，当然其中也可能有收敛钱财的目的。王铎用计将两伙人马集合到一起随即询问出其有要谋反叛乱的意图，实在是有些牵强。这几个案例都凸显了一个事实，那就是唐代许多僧人，或者是以佛教名义而为的许多妖言谋反案在最初都仅仅是出于谋财的目的而已。王清淮在研究中国古代邪教问题时也曾指出，依靠宗教致富，为几乎所有民间宗教教主的行教基本宗旨。③ 美国学者 Blaine Gaustad(高士达)在对中国 18 世纪民间宗教教派的研究中也提到其聚敛和使用金钱的三种方法之一即据为己有，“一个成功的教派头目能够通过他们信徒的捐赠，维持一种相当富足的生活方式，这一点的确是很清楚的”④。白铁余等人算不算民间宗教教主还有待分析，但他们都想要利用宗教进行敛财是没有疑问的，陈明更是戏称亳州妖僧是历代诡言圣水可愈疾中“最具市场经济头脑，进行品牌开发”的人。⑤

法国学者 Jacques Gernet(谢和耐)也曾对此问题有深入的研究，其认为民间僧侣、游方和尚、不注重伦理规则和恣意从事各种赚钱不净业的出家人与统治阶层所想象的那种佛教出家人相差甚远。有一个佛教阶层统统都是云游和尚与从事玩弄诡计和巫术的行家、占卜

---

① 根据雷艳红的研究，高祖处死李仲文的原因还与并州收复后被突厥趁机霸占，李仲文处理不当，因此而被怀疑与突厥通谋有关。详见雷艳红：《唐代君权与皇族地位之关系研究》，中国社会科学出版社 2014 年版，第 21 页。

② 陈玺：《唐代惩禁妖妄犯罪规则之现代省思》，载《法学》2015 年第 4 期。

③ 王清淮、朱玫、李广仓：《中国邪教史》，群众出版社 2007 年版，第 243 页。

④ [美]高士达：《为财神，还是为弥勒——关于中国清朝中期民间宗教各派中的钱财及其使用》，载《宗教、教派与邪教——国家研讨会论文集》，郝雪琴译，广西人民出版社 2004 年版，第 477 页。

⑤ 陈明：《沙门黄散：唐代佛教医事与社会生活》，载《唐代宗教信仰与社会》，上海辞书出版社 2003 年版，第 254 页。

师、巫师、驱邪祓魔者和庸医，他们都在民间以玩弄巫术为生。质言之，似乎是一些经济因素才引起了这一伪滥僧侣阶级的形成和发展。① 他还列举了僧人道英，“大业九年（公元 613 年），尝任直岁，与俗争地，遽斗不息，便语彼云：‘吾其死矣。’忽然倒仆，如死之僵。诸俗同评：‘道人多诈。’以针刺甲，虽深不动，气绝色变，将欲洪胮。傍有智者，令其归命：‘誓不敢诤，愿还生也。’寻言起坐，语笑如常”②，道英运用了某种“灵异”的戏法成功地解决了圣光寺的一些田产纠纷，其实这种做法与上文中的刘龙子、亳州妖僧们并没有本质的区别，问题的关键可能就在于刘龙子、亳州妖僧等人造成的影响太大，以至于他们自己都没能够清醒地认清局势，然后就或主动或被动地被定性成了妖言谋反犯罪。

除了以上三点，有学者还指出僧人妖言谋反类犯罪与弥勒信仰存有一定联系。弥勒在佛教中代表“未来佛”，象征末世应运而生，以济苦难众生的佛菩萨。从魏晋南北朝以来，由于时局动荡、暴乱四起、民不聊生，弥勒佛应运而生的末世思想，格外受到庶民的重视，因而广泛流传。相对的，就有人利用弥勒佛号召群众，遂行政治抗争或革命，形成教乱。③ 但需要说明的是，无论是佛教僧团内部还是国家管理层面，“白衣长发”的弥勒信仰都被认为是佛教异端，如 S.1344 号《开元户部格残卷》载咸亨五年（公元 674 年）七月十九日敕文，“长发等，宜令州县严加禁断”④。再如玄宗开元三年（公元 715 年）的《禁断妖讹等敕》更是明确提到，“释氏汲引，本归正法；仁王护持，先去邪道。失其宗旨，为般若之罪人；成其诡怪，岂涅槃之信士”⑤。这无疑是将“白衣长发”的弥勒信仰与正统佛教作出了明确的区分。⑥ 王清淮也明确提出，从世俗的观点看，它们根本不是佛教，其“教义”和行为与佛教没有关系，只是恶意利用佛教进行暴乱行为。⑦

结　论

结合唐代二十五则事关佛教僧人的妖言谋反类犯罪可以看到，时至唐代，佛教事务及佛教教众已经成为国家管理当中的固有组成部分，虽然从犯罪主体来看都是佛教僧人（或利用佛教思想）所为，但就犯罪行为而言，佛教僧团的色彩已然不复前代那般强烈。诸多犯罪案例无非可以分成两种类型，一种是或主动或被动地通过引入宗教因素而进行的政治斗争，另

---

① ［法］谢和耐：《中国 5～10 世纪的寺院经济》，耿昇译，上海古籍出版社 2004 年版，第 300～302 页。

② （唐）道宣：《续高僧传》（卷二六）《唐蒲州普济寺释道英传》，郭绍林点校，中华书局 2014 年版，第 1026 页。

③ 陈登武详细地论证了僧人妖言谋反类犯罪与“白衣长发”的弥勒信仰之间的关系，详见陈登武：《从内律到王法：唐代僧人的法律规范》，载《政大法学评论》2009 年第 111 期。此外还可参见马西沙、韩秉方：《中国民间宗教史》，中国社会科学出版社 2004 年版，第 51 页。

④ 刘俊文：《敦煌吐鲁番唐代法制文书考释》，中华书局 1989 年版，第 277 页。

⑤ （宋）宋敏求：《唐大诏令集》（卷一一三）《禁断妖讹等敕》，洪丕谟、张伯元、沈敖大点校，学林出版社 1992 年版，第 539 页。

⑥ 对弥勒信仰的研究可参见王雪梅：《弥勒信仰研究综述》，载《世界宗教文化》2010 年第 3 期。

⑦ 王清淮、朱玫、李广仓：《中国邪教史》，群众出版社 2007 年版，第 106 页。

一种则是有宗教色彩添附的民间普通刑事案件。在前一类案件中，因传统社会政治统治的神圣性往往需要通过宗教的加持，因此佛教因素经常被当作政治斗争当中的一项筹码而被使用，但就佛教僧人个体而言，其本身并不具有强大的政治力量，他们之所以能够得到一定程度的政治认可往往是源于统治者的权力授予。而在后一类案件中，犯罪人通常是将宗教与民间信仰进行一定程度的结合，从而在具体的犯罪行为中能够得到更多的利益。当然，随着利益添附的增加，犯罪行为人的犯罪意图也可能会产生不断的变化，但自始至终宗教都只能算是犯罪行动中的一种“号召形式”，其既不能算是犯罪的起因也无法说是犯罪的目的。

《厦门大学法律评论》总第三十一辑
厦门大学出版社 2019 年 6 月版
《庭审实质化改革证人出庭问题研究》
第 14 页～第 34 页

庭审实质化改革证人出庭问题研究*

李文军**

摘要：证人出庭作证是现代刑事诉讼制度的基本要求，尤其是对抗式诉讼下控辩双方主导的证据调查，需要证人出庭以有效展开法庭调查。在强调证人出庭以贯彻传闻证据规则或者直接言词原则要求的诉讼构造中，人之证据方法不仅针对言词证据也包括实物证据，这体现了人证调查的重要作用。虽然证人出庭对于实现刑事诉讼法的基本目标意义重大，但是并不意味着刑事诉讼活动中所有的证人都必须出庭，仅在控辩双方对证人提供的证言存在疑问或争议，需要通过对相关证人发问以消除疑点时，此时证人出庭才是必要的。庭审实质化改革虽然在一定程度上促使了部分必要证人的出庭，但是必要证人的出庭率仍然偏低。证人出庭作证本身并非目的，而是为落实传闻证据规则或直接言词原则，以确保控辩双方尤其是辩方的对质权。司法实践中必要证人出庭问题的解决，需要在宪法层面确定被告人享有的对质权，明确规定排除不符合必要证人出庭例外的传闻证据规则，以及完善强制证人出庭作证、证人作证补偿与保护等配套制度。

关键词：庭审实质化；证人出庭；改革进路

On the Witness Testifying in Court of Making Criminal Trails Substantive

Li Wenjun

Abstract: The witness testifying in court is the basic requirement of the modern criminal system, especially in the case of confrontation litigation the prosecution and the defense lead evidence investigation, which requires the witness to appear in court to carry out the court investigation effectively. In the litigation structure that emphasizes the ap-

---

* 文章 DOI:10.3966/615471682019060031002。

** 李文军，男，1988 年生，四川宜宾人，法学博士，西南政法大学师资博士后，研究方向：人权法学、刑事法学、司法制度。电子信箱：leewenjun562@163.com。

pearance of a witness in order to carry out the hearsay evidence rule or the principle of direct verbal speech, the method of human evidence not only reflects the evidence of the words, but also reflects the important role of the witness investigation. Although it is of great significance for the witness to appear in order to achieve the basic objectives of the criminal procedure law, it does not mean that all witnesses in the criminal proceedings must appear in the court. Only if there is any doubt or controversy advanced by the prosecution and the defense in the testimony provided by witness, it is necessary to ask the witness to appear before the question is clear. Although the reform of making criminal trials substantive, to some extent, prompts the appearing in court of some necessary witnesses, the attendance rate of the necessary witness is still low. It is not the purpose of a witness to appear in court , but it is to enforce the hearsay evidence rules or the principle of direct verbal speech to ensure the right of confrontation, especially the the defenses. In the judicial practice, the solution of the necessary witness to appear in court needs to clearly stipulate the right of confrontation enjoyed by the defendant at the constitutional level, to clearly stipulate the exclusion of the rules of hearsay evidence that do not meet the necessary witnesses requirements, to perfect the compulsory witness testifying and the compensation and protection supporting system of the witness testifying.

Key Words: making criminal trials substantive; witness appearance in court; reform proposal

1979 年《刑事诉讼法》确立的诉讼程序是典型的书面审程序,在一个“线形结构”或“流水作业”的诉讼模式中,裁判者庭前诉讼活动被极度强化,审判依据基本源自侦查机关制作的书面证据资料,因而法庭进行审理的意义大大下降,基本沦为仅具形式意义之诉讼阶段,而与侦查中心主义之诉讼构造相适应,刑事审判由于缺乏口证原则的关照,也就无须证人出庭接受控方和辩方的质证。① 而 1996 年《刑事诉讼法》改革虽然确立了控辩式庭审诉讼模式,旨在提升控辩双方在庭审中的对抗程度,但是证人出庭作证率普遍较低,公诉方出示大量证人言词笔录证据,导致控辩双方无法形成真正的对抗,审判的结果依然取决于庭后移送的卷宗。② 虽然 2012 年《刑事诉讼法》的修改再次关注实践中证人出庭率较低的问题,并规定必要证人出庭作证制度、证人补偿制度、证人保护制度等措施,但是最终的效果并不理想。在司法实践中证人出庭率低特别是关键、有争议证人较少出庭,是困扰我国刑事庭审制度改革的顽疾,导致法庭审判沦为走过场、看形式,严重影响了司法活动的权威性和严肃性。

2014 年 10 月中共十八届四中全会通过的《中共中央关于全面推进依法治国若干重大问题的决定》提出,推进以审判为中心的诉讼制度改革,确保侦查、审查起诉的案件事实证据经得起法律的检验……完善证人、鉴定人出庭制度,保证庭审在查明事实、认定证据、保护诉

① 参见左卫民、马静华:《刑事证人出庭率:一种基于实证研究的理论阐释》,载《中国法学》2005 年第 6 期。

② 参见史立梅:《我国刑事证人出庭作证制度的改革及其评价》,载《山东社会科学》2013 年第 4 期。

权、公正裁判中发挥决定性作用。2015 年 2 月最高人民法院发布的《关于全面深化人民法院改革的意见——人民法院第四个五年改革纲要(2014—2018)》规定:“……实现诉讼证据质证在法庭、案件事实查明在法庭、诉辩意见发表在法庭、裁判理由形成在法庭……”据此,《成都市中级人民法院刑事庭审实质化改革试点实施方案》提出,证人出庭是直接言词原则的本质要求,对应当出庭作证的关键证人、鉴定人、侦查人员等,做到应出尽出;让证人在法官面前陈述案件事实,接受控辩双方及被告人的质询,改变过去仅宣读书面证言的做法,使证人证言回归其言词证据的本质特征,对于审查证词的客观真实性、发掘案件事实的真相、遵循证据裁判原则具有重要的意义,并就证人出庭范围、庭审开始后申请证人出庭处理方式、证人不能按时出庭处理方式、视频作证操作流程、证人接受法庭调查操作规则、证人出庭保障制度作出明确的规定。① 但是,从现在的改革执行情况来看,依然存在较多问题。鉴于此,笔者拟对庭审实质化改革证人出庭作证的理论意义、实践状况以及可能的改革进路作相关分析。

一、证人出庭的范围与意义

(一)证人出庭的范围

我国 2012 年《刑事诉讼法》第 187 条出庭作证规定:“公诉人、当事人或者辩护人、诉讼代理人对证人证言有异议,且该证人证言对案件定罪量刑有重大影响,人民法院认为证人有必要出庭作证的,证人应当出庭作证。人民警察就其执行职务时目击的犯罪情况作为证人出庭作证,适用前款规定。公诉人、当事人或者辩护人、诉讼代理人对鉴定意见有异议,人民法院认为鉴定人有必要出庭的,鉴定人应当出庭作证。经人民法院通知,鉴定人拒不出庭作证的,鉴定意见不得作为定案的根据。”证人出庭仅针对相关主体对“证人提供的证言有异议”,“对案件的裁决有重大影响”,同时法院认为相关证人有必要出庭作证的才要求其出庭,此即我国的必要证人出庭作证制度。笔者赞同有学者提出的观点,虽然证人出庭作证对于实现刑事诉讼的基本目标具有广泛的意义,但是并不意味着刑事诉讼中所有的证人都必须出庭,相反,仅在当事人对证人证言存在疑问,需要通过对证人进行发问以消除疑点、查明事实时,证人出庭才是必要的。② 因此,必要证人是指能够帮助查明案件事实中存在争议问题的重要证人。

必要证人主要包括在被告人拒不认罪的情况下,能够证实其犯罪与否和罪轻罪重的证人;被告人、辩护人与公诉机关就定罪量刑情节存在争议的情况下,影响罪名认定和量刑情节的证人;证人提供多份证言但内容存在矛盾的证人;对侦查、审查起诉过程中形成的鉴定

---

① 2016 年成都中院:《全省法院刑事庭审实质化改革工作推进会资料汇编》,第 25～27 页。

② 参见易延友:《证人出庭与刑事被告人对质权的保障》,载《中国社会科学》2010 年第 2 期。

意见、笔录提出异议的情况下,需要出庭接受交叉询问和对质询问的鉴定人员和侦查人员等。① 如果被告人对自己的犯罪行为并无异议,或者虽不承认自己犯罪但对案件事实没有异议,那么,要求这类案件的证人出庭作证就没有必要。这是因为:第一,诉讼的本质是双方当事人之间的纷争和冲突,如果控辩双方对证人证言没有不同的意见,那么证人的出庭就没有多大意义;第二,刑事诉讼的证明过程是探求过去发生事实的程序,如果控辩双方对证人证言没有任何异议,那么意味着双方认可证人证言所包含的事实;第三,从诉讼资源的有限性来看,无争议证人无须出庭有利于诉讼资源的合理配置。在美国,大部分刑事案件由于被告承认有罪,经辩诉交易(plea bargain)或有罪认否程序(plea guilt),无须将案件提交法院正式审判,代之以法官讯问并确定被告人认罪的自愿性后直接判刑,进而免去了审判前动议、听证以及证人之出庭。在认罪认罚程序分流了大量刑事案件的基础上,仅有少部分重大疑难复杂以及被告不认罪案件,需要正式开庭审理并要求相关证人出庭作证。在司法实践中,证人出庭由于集中于小部分案件,所以,有关证人的出庭以及配套措施问题易于解决。由此看来,合理高效的刑诉程序并非要求所有与案件相关的证人以及所有类别刑事案件的证人都出庭作证。相反,仅在被告人就定罪量刑对证人证言、鉴定意见等有异议的复杂疑难案件中,才有必要通知鉴定人、证人出庭接受控辩双方的交叉询问,或者要求鉴定人、证人出庭进行对质。

无论是采传闻证据规则的英美法系国家,还是采直接言词原则的大陆法系国家,都没有要求所有证人必须出庭。例如,《美国联邦证据规则》第 801 条(不是传闻的陈述)规定:"……(2)为对立当事人承认。该陈述被用来反对一方当事人,而且具有下列情况:是该当事人自己的陈述,以个人身份或代表人资格作出;或者该当事人已表明或相信其真实性的一种陈述;或者是由当事人授权的人所作的一项关于主题的陈述……"②;《德国刑事诉讼法》第 251 条(宣读笔录代替询问)规定:"(1)下列情形,对证人、鉴定人或共同被指控人的询问,可以通过宣读询问笔录或含有其所作书面陈述的证书代替:如果被告人有辩护人,且检察官、辩护人和被告人对此同意;如果证人、鉴定人或共同被指控人死亡,或者出于其他原因在可预见时间内不能接受法院询问……(2)下列情形,对证人、鉴定人或共同被指控人的询问,亦可通过宣读先前的法官询问的笔录代替:因疾病、虚弱或其他无法排除的障碍,证人、鉴定人或共同被指控人在较长时间或不确定时间内无法到场参加法庭审理;因路途遥远并鉴于其陈述的重要程度,不能苛求证人或鉴定人到场参加法庭审理;检察官、辩护人和被告人同意宣读……"③;《日本刑事诉讼法》第 158 条(在法院外询问证人)规定:"法院考虑到证人的重要性、年龄、职业、健康状况及其他情况和案件的轻重,听取检察官和被告人或者辩护人的意见,而认为必要时,可以将证人传唤到法院外或者在证人所在场所进行询问。在前款的场合,法院应当预先向检察官、被告人及辩护人提供询问事项的机会。检察官、被告人或者辩

① 参见龙平川、李晓娟:《北京探索"关键证人"出庭作证机制》,载《检察日报》2009 年 6 月 11 日。

② 《美国联邦刑事诉讼规则和证据规则》,卞建林译,中国政法大学出版社 1996 年版,第 119～120 页。

③ 《德国刑事诉讼法典》,宗玉琨译注,知识产权出版社 2013 年版,第 200～201 页。

护人，可以请求询问附加在前款询问事项上的必要询问”①。

我国2012年《刑事诉讼法》第187条第1款规定证人出庭作证一般需要满足如上所述的三个条件，其分别从证人证言的价值、控辩双方对证人证言的态度以及法院对证人证言的自由裁量权方面，对应当出庭提供证言证人的范围进行了限定。同时，《最高人民法院关于适用〈中华人民共和国诉讼法〉的解释》第206条规定：“证人具有下列情形之一，无法出庭作证的，人民法院可以准许其不出庭：在庭审期间身患严重疾病或者行动极为不便的；居所远离开庭地点且交通极为不便的；身处国外短期无法回国的；有其他客观原因，确实无法出庭的。具有前款规定情形的，可以通过视频等方式作证。”原则上，必要证人应该出庭接受控辩双方的询问。但是，我国刑事诉讼法和相关司法解释与其他法治发达国家和地区的规定存在差异，主要体现在证人出庭条件限制过严，法庭裁判被告人出庭与否的权力过大，导致实务中被告人对有争议证人出庭作证的要求无法得到满足。新刑事诉讼法有关证人出庭的规定，明显背离了之前颁布的司法解释。2010年出台的《关于办理死刑案件审查判断证据若干问题的规定》第15条第1款曾明确规定：具有下列情形的证人，人民法院应当通知出庭作证，经依法通知不出庭作证证人的书面证言经质证无法确认的，不能作为定案的根据：人民检察院、被告人及其辩护人对证人证言有异议，该证人证言对定罪量刑有重大影响的；人民法院认为其他应当出庭作证的。实际上，前两款规定属于选择关系而非并列关系，证人出庭仅满足条件之一即可。根据2012年刑事诉讼法的规定，虽然公诉人、被告人及其辩护人对证人证言有异议，且该证人证言对定罪量刑有重大影响的，但是人民法院认为不必要出庭的，也可以不要求该证人出庭作证。因此，立法上采取并列式表述，要求证人出庭须同时具备三个条件，客观上使得证人出庭的条件趋于严格，证人出庭的范围被进一步压缩，在司法实务中将导致证人出庭的比例降低，这与本次刑事诉讼法修改旨在敦促证人出庭作证的修法目标南辕北辙。② 笔者认为，未来修法应参照之前司法解释的规定，确保对查明案件真相确有重要作用证人的出庭。证人出庭率低一直是困扰我国刑诉制度的痼疾。有学者对C市22个刑庭进行调查后得到19个刑庭的统计数据，其中有9个刑庭没有刑事证人出庭，几乎占调查样本法院的一半。有证人出庭的案件为26起、68名证人，以全年其他及中院的全部6810起刑事案件为基数，证人出庭率仅为0.38%。10个刑庭的证人出庭情况也极不均衡。有4个法院证人出庭案件仅有1起；而证人出庭案件数最多的一个法院则有6起、19名证人，2004年度该院刑事案件为570起，证人出庭率达到1.1%。③ 另外，有学者对中国法院网2011年10月至2014年11月登载刑事案件随机抽样，在100起样本案件中，仅5起案件有证人出庭，占案件总数的5%。其中，3起案件由控方申请，1起案件由法庭传召，辩护方申请的仅有1件。④ 就此问题，成都市两级法院本次改革将有限的资源集中于解决必要证人出庭，让应当出庭作证的关键证人、鉴定人、侦查人员等应出尽出，这种改革思路具有相

① 《日本刑事诉讼法》，宋英辉译，中国政法大学出版社1999年版，第36页。

② 参见万毅：《新刑诉法证人出庭制度的若干法解释问题》，载《甘肃政法学院学报》2013年第6期。

③ 参见左卫民、马静华：《刑事证人出庭率：一种基于实证研究的理论阐释》，载《中国法学》2005年第6期。

④ 参见胡铭：《审判中心、庭审实质化与刑事司法改革——基于庭审记录和裁判文书的实证研究》，《法学家》2016年第4期。

当之合理性，某种程度上可以解决证人出庭率过低问题。

(二)证人出庭的意义

证人出庭作证是现代刑事诉讼制度的基本要求，尤其是在对抗式的诉讼结构中，以控辩双方为主向法庭举证、质证和辩论中，需要在有证人出庭的情况下才能有效展开庭审调查，因此证人出庭是对抗式刑事诉讼模式的基本诉讼条件。在德国的正式刑事诉讼程序中，虽然法庭依靠检察官提交的卷宗进行庭前准备，但是卷宗中的任何部分都不得作为证据使用。所有的证据必须在公开的法庭上口头提出。只有在极其有限的情况下才能宣读庭外的书面证言。① 以人证调查为主线并穿插物证、书证、视听资料、电子数据等实物证据的证据调查方式，是当前我国庭审实质化改革的必然选择和未来走向。在强调证人出庭以贯彻直接言词原则的诉讼构造中，人之证据方法(包括狭义的证人、被告人、鉴定人)不仅针对言词证据也包括实物证据，这体现了人证在推进诉讼程序的进行，以及对查明案件事实真相方面的重要作用。证人出庭面对被告人、公诉人、法官提供证言，可以使证言中有矛盾之处得到合理排除，并对书面证言中未涉及的部分予以澄清。同时，法院也可以通过亲自观察出庭证人的言行、举止、态度等表现，来综合评价证人证言是否具有正当性、可靠性、真实性以及充分性。因此，证人出庭赋予了被告人与不利证言提供者之间对质的机会，可以有效验证证人提供证言的证据能力和证明力，提升法官对案件事实认定的准确性，最大限度地防止裁判者因证人提供的不实证言酿成冤假错案。

前已述及，在刑事诉讼中并不要求所有与案件有关的证人都必须出庭，实践中通常仅需要必要证人出庭即可，这对于查明案件事实真相，以及确保证据调查的准确性意义重大。同时，必要证人出庭接受交叉询问和对质询问，也有利于保障被告人的辩护权和提升裁决结果的可接受性。只有在能帮助查明案件事实必要证人出庭的情况下，才能实现控辩双方当事人对原始证人的主询问和反询问，才能有效地对原始证人进行质证。同时，可以防止因为控辩双方诉讼角色的限制，以及在诉讼对抗中彼此取胜愿望的驱动，造成庭外取证形成的书面证言对案件事实的扭曲。也就是说，必要证人除了在极其特殊的情况外，都有必要出庭接受控辩双方的询问，必要时审判人员还可以进行补充询问，使法庭能当场直接审查证人之感知能力、表达能力、记忆能力、作证资格以及表达能力，同时可判断主客观因素对证人之影响，以使审判人员能及时判断和辨别证人提供证词之价值和真伪。② 无论是实物证据还是言词证据，只有经过法庭调查质证、辩论后，才能作为认定案件事实的依据，这不仅是现代刑事诉讼制度的基本要求，也是我国刑事诉讼法中的明确规定。例如，2012 年《刑事诉讼法》第 59 条沿袭了 1979 年、1996 年《刑事诉讼法》第 36 条和第 47 条的规定，要求证人证言必须在法庭上经过公诉人、被害人和被告人、辩护人双方质证并且查实以后，才能作为定案的根据。法庭查明证人有意作伪证或者隐匿罪证的时候，应当依法处理。正因为证人出庭接受交叉

① See Thomas Weigend, Continental Cures for American Ailments: European Criminal Procedure as a Model for Law Reform, 2 *Crime and Justice*: *An Annual Review of Research*, 410(1980).

② 参见龙宗智:《刑事庭审制度研究》，中国政法大学出版社 2001 年版，第 244 页。

询问和对质询问，对于查明案件事实真相如此重要；与此同时，以对抗式审判为基础的庭审调查，要求以人证调查为主线贯穿证据审查程序，这就决定了必要证人的出庭作证，应该成为刑事司法实践的常态。

二、证人出庭实证比较分析

证人出庭一直是我们研究关注的重点，现在普遍的改革主张是要求必要证人应该出庭，以口头陈述的方式向法庭提供证言，并接受控辩双方的交叉询问。但毫无例外地要求与案件相关的证人出庭作证，社会所能提供的司法资源则根本无力负担。原则上，对控辩双方有争议的关键证人必须出庭，而控辩双方没有争议的证人可以不出庭。但遗憾的是，在我国司法实践中，必要证人的出庭问题一直没有得到很好的解决。值得关注的是，成都市两级法院的庭审实质化改革①，在证人出庭特别是必要证人出庭方面，相较于以往有没有任何实质性的变化呢？

第一，庭审实质化改革促进了证人出庭，但出庭证人总数相较于案件卷宗记载证人总数而言比例较低。根据表 1 对普通程序示范庭和对比庭证人出庭情况的统计，证人出庭案件示范庭有 58 件，占示范庭有效案件数量的 65.17%；对比庭仅有 2 件，占对比庭有效案件数量的 5%。从整体上看，示范庭相较于对比庭证人出庭有了大幅度的增加，对比庭仅有 5%，示范庭超过了 60%。另外，示范庭中出庭的证人有 122 人，卷宗记载的证人总数为 572 人，示范庭证人的出庭率为 21.33%；对比庭中出庭的证人有 3 人，卷宗记载的证人总数有 336 人，对比庭证人的出庭率为 0.89%。以往的实证研究往往仅考察证人是否出庭，而很少考察出庭证人数量占卷宗所有证人数量的比例。笔者在此将关注点放在了出庭证人总数与案件卷宗记载证人总数之间比率的分析。若一个案件有 100 个证人，其中有 20 个关键证人，但最终仅有 1 个关键证人出庭，这对庭审实质化改革没有多大意义。需要注意的是，对比庭中仅有不到 1%的证人出庭，而示范庭中证人出庭率超过了 20%。示范庭相较于对比庭证人出庭率提高了 20 倍。但无论是示范庭还是对比庭，出庭证人数量相较于案件卷宗记载的证人总数比例较低，示范庭中仍然有接近 40%的案件没有证人出庭。原因何在呢？笔者认为有的案件证人可能确实不愿意出庭，有的案件证人出庭对案件事实的查明作用不大，或者检察院、法院对证人出庭与否依然保持一种消极的态度。

第二，庭审实质化改革带来的一个始料未及的结果是，占绝大多数比例的出庭证人类型不是辩方证人而是控方证人。根据表 1 对出庭证人类型的统计，示范庭中的控方证人、辩方证人分别有 100 人、22 人，占示范庭有效证人出庭数的 81.97%、18.03%；对比庭控方证人、辩方证人分别有 1 人、2 人，占对比庭有效证人出庭数的33.33%、66.67%。通过比较发现，试点改革对证人出庭带来的最大变化是控方证人的增加，对比庭中控方证人仅占有效证人

① 本文的实证资料来源于笔者参与左卫民教授主持的庭审实质化改革实证研究课题。相关数据的搜集与分析是在左卫民教授的指导下完成的，感谢导师对本部分数据的授权使用以及课题组成员安琪、彭昕、邹禹同、甘婷同学的帮助。

出庭数的1/3，但示范庭中控方证人大约占有效证人出庭数的82%。因此，示范庭中证人出庭是以控方证人为主，而控方证人一般支持公诉方的指控，虽然有时也有利于辩方的反询问，但是通常辩方很难从控方证人处寻找到突破口。这可能带来的后果是控方的诉讼主张更容易被法庭采纳。当然，也可以认为，控方证人的普遍出庭是一个良性的发展，至少可以表明控方证人不是在案卷之中而是在法庭上出现，因而控方证人大量出庭有利于辩方的质证和辩论，避免法庭审判流于形式。

第三，示范庭必要证人出庭数量和比例仍然偏低。根据表1对出庭证人类型的统计，示范庭关键且争议证人、关键且非争议证人、争议且非关键证人、非争议且非关键证人分别有60人、25人、32人、5人，占示范庭有效证人出庭数的49.18%、20.49%、26.23%、4.10%；对比庭关键且争议证人、关键且非争议证人、争议且非关键证人、非争议且非关键证人分别有1人、0人、2人、0人，占对比庭有效证人出庭数的33.33%、0、66.67%、0。如前所述，庭审实质化改革需要证人出庭接受控辩双方的交叉询问，也就是要求以往案件中提供书面证言的关键证人出庭。示范庭关键且争议证人将近有50%，剩下的50%主要是关键且非争议证人和争议且非关键证人，属于非争议且非关键证人类型的不到5%。[①] 这表明示范庭有将近一半的证人是必须且应当出庭的而且其出庭的价值较高，而有超过一半的出庭证人是没有价值的。而到底是控方出庭证人的价值高，还是辩方出庭证人的价值高呢？根据表1对普通程序示范庭和对比庭证人出庭情况的统计，示范庭控方证人和辩方证人分别有100人、22人，分别占示范庭有效出庭证人数量的81.97%、18.03%。调查发现，控辩双方证人出庭较多一方的意见往往更容易被法庭认可。

值得注意的是，对案件事实认定具有关键作用的证人证言类型，示范庭普通证人、被害证人、鉴定证人、侦查证人分别有56人、11人、16人、39人，占示范庭有效关键证人证言类型数量的45.90%、9.02%、13.11%、31.97%；对比庭普通证人、被害证人、鉴定证人、侦查证人分别有2人、1人、0人、0人，占对比庭有效关键证人证言类型数量的66.67%、33.33%、0、0。对比庭中对案件事实认定具有关键作用的证人属于普通证人和被害人，而示范庭中除了普通证人外，鉴定人和侦查人员作为关键证人出庭的比率也较高，分别占示范庭有效关键证人证言类型数量的13%、32%。由此可知，对比庭鉴定人和侦查人员几乎不出庭，而示范庭鉴定人和侦查人员在部分案件中作为关键证人出庭。这种现象与庭审实质化改革本身的目的存在关联。鉴定人和侦查人员出庭率相比较于以往有明显改善，在于改革目标和动员机制的落实。虽然在现有司法体制下部分证人出庭与否不影响案件的审理，但是在中国司法改革目标机制和动员机制的激励下，笔者认为关键证人是可以普遍出庭的。无论如何，更多种类的证人出庭且这些出庭证人还具有关键作用，这对于丰富我们的证据体系、强化证明标准、科学认定案件事实乃至公正审判意义重大。

---

① 关键且争议证人类型的判断标准是证人证言是否对定罪量刑有重大的影响，且控辩双方对于其证言的真实性、合法性、关联性有异议；关键且非争议证人类型是指虽然证人证言对案件定罪量刑起到重要影响，但是控辩双方并未对其证言内容提出争议；争议但非关键证人类型是指虽然证人证言并未对案件事实及量刑产生重大影响，但是控辩双方对该证人证言有异议；非争议非关键证人类型是指虽然证人证言对案件定罪量刑有一定的影响，但是作用极有限，甚至缺乏证明价值。

表 1　普通程序示范庭及对比庭证人出庭情况统计结果①

数据类型	有效案件数量	证人出庭案件数及比例	出庭证人类型及比例		出庭证人人数及比例②	出庭证人类型及所占人数				对案件事实认定具有关键作用的证人证言的类型及比例			
			控方证人	辩方证人		关键且争议	关键且非争议	争议且非关键	非争议且非关键	普通证人	被害人	鉴定人	侦查人员
示范庭	89	58/65.17%	100/81.97%	22/18.03%	122/572 21.33%	60/49.18%	25/20.49%	32/26.23%	5/4.10%	56/45.90%	11/9.02%	16/13.11%	39/31.97%
对比庭	40	2/5.00%	1/33.33%	2/66.67%	3/336 0.89%	1/33.33%	0	2/66.67%	0	2/66.67%	1/33.33%	0	0

三、必要证人出庭率低的原因

成都市两级法院推行的庭审实质化改革，虽然在一定程度上促使了部分必要证人的出庭，但是示范庭必要证人的出庭率仍然偏低，大约有 40％的案件没有任何证人出庭，而对比庭几乎没有证人出庭。庭审调查中必要证人不出庭，以及大部分案件中证人几乎不出庭，以致司法实践中出现了“泛书面审理”或“卷宗中心主义”现象。这不仅对于保障被告人的对质权极其不利，也严重影响了我国对抗式庭审改革的成效。笔者认为，造成刑事庭审中必要证人出庭率低的原因是多方面的，既与诉讼理念以及文化背景有关，也与相关配套制度不健全、司法资源配置不合理存在关联。

① 成都市两级法院选取的示范庭和对比庭时间跨度为 2015 年 2 月至 2016 年 4 月，其中示范庭有 102 件，对比庭有 91 件，除了示范庭有一件为二审上诉案件外其他均为刑事一审案件。两级法院在示范庭和对比庭的选择上（包括时间跨度）作了大致均衡的考量，既考虑到选择相同或者类似的案件，也考虑到各类案件在比例上的持平。但需要说明的是，示范庭和对比庭的庭前会议记录、庭审笔录、判决书、庭审会议笔录材料在收集过程中出现了不同程度的缺失，能够通过材料查明示范庭、对比庭证人出庭情况的分别有 89 件、40 件。

② 证人总数/案件证人总人数。

(一)强调积极而非消极实体真实主义

从审判模式角度来看,极低的证人出庭率既根源于实体真实(犯罪控制)的诉讼理念,在不改变实体真实模式之外部条件和内在结构的前提下,证人出庭作证将继续作为庭审之例外而非必然要求而存在。① 实体真实主义可划分为消极之实体真实主义和积极之实体真实主义,前者力图无罪者不予处罚,而后者追求发现犯罪、有罪必罚。若采取有罪必罚的刑事政策,贯彻积极而非消极之实体真实主义,则必然要承认违法侦查获得的证据资料具有证据资格,并承认相关诉因变更命令之形成力,以及强调案件卷宗在庭审中的重要作用。相反,若重视无罪者不予处罚之方针,则要求公安司法机关适用尊重人权之程序设置,避免无罪者错误地受到追诉和惩处。因此,积极之真实主义重视案件事实真相的查明,而消极之真实主义侧重案件真实发现之"方法"。② 积极实体真实主义的价值基础是,控制犯罪是刑诉程序的最重要功能。执法活动若不能将犯罪行为置于严密的控制之下会导致公共秩序的崩溃,从而丧失实现人类自由的重要条件。

也就是说,如果刑事诉讼程序中的逮捕与有罪判决失败率极高,就会倾向于滋生对于法律控制的普遍模式,为了达到这一高目标,积极实体真实主义要求人们积极关注刑诉程序辨别犯罪嫌疑人和确定罪犯之运作效率。③ 从发现实体真实的角度来看,证人出庭接受控辩双方的交叉询问以及与被告人、其他证人、鉴定人进行对质,这对于实体真实发现的犯罪控制模式可能贡献不大,反而可能会妨碍公安司法机关打击犯罪的效率。在很多情况下证人出庭不仅对查明事实真相无明显帮助,甚至有可能使本来已经清楚的案件变得更加复杂,因为证人出庭接受当场询问有可能会基于多种因素的考虑临场改变证言,④或者在接受辩护方的交叉询问时表现出某些不确定。当然,在一个仅有最严重的反社会行为才被作为犯罪处理并且犯罪率超低的社会,刑事诉讼程序可以要求警察、检察官以及法官对每一案件投入比我们的程序更多的实践,而其运作效率依旧可以忍受;一个准备大量增加用于镇压犯罪资源的社会,可以继续维持一套精致耗时的刑事诉讼程序的同时,无须牺牲效率而有能力对付日益增长的犯罪。⑤ 但随着犯罪数量的日益增多,以及在司法资源的较为有限的情况下,很明显过低的刑事诉讼效率必然无法满足控制犯罪的需求。

在积极实体真实主义诉讼理念的支配下,裁判者在庭审过程中若遇到某一证据资料难以当庭查清的情形,可查阅公诉方移送之案卷笔录来进行核实,甚至对部分没有当庭举证、质证之证据资料,也直接将其援引为"定案根据",使辩护人、被告人无法对这些证据资料有

---

① 参见左卫民、马静华:《刑事证人的出庭率:一种基于实证研究的理论阐释》,载《中国法学》2005 年第 6 期。

② 参见[日]田口守一:《刑事诉讼法》(第 5 版),张凌、于秀峰译,中国政法大学 2007 年版,第 15 页。

③ See Herbert L. Packer, Two Models of the Criminal Process, 113 *University of Pennsylvania Law Review*, 9-10(1964).

④ 参见易延友:《证人出庭与刑事被告人对质权的保障》,载《中国社会科学》2010 年第 2 期。

⑤ See Herbert L. Packer, Two Models of the Criminal Process, 113 *University of Pennsylvania Law Review*, 10(1964).

效地行使质证权利。[①] 发现案件事实真相的需要在一定程度上,不惜牺牲司法公信力和正当法律程序为代价,大范围地采用庭外特别是审前程序中形成的书面证据。速度取决于案件审理的非正式性和一致性,终局性则需要将提出质问、质疑之机会降至最小,程序绝不能满是无法推动案件进展的拘泥仪式,在警察局进行的讯问,比起在法庭上讯问与交叉讯问的正式程序,可以更迅速地确认案件事实,随之可得出结论说司法外程序应该比司法程序、非正式运作更受青睐。在这一模式中,刑事诉讼程序被视为一种甄别程序,其中每一个连接阶段,如逮捕前的调查、逮捕、逮捕后的调查、审判准备、审判或进入有罪答辩、有罪判决、量刑,都包含一系列程序化之运作,成功的重要指标是案件最终是否得出正确的结论。[②]

但是,刑事诉讼法不仅要以积极的实体真实主义为目的,也需把人权保障列为刑诉程序之目的,因此要求兼顾实体真实与人权保障的平衡。若考虑到宪法法律作为人权保障之重要性,消极之实体真实主义诉讼观念是妥当的,但法院积极追求实体真实的诉讼活动,并不是总是积极之真实主义。若积极地对被起诉之犯罪事实进行严密的程序监控,则也是消极之实体真实主义所追求之核心。[③] 实际上,消极的实体真实主义也有其"积极"的一面,要求必要证人出庭接受控辩双方的询问,也可以起到帮助法庭发现案件事实真相的作用,进而可以起到保障无辜的被告人不受到错误追究的作用。证人出庭接受询问可以使事实判断者直接、全面地获取与案件相关的信息,特别是在证言陈述真假难以辨别的情况下。同时,强调对证人进行面对面的询问,可能会对其作伪证的动机形成一种天然的威慑力。因为对证人的直接询问相较于书面审理,有利于法官辨别证言的真伪,而对证人的眼神、举止的观察则可以进一步强化法官的心证。

(二)书面审判模式的承继和延续

诉讼是控辩双方和裁决者三方组合形成的一种结构,原、被告之间的诉讼对抗由中立和独立的第三方进行裁决。如果刑事诉讼仍然是一种诉讼,则需仍然保持这种三方组合的关系并实行对抗判定的法则,而卷宗中心主义则将刑事诉讼处理为一种由侦查到起诉再到审判的工序性作业,以线型关系代替三角构造,诉讼实已不再成立。[④] 虽然 1996 年《刑事诉讼法》汲取了对抗式诉讼的一些合理要素,对被追诉人权利的保障也有所增强,但是我国强调犯罪控制的诉讼总体特征没有发生变化。在案件事实的认定上,西方国家刑事诉讼遵循证据裁判主义,我国 1979 年、1996 年、2012 年刑事诉讼法秉承的标准是"实事求是"原则。证据裁判主义与实事求是原则二者之区别是:前者具有规范上的意义并强调案件事实的认定,应根据必须具备可采性或证据资格之证据资料;而实事求是原则追求的目标是客观真实,尤其关注证据资料之真实性、相关性而非合法性。在实事求是原则的指导下,裁判者较少仅根

① 参见陈瑞华:《刑事诉讼的中国模式》,法律出版社 2010 年第 2 版,第 283 页。

② See Herbert L. Packer, Two Models of the Criminal Process, 113 *University of Pennsylvania Law Review*, 11(1964).

③ 参见[日]田口守一:《刑事诉讼法》(第 5 版),张凌、于秀峰译,中国政法大学 2007 年版,第 15 页。

④ 参见龙宗智:《论建立以一审庭审为中心的事实认定机制》,载《中国法学》2010 年第 2 期。

据证人在法庭上之态度与陈述而对案件事实作出认定。

相反,他们对证人提供证词之可信性的判断,多建立于对其生成变化过程因素可能对证言产生之规律性影响。① 侦查人员根据证人最初的感知和记忆制作的案件卷宗,法官普遍认为其相较于庭审中的口头证言更具真实性和准确性。因为案发初始证人形成的感知和记忆清晰度较高,而证人被外界干扰的可能性、对作证后的不利顾虑较小。而随着刑诉程序的展开证人可能受到各种因素的影响会逐渐增加,既有来自于证人对相关事实的记忆日趋模糊,也有被告人方面的不当施压以及证人对被打击报复的担心。书面证言借助于卷宗移送的方式对承办法官庭前和庭后的证据审查产生影响,从而使得在法庭上对证人的询问流于形式、证人出庭显得多余。在司法实践中对口头证言的审查普遍采取印证方式,这种证明方式强调证据资料之间的印证程度来判断证据资料之证明力,这在一定程度上也使得证人的出庭与否,对最终的裁判结果影响不大,因为证人的庭前书面证言只要有其他证据可以印证,书面证言就可能获得较高的证明力。

书面审判模式与卷宗中心主义存在密切关联,主要体现于“刑事法官普遍通过阅读检察机关移送的案卷笔录来展开庭前准备活动,对于证人证言、被害人陈述、被告人供述等言词证据,普遍通过宣读案卷笔录的方式进行法庭调查,法院在判决书中甚至普遍援引侦查人员所制作的案卷笔录,并将其作为判决的基础,因此中国刑事审判中实际存在着一种以案卷笔录为中心的裁判模式”②。在司法实践中,法官往往赋予侦查卷宗中的证人证言,较庭审中的新证言、新陈述以优势证明力,这与英美法系国家和地区之传闻证据规则,以及大陆法系国家和地区之直接言词原则,强调优先采纳当庭证言背道而驰。③ 刑事诉讼程序中书面审判模式的成立必须有三个方面的支持条件:一是裁判者需要对侦查的结果高度信任,认为侦查人员和检察官在道德修养和专业素质方面是值得信赖的;二是裁判者对辩护方提出辩护意见的贬低甚至否定,认为犯罪嫌疑人、被告人总是试图通过狡辩逃避罪责,而辩护人则往往为了金钱利益而是非不分、颠倒黑白,所以裁判者只承认在必要时听取辩护方的意见,在事实上并不认可控辩双方平等的对抗性质;三是裁判者强调对定罪量刑的效率以及对可能出现错误的容忍,然而治罪的热情不可避免地对事实缺乏客观的分析,因此高效率地打击犯罪必然使得庭审程序保障人权的功能承担一定的代价。④ 法官对控方证据资料顾虑较少,即使其明知提供证言的证人能够出庭,也不会强求控方必须要让证人出庭。相反,法官对辩护方提交证据资料的顾虑较多,即使其当庭让证人出庭也不一定会采纳该证人证言。⑤ 因此,书面审判模式下的刑事诉讼运行机制,使得在侦查阶段认定的案件事实和收集的证据材料(如书面证言),对被告人的定罪和量刑的影响较大。加上被告人缺乏律师的有效帮助,辩方要求证人出庭以及收集证据的能力有限,处于弱势地位的被告人的辩护权名存实亡,被追

---

① 参见左卫民、马静华:《刑事证人的出庭率:一种基于实证研究的理论阐释》,载《中国法学》2005 年第 6 期。

② 参见陈瑞华:《案卷笔录中心主义——对中国刑事审判的重新考察》,载《法学研究》2006 年第 4 期。

③ 参见李训虎:《证明力规则检讨》,载《法学研究》2010 年第 2 期。

④ 参见龙宗智:《论建立以一审庭审为中心的事实认定机制》,载《中国法学》2010 年第 2 期。

⑤ 参见何家弘、南英:《刑事证据制度改革研究》,法律出版社 2002 年版,第 500 页。

诉人一旦被提起公诉则被定罪判刑的概率较大。

我国卷宗中心诉讼模式肇始于1979年《刑事诉讼法》，根据该法的相关规定检察院在提起公诉时，需向法院移送与案件相关的全部卷宗材料，相应的，法院对提起公诉之刑事案件进行“实质审查”，只有案件在达到“犯罪事实清楚、证据确实充分”的前提下才能开庭审判。[①] 另外，负责庭前审查的法官通常也是负责庭审的法官，因此庭审法官一般在开庭前就知晓了案件事实和相应的证据，不可避免地对庭审结果形成初步预断，而对于一些疑难案件在开庭前就已经审判委员会讨论，或者请示庭长、分管院长或者上级法院，案件并未开庭审判人员即对定罪、量刑已成定论，[②]这种“先定后审”的诉讼运行机制使得庭审的功能往往被虚化，辩护方提出的辩护意见很难引起重视和得到认可。1996年刑事诉讼法修改时借鉴了英美法系对抗式诉讼结构的一些要素，废除了1979年《刑事诉讼法》规定的全案卷宗移送制度，改采审前仅移送证据目录、证人名单、主要证据复印件之“复印件主义”。[③] 虽然此次修法在某种程度有利于遏制裁判者的庭前预断，但是仍未从根本上消除长期存在的案卷中心主义问题，相反有加剧审判虚化的趋势，更不利于被告人辩护权的保障。

修法后的复印件移送方式使辩方以往通过阅卷了解证据资料和案件事实的通道被阻塞，且公诉方移送的“主要证据”多属于不利于被告人的有罪证据资料，因而在庭审后公诉方向法院移送全部案卷的做法使得庭审虚化更为严重。[④] 为消解书面审判模式存在的积弊，在刑事普通程序中推进庭审的实质化改革，2012年《刑事诉讼法》的修改回归了原来的案卷移送制度，并修改了庭审程序的启动条件，完善鉴定人、证人出庭作证制度，但无论是从立法还是司法解释层面，庭审实质化改革依旧很难摆脱案卷中心主义之束缚。[⑤] 在司法实践中，侦查阶段收集侦查人员以卷宗形式固定的证据资料和相关案件事实，除非其卷宗制作本身存在严重的事实问题和逻辑矛盾，在进入审判程序后一般都会被法官采纳和采信。[⑥] 因此，卷宗中心主义下的书面审判模式，强调客观真实的实事求是原则优先于证据裁判主义，分工配合下的司法一体化优先于制约监督，而有限的诉讼资源促使对效率的追求优先于程序公正。所以，在传统的书面审判模式得以延续的前提下，证人出庭可能会与客观真实、司法一体化以及诉讼效率产生内在冲突，最终结果可能就是继续无视证人出庭的必要性和对书面证言采纳的维持。

---

① 参见汪海燕：《论刑事庭审实质化》，载《中国社会科学》2015年第2期。

② 参见王尚新：《刑事诉讼法修改的若干意见》，载《法学研究》1994年第5期。

③ 1996年《刑事诉讼法》第150条规定：“人民法院对提起公诉的案件进行审查后，对于起诉书中有明确的指控犯罪事实并且附有证据目录、证人名单和主要证据复印件或者照片的，应当决定开庭审判。”

④ 1998年六机关共同颁布的《关于刑事诉讼法实施中若干问题的规定》第42条规定，人民检察院对于在法庭上出示、宣读、播放的证据材料应当当庭移交人民法院，确实无法当庭移交的，应当在休庭后三日内移交。对于在法庭上出示、宣读、播放未到庭证人的证言的，如果该证人提供过不同的证言，人民检察院应当将该证人的全部证言在休庭后三日内移交。

⑤ 参见汪海燕：《论刑事庭审实质化》，载《中国社会科学》2015年第2期。

⑥ 左卫民：《“印证”证明模式反思与重塑：基于中国刑事错案的反思》，载《中国法学》2016年第1期。

四、我国证人出庭的改革进路

证人出庭作证制度本身并非目的，而是为了落实传闻证据规则或直接言词原则，以确保控辩双方尤其是辩方的对质权。证人不出庭就意味着当事人对质权的落空，该证人证言应作为传闻证据予以排除而不得作为定案的根据，这是传闻证据规则和直接言词原则的应有之意。① 虽然我国 2012 年《刑事诉讼法》规定有强制证人出庭作证制度、关键证人出庭的制度，但是该法第 190 条并没有明确禁止书面证言在法庭的使用。书面证言只要经过庭审质证，在确认其关联性、合法性、客观性之后，仍然可以作为认定案件事实的依据。因此，有必要在宪法法律层面明确规定被告人的对质权，排除不符合关键证人出庭作证例外之传闻证据，完善证人作证补偿与保护、强制证人出庭作证、证人拒绝作证等配套制度。

(一)在宪法层面赋予被告人对质权

我国在宪法和刑事诉讼法层面并没有明确规定被追诉人享有对质权，虽然 2012 年《最高人民法院关于适用〈中华人民共和国诉讼法〉的解释》第 199 条、《人民检察院刑事诉讼规则(试行)》第 438 条似乎已经部分承认了被追诉人的对质权。但是，《最高人民法院关于适用〈中华人民共和国诉讼法〉的解释》中的规定仅适用于共同被告人之间的对质，而对于被害人、鉴定人、其他证人之间的对质没有作出明确的规定。只有在“必要”时，才可以传唤同案被告人等到庭对质，这应该是赋予合议庭或者主审法官查明案件事实真相的职权。因此，严格来讲《最高人民法院关于适用〈中华人民共和国诉讼法〉的解释》并没有赋予被告人对质权。虽然《人民检察院刑事诉讼规则(试行)》扩大了对质询问主体的范围，即“被告人、证人对同一事实的陈述存在矛盾需要对质的，公诉人可以建议法庭传唤有关被告人、证人同时到庭对质”，但是这并不意味着赋予了被告人对质权，仔细斟酌也会发现这实质上是法庭查明案件事实真相的一种方法，公诉人仅可以“建议”法庭传唤相关主体对质，是否可行还需要法官最终定夺。在我国，被告人对质权的缺失实际上是证人不出庭的根本原因，而对质权在实践中未获得保障的原因是其在制度层面未获得承认，证人不出庭问题的根源并不是什么证人法治观念不够强，也不是没有建立证人经济补偿制度、证人保护制度等。② 虽然理论上认为检察官有客观义务，法官对被告人也有澄清义务和照料义务，这在一定程度上可以弥补对质权缺失对被告人辩护权保障的不足，但是在缺乏宪法法律和司法解释明确规定的情况下，以及诉讼目标对控制犯罪和发现真实的优先定位，在司法实践中，多数检察官、法官很难兼顾到被追诉人的对质权，即积极传唤必要证人出庭与被告人对质。

美国宪法第六条修正案规定被告人有权在法院中与控方证人对质(to be confronted with the witnesses against him)，这一被告人面对证人的权利(对质权)，能使其对证人提供

---

① 参见万毅：《新刑诉法证人出庭制度的若干法解释问题》，载《甘肃政法学院学报》2013 年第 6 期。

② 参见易延友：《证人出庭与刑事被告人对质权的保障》，载《中国社会科学》2010 年第 2 期。

之证言提出质问或质疑，被告人对质权的实质不是被告人能面见证人，而是保障被告人质问控方证人之宪法权利。[1]《欧洲人权公约》第 6 条规定："……询问不利于他的证人，并在与不利于他的证人具有相同的条件下，让有利于他的证人出庭接受询问……"《公民权利与政治权利国际公约》第 14 条第 3 款规定："……讯问或业已讯问对他不利的证人，并使对他有利的证人在与对他不利的证人相同的条件下出庭和受讯问……"威格莫尔（Wigmore）曾言"如果不考虑政治制度等更加广泛的因素，则交叉询问制度而不是陪审团审判制度，才是英美法系法律制度对改善审判程序方法最伟大、最长久的贡献"[2]。"国家和法只有当它在一定程度上反映了社会的共同意志和普遍利益，在人民内心得到认同的时候，才有充分的实效。因此，权威的问题必须转换为公平性的问题来处理。而具体的决定或措施的公平性则由正当过程原则来决定，基本上可归纳为程序的正义和程序的合理性。"[3]笔者认为，有必要在宪法层面上明确规定被告人享有对质权，以保障其要求证人出庭、询问相关证人，同公诉方具有同等的诉讼权利。不当地限制或剥夺被追诉人的质证权，并不符合公正审判和正当程序要求，导致司法裁判结果的公正性难以得到有效保障。刑事裁判的程序的正义性和合理性，实际上与"人民内心的认同"即司法裁判的可接受性是相一致的。特别是随着社会的发展变迁和整体转型，与权利保护相悖的外在强制措施，已经不再可能成为实现司法裁判正当性的合理手段。相反，通过程序正义实现被告人对法院判决结果的服从和认可，已经逐渐成为社会公众的普遍呼声。对此，在宪法层面赋予被告人对质权，不仅有利于发现案件真实、实现程序公正，也有利于强化被告人对司法裁判的可接受性，并促使其刑满释放后更好地回归和融入社会。

（二）明确规定传闻证据排除规则

有学者指出，2012 年《刑事诉讼法》第 187 条就有关证人出庭规定的条件过于严苛，法院拥有几乎不受约束的自由裁量权，所谓"对案件定罪量刑有重大影响"以及"人民法院认为证人有必要出庭作证的"，赋予了法院双重裁量的权利，在法院不能保持公正、客观、中立的情况下，或者怠于对证人进行调查的情况下，相应地证人出庭作证率仍然较低，辩方很难实现与必要证人进行对质的权利。[4] 同时，2012 年《刑事诉讼法》第 190 条"调查核实书证、物证"规定："公诉人、辩护人应当向法庭出示物证，让当事人辨认，对未到庭的证人的证言笔录、鉴定人的鉴定意见、勘验笔录和其他作为证据的文书，应当当庭宣读。审判人员应当听取公诉人、当事人和辩护人、诉讼代理人的意见。"我国刑事诉讼法不仅限制证人的出庭范围，而且对未到庭证人证言的宣读"容忍"了证人的不出庭。这也是在制度层面上导致我国证人出庭率较低的重要原因。

当前，法治发达国家和地区的刑事诉讼法中确立对质权制度、传闻证据法则以及直接言

---

① 参见薛波主编：《元照英美法词典》，北京大学出版社 2014 年版，第 284 页。

② 转引自易延友：《证人出庭与刑事被告人对质权的保障》，载《中国社会科学》2010 年第 2 期。

③ 季卫东：《法治秩序的构建》，中国政法大学出版社 1999 年版，第 53 页。

④ 参见史立梅：《我国刑事证人出庭作证制度的改革及其评价》，载《山东社会科学》2013 年第 4 期。

词原则，以促使必要证人的出庭来保障被追诉人的质证权利。我国刑事诉讼法没有规定传闻证据排除规则，使得书面证言可以堂而皇之地直入诉讼殿堂。加之诉讼效率、司法一体化的影响，检察院和法院也缺乏传唤证人出庭的动力。但是，为落实法院传唤证人出庭以及保障被告人的对质权，控辩双方应承担一定的责任，这种责任的主要保障条款，是法律关于排除书面证言（传闻证据）的规定，即如果证人不到庭控辩双方将难以实施其辩护和指控，尤其是公诉人将无法支持由起诉书提出的指控。① 王兆鹏教授认为："传闻证据之所以不能作为证据，即因其涉及两个人的知觉、记忆、表达瑕疵，且又不能以具结或诘问的方式予以克制；在A转述B所言案发事实时，所产生的知觉、记忆、表达、真诚等瑕疵及真诚性，变成应以数倍计算；因为除B的知觉、记忆、表达、真诚问题外，尚应计算A是否正确了解B之意思，A能否记忆，A能否将B的意思表达清楚，A是否真诚地陈述B的意思；且法律所设计的'诘问'及'具结'方式，虽然能考验A所陈述之真实性，但对B所言部分，却未能发挥作用，所以B陈述之真实性，实令人怀疑；因此证人审判外的陈述，原则上不得为证据。"②因此，考虑到传闻证据的误传危险，以及无法保障审判的公正性，有必要在我国刑事诉讼法中确立传闻证据规则。

二战后，日本、意大利、我国台湾地区刑事诉讼法程序的转向，必然会伴随对英美法系诉讼模式相适应之技术措施的借鉴，包括对传闻证据排除规则的采纳，这就使得庭审对书面证词的使用，较以往直接言词原则的运用受到更为严格的限制，法官需按照法律的具体规定，来决定传闻证据是否被排除或采纳。③ 虽然在这些国家和地区仍较为注重对职权的运用，以及对案件事实真相的顽强追求，但是传闻证据排除规则的确立，可以通过促使必要证人的出庭，以维护程序正义和保障被告人基本权利。林钰雄教授认为："严格证明法则之下，任何证据都必须经过'审判期日合法的调查证据程序'之后，才能作为判断依据，就算是受命法官在准备程序亲自搜集、调查的证据，也必须经过上述严格证明程序才能取得证据能力，更何况是司法警察或检察官在侦查程序所搜集之证据。"④我国台湾地区实务界曾经也面临证人不出庭的困扰，证人在庭审之外提供的证言笔录被法庭大量采用，而日益严重的书面审理问题遭到了民众的强烈批评。

因此，2003年我国台湾地区"刑事诉讼法"修改时，在直接言词原则之外确立了传闻证据规则和交互诘问制度，并对证人作证义务、保护、补偿等作了进一步的规定，随着法律的完善，司法实践中证人出庭情况有了明显的改善，有数据统计显示证人出庭率高达90%。⑤ 台湾地区"刑事诉讼法典"第159条规定："被告以外之人于审判外之言词或书面陈述，除法律有规定者外，不得作为证据。前项规定，于第161条第2项之情形及法院以简式审判程序或简易判决处刑者，不适用之。其关于羁押、搜索、鉴定留置、许可、证据保全及其他依法所为强制处分之审查，亦同。"传闻证据因有悖言词审理主义和直接审理主

---

① 参见龙宗智：《刑事庭审制度研究》，中国政法大学出版社2001年版，第250页。

② 参见王兆鹏：《美国刑事诉讼法》，北京大学出版社2014年版，第435页。

③ 参见龙宗智：《证据法的理念、制度与方法》，法律出版社2008年版，第131～132页。

④ 林钰雄：《严格证明与刑事证据》，法律出版社2008年版，第66页。

⑤ 参见罗海敏：《两岸刑事证人出庭作证制度之比较》，载《证据科学》2012年第3期。

义诸原则应予排除，已为大陆法系和英美法系法治发达国家和地区的普遍共识。大陆法系和英美法系诉讼模式不同，当事人主义重视当事人与证据资料之间的关系，排除传闻证据是为了保障被告人的反诘问权；而职权主义重视法院与证据资料之间的关系，排除传闻证据因该证据资料未在法院直接调查。[①]《日本刑事诉讼法》第 320 条关于"排除传闻证据的原则"也明确规定："除第 321 条至第 328 条规定的以外，不得以书面材料作为证据代替公审期日的供述，或者将以公审期日外其他人的供述为内容所作的供述作为证据。对已经作出第 291 条之二的裁定案件的证据，不适用前款的规定。但检察官、被告人或者辩护人对作为证据已经表明异议时，不在此限。"[②]日本和我国台湾地区的传闻证据规则对促进必要证人的出庭发挥了重要的作用。

我国大陆的刑事诉讼法并没有明确规定直接言词原则，因此虽然理论上认可而且立法上也有一定的体现，但是在实践中并没有真正贯彻直接言词原则的要求，更遑论借鉴英美法系当事人进行主义诉讼构造中所确立的传闻证据规则。传闻证据法则所蕴含的强制效果在于控辩双方若希望本方提出的证人证言被法庭采纳，就必须保证必要证人在审判期日出席法庭提供证言。这无疑给控辩双方尤其是控方，确保必要证人出庭接受交叉询问和对质询问施加了压力。传闻证据规则相较于直接言词原则，其优势在于注重保障被告人的对质权，实现审判对定罪与量刑的精细化、防止冤假错案，并限制法官的自由裁量权，以及强化检察官的举证责任。[③] 同时，强调传闻证据的排除也是阻断侦审联结的重要措施，即通过保障庭审实效以推进庭审实质化改革的实现。

关于传闻证据规则和直接言词原则的区别：一方面，直接言词原则具有简略性、原则性、酌定性、正面性等特点，而传闻证据法则具有法定性、规范性以及可操作性等特点。英美法系国家和地区传闻证据法则采用原则加例外的立法模式，通常禁止裁判者采纳传闻证据资料，并明文规定传闻证据资料可采性的例外。大陆法系国家（如德国、法国）采职权主义诉讼模式，刑诉法中规定有直接言词原则，并没有明确规定在哪些情况下可以容许例外。大陆法系国家所采的直接言词原则在缺乏明文"约束"的前提下，为提高诉讼效率或发现真实，法官更容易采纳传闻证据资料，而传闻证据规则对当事人和法官的约束较强，传闻证据资料的例外适用由于法律的明确规定受到更多限制。另一方面，在裁判者依职权审理的诉讼结构中，直接言词原则调整的主要是裁判者与证人的关系，并强调裁判者直接询问出庭的证人。而传闻证据法则重视保障控方和辩方的对质权，调整的主要是控辩双方与证人的关系。因此，直接言词原则限制书面证言的强制力要弱于传闻证据规则。直接言词原则与传闻证据规则在制度融合的潮流之下，学理上已经可以在同一程序体系中，将前者作为指导原则，将后者作为证据规则来处理，这样做也比较符合目前包括我国在内的许多国家和有

---

① 林钰雄主编：《新学林分科六法：刑事诉讼法》，新学林出版股份有限公司 2011 年版，第 A-306 页。

② 《日本刑事诉讼法》，宋英辉译，中国政法大学出版社 1999 年版，第 73 页。

③ 对质权与传闻证据规则相关但有些许不同。传闻证据规则是指需用口头证据证明有争议案件事实的规则，这样就限制了可以用于追诉和防御的证明方式。相比之下，对质权纯粹单方面属于被告方。但是，传统的观点认为传闻证据规则在于保障被告人的对质权。See JR Spencer, *Hearsay Evidence in Criminal Proceedings*, Hart Publishing, 2008, p.39.

的地区的诉讼制度所显现出的融合特征。[①] 笔者认为,根植于对抗式诉讼中对证人的交叉询问和对质询问,是事实裁判者如陪审团或法官形成合理心证的基本条件。在我国大陆的刑事诉讼法中确立传闻证据规则,即通过对传闻证据原则排除但存在例外的方式来保障当事人对质权,而不是宣示性地规定直接言词原则,进而不合理地赋予法官对传闻证据过大的自由裁量权。

(三)完善证人出庭作证配套制度

任何一项法律制度都必须在特定的空间内发挥作用,其中作为其配套的相关制度在一定程度上会直接或者间接影响该项制度功能的发挥。我国 1996 年《刑事诉讼法》在审判方式上转向当事人主义,但由于证人不出庭、书面审理方式、司法一体化等架空了审判方式的改革,审判方式的改革基本上没有取得任何成效。这不仅与我国诉讼理念、司法体制有关,也与传闻证据规则、直接言词原则的未能建立,以及强制证人出庭作证、证人补偿与保护等规定之瑕疵存在关联。

第一,强制证人出庭作证。若要在我国刑诉程序中确立传闻证据规则,必须首先确保证人能够出庭作证,法院传唤相关证人出庭,除非有法定的特殊事由,必要证人必须出庭作证,否则法院可以采取强制措施要求证人出庭,对于拒绝出庭以及出庭后拒绝提供证言的,有必要对其采取相应的惩处措施。我国 2012 年《刑事诉讼法》第 188 条规定:"经人民法院通知,证人没有正当理由不出庭作证的,人民法院可以强制其到庭,但是被告人的配偶、父母、子女除外。证人没有正当理由拒绝出庭或者出庭后拒绝作证的,予以训诫,情节严重的,经院长批准,处以十日以下的拘留。被处罚人对拘留决定不服的,可以向上一级人民法院申请复议。复议期间不停止执行。"因此,对于无正当理由不出庭提供证言的证人,法院可对其采取强制手段以确保其到庭,情节严重的给予训诫、拘留。但是,相较于我国台湾地区和日本有关强制证人出庭的相关规定,我国大陆的强制证人出庭制度还仍有许多不足。[②] 有关强制证人到庭的规定,日本刑诉法中的规定要严于我国台湾地区的规定,不仅可以对拒绝出庭作证的证人进行拘传、罚款、命令赔偿费用,还可对情节严重的追究其刑事责任(拒绝到场罪),选处或者并处 10 万元以下罚金、拘留。我

---

① 参见龙宗智:《论建立以一审庭审为中心的事实认定机制》,载《中国法学》2010 年第 2 期。

② 例如,台湾地区"刑事诉讼法"第 178 条(证人之到场义务及制裁)规定:"a.证人经合法传唤,无正当理由而不到庭者,得科以新台币三万元以下之罚锾,并得拘提之。b.再传不到者,亦同。前项科罚锾之处分,由法院裁定之。检察官为传唤者,应声请该管法院裁定之。c.对于前项裁定,得提起抗告。d.拘提证人,准用第七十七条至八十三条及第八十九条至九十一条之规定。"林钰雄:《新学林分科六法:刑事诉讼法》,新学林出版股份有限公司 2011 年版,第 A-442 页。《日本刑事诉讼法》第 150 条(违反到场义务与罚锾、赔偿费用)规定:"受到传唤的证人没有正当理由而不到场时,可以裁定处以 10 万元以下的罚锾,并可以命令赔偿由于不到场所产生的费用。对前款的裁定,可以提起即时抗告。"第 151 条(拒绝到场罪)规定:"作为证人受到传唤没有正当理由而不到场的,处以 10 万元以下罚金或者拘留。犯前款罪的,可以根据情节并处罚金和拘留。"第 152 条(对不到场证人的再次传唤,或者拘传)规定:"对不接受传唤的证人,可以再次传唤,或者拘传。"《日本刑事诉讼法》,宋英辉译,中国政法大学出版社 1999 年版,第 34～35 页。

国台湾地区"刑诉法"规定可以对拒绝出庭作证的证人处以罚款、拘提(拘传),2002年修法后规定证人无正当理由拒绝出庭作证的,处3万元以下新台币的罚款,这较之以往旧法中50元以下罚款足足增长了近600倍,再次传唤无正当理由不到庭的还可以再次罚款,而为免予被高额罚款和被拘提,证人出庭作证就成了更为现实的选择。① 有学者指出,我国《刑事诉讼法》第188条中规定的"先训诫、后拘留"处罚模式不妥。一方面,"训诫"对于拒不出庭提供证言的证人,很难形成强制压力以督促其出庭作证;另一方面,"拘留"措施又过于严厉,而关键是以"拘留"方式处罚证人,尚不能真正达至强制证人出庭的目的。因为证人一旦被法院拘留,即已"身陷囹圄"而无法作为证人出庭,反而会延宕庭审的进行。② 因此,笔者认为我国刑事诉讼法有关强制证人出庭作证的规定,应该借鉴这些法治发达国家和地区的有益经验,有必要在训诫与拘留之间增加罚款、命令赔偿费用等措施,并可以考虑通过刑事立法的方式,追究拒绝履行提供证言义务证人的刑事责任。当然,这需要先将享有拒证权的主体如近亲属、特定职业群体等排除在外。

第二,出庭证人的保护与补偿。我国刑事庭审中证人出庭率低是多方面因素交织作用的结果,从鼓励、支持证人出庭作证的角度来看,对这一问题的解决既需要完善强制证人出庭制度,也需要完善对证人的保护与补偿。正如丹宁勋爵(Lord Denning)所言:"因为就蔑视法庭来说,没有比在证人作证以前威胁证人或在作证之后迫害证人的行为更为严重的了;假如案件一结束,证人就要受到那些不喜欢他作证的人的报复,那么还怎能指望证人自由地和坦率地提供他们应当提供的证据呢?让我们承认他诚实地作了证,难道仅仅因为作了证,他就应该被解雇、被开除出工会、被撤职或被逐出社交圈子吗?我不相信英国法律会这样对待证人;如果在某个案件中发生了这类事又未受到惩罚,消息就会很快传开,其他案件的证人就会拒绝作证。即使他们愿意出来效劳,由于害怕后果,也不敢说出真情。"③在司法实践中证人自身之所以不愿意出庭,主要原因在于其财产权利和人身权利无法得到保障。对于出庭作证证人的保护,我国台湾地区2000年制定了"证人保护法",随后又颁布了"证人保护法实施细则",立法目的及适用范围是"为保护刑事案件及检肃流氓案件之证人,使其勇于出面作证,以利犯罪之侦查、审判,或流氓之认定、审理,并维护被告或被移送人之权益,特制定本法"④。根据该法的规定,不是所有的刑事案件都可以适用证人保护法,仅包括最低本刑为3年以上有期徒刑之罪、洗钱犯罪、帮派组织犯罪、贪污罪、贿选犯罪等。因为不是所有案件的证人及其家属都会面临被报复的危险。

除此之外,台湾地区的"证人保护法"就证人保护之执行机关、保密证人之身份资料保密处理及讯问方式、随身保护及禁止令、短期生活安置、证人免责协商、泄密之处罚、违反禁止令之处罚、意图妨害或报复证人到场之加重处罚、伪证罪之处罚等作出明确的规定。台湾地区对证人保护制度主要有以下三个方面的特点:一是保护范围较广。证人保护涉及的案件是本刑为3年以上有期徒刑,以及其他列举的14类犯罪。受保护的人不仅包括出庭证人,

① 参见罗海敏:《两岸刑事证人出庭作证制度之比较》,载《证据科学》2012年第3期。

② 参见万毅:《新刑诉法证人出庭制度若干法解释问题》,载《甘肃政法学院学报》2013年第6期。

③ 参见[英]丹宁:《法律的正当程序》,李克强、杨百揆、刘庸安译,法律出版社2011年版,第22页。

④ 林钰雄主编:《新学林分科六法:刑事诉讼法》,新学林出版股份有限公司2011年版,第B-402页。

还包括与证人有密切关系的人。二是保护措施多样化。不仅规定有身份保密、人身安全保护措施，还有短期生活安置和污点证人制度。三是明确规定了违背证人信息保护以及妨碍证人作证的后果。① 我国大陆对出庭证人的保护并没有进行专项立法，有关证人的保护和补偿散见于《治安管理处罚法》第 20 条、第 42 条，《刑法》第 308 条(打击报复证人罪)、第 308 条之一(泄密罪)，以及《刑事诉讼法》第 62 条、第 63 条。相比之下，有关证人保护和补偿，主要存在以下不足：没有明确证人保护的责任主体；缺乏预防性的救济措施；没有污点证人制度；证人的补偿规定不明确。所以，在有关出庭证人的补偿和保护方面，有必要借鉴我国台湾地区的"证人保护法"和"证人保护法实施细则"的相关规定，从保护对象、保护主体、保护手段、补偿方式等方面进行相应的完善。

五、结语

证人出庭作证是现代刑诉制度的基本要求，尤其是对抗式诉讼下控辩双方主导的证据调查，需要证人出庭方可有效展开法庭调查。在强调证人出庭以贯彻传闻证据规则或者直接言词原则要求的诉讼构造中，人之证据方法不仅针对言词证据也包括实物证据，这体现了人证调查的重要作用。虽然证人出庭对于实现刑事诉讼法的基本目标意义重大，但是并不意味着刑事诉讼活动中所有的证人都必须出庭，仅在控辩双方对证人提供的证言存在疑问或争议，需要通过对相关证人发问以消除疑点时，证人出庭才是必要的。② 刑事诉讼中之所以仅要求关键证人出庭：一方面，控辩双方对证人证言没有异议，意味着双方认可证人证言所包含的事实，证人出庭接受控辩双方的询问就没有任何意义了；另一方面，诉讼资源是有限的，控辩双方无争议证人不用出庭，有利于诉讼资源的合理配置。

虽然庭审实质化试点改革案件促使了大量证人出庭，但是与卷宗记载的证人总数相比较为有限，必要证人出庭数量仍然偏低，而且出庭证人主要以控方证人为主。必要证人出庭率偏低既与诉讼文化理念有关，也与我国刑事诉讼法证人出庭制度不合理，配套制度不健全，以及司法资源配置不均存在关联。在犯罪控制模式下的积极实体真实主义强调犯罪必须被发现，有罪必罚支配的诉讼理念必然更加重视卷宗在庭审中的作用，承认违法取得的证据资料具有证据能力。从发现真实的角度来看，证人出庭接受控辩双方质询以及与被告人对质，对于积极实体真实强调犯罪控制贡献不大，反而还可能妨碍公权力机关打击犯罪的效率。卷宗中心主义下的书面审理模式，强调客观真实的实事求是原则优先于证据裁判，而有限的诉讼资源促使对效率的追求优先于程序公正。因此，传统书面审理模式得以延续，可能在于证人出庭与客观真实、司法一体化以及诉讼效率存在冲突。证人出庭作证本身并非目的，而是落实传闻证据规则或直接言词原则，以确保控辩双方尤其是辩方的对质权。关键证人出庭问题的解决，笔者认为有必要在宪法层面明确规定被告人享有对质权，制定排除不符合必要证人出庭例外的传闻证据规则，以及完善强制证人出庭作证、证人作证补偿与保护等

---

① 参见罗海敏：《两岸刑事证人出庭作证制度之比较》，载《证据科学》2012 年第 3 期。

② 参见易延友：《证人出庭与刑事被告人对质权的保障》，载《中国社会科学》2010 年第 2 期。

配套制度。此外，有必要对传唤关键证人出庭不力的司法人员进行必要的程序性制裁，①以最大限度地确保辩方对质权的实现。

① 与实体性裁判不同，程序性裁判并不解决被告人是否有罪、如何量刑等实体性问题，而是法官或依据职权或根据控辩双方所提出的程序性申请，就案件的诉讼程序问题所作的裁判活动。程序性裁判主要是指法院对警察、检察官、法官以及其他参与刑事司法活动的官员是否违反诉讼程序，有无侵犯公民权利等问题，所作的专门性裁判活动。参见陈瑞华：《程序性制裁理论》，中国法制出版社 2010 年版，第 236～237 页。

《厦门大学法律评论》总第三十一辑
厦门大学出版社 2019 年 6 月版
《唐律"六杀"的启示:主观责任配置的另一种进路》
第 35 页～第 51 页

唐律"六杀"的启示:主观责任配置的另一种进路*

刘艺涵**

摘要:区分间接故意与有认识的过失对于理论和实践均有重大的意义,但是无论用比对二者差别的方法,还是用为间接故意划定范围的方法都难以做到。究其原因,是因为"故意—过失"的二元责任论是以概念的思维对主观责任作出区分,而现实中人们的主观心态存在着不同的类型,难以仅仅用高度抽象的两个概念进行定义。考察唐律中有关杀人罪的规定会发现,"六杀"的规定即为在主观责任配置上采用类型化方法的成功司法实践。有鉴于此,在故意与过失的界限难以划分的情况下,我们应当考虑建构类型责任补充当前刑法的概念责任。

关键词:间接故意;有认识的过失;主观责任;"六杀";类型与概念

The Enlightenment of Tang's "Six Types of Homicide": Another Way to Allocate the Subjective Responsibility

Liu Yihan

Abstract: Distinguishing between indirect intention and cognitive negligence is of great significance to both theory and practice, but it is difficult to do this either by comparing the difference between them directly or by delimiting indirect intention. The reason is that the "Intention—Negligence" dual responsible theory distinguishes subjective responsibility by the thinking model of concept, but in practice, subjective mentality varies from person to person, and it is difficult to define it by using only two abstract concepts. By studying Criminal Laws of Tang Dynasty we can find that "Six Types of Homicide" is a

* 文章 DOI:10.3966/615471682019060031003。

** 刘艺涵,男,1994 年生,湖北十堰人,厦门大学法学院研究生,研究方向:刑法学。电子邮箱:m18805921286@163.com。

successful judicial practice about the allocation of subjective responsibility by using the typical method. Learning from the ancient Chinese criminal codes, we are supposed to consider the construction of typical responsibility to supple the conceptual responsibility of criminal law when it is difficult to make a distinction between intention and negligence.

Key Words: indirect intention; cognitive negligence; subjective responsibility; "Six Types of Homicide"; type and concept

我国《刑法》第 14 条规定："明知自己的行为会发生危害社会的结果，并且希望或者放任这种危害结果发生，因而构成犯罪的是故意犯罪。"由此可知，所谓犯罪故意，是指行为人明知自己的行为会发生危害社会的结果，并且希望或者放任这种危害结果发生的一种主观心态。第 15 条规定："应当预见自己的行为可能发生危害社会的结果，因为疏忽大意而没有预见，或者已经预见而轻信能够避免，以致发生这种结果的，是过失犯罪。"当前，将犯罪过失分为过于自信的过失（下文统称有认识的过失）与疏忽大意的过失早已成为学界的通说。乍一看，故意与过失是泾渭分明的两种犯罪心态，二者相互独立，界限清晰，但在现实生活中果真如此吗？为了区分间接故意与有认识的过失，我们进行过哪些努力？效果如何？倘若单凭这两个概念不足以涵盖行为人的所有主观心态，我们该如何弥补其中的缺失？主观责任的配置是否具有其他的进路？

一、区分间接故意与有认识过失的种种尝试

故意分为直接故意和间接故意，过失分为有认识的过失和疏忽大意的过失。其中直接故意的意志因素表现为对危害结果的希望，客观行为一般会采取积极行动追求结果的发生；疏忽大意的过失根本未能预见到危害结果的发生，此二者居于主观责任的两端，在理论与实务中都便于界定。真正让我们感到为难的是如何区分间接故意与有认识的过失，二者对危害结果的发生都有所预见，只是在意志因素中一为“放任”，一为“轻信能够避免”。虽然在措辞上我们可以找到合适的词汇为二者划分界限，但是在实务中，稍有理性的行为人面对指控都会狡辩自己不希望结果的发生，是“轻信能够避免”，故而理论界和实务界都在为区分间接故意和有认识的过失作出努力。

（一）以直接对比的方法区分间接故意与有认识的过失

直接对比间接故意与有认识的过失无非是从认识因素和意志因素两个方面入手。

从认识因素上看，有学者指出：间接故意是“明知”危害结果发生的可能性；有认识的过失是“预见”危害结果发生的可能性。“明知”比“预见”要具体、要全面，说明间接故意的行为人认识到结果发生的可能性较大。间接故意是认识到行为具有发生危害社会结果的可能性，这是学界一致的观点；而对有认识过失的认识因素，有三种典型观点：(1)认识到危害结果发生的可能性，但同时认为利用主客观条件是可以避免这种结果的发生的，而事实上这些

有利的主客观条件并不具备;(2)认为轻信过失行为人认识到的危害结果的发生可能性比间接故意较小;(3)认为只要利用行为时存在的一些有利条件,危害结果就不会发生。对于"明知"和"预见"的区别,笔者认为在事发之前二者是没有差异的,对于间接故意来说,即使是"明知"也只是明知危害结果"可能"会发生,而不是必然发生,否则我们会认定其为直接故意,所以二者在认识程度上是基本相当的。在轻信过失中,行为人即便利用了有利的主客观条件,其行为也仍然可能发生危害结果。"因为行为人出于'凭借了行为时存在的有利的主客观条件,危害结果就不会发生的认识',促成了行为的实施。既然这样,虽然行为发生了危害结果,这个危害结果也只能是意外事件,又有什么主观恶性,又有什么可责备的呢?"①

从意志因素上看,简单地说,间接故意是放任危害结果的发生;而有认识的过失是希望危害结果不要发生,希望避免危害结果的发生。间接故意是为了实现其他犯罪意图或非犯罪意图而实施行为,而根本不考虑是否可以避免危害结果的发生,事实上行为人也没有采取避免结果的措施;有认识的过失之所以实施该行为,是因为考虑到可以避免危害结果的发生。② 先不说这种理论对于指导实践是否有帮助,该学说在逻辑上就是不自洽的:一方面说,有认识的过失在认识因素上是"认为危害结果不会发生";另一方面又说,在意志因素上,有认识的过失是"希望避免危害结果的发生。"既然认为凭借主客观条件都得出了危害结果不会发生的结论,又哪需要去"避免"呢? 而最好的避免方式就是停止可能产生危害的行为,但是在这种学说中,行为人是知恶而为,一边做着危害的行为,一边说"我希望避免危害结果的发生"。行为人到底意欲何求?

还有学者认为,当前主观方面的两个要素已经不能满足区分间接故意与有认识过失的要求了,必须加入情感要素。其认为意识包含着知、情、意三者的统一。"'知'指人类对世界的知识性与理性的追求,它与认识的内涵是统一的;'情',指情感是指人类对客观事物的感受和评价,它表现为热爱、仇恨、向往、遗憾、满意、不足以及对自身喜、怒、哀、乐等的心理体验、心理活动;'意'指意志,是指人类追求某种目的和理想时表现出来的自我克制、毅力、信心和顽强不屈等精神状态。"③加入情感要素后,间接故意与有认识过失的区别就显得简单明了而又顺畅自然了。现列表如下④:

	认识因素	情感因素	意志因素
间接故意	认识到危害结果发生的可能性	对危害结果不排斥	放任危害结果的发生
轻信过失	预见到危害结果发生的可能性	对危害结果排斥	放任危害结果的发生

这种观点无非是新创设了一个概念,然后把由意志因素承担的任务交给了情感因素,但

① 谢勇、温建辉:《区分间接故意与轻信过失的最终方案》,载《河北法学》2007 年第 1 期。

② 参见苏惠渔:《刑法学》,中国政法大学出版社 1999 年版,第 169 页。

③ 李秀林、王于、李淮春:《辩证唯物主义和历史唯物主义原理》,中国人民大学出版社 1995 年版,第 59 页。

④ 谢勇、温建辉:《区分间接故意与轻信过失的最终方案》,载《河北法学》2007 年第 1 期。

这并不能解决任何实质问题，给人的感觉是“拆东墙补西墙”。另外，需要说明的是，人的主观可能确实是由“知、情、意”共同构成的，但是刑法是一门规范学科而非事实学科，故感情因素是否应当作为独立的因素加入主观内容中，笔者持商榷态度。陈兴良教授也认为：“情的因素是客观存在的，但是从性质上讲，情是依附于意而存在的。对于情感因素在罪过心理中的影响是不可不论的，但它不足以成为认识、意志这两个因素并列的划分罪过形式的心理标准。”①

直接对比间接故意与有认识的过失似乎并不足以找出二者的界限，但我们还有另外一条进路：我们只需要确定间接故意或者有认识的过失其中一者的范围，就能相应地确定另一者的范围。回顾历史我们也会发现，“在大陆法系，故意犯罪的心理本质历经认识主义、希望主义、容忍主义。与此同时，过失犯罪的心理本质则历经无认识说、不注意说、避免结果说”。② 所以我们不妨深入研究间接故意，倘若能有明确的标准认定何种心态为间接故意，其与有认识的过失的界限也将一目了然。

(二)从间接故意的标准切入

故意内涵的演化经历了四个阶段：第一个阶段，以行为的外在效果决定行为人的归责，主观方面是不予考虑的内容，属于结果归责时代(《卡罗琳娜刑法典》之前)。第二个阶段，行为人的意志是决定罪责的要素，任何被认为易于预见的结果，都是行为人意志的结果(卡尔普左夫的“间接意志”论之前)。第三个阶段，认识和意志两个要素被区分开来，但有认识通常被认为有意欲(博梅尔的间接故意概念)。第四个阶段，意欲作为判断故意的一个独立要素出现(费尔巴哈之后)。③ 后来犯罪故意的范围又经历了希望主义、容忍主义和认识主义之争。“认识说界定的犯罪故意的范围失之过宽，希望说界定的犯罪故意的范围又失之过窄，容忍说克服了上述两说的不足，确定了一个宽窄适度的犯罪故意的范围。因此，间接故意实际上充当了故意成立的底线，标明了刑法处罚故意犯罪，追究故意责任的最低忍耐程度。”④容忍主义既是当前德日法系的通说，也为我国刑法法规所采纳。但何为间接故意，这并非一个简单明了的问题，一部德国刑法犯罪故意的理论史，有半部都是在书写有关间接故意的各种学说。

笔者在上文已经说明，区分间接故意与有认识过失的关键在于区分二者的意志因素，间接故意的意志因素为“放任危害结果发生”，那我们自然要追问，何为“放任”？传统的支配性学说认为，所谓放任，就是既不积极追求、希望结果发生，也不是希望这种结果不发生，而是对危害结果的发生采取听之任之的态度，发生了危害结果并不违背行为人的本意；没有发生危害结果，也不违背行为人的本意。⑤ 现在多数教科书依然沿用了这样的表述。说得不客

① 陈兴良：《故意责任论》，载《政法论坛》1999 年第 5 期。

② 参见李兰英：《间接故意研究》，武汉大学出版社 2006 年版，第 160 页。

③ 参见许玉秀：《主观与客观之间——主观理论与客观归责》，法律出版社 2008 年版，第 61 页。

④ 李兰英：《间接故意概念及其定位的新理念》，载《法学评论》2004 年第 4 期。

⑤ 参见高铭暄主编：《中国刑法学》，中国人民大学出版社 1988 年版，第 129 页。

气一点，这是一段“正确的废话”，正面说是对的，反面说也没错，从逻辑上看非常自洽的，但同时也意味着说了跟没说一样。所以，我们必须为“放任”寻找更明确的标准。

实际上，德日刑法有关间接故意的理论，主要就是致力于提供各种认定间接故意的标准。支持意志因素必要论的学者先后提出过容忍理论、漠然性理论、防果理论、认真理论、决定理论等，我们也先后见识了“容忍、接受、同意、漠然、认真估算、不违背本意”等说辞，但是仔细推敲就会发现，这些词汇基本都是“放任”的近义词，学者差不多是在进行一种同位语替换的文字游戏，我们还是没看到一个清晰的客观标准。有鉴于意志因素过于抽象，意志因素无用论的学者坚信“知情行为永不违背其本意”①，通过对认识因素的细致划分，即可推断出其主观心态，其先后提出过可能性理论、盖然性理论、风险认知理论、客观的认真对待理论等学说。意志因素无用论的主张让人眼前一亮，看上去逻辑简洁、标准清晰，让我们摆脱了令人捉摸不定的意志因素。但是深入分析会发现，这种客观的标准同样有值得商榷之处：第一，可能性理论和盖然性理论都试图引入概率作为判断标准，但是这个概率定在多高为最合理的标准却依旧没有标准，是 60％的可能性认识到危害结果会发生即为故意更科学还是55％更科学？盖然性理论依旧只能用“比最低限度的可能高，比非常的可能低”这种抽象的表述阐释自己的标准。福利许的风险认知理论中的“风险”与可能性理论中“结果发生的可能性”也是大同小异的，仍然是抽象的概念。客观的认真对待理论将客观的风险分为三类，尽量细化判断标准，但是也面临着在某些场合危险是否受到防护处于模棱两可的问题，“未受防护”与“受到防护”这种危险品质的划分事实上还是以事故发生的概率高低为依据的。质言之，其理论仍然缺乏统一适用的标准。第二，更为重要的是，意志因素是无法用认识因素简单替代的独立因素。在本质上，决定与选择相关联，选择与自由相关联，自由与意志相关联，自由意志（他行为能力）是对行为人苛责的正当性来源。实际上，所有的意志因素无用论并非不要意志因素，而是试图以各种客观标准推定人的意志。“要区分纯粹的客观说和主观说其实很困难。尤其是所谓不要意欲要素的客观说根本就不存在。客观说只是用认知和行动证明意欲要素的存在，却没有真正否决了意欲要素。”②但可惜的是，“认知因素是理性因素，意志因素是情绪因素”③，意志因素因人而异且隐匿于行为人的内心深处，并没有那么容易推定。

这种困难不仅反映在理论上，也反映在立法实践中。无论是大陆法系国家还是英美法系国家都在尝试定义间接故意时留下过失败的教训。“以德国为例，1962 年西德刑法修正草案曾尝试定义间接故意，然而，在 8 天之后，上述委员在讨论会议上却因为对于‘意欲要素’的用字相持不下，使得赞成的票数锋转直下，最终放弃了对间接故意的规定。这样的情形，同样发生在英国。英国刑法最初也只是将故意限制在直接故意的范围内。英国法律委员会在 1989 年的《刑法典草案》中，尝试给故意下过定义，但最终也是因为对于故意概念的内涵把握不定而宣布失败。”④

---

① 黄荣坚：《基础刑法学》（上），台湾元照出版社 2003 年版，第 360 页。

② 参见许玉秀：《客观的故意概念——评德国的间接故意理论》，载台湾《政大法学评论》第 48 期。

③ 许玉秀：《主观与客观之间——主观理论与客观归责》，法律出版社 2008 年版，第 104 页。

④ 李兰英：《间接故意概念及其定位的新理念》，载《法学评论》2004 年第 4 期。

区分间接故意与有认识的过失的两条路都没有走通，我们不禁要问，二者难以区分的原因到底是什么？

二、间接故意与有认识过失难以区分的原因

有关间接故意与有认识过失的区分标准，刑法学者提出的理论不胜枚举，其探求真理的热情不可谓不高涨，努力不可谓不真挚，但似乎没有一种理论令人信服地指出了故意下限与过失上限的界限到底在哪。以至于以劳东燕教授为代表的一批学者开始主张"间接故意与有认识过失的合一论"，其主要理由有二：一是学说上所讲的间接故意和有认识过失在责任上并没有质的差别，二者的区分是学说上长期苦心经营的结果，并非有根本的、原始的区别。二是间接故意和有认识过失区分的困难，在学说和实务上已无能为力，而以认识因素区分故意和过失，并将间接故意和有认识过失合而为一，更具可操作性。① 但这两个理由笔者都不能赞同，第一，即使我们不能明确指出间接故意与有认识过失的界限在哪，但我们又都能切实感受到二者是不同的主观心态，对事实对法律的态度都有本质的不同，所以有学者批评"合一论"的主张有违反罪刑相适应的嫌疑。② 第二，即使二者区分困难，最佳的解决方案也不是将二者一概而论。我们不是要"合一"，而是要更细致、更巧妙、更科学的配置主观责任。而要做到这一点，首先就要搞清楚区分间接故意与有认识过失屡屡失败的原因。我们不妨通过几个经典案例切入问题：

案例一(飞机爆炸案)：行为人为了获取保险赔偿在飞机上放置了炸弹，让其在飞行中爆炸；他知道这样实际上肯定会致乘客们死亡，但他又希望有奇迹出现，使他们幸免于难。③ 行为人对危害结果的发生具有高度认识，正常人也都知道这种死里逃生的概率微乎其微，但他的目的是获得赔偿，对乘客的死亡持反对态度，所以意志因素既不是希望也不是放任，而是不希望、是反对。那么他对乘客们的死亡结果有故意吗？

案例二(皮带案)：两个被告打算以裤子皮带勒昏被害人以夺财，曾因担心被害人死亡，改用沙袋闷昏被害人不果，重新使用皮带将被害人勒昏过程当中，其中一人为确定被害人是否已无力挣扎更勒紧皮带时，另一人发觉而制止，取财目的达成之后，见被害人昏迷已久，心生怀疑，进行人工呼吸抢救，却已回天乏术。④ 我们看到，行为人对伤害的手段和结果都有一定的认识，但在行为时出现了反复，开始想用皮带，后来为了避免死亡改用沙袋，未果后又改回用皮带，但在被害人昏迷后又进行了人工呼吸抢救。此时我们该如何评价行为人的意志因素？我们从客观行为就可以推断行为人在行为时内心的纠结与反复，此时我们是否还有能力明确的划分出故意与过失的界限？如果要简单粗暴的强行区分，区分的结果是否合理？

① 参见劳东燕：《犯罪故意理论的反思与重构》，载《政法论坛》2009 年第 1 期。

② 参见李兰英：《间接故意研究》，武汉大学出版社 2006 年版，第 169 页。

③ 参见李兰英：《间接故意研究》，武汉大学出版社 2006 年版，第 20 页。

④ 参见德国判例书籍 BGHSt.7，363，365，369.

案例三(男友掐死女友案):孙某与女青年刘某相识不久即发生关系,随后孙某问刘某:“你喜欢我吗?”刘某答:“喜欢,我愿意为你去死。”孙某随机将刘某按倒在地,两手掐住刘某的脖子约半分钟,后左手拿开,右手又持续掐了半分钟,见刘某不再动弹,孙某放手,此时刘某已经死亡。后孙某交代:他之前在感情上受过伤,觉得女人的话不可信,想用掐脖子这种方法验证一下刘某的话是不是真的。他知道掐脖子会死人,但是真没想把刘某掐死。① 一种意见认为,孙某与刘某无冤无仇,没有杀人动机,主观上轻信能够通过控制掐人的时间和力度避免死亡结果的发生,属于过失致人死亡。另一种意见则认为孙某明知自己可能把人掐死,却为了验证刘某是否真心爱他,放任了刘某死亡结果的发生。倘若他想得到自己渴望的验证结果,如果刘某一分钟后没死,他还会继续暴力行为,故而应当认定为故意犯罪。

通过第一章和上述三个案例的阐述,我们可以大致总结出以“故意—过失”二元责任论归纳行为人主观心态面临的困境:第一,认识因素和意志因素可能出现冲突的情况。“强调认识因素的学者往往认为危害结果的发生概率越高,便越有可能认定被告人有认识或预见,由此也越可能被认为是故意。但实际上行为人即使认识到结果发生的盖然性时,也完全可能侥幸认为结果不会发生而认识到结果发生的可能性时,当然也可能意欲结果发生企盼奇迹出现——认识因素的内容并无可能绝对地决定意志因素的内容。”②第二,更大的困难在于有些案件中,行为人的主观心态本来就游离于间接故意与有认识的过失之间——既像此又像彼;既非此亦非彼。就认识因素而言,还有可供参考的客观标准(比如“平行领域的外行人”学说),但意志因素可谓深藏于行为人的内心,且在个案中还可能出现摇摆不定的情况,故难以建立客观的认定标准。所以学者苦心经营的“放任”和“轻信”等概念以及不断为之提供的各种判断标准,大致只可能解决规范本身的语义模糊问题,而无法切中“本体模糊”之问题要害。换句话说,如果人的意志因素本身就难以用某个概念涵摄,那么只要我们还局限在“故意”与“过失”的概念之中,学者提出再多的学说也都会在面对疑难案件时感到深深的无助。

有鉴于此,在半个世纪之前,德国著名刑法学者韦尔策尔对此感叹道:“间接故意与有认识过失的分界问题是刑法最困难和最具争议的问题之一,这个问题难在意欲是一种原始的、终极的心理现象,它无法从其他感性或知性的心理流程中探索出来,因而只能描述它,无法定义它。”③再进一步分析,困境的根源在于现实生活中人们的主观心态由不同的类型构成,“类型只能描述而不能定义”④,而我们却一再试图以概念定义之。在此,我们有必要对“概念”和“类型”这两种对生活的基本抽象方式作出说明。

“在规范与事实之间,概念是对生活事实的高度抽象,类型则是对生活事实的中度抽象。”⑤概念与类型有几组相互对立的关系:第一,概念的边界分明,反映出一种“分离式”

---

① 参见陈磊:《犯罪故意论》,中国人民公安大学出版社 2012 年版,第 65 页。

② 冯亚东,叶睿:《间接故意不明时的过失推定》,载《法学》2013 年第 4 期。

③ Welzel, Das deutche Strafrecht,11.Aufl,1969, S.69。

④ [德]卡尔·拉伦茨:《法学方法论》,陈爱娥译,商务印书馆 2003 年版,第 100 页。

⑤ 陈磊:《犯罪故意论》,中国人民公安大学出版社 2012 年版,第 56 页。

"非此即彼"的思维。"最抽象的概念都只容许有两个——彼此处于矛盾对立的——导出概念惟如是始能保障概念体系所要求的圆满性。"①而类型的边界相对模糊,其承认在特定的生活事实中,人的主观心态有模糊和流动的空间,由一个状态到另一个状态的转化是逐渐过渡而非一蹴而就的。第二,概念相较于类型更为封闭,类型则更为开放。概念思维旨在封闭法律适用的对象范围,注重形式正义,但在应对社会千变万化的事实面前却常常捉襟见肘,更勿论其改变现实。而类型思维以价值或意义为导向,它更多的是关照个案正义。② 第三,"在概念思维的推论过程中,对象判断是一种确定的'是'的判断,法效果判断作为结论的得出具有一种逻辑的必然性。相比之下,类型标准是规范对象的某种共同价值内容的标准化,由此决定,其与法效果标准的结构性联系不再是单纯的逻辑结构,而更主要的是体现一种价值关系,一种价值与评价的关系,规范整体也不再是简单的条件判断,而更应理解为一种价值判断。"③第四,二者的表现方式也不同。概念多以直观的、简洁明了的定义揭示,而类型是对社会生活中多次反复出现并且具备大致相同特征的经验事实的规范性描述。二者也有一定的联系,从某种意义上讲,概念也是一种类型,是最具有典型性、抽象程度最高的类型,类型往前一步抽象化就是概念,退后一步具体化则是个别的具体的生活事实。

对于刑法而言,罪、责、刑相适应的理想状态是一事一议,一事一罚,但无论是从立法技术还是从比例原则考量,这种做法都是不现实的,所以我们需要对生活进行一定的抽象。在法规范体系诸思维工具中,概念也力图以最精确、最合逻辑的方式储藏法律信息、传达法律价值,但是在主观责任认定这一问题上,将生活直接抽象为概念而非类型,似乎是一种"过度的抽象"。人性是复杂的,人心同样是复杂的,善恶分明、是非明了的情况可能更多出现在影视剧塑造的人物中而非现实生活中。正如德国学者拉德布鲁赫所指出的:"生活只知道奔腾不息的流动,但概念却为这流动划出清晰的界限。生活只表明'或多或少',而概念却要求做出决定'要么这样—要么那样'。"④在故意与过失之间存在着像光谱一样的亮度表,即黑色—褐色—灰色—灰白—白色,那么要求法律规范做成不是故意就是过失的精确决定,难度可想而知。⑤

刑法主观责任的配置,牵涉到一个社会最起码的公平问题,故而这是一个古今中外都会面对的问题。我们不妨回顾历史,从博大精深的中华法系中汲取所需的智慧。

---

① [德]卡尔·拉伦茨:《法学方法论》,陈爱娥译,商务印书馆 2003 年版,第 331 页。

② 参见闫军:《概念与类型法律思维之比较》,载《福建法学》2009 年第 1 期。

③ 周占生:《概念与类型法律思维比较研究——基于规范结构的讨论》,载《河南社会科学》2010 年第 2 期。

④ [德]拉德布手赫:《法律智慧警句集》,舒国滢译,中国法制出版社 2001 年版,第 2 页。

⑤ 参见李兰英:《间接故意研究》,武汉大学出版社 2006 年版,第 181 页。

三、我国古代配置主观责任的方式——以唐律关于杀人罪为例

(一)唐律杀人罪概述

自夏《尚书・大禹谟》"宥过无大,刑故无小"开始区分"故"与"过"的罪过形式以来,我国古代历朝历代都有关于犯罪故意与犯罪过失的规定。历代刑法,以"故""非眚""端"作为犯罪故意的基本表述,并有"失""误""眚""不端"与之相对,表示犯罪过失或者意外事件等非故意的心态。① 单从字面上看,这些表述与当下刑法有关故意与过失的规定并无二样,但在实践中,我国古代主观责任的配置方式却"别有一番天地"。本文将以唐律中有关杀人罪的主观归责内容对此作出说明。

之所以选择唐律的规定是因为唐律可谓中华法系之集大成者,不仅立法体系严密科学,而且影响深远,可谓"然则律虽定于唐,而所以通极乎人情法理之变者,岂可画唐而遽止哉?"②而杀人罪又是最为重要、最为典型也是统治者最为重视的犯罪类型之一,故相关法律条文较为丰富、完备:"七杀(关于'六杀'与'七杀'的争议后文详述——引者注)容纳了故意、过失心理状态不同且犯罪阶段、情节互不相同的七种杀伤罪,是古代区分有关故意、过失在'类犯罪'上表现最充分之处,它们是当时科学程度最高的概括。"③故而,以唐律中有关杀人罪的规定揭示我国古代主观责任的配置方式既具有说服力,也具有启发性。另外需要说明的是,本文的行为初衷在于通过借鉴我国古代的相关经验,解决当下困扰我们良久的主观责任配置问题,而非全面研究唐律中有关杀人罪的规定。故后文只选取杀人罪中最典型、最具有借鉴意义的情况做说明,像"谋杀官长""主故杀部曲""斗杀缌麻以上尊长""因窃囚过失杀他人"等特殊身份、特殊情况的犯罪不在本文的研究范围之内。

唐律杀人罪的条文多集中于《贼盗》(有 22 条)和《斗讼》(有 20 条)之中,其他律文亦有涉及,其中《捕亡》中有 3 条,《断狱》有 2 条,《卫禁》《诈伪》《厩库》《擅兴》各包含 1 条。提及唐律杀人罪,大家会不约而同的想到"六杀",但"六杀"一词以及所对应的六种犯罪类型并非出自唐律,而是后世学者经研究、整理唐律律文后提出的分类。既然是学者的分类,根据不同的研究视角和标准,自然会有不同的分类结论:蔡枢衡在《中国刑法史》中认为唐律杀人罪有七种:谋杀、故杀、斗杀、殴杀、戏杀、误杀、过失杀;钱大群在《唐律研究》一书中将唐律杀人罪分为故杀人、谋杀、斗杀、戏杀、过失杀五种;杨鸿烈在《中国法律发达史》中将唐律杀人罪概括为四种:故杀、谋杀、过失杀、加功自杀;宁汉林在《杀人罪》中认为唐律的杀人罪有六种:谋杀、故杀、斗杀、误杀、戏杀、过失杀;陈顾远在《中国法制史概要》中也认同了宁汉林先生提

---

① 参见刘淑莲:《论我国古代刑法中的罪过》,载《中外法学》1997 年第 5 期。

② (元)柳斌:《唐律疏议序》,载(唐)长孙无忌等:《唐律疏议》,刘俊文点校,中华书局 1983 年版,第 663 页。

③ 霍存福、丁相顺:《〈唐律疏议〉"以""准"字例析》,载《吉林大学社会科学学报》1994 年第 5 期。

出的"六杀"分类,"六杀"之说也为学界通说。值得注意的是,晚近有学者在"六杀"之上又提出"劫杀"一说,合称唐律"七杀",并以此撰写博士论文,详细论证了"劫杀"的内容。但通读《唐律疏议》(后文称《疏议》)就会发现,在唐律中的"劫杀"源于谋叛、劫囚、强盗、略人略卖人这四种明确规定的犯罪,"劫杀"不是独立的罪名,而是上述四种犯罪的加重情节,类似于当代刑法中的结果加重犯。故本文仍认同"六杀"的分类方式,不认为"劫杀"是独立的一类杀人罪类型。实际上,唐律杀人罪的类型可谓上承秦汉,下启明清,清代学者就已经概括出了"六杀"之说:"秦律规定有'贼杀、斗杀、盗杀和擅杀'四种具体的犯罪类型,汉承秦律并发展为'谋杀、贼杀、斗杀、戏杀和过失杀'五种,晋律及后世各朝律典皆规定为'谋杀、故杀、斗杀、戏杀、误杀和过失杀'六种,隋唐时期这六种犯罪混于贼盗斗讼律内,明清律专以'人命'篇统之世人谓之'六杀'。"①

(二)唐律"六杀"的一般规定

1. 谋杀

"二人对议"谓之"谋"②,但《疏议》也有"一人同二人之法"的规定:"谋杀人者'谓二人以上;若事已彰露,欲杀不虚,虽独一人,亦同二人谋法。"谋杀重"谋",故"谋而未行"亦构成犯罪,且谋杀罪中原则上以"造意者"为首犯,其余皆为从犯。唐律中的一般谋杀主要规定于《盗贼》"谋杀人"条:"诸谋杀人者,徒三年。已伤者,绞。已杀者,斩。从而加功者,绞;不加功者,流三千里。造意者,虽不行仍为首。"可以看出其分"谋而未行""谋而已伤""谋而已杀"三个犯罪状态分别处罚,还有关于共同犯罪的规定。

2. 故杀

"非因斗争,无事而杀"是"故杀"的本源含义。《斗讼》"斗殴杀人"条:"以刃及故杀人者,斩。虽因斗而用兵刃杀者,与故杀同。……虽因斗,但绝时而杀伤者从故杀伤法。"《疏议》曰:"以刃及故杀者,谓斗而用刃,即有害心,及非因斗争,无事而杀,是名'故杀',各合斩罪。……虽因斗而用兵刃杀者,本虽是斗,乃用兵刃杀人者,与故杀同,亦得斩罪。并同故杀之法。……兵刃杀人者其情重,文同故杀之法。……虽因斗,谓忿竞之后,各已分散,声不相接,去而又来杀伤者,是名'绝时',从故杀伤法。"从以上规定我们可以看出,除了非用兵刃相斗,无事而杀的故杀类型外,还有两类法律拟制(或转化规定)的故杀,即"斗而用刃杀"和斗后"绝时"而杀。

3. 斗杀

《斗讼》"斗殴杀人"条的《疏议》曰:"斗殴者,元无杀心,因相斗殴而杀人者,绞。"何为"斗"?张斐《注律表》释曰:"两讼相趣谓之斗。"《疏义》释曰:"相争为斗,相击为殴。"沈家本

① (清)吴坛《大清律例通考》"人命"篇按:"人命篇名,始自前明……汉以后,但有杀人者死之令……相沿至明,以人命至重按唐律而增损之始汇为人命一篇大概以谋、故、殴、戏、误、过失六杀统之。"参见马建石、杨育裳主编:《大清律例通考校注》,中国政法大学出版社1992年版,第772页。

② (元)徐元端等:《吏学指南(外三种)》,杨讷点校,浙江古籍出版社1988年版,第60页。

谓："凡斗殴杀人者，此往彼来，两相殴击，本无害人之心……"①从上文有关"故杀"的规定也可推知，斗杀要求"不用兵刃"且"登时"而杀，否则以"故杀"论。但严谨的唐律也考虑到了特殊情况，谓"为人以兵刃逼己，因用兵刃拒而伤杀者，依斗法"。同时，唐律还区分了"斗殴杀"与"共殴杀"的犯罪形态，并以"保辜"制度作为"斗杀"与"斗伤"的判断标准。

4. 戏杀

《斗讼》"戏杀伤人"条："诸戏杀伤人者，减斗杀伤二等。"《疏义》释曰："'戏杀伤人者'，谓以力共戏，因而杀伤人，减斗罪二等。……虽则以力共戏，终须至死和同，不相含恨而致死者。'虽和，以刃'，礼云：'死而不吊者三，谓畏、压、溺。'况乎嬉戏，或以金刃，或乘高处险，或临危履薄，或入水中，既在危险之所，自须共相警戒，因此共戏，遂致杀伤，虽即和同，原情不合致有杀伤者，唯减本杀伤罪一等。"戴炎辉教授将戏杀的内容概括为："一为和同；二为共戏；三为杀伤。"②戏杀的经典解释也是"两和相害谓之戏"③，客观行为必须表现为"以力共戏"，主观心态是"至死和同，不相含恨"。在量刑方面，戏杀基本是比附斗杀而科刑，有"从斗杀法""减斗杀一等""减斗杀二等"等规定。

5. 误杀

《斗讼》"斗殴误杀伤旁人"条："诸斗殴而误杀伤旁人者，以斗杀伤论，致死者减一等。若以故僵仆而致死伤者，以戏杀伤论。即误杀伤助己者各减二等。"《疏义》释曰："'斗殴而误杀伤旁人者'，假如甲共乙斗，甲用刃、杖欲击乙，误中于丙，或死或伤者，以斗杀伤论。不从过失者，以其元有害心，故各依斗法。至死者，减一等，流三千里。仰谓之僵，伏谓之仆。谓共人斗殴，失手足跌，而致僵仆，误杀旁人者，以戏杀伤论。假如甲与乙共殴丙，其甲误殴乙致死，减二等；伤，减二等。"《厩库》"故杀官私马牛"条将误杀解释为"目所不见，心所不意，或非系放畜产之所而误伤杀"；《擅兴》"功力采取不任用"条的阐述是"备虑不谨，而误杀人。"量刑规则多是比照斗杀和戏杀减刑，《擅兴》"功力采取不任用"条则直接规定了"徒一年半"的刑期。

6. 过失杀

《斗讼》"过失杀伤人"条："谓耳目所不及，思虑所不到；共举重物，力所不制；若乘高履危足跌及因击禽兽，以致杀伤者，皆是。"《疏义》释曰："过失之事，注文论之备矣。杀伤人者，各准杀伤本状，依收赎之法。注云'谓耳目所不及'，假有投砖瓦及弹射，耳不闻人声，目不见人出，而致杀伤；其思虑所不到者，谓本是幽僻之所，其处不应有人，投瓦及石，误有杀伤；或共举重物，而力所不制；或共升高险，而足蹉跌；或因击禽兽，而误杀伤人者；如此之类，皆为'过失'。"我们可以将过失杀概括为非故意和未预见两类，其主观恶性最小，故责任也最轻："诸过失杀伤人者，各依其状，以赎论。"④尤其值得注意的是，对于过失杀人科刑时还有免除刑事责任的条款，虽然这类规定主要集中于特殊身份的杀人行为中（如《斗讼》"主殴部曲死"条、"殴伤妻妾"条等），但其可以免罪或者以铜赎罪的刑罚规定亦足以反映这类杀人行为主

---

① （清）沈家本：《历代刑法考》（四）《论故杀》，邓经元、骈宇骞点校，中华书局 1985 年版，第 2065 页。

② 戴炎辉：《中国法制史》，台湾三民书局 1995 年版，第 68 页。

③ （唐）房玄龄等：《晋书》（卷 30，志第 20）《刑法》，中华书局 1974 年版，第 928 页。

④ 《唐律疏义》（卷第二十三）《斗讼》，第 339 条。

观责任最轻微。

(三)"六杀"的相互关系及责任配置的方式

"六杀"是对古代最常见的六种杀人类型的抽象,这六种类型各不相同,但在主观罪过和科刑上都具有明显的递减关系。

从主观罪过来看:在谋杀中,行为人的犯罪意图产生于杀人之前,科刑的重点也是在"谋"不在"行",即使"谋而未行"也构成犯罪,这与需要犯罪结果的故杀、斗杀明显不同;在故杀中,"杀心"产生于斗殴之中,这既与早有预谋的谋杀不同,也与不希望出现死亡结果的斗杀、戏杀、过失杀不同。由于这种心态在实务中难以把握,故唐律有"斗而用刃杀"和斗后"绝时"而杀以故杀论的拟制规定;斗杀中,行为人预见到了斗殴行为可能致他人死亡,但放任了此种结果的发生;戏杀中,行为人的主观恶性介于"斗杀"和"过失杀"之间。行为人对于致人死亡的结果并非"出于不意",这是与"过失杀"的区别;亦非直接追求,这是与过失杀的相似之处。行为人对死亡结果有预见,这是与斗杀的相似之处,但对致死结果的预见程度明显低于斗殴中伤人致死的斗杀;①误杀类似于当代刑法中打击错误中的对象错误,或者是"目所不见,心所不意"的疏忽大意的过失;过失杀则包含了正当防卫、意外事件和仅有轻微责任的过失杀人。

从刑罚方面来看:从谋杀到过失杀的刑罚也呈现出依次递减的状态。具体而言,谋杀与故杀皆为斩刑,但谋杀处罚预备行为,"诸谋杀人者,徒三年。已伤者,绞。已杀者斩"。故杀则不然。斗杀处绞刑。虽然都是死刑,但是在中国古代的伦理观念中,死求全尸,绞刑相对于斩刑来说是较为轻缓的死刑执行方式,所以说斗杀的刑罚是轻于谋杀和故杀的。戏杀存在比照斗杀减刑的情况,误杀又存在比照斗杀和戏杀减刑的情况或者只科轻微的徒刑。过失杀允许以铜赎罪,甚至在存在特殊身份时免于刑罚。可以看出,虽然唐律中没有采用故意与过失的二元责任论,但是其对杀人犯罪主观恶性轻重的判断通过六种类型亦得以彰显,与之相对应的刑罚也呈现阶梯状,可谓轻重适当,罪责刑同样是相适应的。

"六杀"中的"斗杀""戏杀""过失杀"可能都存在横跨当代刑法中故意、过失与意外事件等几种主观心态,但其主观责任的配置并未失当。概言之,唐律的立法者不自觉地运用了类型学的方法,以另一种进路安排了杀人罪的主观责任。以戏杀为例,"拳脚无眼",相戏之人果真能"点到为止"?行为人真的具有"至死和同"的心态吗?倘若行为人在相戏中预见死亡结果而放任其发生该怎么办?然而戏杀罪的认定,并不纠缠于行为人内心的状态,也不执着于间接故意与有认识过失复杂心态的解谜,有此行为类型即已足够。故杰弗芮·麦考马克教授认为,中国古代法律早期在责任问题上采取的是"情境法"②,所谓"情境法"亦即根据案件发生的实体环境和所有主客观情节配置责任,而不过度纠结于行为人的心理状态。

---

① 参见刘晓林:《唐律"七杀"研究》,商务印书馆2012年版,第221页。

② 参见陈磊:《犯罪故意的古今流变——兼评方法论意义上故意与过失的界分》,载《环球法律评论》2014年第4期。

四、“六杀”的启示：我国刑法主观责任配置的另一种进路

（一）“六杀”：类型化责任的不自觉运用

“六杀”各条都是以生活中反复出现的各种杀人行为为原型的——有预谋的杀人，临时起意杀人，相互斗殴致人死亡，以力共戏致人死亡，谋、故、斗杀过程中误杀旁人和在“耳目所不及，思虑所不到”的情况下致人死亡。立法者从各类事件中分别提炼出相同的特征，以“六杀”之名称固定各事件的整体形象，并将其直观地展示出来。“‘六杀’各条所设之罪，同为致人死亡，责任程度各异，决定刑罚轻重不在主观的心态，而是客观的行为特征，行为人主观恶性的大小，由类型化的行为外部情状即可推知。这就意味着，凡是人命案件，定罪时只需要查明行为特征符合‘六杀’中的哪一种具体类型，而不必深究行为出于故意还是过失（间接故意还是有认识过失）。换言之，人命案之科罪，不以行为心态（故意、过失）区分而以行为类型（‘六杀’）区分。”①比如上文提及的“男友掐死女友案”，我们去溯源当事人在当时的主观心态非常困难，但如果该案发生在中国古代，则很容易认定此为“戏杀”行为。我国古代的立法者虽然不具备近现代法学中有关类型与概念的理论知识，但是在应对现实生活中出现的问题时，却总结出了一套相当实用的主观责任配置方式。霍姆斯大法官提醒我们，法律的生命是经验而非逻辑，“六杀”的立法体例虽然是对类型法学理论的不自觉运用，但是这种不同于当下刑法责任归纳的经验却不应被轻视。

对比今昔刑法关于杀人罪之规定，我们可以清晰地看出，今日刑法故意杀人罪和过失致人死亡罪的认定，主要就是着力于考察行为人主观心态是故意还是过失，这就难免陷入间接故意与有认识过失的纠葛之中；而古代刑律以生活原型来区分，采用和当前概念责任对应的类型责任，更恰切地描绘出当事人犯罪时主观由白逐渐过渡到黑的不同“色谱”。其实如果详细考察唐律有关杀人罪的规定就会发现，“唐律对具体罪状的描述是通过客观、具体、个别的举例而区别了罪与非罪，此罪与彼罪，几乎达到了一事一列，甚至一事多列的地步”②。在社会相对不发达、犯罪类型较为固定的古代社会，采用此种立法体例是颇具智慧的，起码在立法层次上排除了司法适用中的种种困惑，而且具体到一事一列的法规也最大限度地保证了公平。比如唐律所规定的某些杀人行为同时包含有故意与过失的交集，如斗杀与戏杀，此罪属于综合主观心态与特定的客观场合而得出的罪名，无法严格按照现代刑法理论界定其罪。纵然如此，却依然不影响司法实践对犯罪行为的科罚，因为一罪一刑的立法体例已经将行为准确无误地瞄准了相应罪名，使得定罪量刑有的放矢。③

---

① 陈磊：《犯罪故意论》，中国人民公安大学出版社 2012 年版，第 47 页。

② 刘晓林：《唐律“七杀”研究》，商务印书馆 2012 年版，第 228 页。

③ 参见马立科：《浅议“六杀”之立法技术及借鉴价值》，中国社会科学院研究生院 2014 年毕业论文，第 26 页。

当今社会生活状况与中国古代早已不可同日而语，无论从社会发展的角度、人们思维观念转变的角度还是从犯罪类型多样且各种新型犯罪手段层出不穷的角度考虑，一事一议的立法体例都是不可能的。“六杀”显然也并不适合我们直接进行法律继承，其中大量有关特殊身份加减刑的规定明显与法律面前人人平等的法治基本原则相冲突；误杀和过失杀中包含的意外事件致人死亡也不应追究行为人的刑事责任；“六杀”定罪多为绝对刑，这种绝对的报应主义立场也为我国刑法所不取。但是唐律有关杀人罪的史料价值绝非仅供我们“了解而同情”，虽然唐律律文无法在今日施行，但是其类型化的责任配置方式值得我们“研究而借鉴”。在上文中我们已经提及，立法上为求得规范的明确性、安定性和普适性，不断舍弃其规范对象之特征，由此提炼出来的概念，外延愈广，内涵愈小，造成过度的概念化，而过度的概念化乃是对生活经验的人为割裂。对应到我们的主观责任问题上，我们会发现“故意—过失”二元论的概念责任标准造成规范与事实间的僵化关系，规范过于抽象以至于不能准确地反映现实生活。我们似乎可以说，概念只是表明类型的“核心区域”，或也可以反过来说，类型关注到了所有概念都不可避免地存在的“阴影部分”。① “一事一议”的立法固然为我们所不取，但“非黑即白”的法规也不是对生活最妥帖的规范方式。所以考夫曼才会说，在绝大多数情况下，法律发现必须回到法律指称的类型中去寻找。同时，“法官必须在法律规范所意含的类型中掌握生活事实”②。

（二）我国刑法主观责任重构之尝试

其实，类型化的故意杀人罪在国外立法中已有实践。如英美普通法和制定法都把杀人罪分为谋杀、非预谋杀人和过失杀人。关于谋杀罪的类型，美国立法又将其分为如下罪名：蓄意谋杀罪、故意重伤谋杀罪、极端轻率谋杀罪、重罪—谋杀罪、拒捕谋杀罪；美国约有4/5的州把谋杀罪依据刑罚轻重分为两级：一级谋杀罪包括有预谋目的的谋杀和在实行特定种类重罪过程中发生的重罪—谋杀；二级谋杀包括无预谋目的的谋杀、全部故意重伤谋杀、全部极端轻率谋杀、一级谋杀罪所列举的重罪以外的重罪—谋杀等等。非预谋故意杀人包括：激情杀人、具有其他减罪情节的非预谋故意杀人等。③ 舒乃曼教授和璞培教授也已对类型学故意的理论构建进行了尝试，其主要理论是将认识因素和意志因素分离，分别列出它们俩的特征，然后再予以排列组合。比如璞培教授的比较法则就是行为人预见结果发生的可能性越大，需要对结果的认同等级就越小；反之，行为人预见结果发生的可能性越小，需要对结果的认同等级就越强。④ 我国学者陈磊博士更进一步地总结出如何以认知和意欲程度的弹性互补决定是否在整体上充足了故意的类型。其认为高度的认知匹配低度的意志就能充足间接故意，排除有认识的过失；低度的认知只有匹配高度的意志才能充足故意；当行为人的认

① 参见周占生：《概念与类型法律思维比较研究——基于规范结构的讨论》，载《河南社会科学》2010年第2期。

② ［德］考夫曼：《当代法哲学和法律理论导论》，郑永流译，法律出版社2002年版，第92页。

③ 参见储槐植：《美国刑法》，北京大学出版社2005年版，第135～165页。

④ 参见徐育安：《刑法上类推生与死》，台湾学林出版社1998年版，第78页。

知程度难以确定时，综合考虑主客观事实推断行为的意志态度，包括行为动机是否善良、事发原因、双方关系、社会是否习惯某种风险、行为的最终目的是否非价、行为人是否准备自承风险、对被害人所拥有的行为支配程度等。①

上述理论探索颇有价值，但他们主要都是将故意的认识因素和意志因素进行不同程度的组合而构建出不同的类型，以此判断行为人的主观心态是否构成故意。笔者试图更进一步，超越"故意—过失"二元责任论的羁绊，跳出概念的定义，将当前各种犯罪的主观心态归纳为如下类型，以求规范与现实更加吻合：

第一，追求型。这种类型的犯罪心态就是最常见的目的性故意(直接故意)。行为人在主观上积极追求结果的发生，客观上一般也会采取作为或不作为的各种手段以实现目的。只要客观行为不是迷信犯等不能犯，亦即危害后果有出现的可能，行为人又希望其发生，即满足此种类型。因为此类犯罪体现出强烈的法敌对意志，并且在客观上也会有明显的法益侵害行为，故在其他条件相同的情况下，应对其配置最重的主观责任。

第二，必然型。明知结果必然发生而任其发生的，虽然意志心态是放任，但是实际上，由于行为人对结果的发生十分的清楚，既然是必然发生，还去实施这一行为，即使行为人不是"追求"但实际后果和积极追求是一样的。② 明知结果必然发生，即使对其持反对态度，仍构成此类犯罪，比如上文提及的"飞机爆炸案"。因为从效果上看，如果认识到结果必然发生而行为，其意志已不再重要。如果对结果持放任或反对态度，其恶性略低于直接追求结果发生的行为；如果认识到结果必然发生也追求这种结果，那么其应该归入追求型犯罪。追求型犯罪相当于意志要素"满格"的状态，必然型犯罪相当于认识要素"满格"的状态。必然型犯罪认识到了危害结果必然发生，客观效果虽然和追求型犯罪一样，但是其对法的敌对态度低于追求型犯罪，故责任配置要减挡。

第三，放任型。此处的"放任"并非等同于间接故意的概念，而只是间接故意中最典型的一种情形，即为了追求 A 目标，对 B 结果的放任。比如猎人为了猎杀野兔，而放任了可能射中在旁边玩耍的小孩的风险；再比如重大环境污染事故罪的主观心态，行为人不可能希望环境受到污染，因为他很可能也生存于他所污染的环境之中，只不过行为人一般是为了追求经济利益而不在乎环境污染的结果了。这种类型的犯罪相较于必然型主观责任更轻是因为犯罪结果的出现与否不是行为人主要考虑的内容，行为人主要是在追求自己希望得到的东西，而"顺带"造成了危害结果。既然行为人对结果的发生并不在意，也谈不上对法规范有多么强烈的敌视，而更多地体现出行为人的漠然性。

第四，激情型。所谓激情型主要就是各种激情犯罪的类型。行为人在外界某种因素的刺激下，尤其是可能受到来自被害人不道德或非法行为的刺激，突发故意或者认知失调而犯罪。比如丈夫下班回家后发现妻子与隔壁老王正在偷情，一怒之下，本能地抄起手边的物品朝二人砸去。当然也有完全因为行为人自身原因(比如脾气差或具备某种职业习惯)导致的激情犯罪，比如药家鑫案中药家鑫连续捅刀子的行为。但无论刺激的因素是什么，这种犯罪

---

① 参见陈磊：《类型学的犯罪故意概念之提倡——对德国刑法学故意学说争议的反思》，载《法律科学》2014 年第 5 期。

② 参见刘艳红：《简介故意犯罪的认定》，载《武汉大学学报》2003 年第 6 期。

都是临时起意,毫无预谋的,且行为人平常对法律并无敌意,只是因为一时受到了刺激而在短时间内使得自己的认识或意志处于非正常状态。其法敌对状态较以上各种类型更轻微,特殊预防的必要性更小。需要注意的是,如果行为人当时受到的刺激使其丧失了认识能力或心智处于非正常状态,不能认识到自己的行为意义,也有不认定为犯罪的可能。

第五,运气型。运气型犯罪最典型的案例是俄罗斯轮盘赌案和艾滋病案。俄罗斯轮盘赌案的案情是两个朋友用一把只装有一发子弹的左轮手枪轮流按在对方脑门上开枪,以1/6的杀人概率扣动扳机,最终导致一方中弹身亡。艾滋病案的案情是被告人甲多次被医生告知是艾滋病感染者,有传染艾滋病的风险。尽管如此,甲未告知其同性伴侣乙自己的感染情况,并且与乙进行了两次性行为,一开始未使用保险套而从事口交和肛交,在射精时才使用保险套,最终导致伴侣感染上了艾滋病。这两个案例的共同之处就在于,结果是否发生,完全取决于被害人运气的好坏,没有任何其他的防护措施或者避免结果的客观努力。当然在这种类型中,还可以根据危害结果发生概率的大小进一步区分行为人的主观恶性,比如用一把左轮手枪放一颗子弹玩俄罗斯轮盘赌杀人的概率是1/6,倘若行为人放了3颗子弹,那么导致危害结果发生的概率将变为1/2,虽然结果依然是由转动左轮后的运气决定的,但是行为人的主观恶性相对于低概率的事件就有所上升。往极端情况推演,当概率高到必然或极有可能发生时,宜将犯罪列入必然型犯罪;当概率低到雅各布斯所说的"习于风险理论"中的日常风险时,宜认定为风险型犯罪;当概率可以忽略不计或者是为社会所允许的风险时,宜认定为意外事件。

第六,风险型。行为人认识到了风险发生的可能性,但相较于运气型犯罪,行为人是在认真考虑了结果发生的可能性,评价了自身的能力或被害人的能力或客观环境后做出的选择。行为人认为结果可以避免不是完全寄希望于运气的好坏,而是有据可依的,只不过是过高地估计了自己的能力或过低地估计了被害人的能力或对客观环境产生了错误的判断才导致了结果的发生。举例而言,对于主观罪过颇具争议的丢失枪支不报罪,我们就应当根据不同的情节将行为人划入不同的犯罪类型。倘若行为人在闹市区丢失枪支不报告,那基本上是纯粹在赌运气不会出事;倘若行为人在荒郊野岭探险时丢失枪支不报告,结果不幸正好有犯罪分子路经此地拾得该枪并以此枪作案,那么宜将行为人划入风险型犯罪。在后一种情况中,行为人对丢失枪支造成公共安全受损的风险是有考量的,其依据是荒郊野岭中枪支被捡拾又被用来犯罪的风险很小,只不过是错误地估计了各种条件才造成了危害结果。相较于运气型犯罪,风险型犯罪的侥幸心理更小,而且对风险的评价也反映出行为人对法规范一定程度的重视,故其主观责任更轻。

第七,疏忽型。这类犯罪就是当前过失犯罪中疏忽大意的犯罪类型。行为人根本没有预见到危害结果可能发生,但是有预见的义务。

第八,防果型。笔者认为这类犯罪的主观责任最轻,因为行为人虽然认识到危害结果可能发生,但是行为人不仅考虑了主客观诸要素,而且有努力避免结果出现的行为,表现出了真诚地防止结果发生的意思。这种类型的归纳来源于对防果理论的参考。对于防果理论,有学者质疑说:"对于一边朝窗外丢笨重物品,一边喊小心;或者一边开快车,一边按喇叭的行为是否可以认定就是有认识的过失而排除故意?”①笔者以为这样的质疑是有道理的,所以不能仅仅因为行为人有防果行为就认为其主观恶性很小,还必须要求其防果行为对阻碍结果发生具有相当性。如果行为可能导致重大危害后果,但行为人仅采取了根本不足以防止结果出现的努力,那么不宜将此犯罪认定为防果型。比如行为人疯狂飙车然后对着车窗外喊“闪开”就应当依据行为人车技的好坏以及当时的路况认定为运气型或风险型犯罪。这类犯罪行为人在主观上企图避免危害结果的发生,在客观上有回避结果的努力,故其责任最轻。之所以还要对这类行为科责是因为其造成危害结果的行为与其防果的行为相比,在客观上造成了危害结果,在主观上反映了行为人违背法律的倾向还是超出了遵守法律的倾向。另外,要注意的是,防果行为必须是在危害行为之前或与危害行为同时作出的,在犯罪既遂后的悔悟不影响对犯罪类型的判断,比如A希望杀死B用刀猛捅B数刀后见B可怜又将其送医,这不影响认定A的犯罪为追求型犯罪,只会导致案件是犯罪既遂还是犯罪中止的犯罪形态不同。

以上八种犯罪类型按照主观责任由重到轻排列且已经说明责任轻重的理由。如此构建我国刑法主观责任的配置,着眼于主观罪责但着力于犯罪类型,罪责轻重的认定也不再通过讨论抽象的概念得出,因为每种类型都具备特定的类型特征:追求型的特征是积极追求结果的发生并采取作为或不作为的各种手段以实现目的;必然型的特征是认识到结果发生的必然性而行为;放任型的特征是为了追求一个结果,对另一个结果的放任;激情型的特征是在某种外界因素的刺激下,突发故意或者认知失调而犯罪;运气型的特征是没有客观上避免结果的考虑和努力,危害结果是否发生完全由概率决定;风险型的特征是行为人认真考虑了结果发生的可能性,在评价主客观各种条件后再作出选择;疏忽型的特征是没有预见到危害结果发生的可能性,但是有预见的义务;防果型的特征是行为人不仅考虑了主客观诸要素,而且有努力避免结果出现的行为。按照这八种类型构建的主观责任配置方式不仅避开了间接故意与有认识过失的纷争,而且对责任的认定更加细致,更加精确,因为“类型”相较于“概念”更贴近现实生活。但这并非完全否定故意和过失的概念存在的价值,因为刑法总论中主观责任的规定可以视为刑法分论各项犯罪主观要素的“公因式”,倘若以这八种犯罪类型直接取代故意和过失的概念则意味着要对整部刑法典“大动干戈”。比如杀人罪的类型将从故意杀人罪和过失致人死亡罪两种分类猛增至八种杀人类型,这样的立法体例将使得刑法典冗杂烦琐。所以笔者主张以类型责任补充当前的概念责任,可以在刑法总论“故意—过失”二元责任论后补充规定这八种犯罪类型,作为司法中配置主观责任的参考,从而对量刑的轻重作出进一步的区分。

① 黄荣坚:《刑法解题——关于故意及过失》,载《辅仁大学》1989年第8期。

《厦门大学法律评论》总第三十一辑
厦门大学出版社 2019 年 6 月版
《公益与私益的衡平:外观设计到期后的竞争法保护路径》
第 52 页～第 60 页

公益与私益的衡平:外观设计到期后的竞争法保护路径

——以王老吉包装、装潢案为切入点*

张惠彬** 沈浩蓝***

摘要:产品外观客观上同时具有装饰和标识双重属性,因此因使用获得较高知名度的产品外观,在外观设计专利到期后,可能作为知名商品特有包装、装潢受到反不正当竞争法的保护。反不正当竞争法对到期外观设计的保护并非在助长专利权的扩张对公共领域的侵蚀,而是在衡量了保护市场经营者因诚实劳动累积的商誉、社会公众对进入公共领域的设计方案的模仿自由和相关公众的稳定认知利益后的选择。能获得反不正当竞争法保护的到期外观设计应当满足有一定影响的商品包装、装潢构成要件,同时不具有功能性。

关键词:到期外观设计;包装、装潢;反不正当竞争法

Balancing Public and Private Interest: The Protection of Competition Law After the Design Expires

—Taking Wong Lo Kat's Packaging and Decoration Case as an Entry Point

Zhang Huibin Shen Haolan

Abstract: The appearance of the product objectively has the dual nature of decoration and mark at the same time. Therefore, for the appearance of famous product, after the de-

---

* 文章 DOI:10.3966/615471682019060031004。

基金项目:国家知识产权局软科学研究项目"知识产权全球治理体系变革与中国应对方略研究"(SS18-A-19)。

** 张惠彬,男,1984 年生,广东惠州人,法学博士,西南政法大学副教授,重庆知识产权保护协同创新中心研究员,主要研究方向为知识产权。电子信箱:179002478@qq.com。

*** 沈浩蓝,女,1994 年生,福建漳州人,法学硕士。重庆知识产权保护协同创新中心研究人员,主要研究方向为知识产权。电子信箱:964432425@qq.com。

sign patent expires, the unique packaging and decoration of the famous product may be protected by the Competition Law. The purpose that protection of expired designs by the Competition Law is not to encourage the erosion of patent rights and the public domain but to balance the protection of market operators' good will accruing from honest labor, the freedom of public to imitate expired designs and the relevant public's stable cognitive benefits. The expired designs that can be protected by the Competition Law should satisfy the requirements of packaging and decoration of influential product, while they are not functional.

Key Words: expired design; packaging and decoration; anti-unfair competition law

一、问题的提出:王老吉包装、装潢案

2017 年 8 月,最高人民法院就王老吉与加多宝知名商品特有包装、装潢纠纷两案进行终审宣判。至此,持续近五年、引发全民关注热潮的王老吉包装、装潢归属终于尘埃落定。该案入选 2017 年十大知识产权案件,足见其影响力之大。在本案中,加多宝公司主张其拥有王老吉包装、装潢权的理由之一是,鸿道集团在取得对王老吉商标的独占许可使用后,于 1995 年委托他人设计了"王老吉"凉茶包装并向国家专利局提交了外观设计专利申请,并于 1997 年获得红罐王老吉凉茶外观设计专利,进而由加多宝公司作为凉茶商品的包装、装潢使用。对此,一审法院认为,本案系擅自使用知名商品特有包装、装潢纠纷,而非专利侵权纠纷,二者属于不同的权利,分别受不同法律的调整,"外观设计本身并不能产生知名商品特有包装、装潢权,其只能受专利法保护,而知名商品特有包装、装潢权系通过使用而形成,其受反不正当竞争法保护"。因此,加多宝公司认为涉案包装、装潢系鸿道集团委托他人设计并获得专利授权,涉案知名商品特有包装、装潢权应归加多宝公司所有,理由不成立。① 而在二审中,最高人民法院肯定了加多宝公司对王老吉包装、装潢的持续稳定使用令其显著性显著提高,设计并申请王老吉包装、装潢的外观设计专利是维持该稳定使用的重要环节,对涉案包装、装潢权益的形成过程发挥了重要作用,使得王老吉包装、装潢满足反不正当竞争法的保护条件。最终判决涉案知名商品特有包装、装潢权益由广药集团与加多宝公司共同享有。②

本案涉及知识产权领域的诸多重要法律问题,本文将主要探讨:在外观设计专利权到期后,该外观设计能否获得反不正当竞争法的保护?联系本案一审、二审判决可知,我国司法实践中并不反对外观设计到期后有获得反不正当竞争法保护的可能性,但必须满足较为严格的限制条件。本文将以此案作为切入点,结合我国司法实践中其他典型案例,梳理反对以竞争法保护到期外观设计的理由并加以批驳,论证以反不正当竞争法保护到期外观设计的可能性及具体保护路径。

---

① 参见(2013)粤高法民三初字第 1 号判决书。

② 参见(2015)民三终字第 2 号判决书。

二、以反不正当竞争法保护到期外观设计的反对理由及其批驳

(一)以反不正当竞争法保护到期外观设计的反对理由

1.不当扩张外观设计专利权

包括专利法在内的知识产权法奉行知识产权法定主义。知识产权法定主义在一定程度上反映了功利主义原则,是功利主义的简化版,其目的在于遏制知识产权在自然权利论下的无限扩张。① 洛克劳动理论存在不断侵蚀公共知识的内在危险,且在事实上难以践行,这成了知识产权法定主义产生的必要前提。② 因此,外观设计专利权是一种法定性权利,其保护期限由法律明确加以规定。我国《专利法》规定的外观设计专利权保护期限为十年。在保护期限届满后,该设计方案即进入公共领域。此外,外观设计专利权被宣告无效、专利权人未按规定缴纳年费、专利权人书面放弃其专利权等原因也将使得该专利权消灭,提前进入公共领域。此时,人人可得对该设计方案进行模仿、学习,将之应用在自己的工业产品上。如果在外观设计专利权消灭后,仍能通过反不正当竞争法进行接续保护,无疑超越了专利法的保护范围,带来了法律的不确定性,市场中其他经营者将无法确定某一已经到期的设计方案是否能够应用在自己的产品上,对经营者自由开展后续经营活动造成妨碍。同时,此举也侵蚀了公共领域,减少了可供公众获取和模仿的设计素材,在损害公众的模仿自由的同时,也将妨害后续的创新活动。③

2.损害专利法的平衡机制

设计方案在本质上是一种公共产品,具有可复制性和可共享性,即"一个人对它的消费并不会减少另一个人的消费"④。因此,某一新设计方案在问世后很容易被他人模仿。这使得设计者将无法收回为设计投入的前期成本,而模仿者将因成本降低而获得竞争优势,这显然有失公平。为了将这种外部效应内部化,肯定并保护设计者为设计出兼具美感与实用价值的设计方案而付出的智力劳动,专利法制造了一种"人为的稀缺",赋予设计者对其设计方案在法定期限内的垄断性权利,以激励更多经营者生产富有美感的产品,在满足实用性的同时满足消费者的审美需求,刺激消费者购买的欲望。但与此同时,专利法又对外观设计专利权进行一定的限制,包括设计方案必须公之于众,专利权到期或由于其他原因消灭后设计方案将进入公共领域,人人可使用。专利法是在专利权人与社会公众之间建立的一种价值平衡机制,其立法目的在于通过保护专利权人合法权益以鼓励发明创造、促进社会的进步和发

① 参见和育东:《从权利到功利:知识产权扩张的逻辑转换》,载《知识产权》2014 年第 5 期。

② 参见和育东:《从权利到功利:知识产权扩张的逻辑转换》,载《知识产权》2014 年第 5 期。

③ 参见黄汇:《版权法上的公共领域研究》,法律出版社 2014 年版,第 27 页。

④ [美]威廉・M.兰德斯、[美]理查德・A.波斯纳:《知识产权法的经济结构》,金海军译,北京大学出版社 2016 年版,第 16 页。

展，因此必须对专利保护期限进行合理的界定和限制，以实现专利权人、专利技术使用者和社会公众之间的利益平衡。① 与发明专利相比，外观设计保护的对象是设计方案，主要用于满足消费者的审美需求，不具有技术效果，其创造性及对社会进步的促进作用相对较低，给予十年的专利权保护期已经足以维持激励，不需要通过反不正当竞争法进行接续保护。而且，大部分外观设计具有时效性，将随着社会审美的改变而迅速过时，每年都有不少尚在保护期内的外观设计由于专利权人不再缴纳年费而进入公共领域。例如在晨光笔案中，晨光公司拥有的 K-35 型按动式中性笔外观设计专利权在保护期内已因未续缴年费而终止。② 而反不正当竞争法对到期外观设计进行保护，将损害专利法这一业已建立的平衡机制。

3.破坏专利法与反不正当竞争法的分工

反不正当竞争法是知识产权法律制度的有机组成部分，对专利法起到补充作用。最高人民法院在《关于充分发挥知识产权审判职能作用推动社会主义文化大发展大繁荣和促进经济自主协调发展若干问题的意见》(［法发 201118 号］)中指出，“反不正当竞争法补充保护作用的发挥不得抵触知识产权专门法的立法政策，凡是知识产权专门法已作穷尽性规定的领域，反不正当竞争法原则上不再提供附加保护”，明确了反不正当竞争法与知识产权专门法之间的分工。因此，在专利法已经明确规定了外观设计专利权的保护期限后，显然不再有由反不正当竞争法对到期外观设计提供接续保护的余地。否则，反不正当竞争法将对专利法带来直接的冲击。况且，反不正当竞争法保护的是市场的公平竞争秩序。当专利权人滥用专利权损害到市场竞争秩序时，该行为就将受到反不正当竞争法的规制。当一项产品外观的设计方案进入公共领域后，人人可将其应用于自己生产的产品上。如果在外观设计到期后依然能限制市场上其他经营者对该设计方案的模仿，将损害市场的自由竞争，阻碍市场的良性发展。③ 这本身就是反不正当竞争法的所规制的行为，却反而要得到反不正当竞争法保护，这是不合理的。

(二)对上述反对理由的批驳

上述三点理由均在论述反不正当竞争法不应当成为专利权不当扩张的帮凶，否则将动摇整个专利法制度。笔者并不反对这一主张，但以上述观点作为反对反不正当竞争法对到期外观设计的保护理由实际上是误解了反不正当竞争法在外观设计专利权到期后的真正保护对象。由于知识产权的客体具有非物质性和可复制性等特点，知识产权的客体易被移用，即一种客体可以同时成为多种知识产权的保护对象。以我国首例涉著作权与商标权权利冲突案“武松打虎图”一案为例，涉案的武松打虎图为原审原告的被继承人刘继卣生前所作，在原告享有著作权的同时，原审被告景阳岗酒厂长期将其用于该厂生产的白酒瓶身，拥有该图

① 参见张玉敏：《知识产权法学》，法律出版社 2017 年版，第 258 页。

② 参见(2010)民提字第 16 号判决书。

③ 参见李艳：《论日本〈不正当竞争防止法〉中的依样模仿条款》，载《电子知识产权》2013 年第 6 期。

的注册商标专用权。① 可见,在知识产权领域,同一客体受多种权利保护的现象十分普遍,产品外观设计同样可能属于多种知识产权保护的对象。在外观设计专利产品投入市场后,有部分产品的外观设计由于经营者在市场中长期稳定使用,形成了较强的显著性,消费者能够借此区分产品的来源,事实上成了一个未注册的商标。当该商品成为知名商品,该产品外观便可能成为知名商品特有的包装、装潢。

在王老吉包装、装潢案中,加多宝公司前身鸿道集团在获得红罐外观设计后,立即将之投入市场使用,并不断进行广告宣传,使得该红罐外观获得了极高的市场知名度,承载着极高的商誉。在这一过程中,在该产品外观上逐渐形成知名商品特有的包装、装潢权益,其在本质上具有民事权益属性,即该权益是基于长期稳定使用这一事实而产生的,是因事实上的使用产生了显著性方成为受保护的民事权益。因此,在先使用的事实行为对权益归属的确定起决定性作用。在日本司法实践中,对知名商品特有的包装、装潢权益的归属认定采取贡献原则,即对该包装、装潢知名度有主要贡献的人应当成为该权益的归属主体。② 此次最高人民法院对红罐包装的归属的最终判定同样体现了贡献原则,即肯定了王老吉品牌和加多宝公司的经营行为各自在涉案包装、装潢权益形成过程中发挥了作用。此时,该经营者同时具有该产品外观设计专利权人和知名商品特有包装、装潢权益所有人的双重身份。在产品的外观设计专利权到期后,并不妨碍其仍可在包括反不正当竞争法在内的其他知识产权领域获得保护。换言之,对该到期外观设计的保护已经跳脱出了专利法的范畴,并不会造成外观设计专利权的不当扩张,也就不存在损害专利法在对设计者的创新激励与社会公众的模仿的自由之间业已建立的平衡机制的问题。诚然,在外观设计已经进入公共领域时,人人都有模仿自由,阻止模仿将会损害自由竞争。但这并不意味着模仿自由是一种绝对的自由。其他经营者的模仿自由同样有其边界,当这种模仿行为可能带来攀附商誉等不符合诚实信用原则的后果,对相关公众造成混淆时,这种模仿行为就需要也应当受到反不正当竞争法的规制。因此,反不正当竞争法对到期外观设计的保护并非在助长专利权的扩张对公共领域的侵蚀,而是在衡量了保护市场经营者因诚实劳动累积的商誉、社会公众对进入公共领域的设计方案的模仿自由和相关公众的稳定认知利益后的选择,并未破坏专利法与反不正当竞争法之间的正常分工。

三、以反不正当竞争法保护到期外观设计的可能性分析

(一)以反不正当竞争法保护到期外观设计的客观可能

产品外观客观上具有双重属性。一方面,当一件产品具有较有美感的外观时,它能带给

---

① 参见(1997)一中知终字第14号判决书。

② 参见林秀芹、黄钱欣:《知名商品特有包装的权利归属问题研究——以日本新近司法案例为视角》,载《知识产权》2013年第4期。

消费者视觉上的吸引力和美学愉悦感，将更能吸引消费者，刺激消费者的购买欲，这被认为是产品外观的美学功能性。① 如果该产品外观的设计方案满足外观设计专利权的授权要件，其设计者可以向国家专利行政主管部门申请外观设计专利。我国专利法保护产品的设计方案，其必须以产品为载体，应用于产品的外观。而另一方面，产品外观在给消费者带来审美效果的同时，也在不断强化着其在消费者处的识别功能。随着时间的推移，当某一产品外观在市场中经过长期稳定的使用后，就很有可能产生了显著性，很多消费者将能通过产品外观识别来区分商品和服务的来源，此时产品外观事实上发挥了未注册商标的效果。而使用他人因长期稳定使用形成的较高知名度的产品外观的行为，则很可能成为受反不正当竞争法规制的仿冒知名商品特有的包装、装潢的行为。因此，由于产品外观客观上同时具有装饰和标识双重属性，在外观设计专利权到期后，已经经使用取得较高知名度的产品外观就有作为知名商品特有包装、装潢，获得反不正当竞争法保护的客观可能。在"晨光笔"案中，被告微亚达制笔公司、微亚达文具公司在原告中韩晨光公司的 K-35 型按动式中性笔外观设计专利终止后，生产、销售同款中性笔，被原告以擅自使用知名商品特有装潢为由诉之法院。原告的主张得到了一、二审法院的支持，最高人民法院也在本案的再审审理中肯定了在商品外观设计专利权终止后，若对该外观设计的使用足以导致公众混淆，有攀附在先使用人商誉的嫌疑，将构成不正当竞争。②

(二)以反不正当竞争法保护到期外观设计的法理基础

如前所述，在外观设计已经进入公共领域时，人人都有模仿的自由，但模仿自由同样有其边界。为了尽可能平衡各方利益，有必要在到期外观设计的原专利权人、其他经营者和相关公众的利益之间进行权衡。如果允许市场上其他经营者在外观设计到期后，将该具有较高市场知名度的产品外观擅自使用在自己的产品上，是对他人的商誉进行攀附，将损害他人因诚实劳动而取得的民事权益。这一行为不符合诚实信用原则的要求，应当受到反不正当竞争法的规制。进而言之，当某一产品外观因使用成为知名商品特有包装、装潢时，其他经营者对其进行模仿将有很大可能造成相关公众的混淆。诚然，其他经营者对到期外观设计的模仿和使用是专利法赋予的自由，是一种应当受到尊重和保护的公共利益，但相关公众建立在该产品外观上的稳定认知利益同样是一种公共利益，是商标法和反不正当竞争法共同追求的价值目标，应当予以保护。③ 最高人民法院在王老吉包装、装潢案的二审判决书中指出，"在确定特有包装、装潢的权益归属时，既要在遵循诚实信用原则的前提下鼓励诚实劳动，也应当尊重消费者基于包装、装潢本身具有的显著特征，而客观形成的对商品来源指向关系的认知"。④ 因此，反不正当竞争法对到期外

---

① 参见阮开欣：《美国商标法中美学功能性规则的消亡及其启示——以 Betty Boop 案为视角》，载《中华商标》2012 年第 11 期。

② 参见(2010)民提字第 16 号判决书。

③ 参见黄汇：《商标法中的公共利益及其保护——以"微信"商标案为对象的逻辑分析与法理展开》，载《法学》2015 年第 10 期。

④ (2015)民三终字第 2 号判决书。

观设计的保护并不是放任私人利益的扩张以侵蚀公共利益，而是在对相关利益进行衡平之后，选择经由保护在产品外观上业已形成的知名商品特有包装、装潢权益来保护更为重要的、涉及面更广的相关公众的利益。

（三）以反不正当竞争法保护到期外观设计的限制要求

尽管以反不正当竞争法保护到期外观设计具有上述客观可能和法理基础，这种保护也应当满足相应的限制条件，即该外观设计在专利保护期内经经营者长期稳定使用具备较高的知名度，且其他市场经营者对该外观设计的使用构成不正当竞争行为。这是因为专利法与反不正当竞争法是两套法律制度，二者的价值侧重并不相同。专利法的立法目的在于激励创造，通过赋予外观设计的设计者在一定期限内对其设计的垄断性权利，保证其能收回为该设计付出的时间、金钱等前期成本并获得收益，鼓励更多经营者在生产产品时不仅考虑其实用目的，也考虑其美学功能，创造和生产对消费者更有吸引力的产品，满足消费者的审美需求。而反不正当竞争法的立法目的则在于维护公平的市场竞争秩序，保护市场上所有经营者公平竞争的利益和消费者不受混淆的利益。两种法律相辅相成，但不能相互取代。

我国反不正当竞争法的定位是一个行为法而非权利法，判断的是竞争行为的正当性，反不正当竞争法对商业标识的保护具有非设权性，因此，知名商品特有包装、装潢权并非一项法定权利，而仅仅是能够受到反不正当竞争法保护的权益。① 当产品外观设计尚处在专利保护期内时，并没有适用反不正当竞争法的空间，对知识产权法起补充作用的反不正当竞争法在此时不发挥作用。当外观设计进入公共领域后，如果该产品外观并未因之前的使用行为获得较高的显著性，无论其他市场经营者如何利用该外观设计，都没有启动反不正当竞争法进行规制的必要。只有当该产品外观因使用具有较高的知名度，其他市场经营者对该到期外观设计的使用将令相关公众造成混淆、扰乱到市场竞争秩序时，该行为才会受到反不正当竞争法的规制。②

四、外观设计到期后的竞争法保护路径

（一）明确有一定影响的商品包装、装潢的司法标准

知名商品特有的包装、装潢权是受我国反不正当竞争法保护的一项权益。在 2017 年反

① 参见王太平、袁振宗：《反不正当竞争法的商业标识保护制度之评析》，载《知识产权》2018 年第 5 期。

② 参见孔祥俊：《论商品名称包装、装潢法益的属性与归属——兼评“红罐凉茶”特有包装、装潢案》，载《知识产权》2017 年第 12 期。

不正当竞争法修改中，将过去的知名商品修改为有一定影响的商品，引发了一定的争议。[①]本文建议，最高人民法院可以通过出台相关司法解释或指导性案例的方式，从以下三个方面明确有一定影响的商品包装、装潢的司法标准，以定分止争。

1.对"有一定影响的商品"的判断

知名商品与一定影响的商品事实上并没有实质性区别，反不正当竞争法并未降低对商品知名度的要求。[②] 在最高人民法院《关于审理不正当竞争民事案件应用法律若干问题的解释》[法释(2007)第2号]指出，"知名商品"是指在中国境内具有一定的市场知名度，为相关公众所知悉的商品。知名商品要求的知名度不需要达到驰名商标的程度，不要求该商品在全国范围内广为知晓，只要在一定地域范围内或一定行业有较高知名度即可。对知名度的判断应当综合商品的销售时间、销售地域、销售额和销售对象等因素在个案中加以认定。对于与商品知名度无关的因素则不予考虑。例如在费列罗案中，蒙特莎公司主张费列罗公司对FERRERO ROCHER巧克力的外观设计已经被宣告无效，因此不能成为知名商品特有的包装、装潢，但是最高人民法院认为这与该巧克力的包装、装潢是否具有特有性无直接关联，并不妨碍该巧克力在中国具有较高的市场知名度这一事实。[③]

2.对"特有"的判断

"特有"是指商品的包装、装潢必须具有显著性，能够起到指示和区分商品来源的作用。此次反不正当竞争法修改后，删除了"特有"一词，但这并不意味着知名商品特有包装、装潢权益的产生不需要显著性。笔者认为，"特有"一词的删除意味着反不正当竞争法不再强调商业标识的固有显著性，转而承认该商业外观因使用获得的显著性。一般认为，显著性包括固有显著性和因使用获得的显著性。固有显著性较弱的商业标识，仍有可能因为经营者将其长期稳定地用于自己的商品上而获得较强的显著性，描述性商标因使用获得第二含义后能够获得注册就是一例。在王老吉案中，加多宝公司认为由于自己对该红罐包装、装潢的长期使用并大力进行广告宣传，消费者已经能在涉案商品红罐凉茶的包装、装潢上与加多宝公司建立唯一且稳固的联系，消费者能够正确区分广药集团委托生产的绿盒凉茶和加多宝公司生产的红罐凉茶，因此自己应当能拥有因使用产生的涉案商品上的特有包装、装潢权益。[④] 更有学者指出，固有显著性只是一种法律的拟制，任何商业标识的显著性的获取，都需要因使用而取得。[⑤] 因此，对于新修订的反不正当竞争法中删除"特有"一词，应当解释为能够获得反不正当竞争法保护的包装、装潢不必具有固有显著性，但仍必须因使用获得显著性。具有独立的显著性是外观设计专利权到期后应当继续加以保护的根基。[⑥]

---

① 《中华人民共和国反不正当竞争法》第6条："经营者不得实施下列混淆行为，引人误认为是他人商品或者与他人存在特定联系：(一)擅自使用与他人有一定影响的商品名称、包装、装潢等相同或者近似的标识……"

② 参见孔祥俊：《论新修订〈反不正当竞争法〉的时代精神》，载《东方法学》2018年第1期。

③ 参见(2006)民三提字第3号判决书。

④ 参见(2015)民三终字第2号判决书。

⑤ 参见彭学龙：《商标显著性新探》，载《法律科学·西北政法学院学报》2006年第2期。

⑥ 参见孔祥俊：《论商品名称包装、装潢法益的属性与归属——兼评"红罐凉茶"特有包装、装潢案》，载《知识产权》2017年第12期。

3.造成相关公众的混淆

反不正当竞争法之所以对到期外观设计进行保护,根本目的是防止相关公众的混淆。混淆包括直接混淆和间接混淆,前者指将侵权人的商品误认为是知名商品,后者指虽未发生来源的误认,但误以为该商品的经营者与知名商品经营者有某种特定的经济联系。① 在对是否造成混淆进行判断时,应当以商标法上的相关公众为判断主体,而不能以判断外观设计是否近似的一般消费者为判断主体,原因在于商标法所称相关公众,是指"与商标所标识的某类商品或者服务有关的消费者和与前述商品或者服务的营销有密切关系的其他经营者"②。而作为某外观设计产品的一般消费者要求具备"对涉案专利申请日之前相同种类或者相近种类产品的外观设计及其常用设计手法具有常识性的了解""对外观设计产品之间在形状、图案以及色彩上的区别具有一定的分辨力,但不会注意到产品的形状、图案以及色彩的微小变化"等特点,③是一种法律拟制的人。显然,二者并不完全相同。由于此时该产品外观起到未注册商标的作用而受到反不正当竞争法保护的,因此应当以商标上的相关公众作为是否发生混淆的判断主体。

(二)完善其他必要性限制的相关立法

我国《商标法》规定,以三维标志申请注册商标的,仅由商品自身的性质产生的形状、为获得技术效果而需有的商品形状或者使商品具有实质性价值的形状,不得注册。④ 该条款明确了商标的非功能性要求。非功能性是指某一商标对商品的用途或目的既不是至关重要的,也不影响商品的成本或质量,一般认为功能性包括性质功能性、使用功能性和美学功能性。显然,如果某一外形是完成某种功能所必需的,那么对该外形的专有保护就意味着该功能被个人长期垄断,会给其他经营者带来不应有的竞争劣势,也不利于技术的创新和发展。⑤ 反不正当竞争法对知名商品特有包装、装潢的保护虽然没有注册要求,但是其本质上是一种非注册商标,也应当受非功能性要求的限制。但是,对于美学功能性,笔者认为应当谨慎适用。事实上,美学功能性规则正在美国商标法中逐渐消亡。⑥ 大多数能够在产品外观上起到标识效果的元素都能同时起到装饰作用,给受众带来一定的审美体验。如果因此均不能得到反不正当竞争法的保护,那么对产品外观所有者的要求过于严苛,将在事实上无法起到保护产品外观设计的效果。有鉴于此,本文建议在《商标法》中明确商标的非功能性要求限于商标的性质功能性和使用功能性,不包括美学功能性,以更有效地保护包括知名商品特有包装、装潢在内的商业标识。

---

① 参见张玉敏:《知识产权法学》,法律出版社 2017 年版,第 262 页。

② 《最高人民法院关于审理商标民事纠纷案件适用法律若干问题的解释》(法释〔2002〕32 号)第 8 条。

③ 专利审查指南(2017)第 4 部分第 5 章。

④ 参见《中华人民共和国商标法》第 12 条。

⑤ 参见杜颖:《商标法中的功能性原则——以美国法为中心的初步分析》,载《比较法研究》2009 年第 1 期。

⑥ 参见阮开欣:《美国商标法中美学功能性规则的消亡及其启示——以 Betty Boop 案为视角》,载《中华商标》2012 年第 11 期。

《厦门大学法律评论》总第三十一辑
厦门大学出版社 2019 年 6 月版
《刑法中的行为概念及其展开》
第 61 页～第 77 页

刑法中的行为概念及其展开*

李瑞杰**

摘要:"犯罪是行为"中的"行为"、构成要件要素中的"行为"(具体包括阶层犯罪论体系构成要件符合性中的"行为"要素、平面四要件体系犯罪客观方面中的"行为"要素)、行为无价值中的"行为"等,属于既有联系又有区别的概念群。考察我国的刑法规范,"行为"应当分为广义(人造成的外界状态的改变)、中义、狭义、最狭义。尤其是在采取控制行为论时,将狭义的"行为"界定为"主体控制或应该控制的客观条件作用于一定的人或物的存在状态的过程"之后,这一考镜源流的工作具有多重意义,首先,有利于明晰"行为"概念与相关概念——尤其是"结果"概念的关系,避免学术上的无谓争论;其次,有利于树立建构犯罪论体系的方法论,准确认定犯罪行为的性质;最后,有利于撩开犯罪论诸疑难问题的神秘面纱,推进犯罪论知识的更新。

关键词:行为;控制;状态;结构分析;犯罪论体系;事实与价值两分

The Concept of Action in Criminal Law and Its Expansion

Li Ruijie

Abstract: The "action" of "criminal action", the "action" of elements in constitutional requirements (specifically including the "action" as an element of constitutional requirements in class system, and it as a element of objective aspect in plane four elements system), the "action" of handlungsunwert and so on, belonging to both the relationship between the concept group is also different. Study of China's criminal law norms, "action" should be divided into generalized (people caused by changes in the external state), mean-

* 文章 DOI: 10.3966/615471682019060031005。

** 李瑞杰,男,1995 年生,湖南华容县人,南京师范大学硕士研究生,研究方向:刑事法学。电子信箱:hunanliruijie@sina.com。本文写作得到了陈忠林教授的指点,特此感谢。

ing justice, narrow sense, the most narrow sense. Especially in the action control theory, the narrow sense of "action" is defined as "the subject of control or should be controlled by the objective conditions of the existence of a certain person or the process of the existence of the state", the mirror source of the work has multiple meanings. First of all, it is helpful to clarify the relationship between the concept of "action" and its related concept—especially the concept of "result", to avoid the indisputable debate in academia. Secondly, it is helpful to establish the methodology of constructing the crime theory system. Finally, it is helpful to put forward the mystery of the difficult problem of crime and promote the renewal of the knowledge of crime.

Key Words: action; control; state; structural analysis; crime theory system; distinguish between facts and values

近年来,由于受德国、日本刑法学影响日深,我国不少学者认为,应当用阶层犯罪论体系来指导刑事审判实践。但是,犯罪论体系是刑法理论对刑法规定的犯罪成立必须具备的基本条件进行系统归纳和归类的结果,各国犯罪论体系的内在结构和表述方式有很大的差异,但这些体系的内容没有实质上的区别,它们都包含了不少合理的因素,也都存在一些根本的缺陷。[①] 如要深入分析这一问题、克服它们都存在的缺陷,必须回归到刑法中的行为概念上来。这样,既可以理顺各自的理论源流、避免无谓的学术争论,也可以找寻重新建构犯罪论体系的科学方法。有鉴于此,本文就此展开初步探讨。

一、立场与方法

在人类认识史上,人们对真理认识的深入,不完全是简单的知识累积的渐进过程,而是不时会出现范式的建立与更新。因为,一个范式可理解为一些研究所建立的一个思考的传统,同时,一个范式也是一套话语,一组以语言表达的概念和思考工具。[②] 而且,由于人文和社会科学与自然科学的本质属性并不完全相同,因此人们容易由于对其本质和最终目的认识的差异,而很自然地采用不同的研究范式,即使在这方面的理解没有分歧,但仍有不同研究范式共同存在的可能性,因为对同一事物永远有不同的观察侧面。[③] 在对犯罪行为的分析中,我们处理着近乎相同的法律文献——在法域与法域之间,而且也面对着共同的问题,

① 参见陈忠林:《现行犯罪构成理论共性比较》,载《现代法学》2010 年第 1 期。

② 参见陈弘毅:《香港过渡期研究的范式初探》,载氏著:《法治、启蒙与现代法的精神》,中国政法大学出版社 2013 年版,第 300～301 页。

③ 参见陈弘毅:《香港过渡期研究的范式初探》,载氏著:《法治、启蒙与现代法的精神》,中国政法大学出版社 2013 年版,第 309～310 页。

方法论就显得特别重要，甚至有形成典范的作用。①

既有的任何犯罪成立理论，全部都可以归结为刑法视界之中的分析性的结构调整，而且是限定于已经查明的案件事实的分析性的结构调整。这首先是因为，刑法和其他的刑事法研究的现象与材料大致差不多，都需要谨守中道，即使有所偏倚，也得宁纵勿枉，也有着共同的学术担当与价值追求。然而，由于方法、立场与旨趣的不同，刑法(学)所处理的问题有别于其他刑事法(学)——尤其是有别于刑事诉讼法(学)，亦即，刑法(学)尝试用不同的方法来研究同一原理或现象。由于本文所涉及的研究方法较多，有必要简单介绍之，并且重在由以上方法引出本文的立场。

(一)事实价值二分论

几乎所有谈论事实与价值关系的论著，都要引述英国十八世纪哲学家休谟的观点，我们也不妨从这里开始。他认为，“我们可以断言，道德并不是理性的一个对象。……除非等到你反省自己的内心，感到自己心中对那种行为发生一种谴责的情绪，你永远也不能发现恶。这是一个事实，不过这个事实是感情的对象，不是理性的对象。它就在你心中，而不在对象之内”②。

众所周知，休谟首次将事实与价值明确予以区分。价值“只在于内心的活动和外在的对象之间”③，自然事实没有内在价值，所以，从描述自然事实的“是”命题推不出“应该”命题。④ 后来，经由康德哲学的传承，植入法学研究之中。

所谓“事实问题”，是指探寻本案发生过或将要发生的行为、事件、行为人的主观意愿或其他心理状态时所产生的问题。所谓“法律问题”，指的是对已认定的事实，按照法律规范应如何作出评价的问题。⑤ 拉伦茨也说，“事件必须被陈述出来，并予以整理。在无限多姿多彩，始终变动不安的事件之流中，为了形成作为陈述的案件事实，总是要先作选择，选择之时，判断者已经考量到个别事实在法律上的重要性”⑥。

认定犯罪，必须以刑法规范为标准(虽然规范不完全契合价值，但是人们可以运用法解释学使之契合价值)，并且，由于每一个评判者对刑法规范的理解不可能完全相同(即使结论相同，理由也可能不同)，因此，认定犯罪的过程，是评判者在自己的价值理念指导之下运用刑法规范评判某一行为的过程。

---

① 例如，刘艳红教授认为，我国犯罪构成理论与德日犯罪论体系，在“实质内容上是基本相同的，两者之间不存在原则性的差别，只不过在判断的逻辑过程或者说思考问题的方式上不同”。陈兴良教授也指出，“犯罪成立要件是刑法规定的，四要件的犯罪构成理论与三阶层的犯罪论体系在此并无区别，两者的区别仅仅在于犯罪成立要件之间是否具有位阶性”。参见刘艳红：《开放的犯罪构成要件理论研究》，中国政法大学出版社 2002 年版，第 114 页；陈兴良：《犯罪论体系的位阶性研究》，载《法学研究》2010 年第 4 期。

② [英]休谟：《人性论》(下册)，关文运译，商务印书馆 1980 年版，第 508～509 页。

③ [英]休谟：《人性论》(下册)，关文运译，商务印书馆 1980 年版，第 505 页。

④ 程仲棠：《拒斥事实与价值的混淆》，载《学术研究》2004 年第 3 期。

⑤ 陈杭平：《论“事实问题”与“法律问题”的区分》，载《中外法学》2011 年第 2 期。

⑥ [德]卡尔·拉伦茨：《法学方法论》，陈爱娥译，台湾五南图书出版公司 1996 年版，第 181 页。

值得注意的是，常人的理解具有相对统一性。虽然法院的判决并非由本已存在的法律规范所决定，超越规范的价值也发挥着不可替代的作用，但是法治所要求的一般的可预见性还是存在的，因为法律共同体的成员都受同一法律传统所熏陶。他们能分辨出对于某法律规范的哪些解释是可以被这个共同体的成员接受的，哪些解释是难以被接受的。① 因此，在运用价值观进行解释时，不能随意，应当合乎常识、常理和常情。

"所谓评价，在一个犯罪事件审理的过程中，指的是对行为人之行为，宣告其构成犯罪而应接受刑罚。换句话说，就是犯罪以及国家刑罚权的宣告。"②行为自己不可能自己评价自己。这表明，任何价值实体不可能是行为这一法律事实的内容，只可能是独立于行为之外并评判行为的标准。有学者即指出，"犯罪是一种客观存在的事实，犯罪的价值属性体现在构成这一事实的各要素之中；对犯罪的价值评价是判断者对犯罪这一事实的主观认识，是独立于构成犯罪的要素之外的东西。将对犯罪的价值评价作为构成犯罪的要素，理论上必然带来构成理论的混乱，实践中必然造成认定犯罪的标准不可把握的问题"③。

在目前我国较有影响的三种犯罪论体系中，构成要件符合性、违法性与有责性之三阶层体系，不法与有责之二阶层体系，以及四要件理论，前一种是分解式归罪模式，后两种是合成式归罪模式。④ 这些理论都将价值作为犯罪行为的组成部分，这是存在疑问的。既然中外刑法学公认犯罪行为是为人所加工的类型化的事实，那么在研究中，就一定要区分犯罪行为的构成要素与犯罪行为的判断标准。

（二）要素、结构与功能关系论

法国哲学家让-图桑·德桑蒂说，"结构是塑造自身之物，它是被制造出来的，人也需要去制造它"⑤。要素与结构之间的关系，只有当它"被理解成一个缺席的原因所发挥的效力时，它才极佳地适宜于指称为作为结构的缺席"，而且，"该结构正处于我们正在考察的各种结果之中"。⑥ 要素是构成事物的必要因素，结构是各个要素之间的搭配和排列。⑦

法学研究的方法，在宏观上分为两种，即描述性的方法和分析性的方法。前者是对事实

① 参见陈弘毅：《西方古今法治思想之梳理——读〈法治：历史、政治与理论〉》，载氏著：《宪法学的世界》，中国政法大学出版社 2014 年版，第 256 页。相近论述，参见许章润：《汉语法学论纲》，广西师范大学出版社 2014 年版，第 153 页。

② 黄荣坚：《双重评价禁止与法条竞合》，载氏著：《刑法问题与利益思考》，中国人民大学出版社 2009 年版，第 204 页。

③ 陈忠林：《现行犯罪构成理论共性比较》，载《现代法学》2010 年第 1 期。

④ 参见彭文华：《犯罪的价值判断与行为的归罪模式》，载《法学》2016 年第 8 期。

⑤ [法]弗朗索瓦·多斯：《结构主义史》，李广茂译，金城出版社 2012 年版，第 358 页。

⑥ [法]弗朗索瓦·多斯：《结构主义史》，李广茂译，金城出版社 2012 年版，第 379 页。法国学者路易·阿尔都塞，将要素这种"内在之物"与结构组合在一起的范畴，进而界定了一种新的决定论，他称之为"结构因果性"或"转喻因果性"。不过，出于区别外部因果关系——狭义的因果关系的考虑，我并没有采用这种说法。

⑦ 参见中国社会科学院语言研究所词典编辑室：《现代汉语词典》，商务印书馆 2010 年版，第 1587、679 页。

而言的，后者是对规范而言的。法律人的才能也主要不在于认识制定法，而是在于有能力在价值的指引下利用规范分析生活事实。各个知识领域皆有其独特的内涵、对象与方法，那么，刑法学究竟应当担当何种学术使命？有学者指出："适用刑事诉讼法查明犯罪事实的过程，是一个根据刑事诉讼法规定的程序，逐步收集证据以还原案件事实的过程；适用刑法认定犯罪事实的过程，是以刑法的相关规定为标准判断已经根据证据还原的案件事实的法律性质的过程。"①

刑法所解决的是"已知"的犯罪事实在刑法上如何评价。② 大部分学者混淆了事实认定（描述）与法律适用（分析）的区分，将诉讼法与实体法的功能定位不加区分。犯罪论的任务是，在查明事实的基础上，通过价值的指引，运用规范进行分析行为本身。犯罪论作为对于犯罪构造的回应，必须依托于足够的事实认知。从某种程度上说，分析的过程较于描述的过程，更显重要，这就好比，规则的熟知是成为优秀的运动员的必要前提，但是我们熟知了比赛规则，不一定成为优秀的运动员。

普遍的命题不能解决具体的案件，但是学术的使命又在于探求"普遍真理"，人们也有对超越时空的"绝对真理"或"绝对精神"的理想追求，这不能不说是一种矛盾。在以往的时空中，人们虽然面临的问题基本相近，但是理解问题的立场与对待问题的态度不同，因而解决问题的方式也不同。在大陆法系的不同国家，主要形成了以法国、德日、中俄三种代表模式的犯罪论体系（当然本文不涉及法国犯罪论体系）。它们之间不是理论发展的不同阶段，而是不同的路向，具有较大的不可通约性，从概念定义、术语选择等诸多方面可见一斑。但话说回来，它们之间又未完全丧失对话的可能，至少各自的价值追求同一，也存在共有的弊病，都希望不纵不枉，体系缜密，适用便利。

"大多数研究局限在犯罪构成要件的局部完善上，对犯罪构成的结构和功能认识不足，因而没有找准改革和完善的着重点和突破口。"③犯罪论体系的建构过程，是人们通过理性赋予混沌以秩序的过程，是如何在含混暧昧的要素之间串连出清晰明确的思想脉络的过程。对于刑法规范的结构性分析或曰分析性建构，主要是近代理性主义兴起后的学术作业。经此作业，规范法学兴焉，理性法学成焉。因而，有必要在理性主义与理性法学的牵引下，梳理其理论脉络与内在纹路。

（三）经由方法得出的结论

1.行为是一个客观事实，是事实上已经发生的事实，它的组成部分全部是事实。④ 犯罪作为行为的一种，也是体现价值的事实，所有的要素也都必须表现为事实。价值是事实的抽象性质，事实是价值的表现形式。犯罪客体、不法、违法性等不可能是犯罪行为的组成部分。

---

① 陈忠林：《现行犯罪构成理论共性比较》，载《现代法学》2010 年第 1 期。

② 熊秋红：《程序法上的犯罪定义及相关问题》，载《法学研究》2008 年第 3 期

③ 宗建文：《犯罪构成的结构和功能》，载梁根林、张立宇主编：《刑事一体化的本体展开》，法律出版社 2003 年版，第 158 页。

④ 值得注意的是，正如威尔泽尔所言，行为是一种"目的"的事实，而不仅仅是"因果"的事实。Vgl. Hans Welzel, Das Deutsche Strafrecht, 11.Aufl., Walter de Gruyter&Co., 1969, S.33.

犯罪是通过事实的变化体现出来的价值观念的破坏。

2.有学者认为,“从犯罪构成要件之间相互依存的关系出发,必然陷入循环论证的陷阱而无法自拔”①,这是因为他混淆了刑法与刑事诉讼法的任务之不同。犯罪论对行为性质的认定与分析,必须建立在事实已经查清的前提下,这就是所谓的“以事实为根据,以法律为准绳”。因此,客观主义的定义中推不出“客观要件对于主观要件的位阶性”②。

3.犯罪构成是各种要素的有机结合,是刑法规定的犯罪及其形态成立所必须具备的条件。就规范的角度而言,在各国刑法典规定的罪行条件相近的情形下,犯罪行为的要素基本无差别,之所以司法认定的犯罪圈有所不同,主要是由于对于要素的结构性分析不同,并由此影响了犯罪论体系功能的发挥。③

4.“丸之走盘,横斜圆直,计于临时,不可尽知。其必可知者,是知丸不能出于盘也。”(《樊川文集·卷十》)既然法教义学必须以本国刑法为根基,④那么我们就不能存着某种学说的先见去研究罪刑规范的含义,否则难免牵强附会,以一人之是非为是非。日本学者松宫孝明也说,“初学刑法者应当首先放弃‘行为无价值’与‘结果无价值’两词,直接参照刑法典的条文进行古朴学习”⑤。

二、作为刑法调整对象的行为

建构犯罪论体系,必须坚持“以事实为根据,以法律为准绳”,即以客观发生的一切事实作为判断客体,以刑事法律规范作为判断标准。考虑到,行为概念是刑法中犯罪概念构建的起点和犯罪论体系形成的核心,也是各个历史时期刑法理论发展的重要支点,有关犯罪与刑罚的一切问题都应从行为概念来解释,笔者将在此探寻行为刑法观的意义与行为概念的功能,梳理我国刑法中所指涉的多义的行为范畴,并点明现行行为理论的缺陷及超越方向。

(一)行为刑法观的意义

“无行为即无犯罪。”现代刑法是行为刑法,其只以行为作为自己的判断对象,不能以思

---

① 参见陈兴良:《犯罪论体系的位阶性研究》,载《法学研究》2010年第4期。

② 这位学者也意识到了问题,转而表示“不能以未遂的杀人行为与伤害行为在构成要件上的竞合这种极为特殊的、个别的情形否认客观要件对于主观要件的位阶性,否则就是以偏概全”,但是任何犯罪都会经过“未遂”阶段——恕本文暂不对此展开,那么在任何犯罪的分析中都可以否定之。“将自身适用的普遍性,设定在特定范围,则其非但无助于体系化的建立,反而妨害刑法进一步的发展。”(柯耀程:《刑法竞合论》,台湾元照出版有限公司2012年第2版,第534页)

③ 诚然,犯罪定量差异也有一定的影响,但这不是本文的主旨所在,待日后另行撰文探讨。

④ 梁根林教授指出,阶层论者对中国现行刑法与阶层犯罪论体系的相容性,还未给予充分的论证,存在着脱离刑法抽象地建构体系的倾向,这在相当程度上削弱了阶层犯罪论体系建构的合法性。参见梁根林:《犯罪论体系与刑法学科建构》,载《法学研究》2013年第1期。

⑤ [日]松宫孝明:《“结果无价值”与“行为无价值”的意义对比》,张小宁译,付玉明校,载《法律科学》2012年第3期。

想或者行为以外的其他因素为判断对象。行为作为界定刑法判断犯罪的基础，同时确认了刑法规范的对象与属性是行为与行为规范。“行为刑法原则是刑法作为适用对象的认定原则。任何法律规定，都有其明确的规范对象，刑法更是如此。”①德国学者指出，刑法之中存在两个体系：一个是外部体系，用语演示目的并且停留于表层；另一个是内部体系，以一个对象范围的实质结构为基础。② 因此，行为刑法观也必须具有这两重意义，满足两个体系性要求——合逻辑性与合目的性，具体来说：

一方面，马克思说，“我只是由于表现自己，只是由于踏入现实的领域，我才进入受立法者支配的范围。对于法律来说，除了我的行为以外，我是根本不存在的，我根本不是法律的对象”③。任何一个犯罪行为都必须侵害了法益，才可能对其科以刑罚，而侵害必须通过外界具体的人或物状态的改变来实现，思想活动因此被排除在犯罪圈之外。同时，刑法只能将行为认定为犯罪，是因为行为概念本身即带有“能控制”的含义，这样与犯罪预防目的相契合，而不单单是尊重了人的尊严。④

另一方面，德国学者罗克辛指出，人们理解的行为刑法概念，是一种法定的规则。根据这个规则，刑事可罚性是与在行为构成方面加以限定的单一行为（或者可能情况下的多个行为）相联系的。同时，惩罚权仅表现为对单个行为的反映，而不是表现为对行为人整体生活导向的反映。⑤ 这样，坚持行为刑法观，就与行为人刑法观划清了界限。

（二）行为概念应当具备的三个功能

犯罪行为首先必须是主体能为辨认和控制的行为，但是刑法所关注的行为，不仅包括犯罪行为，也包括意外事件、不可抗力、正当防卫、紧急避免等，之所以也要规定后者，其与犯罪行为在客观性质方面极为相似，这是从反面确保对犯罪行为的准确评价，以免客观归罪。作为刑法所调整的行为，在价值上，包括刑法所保护与处罚的行为；在技术上，包括以作为、不作为为表现形式的行为。

作为刑法调整对象的行为概念，应具有三个重要的基本机能：(1)理论与运用功能，行为概念的这一功能要求任何行为概念都应具有作为理论与实践中判断一行为与其他行为的标准的作用。(2)限制功能或否定功能，这一功能要求行为概念发挥界定刑法中行为的范围，将不具有刑法意义的人类举止排除于刑法中行为考察范围之外的作用。(3)概括功能，即能以“行为”概念来统一概括所有行为之形态，具体而言，主体上存在身份与否、一人与多人，主

---

① 柯耀程：《通识刑法——基础入门十六讲》，台湾元照出版有限公司2007年版，第24页。

② 参见[德]埃里克·希尔根多夫：《刑法的体系构成》，黄笑岩译，载梁根林、[德]埃里克·希尔根多夫主编：《刑法体系与客观归责：中德刑法学者的对话（二）》，北京大学出版社2015年版，第32页。

③ 《马克思恩格斯全集》（第1卷），人民出版社1956年版，第16～17页。

④ “规范违反说”将维护规范的有效性作为惩罚的正当性来源，即所谓犯罪是对法的否定，刑罚是对犯罪的否定。但是显然，人不是为了规范而规范，是为了更好生活而规范的。这也是为什么“规范违反说”得不到大多数学者认可的原因。

⑤ 参见[德]克劳斯·罗克辛：《德国刑法学总论》（第1卷），王世洲译，法律出版社2005年版，第105页。

观上存在故意与过失，客观方面存在作为与不作为。最终必须使得诸如故意作为犯、故意不作为犯、过失作为犯以及过失不作犯等概念都统一在行为的概念之下。①

在阶层体系中，“构成要件符合性的行为”“违法性的行为”，“有责性的行为”中的“构成要件符合性”“违法性”“有责性”是修饰语，而“行为”则是被修饰语。在构筑犯罪论体系时把违法、有责、可罚的这种无价值判断结合在一起，以确保犯罪论体系之一贯性。在四要件体系中，行为被分为四个板块，分别是犯罪客体、犯罪的客观方面、犯罪主体、犯罪的主观方面。

(三)现行刑法行为概念的四种含义

在同一部刑法中，对同一概念，先考虑同一解释，此路不通则可考虑其他理解。而且，在各自的微观领域中形成特殊化的、各自区别的解释规则的同时，它也始终向未来开放，容许解释者在不断累积的基础上，向更高层次的、统一的解释基准迈进。② 我国刑法中的“行为”概念，有时同义、有时异义。有学者即指出，“在我国刑法中，行为并非一个统一的概念，而是一个体系，不同的行为概念源于不同的思考角度或理论需要，不同的行为概念都有着特定的内涵和功用”③。按照理性原则的处理方式，分门别类、各归其位，从而一种知识的杂多唯有借此才能成为一个系统。如果不能透视这种多重意义上的行为概念，只会造成“鸡同鸭讲”的局面。具体而言，检视我国的刑法典，至少存在如下几种使用行为概念的方式：④

1.广义上的行为：作为犯罪成立前提的行为

我国《刑法》第 12 条规定：“中华人民共和国成立以后本法施行以前的行为，如果当时的法律不认为是犯罪的……”这里的行为即广义上的行为。广义上的行为可以被划分为刑法评价的行为与刑法附带评价(不评价)的行为。前者即后文中刑法调整的行为，这里主要谈后者。后者可谓是，因人而导致的外界事态变化的过程，完全不考虑主观状态，包括主体未达到刑事责任年龄的行为，主体不具备刑事责任能力的动作，主体不能抗拒或者不能预见原因引起的动作。⑤ 例如，第 16 条中，“行为在客观上虽然造成了损害结果”；又如，第 18 条中，“精神病人在不能辨认或者不能控制自己行为的时候造成危害结果，经法定程序鉴定确认的，不负刑事责任”。从中，我们还可以看出，危害结果不以行为人最终构成犯罪为前提。

---

① 参见陈忠林：《意大利刑法学纲要》，中国人民大学出版社 1999 年版，第 88～89 页。相近论述诸如，“界限机能”“统一机能”“分类机能”“定义机能”“结合机能”等，笔者以为大同小异。参见[日]大塚仁：《刑法概说(总论)》(第 3 版)，冯军译，中国人民大学出版社 2003 年版，第 108 页；[德]约翰内斯·韦塞尔斯：《德国刑法总论》，李昌珂译，法律出版社 2008 年版，第 47 页。

② 参见杜宇：《基于类型思维的刑法解释的实践功能》，载《中外法学》2016 年第 5 期。

③ 陈忠林、徐文转：《犯罪客观要件中“行为”的实质及认定》，载《现代法学》2013 年第 5 期。

④ 陈忠林教授将“刑法中的行为”这一概念区分为三个层次，包括：(1)一切具有刑法意义，应按刑法规定予以法律评价的行为；(2)犯罪行为；(3)我国构成理论中作为犯罪构成要件的行为。参见陈忠林：《序》，载氏著：《刑法散得集》，法律出版社 2003 年版，第 7 页。

⑤ 陈忠林：《刑法散得集》，法律出版社 2003 年版，第 7 页。

2.中义上的行为:刑法调整的行为

这种意义上的行为是指行为人在主观状态支配下改变外界事态的过程,包括刑法禁止的行为与刑法允许的行为,前者是作为刑法处罚对象的犯罪行为,后者是作为刑法保护对象的合法行为(正当防卫、紧急避险等)。

3.狭义上的行为:犯罪行为——刑法禁止的行为

刑法的处罚对象是行为,但是纳入刑法视野的行为却不止步于此,所以刑法中的"行为"并非都是犯罪行为——只有满足《刑法》第 13 条规定的行为才是犯罪。在这个意义上,"犯罪是行为"这一刑法格言意义上的"行为",包括了最狭义的行为概念,以及结果、地点、时间等与最狭义的行为概念紧密联系的其他要素——在其是要素时。①

4.最狭义的行为:犯罪行为的客观性质

最狭义的行为——主要见诸《刑法》第 6 条、第 14 条与第 15 条,指的是去除犯罪行为中主观要素与其他客观要素后得到的"行为"。由于犯罪论体系是对犯罪行为的分析,所以作为犯罪客观方面中的"行为"、构成要件符合性中的"行为",都只是犯罪行为在客观方面的具有或者应当具有的性质。也就是在这个意义上,犯罪客观方面中的"行为",绝对不可能是通说所谓的"危害行为"——"危害行为"是犯罪行为的上位概念。

(四)现有的行为理论及其超越方向

从历史上看,"因果行为论"认为(还可以分为"身体动作说"与"有意行为说"),刑法中的行为应当与自然科学尤其是物理学、生物学视野中的精神、身体的活动做同样的理解和把握,其主要特色在于把行为理解为一种因果事实。但这无法说明不作为犯,因为不作为时常没有身体动作,尤其无法说明无认识过失,例如忘却犯,忘却犯并非基于意思而为身体动静,欠缺有意性。"目的行为论",认为行为乃人类有目的性的活动,亦即人为实现其所预先设定的目的所谓的有意识、有目的的动作,可以概括为"设定目标→选择手段→操纵手段→达成目的"的模型,不再将人的行为仅仅视为因果关系的整个过程,转而理解为目的活动的整个过程,但其对于过失犯及不作为犯也无法论证,行为人并未预见行为所发生的结果;不作为犯无法经由目的意识而操纵和支配因果流程,也欠缺目的性。"人格行为论",将行为理解为"人格的表现",行为就是"能够归于作为心理和精神的动作中心的自然人的一切"或者表述为"行为人人格的主体性现实化的身体动静"。② 问题在于:什么是人格?刑法能够介入人格吗?人格是难以把握的概念,如果依此概念来解释行为,很难掌握具体的行为概念;倘若认为将反规范的人格态度加以现实化的表现就是行为的话,那么杀人的犯意流露就是杀人行为了;"主体性"为哲学用语,"行为"则为事实的基础概念,不但不明确,而且由于其具有多种意义,反而将刑法上的主体概念予以混淆。"社会行为论",把行为作为一种社会现象并把社会性作为行为概念核心的行为论,针对过失不作为犯等情形,虽然可以克服目

---

① 要素是"构成事物的必要因素",(引自中国社会科学院语言研究所词典编辑室:《现代汉语词典》,商务印书馆 2010 年修订本,第 1587 页。)不难发现:要素已经暗含了必要之意,不存在选择性之说。

② [德]克劳斯·罗克辛:《德国刑法学总论》(第 1 卷),王世洲译,法律出版社 2005 年版,第 154 页。

的行为论的缺陷,统一的说明行为的概念,但是舍弃行为实质内容,忽视行为要素的主观面向,也是一大缺陷。“社会重要性”并不是一个明确的标准,界限模糊、社会性需要规范判断,将“社会重要性”解释为具备刑法上可归责的判断意义者,会造成循环论证的情形。一个人的态度必须经过构成要件符合性的判断后,才能清楚知悉是否具有刑法上可归责的判断意义。①

除了这些分别评析以外,笔者以为,现有行为理论还存在两个根本性的问题:一是认为行为是人的单纯的身体动静,脱离主体与对象去观察行为,这不能说明构成要素与“犯罪是行为”这一格言的关系;二是认为行为仅仅止于行为人本身,将行为局限于行为人的外部表现,割裂了主观方面,无法确定行为个数、起点与终点。从而,行为论的错误结论蔓延到其他刑法理论,造成了当下犯罪理论中的不少问题。

本文赞同新进的“控制行为论”,作为先与犯罪行为的“纯粹行为”,是主体控制之下人或物存在状态的改变,是主体可以控制或者可以不控制的客观条件作用于特定对象存在状态的过程。而犯罪行为,则是主体控制或者应当控制的客观条件作用于刑法所保护的人或物存在状态的过程。②

三、控制行为论的相对合理性

要主张控制行为论才是合适的行为理论,就必须在点明现行行为理论的缺陷及超越方向之后,论证控制行为论的行为概念具备了行为概念应当具备的三个功能,实现了逻辑与功能的自足、自洽。

(一)理论与运用功能:克服了既往理论的不周延之处,推动犯罪论知识更新

首先,有助于解释原因自由行为。控制行为论,注意到了行为必然是具有一定的时间跨度的状态,只要其对此具有意思支配的可能性,就可以认为他还处于行为之中,这就合理解释了原因自由行为。③ 意思表示,贯穿整个状态之中,即使现实的实行行为即结果惹起行为之时,行为人处于无行为的状态之中,但是也可以要求他对法益侵害负责。

其次,有助于准确认定行为个数。刑法意义上的行为,一般并不仅指一个单独的身体举动,反而通常表现为一系列举动所组成的持续状态,如入户盗窃行为即靠近被害人门窗、“察言观色、打探情况”,实施平和性或破坏性侵入住宅的动作,无确定地四处搜寻或有目的地拿财物……结合控制行为论,想象竞合犯与牵连犯,是行为人分别出于两个

---

① 参见余振华《刑法总论》,台湾三民书局2013年修订2版,第118、160页。

② 陈忠林、徐文转:《犯罪客观要件中“行为”的实质及认定》,载《现代法学》2013年第5期。

③ 例如,母亲一面让婴儿吃奶,一面睡觉,在睡觉中无意识的状态下,压死了婴儿,却不能说其不处于行为之中。参见马克昌:《比较刑法原理——外国刑法学总论》,武汉大学出版社2002年版,第173页。

罪过心理支配下，对两种自己控制下的状态的改变，行为人实施了两个犯罪行为，理应数罪并罚。①

再次，有助于合理判断着手时点。依据控制行为论，“着手”是这样一种现象：客观上，行为人开始以法不允许的方式控制或不控制某一状态的改变；主观上，行为人以直接实现危害结果为目的，没有了间歇停顿的打算。反过来，犯罪预备行为则是：客观上，行为人准备以法不允许的方式控制或不控制某一状态的改变，即主观要件的内容已经开始以违法的行为表现出来——不能得到合法解释；主观上，行为人虽追求危害结果之实现，但尚未以直接促使犯罪结果发生为目的。②

进而言之，刑事可罚的起点是危险的出现。危险与否，就价值层面而言，这里涉及罪与非罪的标准，主要表现为两个标准：一是，其他法律不能有效调整了；二是，如果不用刑法调整，其他法律制度及其运行机制就可能崩溃。所以，这里的危险，应当表述为其他法律制度面临崩溃或者受到威胁的危险。就技术层面而言，以往大陆法系刑法理论的迷误，就是将行为的客观方面作为犯罪成立的基础。任何犯罪都只可能是从主观罪过的实现程度来加以认定的。所谓从技术上认定行为的危险，是指行为人的主观犯意是否实现的危险。或者说，行为人在行为所设想的行为进程中，如果没有意志以外的原因，除非出于自动放弃或者有效地防止犯罪结果的发生，这种设想就会变成现实的危险。③

最后，能很好地解释参与现象。共犯独立性说认为，犯罪参与是“数个人犯数个罪”，共犯行为独立成罪。但这不能说明共犯行为与分则规定的构成要件行为的关系。共犯从属性说认为，犯罪参与是“数个人犯一个罪”，共犯人只能依附于实行犯构成犯罪，才符合构成要件。但这不能解释为什么一个正犯行为会有几个刑事责任，不能解释为什么一个正犯行为可能同时存在不同的犯罪形态，不能说明为什么部分行为要负全部责任——尤其是教唆犯的最终“待遇”与正犯没有什么差别。这些目前解释参与现象的各种理论，存在着法理与情理的“背离”。在法理上，处罚共犯行为（共犯人）“不符合”刑法基本理论。具体而言，首先，刑法只能处罚符合构成要件的行为，不能处罚不符合构成要件的行为；其次，依据以往的行为理论，共犯人的身体动静不符合构成要件；最后，罪责自负原则要求不能处罚没有实施犯罪行为的人。在情理上，不处理共犯有悖于民众的基本感情。

根据控制行为论，犯罪参与无非是这样一种共动现象：以其他人的行为作为控制条件的行为形式，每一个参与人都以其他参与人的行为作为自己行为的组成部分（狭义共犯人在犯罪参与中的行为不仅包括共犯行为，也包括利用行为）。行为人利用他人作为自己追求不法利益的工具，每一个共同犯罪人的行为各自独立地构成犯罪。从而，按照每个共犯人的罪过内容及其实现程度来定罪，按照每个共犯人在共同犯罪中的作用来量刑。在其中利用他人最为充分的就是主犯。

---

① 参见陈忠林、李瑞杰：《犯罪行为个数的认定》，载《法治社会》2016 年第 6 期。

② “预备行为只有在失去了中立性时，才可能起到预示某种犯罪行为的作用。所谓的中立性指的是无法表明某行为会以犯罪的形式终结。”参见[德]京特·雅克布斯：《犯罪参与》，赵书鸿译，载赵秉志主编：《走向科学的刑事法学——刑科院建院 10 周年国际合作伙伴祝贺文集》，法律出版社 2015 年版，第 262 页。

③ 这是陈忠林教授在会议上的发言，参见何鹏、李洁主编：《危险犯与危险概念》，吉林大学出版社 2006 年版，第 233 页。

(二)限制功能(否定功能):发挥了刑法的行为规制机能,符合刑事归责原则

“不管是个人法益,还是集体法益,都是蕴含在相应的具体受保护对象中的特征或状况,而并非直接就是精神。”①而改变保护对象的特征或状况的,只有人的行为。刑法规制的对象只能是主体应该而且能够控制的事实。保护法益,必须通过阻止或保护某种人或物存在状态的变化这一途径。这样,控制行为论的行为概念中的“可控制性”,很好地解说了行为规制机能的实质。同时,其概念内涵体现了“可避免性”,即行为本身应该是可以为行为人所选择的,行为人在行为时必须具备他为可能性,这就契合了刑事归责原则。

犯罪是主体控制或者应该控制的客观要件,作用于一定客观事物的存在状态的过程。行为是主体运用自己认识能力和控制能力的结果,也是行为人认识能力和控制能力的表现形式。行为主体的认识能力和控制能力就是判断行为人是否控制或者应该控制的标准,具体到犯罪行为过程中,就是刑事责任能力,因此,行为应当是主体在一定社会关系中所进行的活动,是主体的存在和表现形式。②

(三)概括功能:满足了对其能够解剖分析的要求,包容不作为犯与过失犯

德国刑法学鼻祖费尔巴哈认为,“科学中的单一原理通过内部因果关联互相衔接起来,特殊性必须通过普遍性予以证实,普遍性必须通过最普遍性予以证实”③。行为概念必须经得起对其解剖分析,也就是说行为概念内涵必须含有构成犯罪所必需的全部要素。控制行为论,包括了刑法所规定的犯罪行为的要素——主体(控制)能力、主观(控制)状态、客观(条件)性质、客体(人、物的状态),使得运用犯罪论体系的分析落到了实处。主体要件表现为主体的辨认和控制能力,并且辨认能力是控制能力的基础。主观方面表现为控制或者应当控制的状态;客体要件是人或物的存在状态;客观方面是控制或者应当控制的条件的性质。由于意志必须存在于行为之中,所以通过“控制或者应当控制的意志状态”可以将主体、条件与对象结合为一个统一体。并且意志状态的内容决定了行为的性质。

将不作为行为认定为犯罪,必须解决其缺乏有体性的问题。因为行为人实际的身体动静没有意义,但是刑法又规制了它,其实质上需要解释行为人的行为具备客观上的原因力。而控制行为论认为,不作为与作为一样以主体控制的客观条件为内容。将过失行为认定为犯罪,必须解释其缺乏有意性的问题。因为这不属于出于意思的身体动静,但是刑法又规制了他,其实质上需要解释行为人的行为具备主观上的归责力。而控制行为论认为,过失行为

---

① 蔡桂生:《构成要件论》,中国人民大学出版社 2015 年版,第 64 页。

② 陈忠林:《刑法散得集》,法律出版社 2003 年版,第 243 页。

③ 参见[德]埃里克・希尔根多夫:《刑法的体系构成》,黄笑岩译,载梁根林、[德]埃里克・希尔根多夫主编:《刑法体系与客观归责:中德刑法学者的对话(二)》,北京大学出版社 2015 年版,第 35 页。

与故意行为一样存在控制或者应该控制的意志状态。

行为要侵害到刑法所保护的法益，都必须要引起刑法所保护的对象状态的变化，而且，这种变化不借助一定的人力或自然力等客观条件是不可能实现的，具体来说：(1)人力包括行为人自身的条件(如张口骂人、挥拳打人)，也包括他人的行为(如教唆、不作为)；(2)自然力则既可以表现为运用工具(如用刀、枪杀人)，也可以表现为纯自然力(如推人下水、下悬崖)。“人的行为与自然现象不同，自然现象是受因果法则支配的，而人的行为是利用、支配因果法则的一切活动。”①总之，人可以利用因果法则，影响事物的进程。正是在这个意义上，“不作为只不过是一种利用他人的行为或外部的自然进程为表现形式的行为”②。

四、行为性质的认定

行为性质的认定，是犯罪论的核心问题。既然坚持罪刑法定原则，那么犯罪构成是唯一的认定标准。而且，本文认为，“犯罪构成标准说”集中表现为“罪过标准说”：无罪过即无犯罪，主观罪过是刑事责任的唯一根据，主观要件的内容及其实现程度是认定犯罪性质及其表现形态的唯一标准(此罪与彼罪之间绝不可能存在相同的主观罪过)。行为人是通过利用他人的行为改变刑法所保护的状态产生危害结果，因而构成犯罪的，其中，意志状态的内容决定了行为的性质。

(一)行为的性质首先归结为其所造成的结果

1. 行为与结果“同进退、共荣辱”

行为与结果可以分开，这在我国《刑法》第 6 条第 3 款中得到了体现：“犯罪的行为或者结果有一项发生在中华人民共和国领域内，就认为是在中华人民共和国领域内犯罪”。但是，显然这里的“犯罪的行为或者结果”，指的是犯罪行为本身或者犯罪行为所造成的结果。而且结合前文，不难发现，所谓“犯罪行为本身”也是“犯罪行为在客观方面所表现出来的性质”，其与“犯罪行为所造成的结果”同属于“犯罪是行为”中的行为。例如，日本学者大谷实在论述构成要素中的行为时，明确指出：“行为论中所讲述的行为，是指能够受意思支配的具有社会意义的人的外部态度，是作为刑法上的构成要件符合性的对象的社会事实的行为。但是，本处所讲的行为(指构成要件的行为——引者注)，是作为构成要件中所规定的构成要件要素的行为。”③

同时，也必须明确认识到，有行为必然有结果，行为非价与结果非价本来同源。德国学者罗克辛表示，“根据今天的观点，行为构成的满足毫无例外地应当以一种行为的无价值以

---

① 张明楷：《外国刑法纲要》，清华大学出版社 1999 年版，第 65 页。

② 参见陈忠林：《刑法散得集》，法律出版社 2003 年版，第 262 页以下。

③ [日]大谷实：《刑法讲义总论》(新版第 2 版)，黎宏译，中国人民大学出版社 2008 年版，第 113 页。

及一种结果的无价值为条件。虽然，根据在具体案件中要求的形式，行为无价值的形式能够分别分成故意和过失的，有行为倾向的和有行为性质的，并且，结果无价值也会分别形成既遂的和未遂的，损害的和危险的……在所谓的单纯的活动犯罪以及侵害住宅安宁罪中，本身就存在着一种外在的结果……"①

行为与结果有先后之别，但是结果不可能固定到最后一刻，甚至进行所谓的"事后判断"，因此，我们可以粗略地说，"行为与结果同在"，也正是因为如此，结果无价值被赋予了全新的意义。以往的不少结果无价值（主要是极端的结果无价值②），可以称之为"效果无价值"，而不是真正的结果无价值。

我国刑法学界晚近以来浸淫其中的行为无价值论与结果无价值论——我们可以感觉到一个拥挤的刑法世界，以及有些学者为了合理解释刑事不法的类型，苦心孤诣地提出的三种并列的模式——分别是结果导向的不法模式、行为导向的不法模式（如未遂犯）、主观导向的不法模式（如过失犯），③都存在一些迷误。"止沸者须抽其薪"，于前者而言，诚然行为与结果在一定程度上可以区分，但是有行为必然有结果，行为必然会改变外在存在的人或物的状态，这是结构主义的必然推论。④ 日本学者高桥则夫即指出，在"犯罪是行为"这一场合的行为里包含着狭义的行为和广义的行为，必须注意后者也包含着结果的概念。如果不考虑结果，就不能理解行为的社会意义。⑤ 也就是在这个意义上，"人的不法理论曾正确地强调，与其说刑法中不法的本质存在于已经出现的法益损害，即结果无价值之中，不如说它实际上存在于行为无价值或者行动无价值之中"⑥。而且，行为的性质是由其结果体现出来的，如果"杀人"的行为绝对不可能导致一个人死亡，那么行为也不是杀人的行为。简言之，杀人的行为必然有致人死亡的可能性，行为与结果的无价值性要么一起被肯定，要么一起被否定。结合刑法机能性思考，人力以外事物造成的"社会危害"或"法益侵害"，也不能称其为"社会危害"或"法益侵害"。不法必然是与行为人相关联的人的行为的不法，刑法之所以只可能将人所能够控制的范围内的事项归责于他，正是考虑了避免可能性，惩罚他能够实现预防犯罪。并且，前述不法模式论述，除了重复既往的错误外，还有一个更为明显的破绽——不法的标

---

① [德]克劳辛·罗克辛：《德国刑法学总论》（第 1 卷），王世洲译，法律出版社 2005 年版，第 210～211 页。

② 这种极端的结果无价值论者在目前只能赞同报应刑，但是"惩罚犯罪人既不可能挽回犯罪造成的损害，也不可能使既已发生的犯罪成为不复存在，因此，惩罚本身不独立构成刑罚的正当根据，即是说，为惩罚而惩罚不是正当的刑罚，只有为预防犯罪而实施的刑罚才具有正当性"。（邱兴隆：《刑罚理性导论——刑罚的正当性原论》，中国政法大学出版社 1998 年版，第 51 页。）

③ 劳东燕：《风险社会中的刑法：社会转型与刑法理论的变迁》，北京大学出版社 2015 年版，第58 页。

④ 结构关系区别于因果关系，刑法中所谓的因果关系，其实不是因果关系，因为其实质是在确认这个"结果"是不是他的行为所造成的"结果"，而不是说他的行为造成的"结果"要不要让他负责。

⑤ [日]高桥则夫：《规范论和刑法解释论》，戴波、李世阳译，中国人民大学出版社 2011 年版，第 37 页。

⑥ [德]沃尔夫冈·弗里施：《变迁中的刑罚、犯罪与犯罪论体系》，陈璇译，载《法学评论》2016 年第 4 期。

准只能有一个，多重标准在划分概念的外延时难免混乱。①

刑法只可以把在客观上侵害或者威胁了法益的行为认定为违法。既然犯罪是行为，必然具有行为无价值。"将所有的客观性要素对应于违法，所有的主观性要素对应于责任，那么，在外界产生的外部性现象即法益的侵害或危险就都成了违法。那么即使是对老鼠啃仓库也不得不承认违法的结论了。"②不是所有侵害了法益的行为都具有结果无价，只有对通过构成要件类型化的法益的侵害才谈得上结果无价。有人说，"是否将故意（尤其是既遂犯的故意）作为违法要素纳入构成要件，是行为无价值论与结果无价值论的分水岭"③，这令人难以认同。

有学者认为，结果无价值论与行为无价值论只是代表了不同的法益保护模式：前者认为法益侵害结果的发生，仅作为刑事司法介入某一特定社会事件的前提，刑罚的效力也只能对过去造成现实法益侵害的行为进行回应性的处罚；后者则主张必须以禁止具有法益侵害可能性的行为为中心，以预防任何足以致生法益危险性并欠缺社会容许性的举止，才能有效地保护法益。④ 如果这一论断成立，很明显，行为无价值论者已经从对"法益"概念进行过泛的理解进展到虚化无视的阶段了。这一观点，将会导致法益概念不仅没有起到限制国家犯罪化的权力的功能，还反过来服务于国家刑罚权的扩张。⑤

2. 结果的认定必须"结合语境"

地点、时间等都是行为的构成要素，这是因为，任何行为不是一个孤立的存在，必然是一定的人在一定的时空下所为的。可能有人会问，既然时空都是行为的构成要素，为什么对于一些犯罪的成立它不重要呢？本文的回答是，因为它在价值评判上没有影响到罪与非罪，出于思维的便捷，就直接没有考虑了。

行为本身不能评价自己的性质，在哲学上，其是由其所造成的结果所决定的。然而，事物是客观世界中的事物，事物处于普遍联系之中。犯罪行为必定是主体在特定时空环境下而为的，因此结果的样态也必须结合事发时的时空环境乃至行为人身份等认定，这也是为什么"三阶层"与说"四要件"在承认"犯罪是行为"的前提下，又在各自的犯罪论体系之中还探讨地点、时间等的原因。例如，只有在禁渔期时在禁渔区捕捞才可能是犯罪行为，显然，同样的捕捞行为其造成的结果不尽相同。又如，同样都是开拆信件，对于国家工作人员就构成重罪，刑罚严苛，这是因为行为人的身份不同结果严重程度不同。所以，"犯罪是行为"意义上的行为是包括最狭义的行为、时间、地点、身份、主观状态等要素（当它们是要素时）的范畴。从而，结果也只是行为的一个组成部分，结合犯罪行为各要素之间的辩证关系，结果的样态

---

① 例如，过失行为中也存在未遂的情况，我们不能以实害结果出现有无认定有无过失，事实是先有过失行为后有实害结果，只是说由于过失犯的罪责较小，不处罚未遂犯。

② [日]高桥则夫：《规范论和刑法解释论》，戴波、李世阳译，中国人民大学出版社 2011 年版，第 47 页。

③ 参见张明楷：《行为无价值论的疑问——兼与周光权教授商榷》，载《中国社会科学》2009 年第 1 期。

④ 参见劳东燕：《结果无价值论与行为无价值论之争的中国展开》，载《清华法学》2015 年第 3 期。

⑤ 参见劳东燕：《风险社会中的刑法：社会转型与刑法理论的变迁》，北京大学出版社 2015 年版，第 42 页。

表明了行为的性质。

(二)行为的性质(以及结果的样态)最终归结为主观罪过的内容

客观的构成要件是主观的构成要件的外部存在,即危害行为是犯罪人的犯罪意志的外在表现或外化。① 行为性质首先取决于其引发的结果——这在实害犯既遂时最为明显,结果性质的确定又有赖于罪责内容的求得,在接下来,如果想更为细致地分析行为的性质的话,可以考察方式、主观状态等,即行为人在何种罪过支配下,以何种方式(例如威胁、胁迫、暴力、平和)改变了刑法所保护的何种人或物的何种状态(法益)。以主观内容为判断资料,以刑法规范为判断标准。所以,行为的性质在结果上得到了一定的体现,但是,一方面,由于一些危险犯所造成的危害结果不从主观罪过开始分析就难以被察觉;另一方面,结果不具备彻底的个别化机能。具体来说:

首先,结果无价值的思考方式是:先考虑行为对被害人造成了什么样的危害结果,然后由此出发,追溯该结果是由谁的、什么样的行为所引起的,由此来判断行为是否具有社会危害性。② 显然,这对于大多数危险犯与一部分实害犯(未遂)都无能为力。例如,纯客观地看,故意杀人未遂中,"造成了什么样的危害结果",根本就不知道。只有考察了行为的主观状态,才可以精细认定行为的性质,并且检验我们对结果的认定是否存在误差。值得说明的是,罪过只存在于行为之中,不存在脱离行为的罪过,例如故意犯罪就必须要有"希望或放任"的行为,否则就谈不上"控制"了。而且,由于刑法不处罚迷信犯,所以主观认知的内容必定相对正确而具体,以犯罪故意这一罪过为例,"明知自己的行为会发生危害社会的结果"必须是事实上也是可以实际发生的,否则就处罚了迷信犯。从这里也可以看出行为无价值的误区是,以行为人主观意图认定行为的性质,其逻辑理路是,刑法规范只能禁止或命令行为人干什么事情,当他干或者没有干了这件事,就具备了行为非价。

其次,我们用过去的经验为明天的生活立法。德国学者罗克辛认为,"法律明确性原则一方面有利于国家执行法令,另一方面也使国家权力受到书面明确规定的限制"③。因此,我们为了减少可以的恣意裁判,将那些严重影响刑罚的轻重的要素也作为对犯罪行为分类的标准,重视各个犯罪行为之间的行为样态、空间、结果的区别,否则规定凡危害社会或侵害法益的——这也可谓一种最本质意义上的结果。例如,故意杀害与伤害邻居家的名贵宠物狗没有区别开来,这是因为两种行为对刑法评价影响不大,而对人则不然。④ 而罪过则可以担纲这一重任,因为责任主义要求行为人对其负责的事实,必须有所认识。离开了罪过内容无法探究被侵害的是什么法益,例如无法区分非法拘禁罪与绑架罪,无法区分故意杀人罪(未遂时)与故意伤害罪。即使对同一类型化的法益侵害,如果同时规定了犯罪故意与犯罪

---

① 参见马克昌主编:《犯罪通论》,武汉大学出版社1999年版,第92页。

② 黎宏:《行为无价值论与结果无价值论:现状和展望》,载《法学评论》2005年第6期。

③ 王钰:《"中德刑法解释语境下的罪刑法定原则"研讨会侧记》,载梁根林、[德]埃里克·希尔根多夫主编:《中德刑法学者的对话——罪刑法定与刑法解释》,北京大学出版社2013年版,第216页。

④ 不过何为影响大,需要另外撰文探究之。

过失两种罪过，还需要考察主观罪过以认定行为性质。

最后，为了避免误解，①需要说明的是，主观主义与客观主义的分野，在于是否以行为人的人身危险性作为刑事责任的基础。如果认为犯罪的本质是侵害法益，并以此建构犯罪论体系，那就是客观主义的犯罪论体系。而且，主观罪过也是一个既定的事实，不能仅凭供述或辩解就认定之或否定之，尤其不能够以所谓重视主观罪过将招致"刑讯逼供"而敷衍之。罪过一旦产生，便不再以人的意志为转移，人们只能承认它而无法否定它。司法人员，也必须实事求是的去探求。② 而且，客观主义的定义也推不出"客观判断优先论"，对此，台湾学者黄荣坚指出，"在对于构成犯罪之不法的检验技术上，一般对于既遂犯罪都是先检验客观要件后检验主观要件，而对于未遂犯则是先检验主观要件后检验客观要件……对于既遂犯罪先检验客观要件后检验主观要件，其实并不是道理上顺理成章的事情，而是现实上的方便而已……相反的，对于客观上并未实现的事情，也并不排除行为人的故意或过失（否则未遂犯是怎么成立的?）。所以既遂犯先检验客观不法，只是基于现实上的方便所形成的习惯而已，并非理论上的当然。"③德国学者耶赛克也认为，"欧洲大陆国家的刑法制度共同起源于中世纪的罗马法与意大利法，人们从中推导出了对后世尤为重要的刑法上的两条原则：第一，意志优先原则，即在评判人类的所有行为时，应当优先考虑意志，而不是优先考虑外部结果；第二，精确描述原则，即应当特别强调从法律意义上精确描述法律规定的可罚性条件。"④

其实，例如，判断是否成立"被害人危险接受"，也需要先从行为人主观方面开始判断。⑤自诩"客观"的客观归属论也是"在主观构成要件得到承认之后旨在限制主观构成要件而发展起来的。这是为了使得依靠主观构成要件加以判断的内容，部分地转移到客观构成要件上，从而使得构成要件符合性阶层中的主观判断受到客观判断的限制"。⑥

归根结底，犯罪行为客观性表现为三个方面：第一，犯罪事实是客观存在的；第二，犯罪成立要件是客观存在的；第三，犯罪侵犯的客体是一定人和物的存在状态。这三者都是客观的，将这三者用证据予以证明，实现"以事实为根据"，而后，"以法律为准绳"，用刑法评判这一事实。所以，犯罪是一个被规范评价过了的事实。德国学者也指出，"犯罪所涉及的是一种包含特定外在和内心（主观）要素的行为（举动），或者是一种具有与他人法益发生消极关联这一存在属性的行为——即便只有当该行为足以使我们得出特定的法律评价结论（具有构成要件符合性，未得到正当化等等）时，它才能够成立犯罪"⑦。

---

① 例如，周光权教授认为，将主观罪过视为犯罪构成的核心，是行为人承担刑事责任的唯一根据的观点，是主观主义。参见周光权：《"被教唆的人没有犯被教唆的罪"之理解——兼与刘明祥教授商榷》，载《法学研究》2013 年第 4 期。

② 参见姜伟：《罪过形式论》，北京大学出版社 2008 年版，第 15～16 页。

③ 参见黄荣坚：《基础刑法学（上）》，中国人民大学出版社 2009 年第 3 版，第 130 页。

④ ［德］汉斯-海因里希·耶赛克：《马普外国与国际刑法研究所的比较法研究——汉斯-海因里希·耶赛克在庆祝该所并入马普协会仪式上的演讲》，周遵友译，载陈兴良主编：《刑事法评论》（第 27 卷），北京大学出版社 2010 年版，第 216～217 页。

⑤ 参见庄劲：《被害人危险接受理论之反思》，载《法商研究》2017 年第 2 期。

⑥ 蔡桂生：《构成要件论》，中国人民大学出版社 2015 年版，第 306 页。

⑦ ［德］沃尔夫冈·弗里施：《变迁中的刑罚、犯罪与犯罪论体系》，陈璇译，载《法学评论》2016 年第 4 期。

《厦门大学法律评论》总第三十一辑
厦门大学出版社 2019 年 6 月版
《论损害额酌减制度的构建》
第 78 页～第 92 页

论损害额酌减制度的构建*

王 磊**

摘要：完全赔偿原则存在固有的缺陷，其在需要进行生计酌减与公平酌减的场合无法得出妥当的法结论。为此应当确立损害额的酌减制度，确保个案中实质正义的实现。酌减制度在性质上是损害额的酌减而非损害赔偿范围的酌减。损害额酌减制度的发生要件应在生计酌减与公平酌减的基础上分别构造，实现两造利益的平衡。损害额酌减范围的确定应充分权衡与之相关的酌减因素而妥善地得出，以确保酌减结果符合比例原则的要求。此外，为了防止法官的恣意裁判，法官对结论的得出应进行充分的论证，以降低结论的恣意性，确保其正确性。

关键词：完全赔偿原则；生计酌减；公平酌减；损害额；比例原则

Theory on the System for Appropriately Relieving the Amount of Damage

Wang Lei

Abstract: The principle of full compensation have inherent defect, in the occasion of relieving damages for livelihoods and fair, which cannot obtain appropriate legal result. In order to achieve substantive justice in cases, the system for appropriately relieving damages should be set up. In nature, the object of relieving is the amount of damage not the scope of damages. The elements of the system should be constructed respectively in the system of relieving damages for livelihoods and fair, thus balancing parties' interest. The scope of relieving should be properly acquired by fully consider related factors, achieving the claim of proportionality. In addition, in order to prevent the judge's arbitrariness, judge should fully demonstrate the result, further reducing the arbitrariness of result and

---

* 文章 DOI：10.3966/615471682019060031006。

** 王磊，男，贵州遵义人，南京大学法学院博士研究生，研究方向：民法学。

guaranteeing the correctness.

Key Words: principle of full compensation; relieving the amount of damage for livelihood; relieving the amount of damage for fair; the amount of damage; proportionality

一、引言

就损害赔偿范围而言，除少数国家外，各国基本上认为应“通过损害赔偿的各种方式，使受害人回到没有遭受损害以前的状态”①，即完全赔偿原则。我国亦采纳此原则为损害赔偿范围确定的指导原则。② 之所以采取该原则一方面在于充分实现填补损害的目标，保障矫正正义之实现；另一方面则在于使损害赔偿范围的确定不取决于债务人之过失程度，以排除民事法中的刑罚要素。换言之，若损害赔偿法采取“赔偿数额与过失程度相符”的立法例，区别债务人过失程度决定损害赔偿范围，就会促使损害赔偿以刑罚的形式出现，从而退步到惩罚与损害赔偿不分的落后法制。③ 就法律效果而言，由于责任后果不受责任原因的影响，完全赔偿原则致使赔偿范围的确定通常是要么全部赔偿要么不予赔偿的“二元”选择，即“全有或全无”(all or nothing)。

虽然完全赔偿原则是认定损害赔偿范围的通说，但是批判之声也不绝于耳。从理论上观之，学者认为“将法律效果独立于责任基础，其价值判断上的自相矛盾已显露无遗。责任基础本来是损害赔偿效果发生之基础，而赔偿范围却又完全隔离于请求权基础的特征，这样的出尔反尔，必将导致价值实现的断裂”④。若一味地以要么全陪要么不赔的思维来适用于司法实践，将导致形式正义对实质正义的取代。另外，从司法实践来看，完全赔偿原则的适用与法效果的妥当性也常有相悖之处，比如天价葡萄案⑤、好意同乘侵权案⑥，在该等案件中法律适用的困境即无论是选择“全赔”或是“不赔”都无法达致妥当的法结论。产生该困境的深层原因在于适用完全赔偿原则的法结论尽管在个案中有违一般人的公平正义观念，在制度上却无缓和该困境的“调节器”。

此外，若完全赔偿原则的法结论并未违反公平正义观，但赔偿义务对加害人的生计造成实质性的威胁，以致影响到加害人的生存状况时，法律应如何作出回应。制度的缺失导致了司法实践的混乱，我国有法院认为此状况与责任承担并无关联性，不得作为减免责任的理由，与此相反，有法院则认为两者存在一定的联系，另外也有法院通过变相适用其他制度得

---

① John C. P. Goldberg, Two conceptions of tort damages: fair v. full compensation, *Depaul Law Review*, Vol.55:435,(2006).

② 参见《中国民法典草案建议稿》第 1627 条；《中国民法典学者建议稿及立法理由》，法律出版社 2005 年版，第 324 页。

③ 参见林易典：《论法院酌减损害赔偿额之规范》，载《台大法学论丛》第 36 卷第 3 期。

④ 叶金强：《论侵权损害赔偿范围的确定》，载《中外法学》2012 年第 1 期。

⑤ 案情参见莫晓宇、刘健：《对“天价”葡萄案的若干思考》，载《中国刑事法杂志》2004 年第 3 期。

⑥ 案情参见钟富胜、胡新：《好意同乘的定性分析及责任承担》，载《人民司法》2009 年第 2 期。

出妥当的法结论，然而该方式实质上掩盖了问题的本质，易造成法学上“概念的假象”问题。① 显然，诸多问题的显现预示着我国在相关领域的制度构建仍需进一步加强。

从比较法观之，各国多以损害额的酌减制度来跳出上述困境，以促使个案中实质正义的实现。损害额酌减制度乃指在完全赔偿原则下当加害人的赔偿义务违反了公平正义的观念或使加害人的生计出现重大困难时，法官可以在一定条件下对加害人的赔偿义务予以减免。实际上侵权法内存在一系列的制度群来调和完全赔偿原则之下过于严苛的赔偿义务，如相当因果关系理论、过失相抵、损益相抵等，但这些制度在作用对象与作用范围上存在局限而无法克服公平酌减或生计酌减的困境。同时我国《侵权责任法》目前尚无一般的损害额酌减规范，导致个案中实质正义的实现也无有效的法律路径。为此，有必要对损害额酌减规范进行深入的研究与论证，从而妥善地构建损害额的酌减制度，使之与其他规范群一道有效地攻克完全赔偿原则的缺陷，保障法效果的妥当性，进而促使个案正义的实现。

二、酌减制度的正当性

(一)比例原则的要求

比例原则滥觞于普鲁士行政法，由于其内容的普适性，逐渐成为各国公法领域所公认的基本原则。② 就私法领域而言，有学者认为二者存在着主体、内容及价值上的内在关联，所以在民法领域仍然具有适用比例原则的必要。③ 以此，在判断手段与目的相符与否的场合，我们仍可通过比例原则来对法结论予以检讨。

比例原则包括适合性原则(Suitability)、必要性原则(Necessity)、狭义的比例原则(Proportionality in the Narrower Sense)三个子原则。④ 其核心乃狭义的比例原则，又可称为“均衡性原则”或“禁止过度”，其认为对权利的干涉或限制与所欲达到的目的必须是相称的，从而实现手段与比例的均衡，防止为达目的而造成过重的负担。“通俗说，此原则就是要求不可大题小做，也不可小题大做。”⑤

“侵权法的首要功能在于补偿，该点应无可置疑。”⑥赔偿损失乃补偿受害人损害的方式之一，这里加害人的赔偿义务与损害赔偿法的补偿功能应是手段与目的的关系。从比例原

① 相关判例参见2016年川3337民初第64号判决书、2014年哈民二民终字第340号判决书、2014年永法少民初字第00383号判决书。

② See Carlos Bernal Pulido, The Migration Of Proportionality Across Europe, *New Zealand Journal of Public and International Law*, Vol. 11, Issue 3, (2013).

③ 参见郑晓剑:《比例原则在民法上的适用及展开》，载《中国法学》2016年第2期。

④ Robert Alexy, Constitutional Rights and Proportionality , *Journal for Constitutional Theory and Philosophy of Law*, Vol. 22, (2014).

⑤ 黄忠:《比例原则下的无效合同判定之展开》，载《法制与社会发展》2012年第4期。

⑥ 峰正子:《原状回復と損害の規範的評価》，立命館法学5・6号，第656页(2015)。

则禁止过度的思想来看,“法院之裁量权应受相当性与合理性的调整”①,损害赔偿额的认定应保证受害人得到救济的同时也不会给加害人造成过重的负担。然而,完全赔偿原则的适用使得加害人因轻微过失而负担过重的赔偿,或者该赔偿义务威胁到了加害人的生计而不存在缓和的制度,若剥夺其赖以生存的物质基础,这显然与比例原则的思想不符。鉴于此,德国学者 Canaris 以禁止过度的思想为支撑,试图通过德民第 242 条诚信原则的适用来抗辩权利之滥用,以此降低过度的损害赔偿额。奥地利学说也承认在受害人行使损害赔偿请求权时所得的利益与对相对人所造成的负担重大不成比例时,可以加以限制。②

因此,以比例原则观之,在个别场合下为了防止加害人遭受过度的负担,对加害人赔偿义务的缓和实属必要,损害额酌减制度的规范意旨正在于此。损害额酌减制度常以加害人遭受“不合理的负担”或“生计之重大影响”为其要件,其目的即在于当加害人的赔偿义务明显过度时,应对其作个案处理进行酌减,从而实现手段与目的的相称。

(二)程序性规范难以有效保障债务人的生计

生计酌减作为损害额酌减制度予以规制的主要情形之一,旨在通过酌减制度保障加害人赖以生存的基本物质条件。然而,在未采纳损害额酌减制度的国家通常认为加害人因过度赔偿而产生生计酌减之需要,应从程序法上予以保障,如破产法、强制执行法等,如此以明晰实体法与程序法的界限。如德国其之所以未采取酌减条款的部分原因即在于“强制执行法与破产法已有保障债务人生计的规定”,因此无须在实体法中另行规定酌减赔偿额的必要,从而避免酌减条款所带来的衡平判决。③ 然而,程序法是否足以保障债务人的生计,仍不无疑问。

就破产法来看,其保障债务人生计的机制主要在于破产免责制度。所谓破产免责是指“在破产程序终结后,对于符合法定免责条件的、诚实的自然人债务人,对于其未能依破产程序清偿的债务,在法定范围内予以免除急需清偿的责任”④。这里的免责是针对自然人破产而创设的制度,法人因破产而当然解散,故不存在继续清偿债务的问题。⑤ 因此自然人在一定条件下通过破产免责制度可以避免部分债务的承担,从而保障其赖以生存的物质基础,与损害额酌减制度在规范功能上具有一定程度上的共性。然而,并非任何情况下债务人都可以通过破产免责制度来避免债务的承担,因为破产免责的适用仍然需要满足法定的要件。⑥ 比如《日本破产法》第 253 条第 1 款就规定到:“得以免除的破产人,除依破产程序实行的分配外,对破产债权人的债务全部免除责任,但以下请求权除外:(1)因破产人恶意侵权行为而致损害赔偿请求权;(2)因破产人故意或重大过失侵犯他人身体权或生命权而致损害赔偿请

① 春日偉知郎:《相当な損害額の認定》,ジュリスト1098 号,第 73 页(1996)。

② 参见林易典:《论法院酌减损害赔偿额之规范》,载《台大法学论丛》第 36 卷第 3 期。

③ 参见王泽鉴:《损害赔偿法上的酌减条款》,载《法令月刊》第 67 卷第 6 期。

④ 李永军:《破产法》,中国政法大学出版社 2013 年版,第 433 页。

⑤ 郑远民:《破产法律制度比较研究》,湖南大学出版社 2002 年版,第 149 页。

⑥ 关于各国破产免责的条件参见程春华:《破产救济研究》,法律出版社 2006 年版,第 380 页。

求权。"可见，若债务人不满足破产免责的条件，同样无法通过破产制度来免除债务，所以仍具有其他制度对其予以调整的必要。

同时，就破产能力而言，目前一般破产主义已成为潮流，但就我国的现实情况来看，《破产法》将适用主体限定为"企业法人"而将自然人排除于其适用范围，因而在我国，自然人根本无法通过破产免责制度来免除债务的承担。此外，尽管各国强制执行法都倾向于不可扣押影响债务人家庭生活、劳动所必要的物品，以保证其基本生存的物质基础，但这也并未消减债务人的赔偿义务。因此程序性规范在一定程度上固然可以保障债务人的生计，但其仍存在一定的局限性。与破产法、强制执行法等程序性规范不同，损害额酌减制度是从实体法的角度出发从根本上减免赔偿义务的范围，以此保障债务人人格发展的物质基础，相教于程序性规范具有更为基础性的意义。

(三)弥补完全赔偿原则的不足，有效限制责任范围

完全赔偿原则的适用致使损害赔偿范围的确定陷入了"全赔或不赔"的二元选择，责任范围与责任原因的割裂促使了价值取向的不一致，从而导致司法适用的困境。换言之，若一律采取"全赔或不赔"的模式就会产生如下困境：若责令加害人履行完全赔偿义务就会对加害人产生不公，若不责令加害人赔偿那么又对受害人产生不公。

以好意同乘侵权为例，由于好意同乘所具有的情谊性、无偿性、施惠性等特征，因车主的轻微过失而要求其履行较重的赔偿义务，显然与一般的公平正义观念相违，同时，若其的确存在过失如不予赔偿又对受害人不公，这里就产生了酌减车主赔偿责任的必要。因此在情谊行为侵权的场合，从法律政策的角度来看应避免吓阻具有积极社会价值的行为；从利益平衡的角度来看情谊行为的无偿性要求对情谊行为人予以责任减轻。此外，情谊关系与典型无偿合同的类似性也要求对情谊行为人的责任予以减轻。① 可见，就责任范围的确定而言，虽然正确的方向应该是"将责任原因与赔偿范围结合起来考虑"，②但是鉴于目前完全赔偿原则仍处于通说的地位，因而需要通过相关制度的构建来缓和其弊端。损害额酌减制度乃能有效弥补完全赔偿原则之不足的制度。为此，《中国民法典草案建议稿》第 1632 条明确规定到"完全赔偿受害人的损失违反民法公平原则的要求或者违反公序良俗的，法院可以相应减少赔偿的金额"。

侵权法旨在平衡行为自由与权益保障的关系，在有效保障受害人合法权益的同时也应实现合理的行为自由。完全赔偿原则的适用因存在损害行为自由的倾向，所以责任范围的限制实属必要。侵权法规定了多种限制责任范围的手段，比如相当因果关系、过失相抵等制度，但这些限制手段在个别场合并未有效地将责任限定在合理的范围内。因此酌减制度的设置从更一般性的层面对宽泛的责任划定了界限，以弥补其他手段在限制责任上的不足。

---

① 参加张家勇：《因情谊给付所致损害的赔偿责任》，载《东方法学》2012 年第 1 期。

② 于敏：《日本侵权行为法》，法律出版社 1998 年版，第 200 页。

三、酌减的对象：损害与损害额的区分

损害理论的通说采纳了"差额说"。"差额说"认为损害乃被害人于侵权行为发生前后之财产状态的差额，此财产状态之差额即损害。① 然而差额说是否为理解损害的妥当学说，仍值得检讨。首先，差额说强调前后财产状态在金额计算上的差异，实质上更多地将视角集中于损害的"量"的问题之上。这一基本逻辑表明了"差额说所要解决的问题或提出差额说者主要问题意识是受害人可请求赔偿的损害范围到底如何的'量'的规定，而不是受害人可请求赔偿的损害的'质'的规定是什么的问题"②。从这点来看差额说的基点乃在于解决损害赔偿金额的算定问题(损害的金钱评价)，而不在于损害应否得到赔偿问题。其次，就损害的赔偿范围而言，其旨在回答"损害是否应纳入法律的保护范围"这一提问。显然，这里尚未涉及损害赔偿金额的问题，而只是认定某种损失或侵害是不是属于"可赔偿的损害"。至于具体判断的方式，则涉及可预见性、被侵害权益的重要性、因果关系的相当性等一系列因素的综合评价。换言之，赔偿范围解决的问题乃在于通过价值判断决定其是否属于可赔偿的损害这一"质"的问题。

因此，如若以"差额说"来统一地囊括损害的概念，就会导致以损害"量"的规定性替代了"质"的规定性，从而掩饰掉了确定损害赔偿范围这一环节的价值评判过程。因为差额说仅是比较损害赔偿额算定的结果，并未说明损害赔偿范围与金钱评价的不同，实际上损害赔偿范围的确定与损害的金钱评价属于不同层次的问题。③ 从适用逻辑上看，裁判者应先通过价值衡量的方式确定损害是否应予赔偿，对该问题得出肯定结论后，再判断该可赔偿的损害应转算成多少的金钱数额。以此而论，差额说对损害的金钱评价(损害额的算定)尚可发挥一定的作用，对于损害赔偿范围的确定则并无多大实益。

与此相应，规范说则可以较好地解决损害与损害额的划分问题。"规范损害论的核心，在于强调损害判断中的规范因素、价值因素"④，而规范评价、价值判断是损害论必不可少的因素。一方面，因为权利或利益是否应得到法律的保护而成为可赔偿的损害是法律价值的判断问题；另一方面，损害赔偿请求权作为侵权法对权利或利益发挥保障功能的方式，本质上是权利侵害或利益侵害的变形物，也应对其赋予相同的法律评价。损害的概念因而必然包括了规范评价的内涵。⑤ 就损害额的算定而言，日本学者平井宜雄指出"损害额的认定并非事实认定层面(例如因果关系)上的问题而应是评估层面上的问题后，进一步主张损害的

---

① 参见曾世雄：《损害赔偿法原理》，中国政法大学出版社2001年版，第118页以下。

② 旺志刚：《民法上的损害概念》，载《民商法论丛(41)》，法律出版社2008年版，第313页。

③ 参见潮見佳男：《財産的損害概念についての一考察——差額説的損害観の再検討》，判タ687号，第8页(1989)。

④ 叶金强：《论侵权损害赔偿范围的确定》，载《中外法学》2012年第1期。

⑤ 参见潮見佳男：《人身侵害における損害概念と算定原理(2・完)》，民商法雑誌103卷5号，第724页(1991)。

金额评估并非实体法问题，而是归属于法官裁量范围内的问题”[①]。可见，无论是损害赔偿范围的确定，还是损害额的认定实质上都存在规范性评价，这一点是规范说可以统合损害与损害额的地方。同时由于对两者规范评价内容的不同，又可以对两者作出区分，即损害赔偿范围的确定是对损害应否得到法律保护的规范评价，损害额的算定则是如何把可赔偿的损害转换成金钱数额的规范评价，在评价方式上两者存在实质性的区别。综上所述，损害与损害额实际上作用于不同的领域，“可赔偿损害”主要在于判断应否对其实施法律上的保护问题，属于损害赔偿范围的确定。而“损害额的判断”应以“可赔偿损害”作为其逻辑前提，乃是对可赔偿的损害换算成损害赔偿额的评价问题。

酌减制度的规范意旨在于避免加害人承担不合比例的赔偿责任而导致的不公正，从而对加害人的赔偿责任实行相应的减免。这里的减免乃从结果意义出发，是损害被评价为损害赔偿额后的减免，而非损害赔偿范围上的减免。详言之，损害赔偿范围的确定乃裁判者价值判断的结果，价值判断的内容在于是否应责令加害人承担对损害的赔偿责任。在该阶段尚无法进行酌减的工作，因为一方面此时仍处于损害赔偿范围的确定阶段，若实行酌减的话其酌减对象只能是损害赔偿的范围，与该阶段“得出应赔偿损害的范围”之意旨不符。另一方面，加害人赔偿责任的不合比例是由于其遭受过度的金钱赔偿责任而损及生计的可能，在可赔偿损害尚未评价成损害赔偿的“额度”之前，根本无法辨别赔偿责任的轻重与否。也只有将可赔偿损害评价成为损害赔偿的“额度”之后，才能判断赔偿责任的轻重问题。因此，酌减制度的对象乃在于损害额的酌减而非赔偿范围的酌减。

四、损害额酌减制度的发生要件[②]:法政策上的权衡

(一)两造利益的权衡

损害额酌减制度的目的在于防止加害人承担过度的赔偿责任，在个案中若加害人承担的赔偿责任不合乎比例时，裁判者可以对此予以酌减。从价值取向来看损害额酌减制度实质上是对加害人的保护。然而，侵权法的首要功能仍在于保障受害人的合法权益，侵权法“应当以补偿为其主要功能，并从强化对受害人补偿出发，来构建整个制度和规则”，其基本定位仍然是救济法。[③] 总体而言，侵权法是以受害人权益的保障为其价值取向的。这里就存在如何协调损害额酌减制度与侵权法的规范意旨的问题，换言之，即加害人与被害人之间利益权衡的问题。若损害额酌减制度的适用范围过于宽泛，则必然会弱化被害人的保护。若损害额酌减制度的适用范围过于狭窄，又无法有效实现对加害人必要的关照，难以发挥酌

① [日]潮见佳男:《作为法官裁量问题的相当损害额》，姜荣吉译，载《北方法学》2014年第5期。

② 发生要件乃指存在酌减事由，法官因酌减事由的存在而具有酌减损害额的权限。但是否行使酌减权，乃取决于法官权衡相关因素的自由裁量，应区分酌减权的发生与行使。

③ 参见王利明:《我国侵权责任法的体系构建》，载《中国法学》2008年第4期。

减制度的真正意旨。因此，就损害额酌减制度的构成与适用而言，应明确侵权法是救济法的基本定位，权益保障仍是侵权法的基本价值取向，在相当的情况下相较于存在过错的加害人，没有过错的受害人应更值得保护。同时，应把握损害额酌减制度的适用是在个案中对个别不公正结论的调整，其并不是平衡双方当事人利益的一般制度，而是实现个案实质正义的矫正机制。此外，损害额酌减制度的适用一般只能由裁判者根据相关情况进行自由裁量，因而存在裁判者恣意裁判的可能性，从而出现难以控制的衡平判决影响法的安定性，正是基于此种顾虑，德国法上对是否增订酌减条款仍存有顾忌。

由此可见，损害额酌减制度虽以实现实质公正为目标，但作为与完全赔偿原则相对立的制度构造，其实质上蕴含了加害人与被害人之间的利益平衡机制。对其要件的设置应妥善权衡双方当事人的利益，防止对一方的保护而造成对另一方的过度侵害。总之，在对两造利益的权衡或避免衡平判决的基础上，损害额酌减制度的要件设置，一方面，应与其适用范围相适应，明确其适用宗旨，从而对要件的判断提供指导作用；另一方面，应明确地规定其适用要件，在充分发挥制度目的的同时防止法院恣意裁判的倾向。

(二)酌减制度的控制模式[①]

由于损害额酌减制度的要件设置需要在法政策上平衡加害人与受害人的利益关系，同时为了防止衡平判决的泛滥而影响法的安定性，各国对酌减条款的适用都会在一定程度上予以控制。就控制的程度高低而言，可将各国酌减条款的立法模式区分为三种类型的控制模式：

1. 高度控制

在高度控制模式之下，鉴于政策性的考虑，酌减条款的要件设置十分严格，从而使得酌减制度的适用仅在例外的情况下才得以进行。就主观要件而言往往要求债务人不得存在故意或重大过失，以此排除严重不负责任之债务人对酌减制度的适用。因为主观上存在严重过错的债务人与主观上无过错的债权人之间，价值的取向上显然对债权人的保护更为迫切。高度控制立法例下更为严格的控制在于其客观要件，通常对客观要件的适用限定了具体的事由，除该事由以外不能适用酌减制度，这里的事由多为导致债务人生计困难的情形。如我国台湾地区“民法典”第 218 规定，损害非因故意或重大过失所致者，如其赔偿致赔偿义务人之生计有重大影响时，法院得减轻其赔偿金额。《瑞士债法典》第 44 条规定，赔偿额的减免执行赔偿将给责任方造成经济上的困窘的，法院可以适当减少其赔偿金额，但行为人由于故意或重大过失或不谨慎造成损害的除外。[②] 该模式下不仅在主观要件上作出限定，而且在客观要件上更是限定了具体的适用事由，使损害额酌减制度的适用受到了严格的控制。

2. 低度控制

在低度控制模式之下，酌减条款通常赋予了法官较大的自由裁量权，法官只要在其认为

---

① 关于酌减制度控制模式的区分，参见王泽鉴：《损害赔偿法上的酌减条款》，载《法令月刊》第 67 卷第 6 期；林易典：《论法院酌减损害赔偿额之规范》，载《台大法学论丛》第 36 卷第 3 期。

② 《瑞士债法典》，物兆祥、石友佳、孙淑妍译，法律出版社 2002 年版。

公平合理的范围内就可以对债务人的赔偿义务进行酌减。在主观要件上往往仅将故意的情形排除即可，个别立法例甚至可以不考虑主观条件，即使债务人存在故意情形也存在适用酌减制度的可能。在客观要件上也不限于具体的适用事由，法官仅仅根据对“不合理”“不符合比例”等不确定概念的自由裁量就可以决定其适用与否。如《荷兰民法典》第109条规定到“全额损害赔偿的判决将造成无法接受的结果时，法官得对法律上的损害赔偿义务加以酌减”。

3. 中度控制

中度控制模式下法官对债务人赔偿责任的酌减往往控制在既非严格也非宽泛的范围内。一般情况下将主观要件限定于非故意或重大过失，而在客观要件上则是一些具有弹性解释空间的表述，从而实现两造利益的平衡。比如《芬兰损害赔偿责任法》第二章第1条规定，如在考虑到造成伤害或损害之人其财务状况、被害人之财务状况及其他情事后可认为，损害赔偿责任系不合理的负担者可以进行调整。但损害系出于故意时，除有特别理由可认为应酌减损害赔偿外仍应该全部赔偿。《欧洲示范民法典草案》第6-6:202条规定，“损害非因故意造成，由加害人承担全部责任与加害人的可归责性、损害程度或防止损害发生的手段不相称的，在公平、合理的情形下，可以免除或减轻加害人的赔偿责任”。①

(三)酌减制度的发生要件

从前文可知，损害额酌减制度的三种控制模式各有侧重。高度控制模式为限定法官的裁量权既限定了主观要件，又将客观要件限定于“生计困难”或“经济窘迫”的具体事由上。该模式仅仅关注了对酌减制度滥用的防范，忽视了酌减制度有效弥补完全赔偿原则弊病的功能，对生计酌减之外其他情形中个案正义的实现难以发挥作用。低度控制模式在构成要件上不仅无主观条件的限制，于客观要件上也是由法官自由裁量的弹性条款，赋予法官过多的自由裁量权，不可避免地会导致滥用裁量的危险。以此而论，高度控制模式与低度控制模式由于存在一定的缺陷似应采纳中度控制模式。

然而，中度控制模式虽然在主观要件与客观要件之间进行了一定的平衡，但是仍未深入考察酌减制度本身的功能及目的。详言之，各国损害额酌减制度虽然在法律适用的效果上都是对债务人赔偿责任进行一定的减免，但是这里减免的目的实不相同。如《瑞士债法典》规定酌减制度的目的在于避免对债务人造成经济上的窘境而影响其生计。反之，《荷兰民法典》酌减制度的目的则是克服完全赔偿原则的不足，防止“无法接受的结果”的发生。虽然“生计困难”当然包括于“无法接受的结果”之内，但是显然这里“无法接受的结果”具有更多的内涵。鉴于损害额酌减制度目的的不同，本文认为构成要件的设置应区分酌减制度的目的而分别予以进行。就酌减制度的目的而言，结合前文所述应主要存在于如下两种情况：其一，生计酌减，维持债务人生计的基本条件，防止因赔偿责任而剥夺债务人人格发展的物质基础。其二，公平酌减，促进个案中实质正义的实现，防止完全赔偿原则的极端适用而苛责债务人承担不成比例的责任。现就其构成要件分别阐述：

① 参见《欧洲示范民法典草案》，高圣平译，中国人民大学出版社2011年版。

1. 生计酌减

生计酌减条款的立法目的在于避免过重的赔偿责任影响债务人的基本生存条件。过重的赔偿责任在一定场合下乃因完全赔偿原则导致,因而生计酌减与完全赔偿原则存在一定程度的联系。然而,生计酌减的重点更在于强调债务人"经济状况的窘困"或"生计困难",所以即使并非完全赔偿原则适用的结果,只要存在影响债务人生计的危险,就存在生计酌减的空间,生计酌减与完全赔偿原则并非存在必然的联系。比如《瑞士债务法》既采纳了赔偿范围与过失程度相符合的立法例,又规定了生计酌减条款。

就客观方面而言,生计酌减的关键在于债务人经济窘困以致影响其生计的判断。有学者认为对窘迫的认定,"损害赔偿责任人仅仅因暂时的资金困难是不够的,而要求在经济上陷入实质性的危机。另外,以单纯的支付困难或损失的赔偿导致生活水平的恶化来认定窘迫也是不够的"①。因此,一方面,对该要件的判断应从实质意义出发去综合判断债务人过去的财产状况、赔偿义务的履行将对债务人造成多大程度上的影响及债务人未来财产状况的预计等多个方面的因素,以此决定赔偿责任的履行是否会对债务人的生计造成困难。换言之,债务人生计酌减的救助并非因其一时的资金周转困难,应结合债务人过去及现时财产状态与赔偿责任的负担程度予以权衡。同时,由于生计酌减的实质是赔偿责任的免除,赔偿义务并不能因债务人将来财产状况的好转而重新产生,因此尚应考虑债务人将来财产状况是否有好转的可能性。另一方面,虽然生计酌减是对债务人生计困难的扶助,但是仍然不能免除对债权人财产状况或其他情事的考察。因为债权人作为被救助的一方,若其经济状况同样窘困,债务人赔偿义务的酌减将导致债权人生计的困难时,权衡两者地位的优劣,则应当偏向债权人一方。所以即使债务人符合了经济窘困以致影响其生计的条件,但考察债权人方面的相关情事发现在价值取向上应该偏向债权人时,仍不得对债务人的赔偿责任进行酌减。比如个别场合下债权人遭受重大的人身侵害,对债务人赔偿义务的酌减将导致对债权人的不公。

就主观方面而言,对生计酌减的立法例各有不同。瑞士、我国台湾地区将生计酌减的主观要件限定于非故意或重大过失的情形。《芬兰损害赔偿法》规定"但损害系出于故意时,除有特别理由可认为应酌减损害赔偿外仍应该全部赔偿"。对此,若存在特别事由即使债务人故意侵权也可以酌减损害赔偿额。新近的立法也有不要求主观要件的规定,如《欧洲侵权法原则》第 10:401 条(损害赔偿的减缩)规定到"在例外的情况下,如果根据当事人的经济状况,全部赔偿将对被告形成难以承受的负担,损害赔偿可以减缩"。有学者认为"倘若允许就某些类型的故意侵权案件酌减责任,无疑会为行为人实施加害行为提供规避责任的路径。为督促行为人预防损害的发生,对于侵权人存在严重懈怠之重大过失行为,亦应排除其适用生计酌减之可能"②。然而,生计酌减制度之立法目的在于"盖为顾全经济能力较弱之义务人,对于赔偿金额之负担,为推行社会政策起见,自应予法院以斟酌衡量之权也"③。因而生计酌减制度一定程度上是实现社会政策的手段,无论加害人主观状况为何,均应该将其作为

① 毛东恒:《現代損害賠償法における公平責任》,早稲田大学博士论文,第 112 页。

② 徐银波:《论侵权损害完全赔偿原则之缓和》,载《法商研究》2013 年第 3 期。

③ 梅仲协:《民法要义》,中国政法大学出版社 1998 年版,第 223 页。

"人"来看待，其均是应被法律所关怀的"人"。这就要求我们在一定情况下不能完全剥夺其生活发展的物质基础，否则将阻碍其一般人格的发展。若我们以"故意或重大过失"的要件限制生计酌减的适用，似乎与生计酌减制度的旨意相违背。为此，若有特别理由存在，生计酌减制度的发生要件只要客观要件满足即可，无须强行要求主观要件。

2. 公平酌减

如前文所述，完全赔偿原则导致部分损害赔偿案件处理上的僵化，"全赔或不赔"的非正义激发了缓和完全赔偿原则适用效果的需求。损害额酌减制度乃是对债务人完全赔偿责任的减免制度，通过适当地减免过度的赔偿责任以有效弥补完全赔偿原则的不足。如在无偿帮工侵权案件、好意同乘侵权案件中，"基于诚实信用原则、公平原则衡平减轻施惠方的侵权责任，毕竟同乘人无偿受惠，判决施惠方全赔在诚实信用和伦理感情上有失妥当性"。① 可见酌减制度的规范意旨乃在于对个案中完全赔偿原则违反公平正义之结果的矫正，旨在实现实质的正义观。在未采纳责任原因与责任范围相结合的立法例中，损害额酌减制度与完全赔偿原则可以各司其职，共同平衡加害人与受害人之间的利益关系。

就客观构成要件而言，各国立法例多以弹性化的判断标准作为其要件。如《荷兰民法典》规定的"全额损害赔偿的判决将造成无法接受的结果"，《丹麦损害赔偿法》规定的"进行减免或免除赔偿义务是合理的"。有的国家在弹性化要件之中还加入了相关的判断要素，如《挪威损害赔偿法》规定，如法院考虑到损害之范围、应负责之人其财力、既存之保险及保险可能性、过失程度及其他情事，损害赔偿义务对于应负责任的人系属不公平者，得酌减之。因此对于公平酌减的客观构成而言，实质上是从个案出发考察损害赔偿责任对债务人公平与否。

就主观要件而言，公平酌减与生计酌减应存在质的区别，因为两者在规范意旨上存在根本的不同。生计酌减一定程度来说是基于"人道主义"的酌减，旨在保障债务人人格发展的物质基础，实现法律的人文关怀。与此不同，公平酌减是为了矫正完全赔偿原则在个案中适用的不公，确保实质正义的实现。从主观上来说，债务人如果存在故意或重大过失的事由，说明其对他人的权益漠不关心，若在此情况下仍对其进行赔偿义务的酌减，实质上已违反公平正义的价值取向。因此对债务人非故意或重大过失的要求，乃公平酌减酌定的当然之理。

此外，就损害额酌减制度的发生要件而言，应将其与酌减权的行使要件相区别，两者乃不同层面的问题。具体而言，发生要件所描述者乃酌减制度的适用前提，即酌减事由是否存在。如存在才产生后续是否行使酌减权的问题，若酌减事由根本不存在，也就无酌减权的行使一说。而酌减权的行使乃由法院衡量相关情事而定，因此"所谓得减轻其赔偿金额，减轻与否，法院有裁量之自由"②。以此观之，酌减权的行使应是法院所享有的职权，即"法院可以在案件具备酌减的积极要件，即全部赔偿将对义务人的生计造成重大影响时，再综合考量各因素，依职权决定是否进行酌减以及酌减幅度的大小"③。

① 王雷：《好意同乘中的车主责任问题》，载《云南大学学报（法学版）》2009 年第 5 期。

② 史尚宽：《债法总论》，中国政法大学出版社 2000 年版，第 317 页。

③ 邓辉、李昊：《论我国生计酌减制度的构建》，载《研究生法学》2015 年第 3 期。

五、损害额酌减范围的确定

比例原则要求的“目的”与“手段”相均衡，禁止过度赔偿是损害额酌减制度的正当性基础之一。就损害额酌减范围的确定而言，固然应受比例原则的指导，法官应“依据证据材料、经验法则、公平的观念及一般常识综合得出结论”①，实现损害额酌减范围在手段与目的上的相称。我国也有学者指出，“比例原则在侵权法中最主要的适用领域是侵权责任范围的确定，即侵权责任范围应与损害程度或妨害强度成正比，以对侵害人影响最小的方式实现对权利人的救济”②。因此，损害额酌减范围的确定应以比例原则为指导原则，结合相关证据材料以公平正义的观念妥善地得出。

王泽鉴教授认为酌减权的行使与否、减轻幅度，法院有自由裁量权限，行使酌减权时，应斟酌一切情况。③ 换言之，行使酌减权的减轻幅度应权衡一切相关的因素，这也是实现比例原则的当然要求。“衡量代表了一种不同的思考方式，其将焦点直接聚焦于利益或因素的本身，各种利益从本质上来说都在寻求一种认可，并与其他有竞争关系的利益形成一种面对面的比较。”④酌减范围的确定因而在于权衡各式各样的酌减因素，以此而论，首要的任务即是对酌减因素的确定。值得注意的是，酌定因素的提取并无固定统一的模式，因为不同案件中产生的事实不同，发挥作用的要素也不同。因而决定损害额酌减范围的酌减因素应在个案中予以权衡。个案下的权衡乃“实践法学”的内在要求。实践法学认为，法律世界通常包含“抽象的规则世界”和“具体的生活世界”，传统的法律理论过于注重抽象层面的思考而缺乏从“具体的生活世界”的角度来思考问题，而“法律事件是具体的，其本身是一个特殊，而不是一个普遍，对于法律事件的认识不能够从一个法律普遍加以把握，否则就很难理解和掌握法律事件的本质特色”。因为若“将普遍性教条化、抽象化，从而希望特殊性完全依照普遍性的规律去运行的时候，那么这种普遍性就失去了现实的实践的基础，现实的合理性永远都无法离开对于特殊问题的合理解决，而解决特殊问题所需要的就是将普遍性与特殊性相结合，从而将普遍性整合到特殊性之中的过程”⑤。鉴于此，法官权衡酌减因素时，应舍弃抽象的思维方式，转而采取一种“在场化”的观察方式或“情景化”的衡量态势，从具体的语境去探寻不同价值的实现紧迫程度，“否则就难以真切把握在司法过程中所可能出现的各种对峙，更无法合理地解决这些矛盾”。⑥ 当然，不可否认的是，损害额酌减范围的确定需要在个案中予以确认，但我们仍不能忽视个案中某些普遍因素的作用，对这些共性因素的考察不仅有助于我们从理论上对损害额酌减制度进行分析，同时对法律适用也具有一定的指导作用。以下分述之：

---

① 春日偉知郎：《相当な損害額の認定》，ジュリスト1098号，第73页(1996)。

② 杨彪：《非损害赔偿侵权责任方式的法理与实践》，载《法制与社会发展》2011年第3期。

③ 王泽鉴：《损害赔偿法上的酌减条款》，载《法令月刊》第67卷第6期。

④ T. Alexander Aleinikoff, Constitutional Law in the Age of Balancing, *The Yale Law Journal*, Vol. 96: 943, (1987).

⑤ 武建敏：《实践法学要义》，载《河北法学》2009年第1期。

⑥ 武建敏：《实践法学：一种思维方式的变革》，载《西部法学评论》2010年第2期。

(一)加害人与被害人共同的经济状况

在生计酌减情况下,判断是否适用生计酌减的要件主要在于考察加害人的经济状况,加害人的经济状况当然属于酌减制度必不可少的酌减因素。同时,被害人的经济状况同样是损害额酌减范围予以确定的重要因素。若被害人经济良好,酌减制度的适用对其影响尚不明显,在价值判断上也不至于存在太大的冲突。但在被害人经济状况窘迫的场合,加害人损害额的酌减意味着被害人将处于更加不利的地位,这里便存在着价值衡量的问题。如前所述,若加害人与被害人都处于经济窘迫的情况下,无过错的被害人在价值的取向上应处于更为有利的位置,从而应限制酌减的适用及其范围。此外,经济状况的考察不应局限于过去或现时的状态,尚应顾及双方未来经济改善的可能性。

(二)加害人过错程度的大小

责任范围的确定本应与责任原因相协调,实现价值上的一致评价,过错作为责任原因应当然及于责任范围的确定。在立法例上,《瑞士债法典》规定损害赔偿范围的确定应考虑过错的状况与程度,《奥地利民法典》第 1324 条也规定了故意与过失对损害赔偿范围的影响。可见过错的程度与责任后果存在内在的联系,法律对故意、重大过失、轻过失等不同程度的主观状态应予以不同的评价。生计酌减就其发生要件而言可以不予考虑主观要件,但法官对酌减权行使与否的考察则当然应考虑主观情况。公平酌减的发生应要求加害人为非故意及重大过失,酌减幅度的确定当然也离不开对加害人的过错程度的权衡,以此实现对加害人行为不同的评价作用。

(三)被侵犯权益的重要程度

法律对不同重要性程度的权益设置了不同保护要件,如《德国民法典》第 823 条与第 826 条,这里实际上体现了对不同权益的不同评价。为了形成前后一致的评价,在责任后果的认定上理应蕴含对不同权益的不同评价。按照通说的观点,人身权是关系到人格发展的基本载体,因而人身权应最为重要;财产权关系到人格发展的物质基础,则次为重要;最后是其他相关权益,如经济利益等。若侵犯的客体为人身权,由于关系到被害人最为重要的权益,在酌减损害额时应相较于财产权受侵犯时酌减的幅度小。有法院就指出“被告的行为已构成对被害人生命权的严重侵害,虽其是聋哑人,生活十分困难,但其应对侵权行为承担相应赔偿责任”①。若仅侵犯了被害人的经济利益,由于经济利益在重要性程度上较低,而且其本身就存在不确定性,因此在必要的场合可加大酌减的幅度,实现加害人与被害人的利益平衡。

---

① 参见 2016 年川 3337 民初第 64 号判决书。

(四)其他相关因素

实质上,影响损害额酌减范围的要素是多元的,不同案件中相同要素发挥的影响也不同。除了上述共性要素外,各国司法实践中还提取出了不同的酌减要素。比如保险是分担风险的途径之一,双方当事人的投保情况也可以作为酌减因素之一,当被害人已投保或要求其通过投保分散风险更为合理时,可加大酌减的幅度。其他比如侵权行为的手段及规模、侵权行为的社会影响等等要素。

酌减权的行使与否乃法官自由裁量权,酌减幅度的大小亦由法官根据相关因素予以酌定,裁判者对损害额酌减制度的适用实际上存在较大的裁量空间,因而存在法官恣意裁判的危险。在法政策上亦存在酌减制度容易导致衡平判决的顾虑。实质上这是法安定性与结论妥当性之间的冲突,也是形式正义与实质正义之间的矛盾。具体而言,损害额的酌减幅度是通过衡量各种酌减因素综合地得出的,这显然已经逸出了确定主义的范畴。为了对裁判者的恣意予以一定的限制,适用损害额酌减制度时法律论证理论的引入尤为必要。法律论证理论作为法律确定主义与法律决断主义之间的第三条道路,①旨在将裁判背后关涉结论的实质性因素进行明示,并以理性的标准及程序对结论予以正当化。这样裁判结论虽然取向于法律,但是并非由法律完全决定,裁判的正确性在一定程度上也取决于理性和实践意义上证成的可能性。换言之,裁判者通过损害额酌减制度得出结论时应进行必要的论证,并要求论证应遵循“从无矛盾性、语言清晰性、经验真值性与真诚性的规则开始,以及通过保障每个人对商谈的参与和在商谈中对每个人的平等考量来表述出可普遍化思维等规则,一直到使得结果论证、权衡与对规范性确信的发生学分析有效的规则”②。从而实现一定程度上的客观性。

“法律适用程序的理性本质取决于这些附加性的评论是否以及在多大程度上可以得到理性的控制”③,也就是对裁量权之理性可证立性的追问。从“结论证立”的角度来看,裁判者在得出结论后需同时遵循理性的论证规则,将其结论得出的过程建立在“普遍证立规则”及“论证负担规则”等论证形式之上。这样损害额的酌减一方面是形成结论的过程,裁判者应展示所有影响结论形成的因素,以实现结论的妥当性;另一方面也是一个论证结论的过程,裁判者应就各个因素与结论的关系做出解释及论证,以此防止主观恣意,使得结论实现最大限度的客观化。因此只要该论证的过程是公开的、合理的,观点是有合理论据支撑的,那么可以说结论的得出就是趋近于理性的。

---

① 乌尔弗里德·诺依曼:《法律论证学》,张青波译,法律出版社2014年版,第2页。

② [德]罗伯特·阿列克西:《商谈理论问题》,载《法 理性 商谈》,朱光、雷磊译,中国法制出版社2011年版,第105页。

③ [德]罗伯特·阿列克西:《法律体系与实践理性》,载《法理性商谈》,朱光、雷磊译,中国法制出版社2011年版,第224页。

六、结语

完全赔偿原则在我国通说的地位应无疑义，同时完全赔偿原则的弊病也甚为明显。为克服该弊病各国立法通过过失相抵、损益相抵、损害额酌减等妥当地限制了加害人过度的赔偿责任。损害额酌减制度作为弥补完全赔偿原则的兜底条款，对于完全赔偿原则之功能的正确发挥起到至关重要的作用。然而，我国《侵权责任法》目前尚未确立该制度，导致在生计酌减或公平酌减的场合对妥当法结论的获取缺少必要的制度保障，因此损害额酌减制度的确立实属必要。无论是保障债务人的基本生存条件，还是限制赔偿责任确保个案正义的实现，损害额酌减制度都能充分与该两个方面相结合。当下我国正处于民法典制定的关键时期，应当全面注意到现有制度上的缺陷，并在此基础上通过规范意旨的探寻、规范要件的设置及规范效果的权衡进行法规范的构建，以此形成系统的、完善的规范群，共同保障实质正义的实现。

《厦门大学法律评论》总第三十一辑
厦门大学出版社 2019 年 6 月版
《论质询程序中的“决定”》
第 93 页～第 107 页

论质询程序中的“决定”*

张思怡**

摘要:质询是人民代表大会行使监督权的一种重要方式,而人民代表大会及其常委会在质询程序的“决定”,在整个质询程序中显得尤为重要。人民代表大会及其常委会质询程序中的“决定”是在对质询案进行形式审查的基础上,同时“决定”了答复的形式和场合。其“决定”属于程序性措施,而非实体性结论;其“决定”对质询权进行了合理的限制,法律应为“决定”提供救济;其“决定”的过程必须公开。

关键词:人大;人大常委会;质询程序;决定

On “Decision” of the Inquiry Process

Zhang Siyi

Abstract: The inquiry is the most important way of supervise on the People's Congress. On the People's Congress, the decision of the inquiry process plays a very important role. On the inquiry process, the PC and the Standing Committee of PC reviews the form of inquiry cases, and decides the means and location. The decision is a measure of process, rather than conclusion of substance. The decision makes a reasonable restraint on inquiry. The law should provide remedy for the decision. Meanwhile, the process of deciding should be promulgated in public.

Key Words: the People's Congress; the Standing Committee of People's Congress; the inquiry process; decision

* 文章 DOI:10.3966/615471682019060031007。

** 张思怡,女,1990 年生,甘肃天水人,法学硕士,西北民族大学马克思主义学院教师,研究方向:宪法学。电子邮箱:417730392@qq.com。

绝大多数国家的成文宪法典都将“质询”作为议会或最高权力机关监督权力运行过程的一种重要方式。我国现行《宪法》第73条也将质询作为全国人民代表大会及其常委会的重要监督手段。除此之外，对“质询”作出相应规定的还包括《全国人民代表大会组织法》《全国人民代表大会议事规则》《全国人民代表大会常务委员会议事规则》《全国人民代表大会和地方各级人民代表大会代表法》《地方各级人民代表大会和地方各级人民政府组织法》以及《各级人民代表大会常务委员会监督法》。这些法律不仅细化了全国人民代表大会及其常委会的质询程序，而且进一步将质询扩大到地方各级人民代表大会和县级以上地方各级人大常委会。

依据我国宪法和相关法律的设置，可以将人大及其常委会的质询程序大体分为：(1)提出质询案：①在全国人民代表大会会议期间，一个代表团或者30名以上的代表联名，或者在全国人民代表大会常务委员会会议期间，常务委员会组成人员10人以上联名，可以书面提出对国务院和国务院各部、各委员会，最高人民法院，最高人民检察院的质询案；①②地方各级人民代表大会会议期间，代表10人以上联名，或者在地方各级人民代表大会常务委员会会议期间，省、自治区、直辖市、自治州、设区的市的人民代表大会常务委员会组成人员5人以上联名，县级的人民代表大会常务委员会组成人员3人以上联名，可以书面提出对本级人民政府和各工作部门以及人民法院、人民检察院的质询案。(2)各级人民代表大会主席团或人大常委会委员长会议(主任会议)决定质询案。(3)由受质询机关书面或者口头答复质询案。(4)对质询案答复不满意时，可以提出要求，经主席团或委员长会议(主任会议)决定，由受质询机关再作答复。

在整个质询程序中，各级人民代表大会主席团或人大常委会委员长会议(主任会议)的“决定”起着至关重要的作用。这表现在，各级人民代表大会或其常委会提出的质询案须经主席团或者委员长会议(主任会议)的“决定”方能交由相关部门或机构予以答复，这是质询程序得以进行的必要步骤。此外，对质询案不满意时，是否由受质询机关再作答复，亦由主席团或委员长会议(主任会议)加以“决定”。如果主席团或委员长会议(主任会议)的“决定”是否定性的，那么，质询程序就会半途终止，或者无法达到预想的监督作用。

虽然质询程序中的“决定”如此重要，但是对于该“决定”的内涵、性质，宪法、法律或者规范性法律文件均未作出界定。因此，结合宪法学的基本理论，明晰各级人民代表大会及其常委会对质询程序的“决定”，在整个质询程序中显得尤为重要，对于更好地发挥各级国家权力机关的监督作用也有积极的意义。

---

① 《宪法》第73条、《全国人民代表大会组织法》第16条、《全国人民代表大会议事规则》第42条均规定受质询对象为国务院或者国务院各部委，并未将最高人民法院和最高人民检察院列为受质询对象。但是《全国人民代表大会常务委员会议事规则》第25条、《全国人民代表大会和地方各级人民代表大会代表法》第14条、《地方各级人民代表大会常务委员会监督法》第35条均将最高人民法院和最高人民检察院列为受质询对象。

一、人民代表大会及其常委会对质询程序“决定”的规范依据

(一)人民代表大会及其常委会对质询程序“决定”的宪法规定

“质询”在我国宪法文本上的演变大致经历了:(1)《中国人民政治协商会议共同纲领》的无规定时期;(2)1954 年宪法首次将“质问”作为全国人大的监督程序提到宪法的高度①;(3)1975 年宪法对“质问”和“质询”均未作出规定;(4)1978 年宪法则首次将“质询”载入我国宪法文本中②;(5)1982 年宪法沿用了“质询”并在此基础上做了一定程度的完善③。

在宪法文本的历次修改中,在“质询”的相关条款中均未出现关于各级人民代表大会主席团或人大常委会委员长会议(主任会议)对质询的“决定”。

(二)人民代表大会及其常委会对质询程序“决定”的法律规定

对于各级人民代表大会及其常委会对质询程序的“决定”这一问题,《全国人民代表大会组织法》第 16 条、第 33 条,《全国人民代表大会议事规则》第 44 条,《全国人民代表大会常务委员会议事规则》第 27 条和第 28 条,《全国人民代表大会和地方各级人民代表大会代表法》第 14 条,《地方各级人民代表大会和地方各级人民政府组织法》第 28 条和第 47 条,以及《地方各级人民代表大会常务委员会监督法》第 36 条和第 37 条均对此作出相应的规定。

其中,于 1979 年 7 月 1 日起实施的《地方各级人民代表大会和地方各级人民政府组织法》首次规定了各级人民代表大会主席团或人大常委会委员长会议(主任会议)对质询程序的“决定”。

(三)人民代表大会及其常委会对质询程序“决定”的类型

根据“决定”在质询程序中的位置,可将人民代表大会及其常委会对质询程序的“决定”

---

① 第 36 条规定,全国人民代表大会代表有权向国务院或者国务院各部、各委员会提出质问,受质问的机关必须负责答复。

② 第 28 条规定,全国人民代表大会代表有权向国务院、最高人民法院、最高人民检察院和国务院各部、各委员会提出质询。受质询的机关必须负责答复。第 36 条第 4 款规定,地方各级人民代表大会代表有权向本级革命委员会、人民法院、人民检察院和革命委员会所属机关提出质询。受质询的机关必须负责答复。

③ 第 73 条规定,全国人民代表大会代表在全国人民代表大会开会期间,全国人民代表大会常务委员会组成人员在常务委员会开会期间,有权依照法律规定的程序提出对国务院或者国务院各部、各委员会的质询案。受质询的机关必须负责答复。

划分为三类。

1.人大主席团或人大常委会委员长会议(主任会议)"决定"质询案

人民代表大会提出的质询案须经人大主席团或人大常委会委员长会议(主任会议)的决定,方能由相关部门或机构予以答复。即由人大主席团或人大常委会委员长会议(主任会议)决定提交受质询机关书面答复,或者由受质询机关的领导人或负责人在主席团会议上、相关专门委员会会议上或代表团会议上进行口头答复。在全国人大常委会对质询案的"决定"中存在特殊之处,即质询案由全国人大常委会委员长会议决定交由有关的专门委员会审议或者提请常务委员会会议审议①。

2.对质询案答复不满意时,人大主席团或人大常委会委员长会议(主任会议)的再次"决定"

提质询案的代表、代表团或常务委员会组成人员的过半数对答复质询不满意的,可以提出要求,经人大主席团或其常委会委员长会议(主任会议)决定,由受质询机关再作答复。

3. 人大主席团或人大常委会委员长会议(主任会议)"决定"将书面答复的质询案印发会议

质询案以书面答复的,受质询机关的负责人应当签署,由主席团决定印发会议。人大委员长会议或者主任会议认为必要时,可以将答复质询案的情况报告印发常务委员会会议。

虽然《全国人民代表大会组织法》等法律以及规范性法律文件对质询程序中的"决定"进行了细化补充,但是人民代表大会及其常委会质询程序中的"决定"仍然存在诸多疑义,宪法、法律或者规范性文件均未对此作出界定。例如:"决定"一词的内涵如何定义,是决定质询案成立与否,还是决定质询案答复的时间、形式或场合;"决定"的性质如何界定,是程序性措施还是实体性结论;"决定"是否对"质询权"构成过度限制;如何对人民代表大会及其常委会对质询程序的"决定"进行合理救济等等。

二、人民代表大会及其常委会对质询程序"决定"的法律实践

全国人大、省级人大、市级人大、县级人大及其常委会均发生过质询案,而全国人大至今只发生过两件质询案,即1980年关于宝山钢铁厂建设问题对冶金部提出的质询案和2000年关于烟台"11·24"特大海难事故对交通部提出的质询案。

根据笔者的统计,从1980年的"共和国第一质询案"起至2016年,各级人民代表大会及县级以上地方各级人大常委会一共提起了132件质询案,其呈现出的总体特点为:

第一,成立的质询案数量过少。在1980年至2016年,36年间一共发生132件质询案,相对于我国的人民代表大会及其常委会的总数,显失均衡。质询案年度数量分布,可见表1。1980—1989年间发生24件,比例为18.18%;1990—1999年间发生50件,比例为

① 《全国人大常委会议事规则》第27条。

37.88%;2000—2009 年间发生 40 件,比例为 30.30%;2010—2016 年间发生 18 件,比例为 13.64%。在我国 22 个省、5 个自治区、4 个直辖市里,仍有天津市、江西省、甘肃省、青海省、内蒙古自治区、宁夏回族自治区和西藏自治区,还未发生过质询案。以西藏自治区为例,西藏自治区人大在 1994 年"关于'一江两河'流域综合开发和已建成的 43 项重点工程以及已经立项的 61 项重点工程"的问题上也只是提出了询问,但并未发生质询。① 各省、自治区、直辖市质询案数量分布,可见图 1。

第二,在各级民族自治地方人大及其常委会均发生过质询案。如 1995 年新疆维吾尔自治区人大常委会 29 名委员关于乌鲁木齐市煤气公司强征 500 元向新疆维吾尔自治区和乌鲁木齐市政府提出的质询案②,1994 年云南省文山自治州人大 11 名代表关于富宁县花甲乡行政侵权案件对云南省文山自治州中院提出的质询案,2005 年湖南省麻阳苗族自治县人大 33 名代表关于个体工商户潘某审判不公对县人民法院提出的质询案③。

第三,质询案的数量从全国人大及其常委会直至县级人大及其常委会呈现递增的趋势,可见表 2。全国人大发生质询案 2 件,比例为 1.52%;省级人大及其常委会发生质询案 32 件,其中包括直辖市 4 件,比例为 24.24%;市级人大及其常委会发生质询案 47 件,比例为 35.61%;县级人大及其常委会发生质询案 51 件,比例为 38.63%。

第四,质询案的受质询机构包括各级政府及其所属部门、法院和检察院,并且集中发生在各级政府及其所属部门,可见表 3。各级政府及其所属部门被质询 117 次、法院被质询 15 次,检察院被质询 4 次④。

第五,质询案的答复形式以口头答复为主,书面答复为辅,可见表 4。经人大主席团或人大常委会委员长会议(主任会议)对质询案"决定"答复形式后,质询案的口头答复为 76 次,书面答复为 10 次⑤。

表 1 1980—2016 年质询案年度数量分布

质询案年度	1980—1989 年	1990—1999 年	2000—2009 年	2010—2016 年
数量	24	50	40	18
比例	18.18%	37.88%	30.30%	13.64%

① 全国人大常委会办公厅研究室:《地方人大行使职权实例选编》,中国民主法制出版社 1996 年版,第 112~113 页。

② 参见本刊记者:《王友三副主席答复 29 位委员质询案》,载《新疆人大》1995 年第 3 期。

③ 高勇、为明、树新、朝晖、麻阳:《人代会上代表首次动用质询权》,载《吉林人大》2005 年第 6 期。

④ 此处被质询次数之和为 136 次,并非质询案件总数 132 件,因为有 3 起案件受质询机关既包括各级政府及其所属部门,也包括法院和检察院,分别为 1997 年关于督促侦查、起诉对夏邑县公安、检察机关提出的质询案,1999 年关于湖北省监利县法院坐收坐支、县林业局挪用世行贷款、县卫生局招待费过高问题对县法院、县林业局、县卫生局提出的质询案,2002 年关于孙刚错案重申 3 年不做判决问题对辽宁省沈阳市法院、市检察院、市公安局提出的质询案。

⑤ 由于笔者能力所限,仅收集到 86 件质询案的具体过程,因此此处分析的质询案件总基数为 86 件,故答复形式的统计基数为 86 次。

表 2　1980—2016 年各级人大及其常委会质询案数量分布①

质询案层级	全国人大	省级人大及其常委会	市级人大及其常委会	县级人大及其常委会
数量	2	32(包括直辖市 4 件)	47	51
比例	1.52%	24.24%	35.61%	38.63%

表 3　1980—2016 年受质询机构分布

受质询机构	各级政府及其所属部门	人民法院			人民检察院	
层级		高院	中院	基层法院	市检察院	县检察院
数量	117	3	6	6	2	2

表 4　1980—2016 年质询案答复形式分布

质询案答复形式	口头答复	书面答复
数量	76	10
比例	88.37%	11.63%

(一)符合法定情形的"决定"之实践

在实践中,既出现了符合法定情形的"决定",同时也出现了法定情形之外的"决定"。根据人民代表大会及其常委会对质询程序"决定"的三种类型,质询案的数量呈现递减趋势,而且法律规定的第三种情形在质询过程中均未涉及,可见表 5。

从 1980 年至 2016 年,各级人民代表大会及县级以上地方各级人大常委会一共提起了 132 件质询案,但由于笔者能力所限,仅收集到 86 件质询案的具体过程,因此此处分析的质询案件总基数为 86 件。具体分析如下:

1.人大主席团或人大常委会委员长会议(主任会议)"决定"质询案

此种情形在 86 件质询案中均有出现,至今出现过 86 次,全国人大出现过 2 次,如 1980

① 本篇表格资料来源:全国人大常委会办公厅研究室:《地方人大行使职权实例选编》,中国民主法制出版社 1996 年版,第 107~114 页;全国人大常委会办公厅研究室:《地方人大是怎样行使职权的》,中国民主法制出版社 1992 年版,第 207~221 页;全国人大常委会办公厅研究室:《地方人大代表是怎样开展工作》,中国民主法制出版社 1996 年版,第 54~70 页;《人大建设》《人大之声》《人大建设》《人大研究》《中国人大》《上海人大》《浙江人大》《新疆人大》《新疆人大》《江淮法治》《楚天主人》《法治聚焦》《南方周末》《人民代表报》《检察日报》等期刊报纸整理,并参考孙莹:《论人大质询的启动要件》,载《人大研究》2010 年第 6 期。

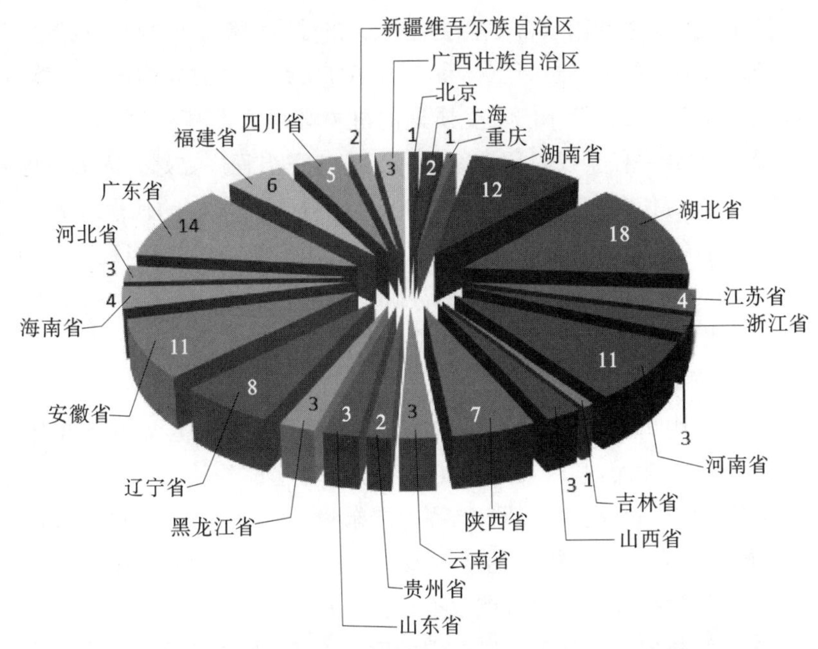

图 1　1980—2016 年各省、自治区、直辖市质询案数量分布

年关于宝山钢铁厂建设问题对冶金部提出的质询案[①];省级人大及其常委会出现过 21 次,如 2000 年关于四会市在北江边建电镀城事件处理不当对广东省环保局提出的质询案[②];市级人大及其常委会出现过 31 次,如 2002 年关于房地产公司违法施工造成小学安全隐患对安徽省马鞍山市规划局提出的质询案[③];县级人大及其常委会出现过 32 次,如 2008 年关于食品价格居高不下对四川省开江县物价部门提出的质询案[④]。

至今为止,全国人大一共出现过两起质询案,即 1980 年关于宝山钢铁厂建设问题对冶金部提出的质询案和 2000 年关于烟台"11·24"特大海难事故对交通部提出的质询案,均是由人大代表在全国人大会议期间提出的。全国人大常委会会议期间至今仍没有法定主体提出质询案,因此实践中并未出现"质询案由全国人大常委会委员长会议决定交由有关的专门委员会审议或者提请常务委员会会议审议"[⑤]这种特殊情形。

在上述实践中,人大主席团或人大常委会主任会议审查了质询案的书面形式、质询对象、质询问题和质询内容等,并决定了质询案答复的形式和场合,这是对质询案的形式审查,使得人大主席团或常委会主任会议对质询案的"决定"属于程序性措施,属于合理审查的范畴。

---

① 参见刘政:《五届全国人大三次会议上的质询案》,载《中国人大》2002 年第 22 期。

② 参见任天阳、王钧:《广东省人大代表质询省环保局始末》,载《人大研究》2000 年第 4 期。

③ 参见储叶来、梁发年:《马鞍山市人大监督有力——规划部门纠错不力,人大代表厉声质询》,载《吉林人大》2002 年第 8 期。

④ 参见刘志青:《决不让"物价猛于虎"——四川省开江县人大首例质询案始末》,载《江淮法治》2008 年第 19 期。

⑤ 《全国人大常委会议事规则》第 27 条。

但在实践中亦暴露出如下问题：第一，人大主席团或人大常委会主任会议对质询案“决定”涉及实体审查。人大主席团或常委会主任会议在对质询案行使“决定权”进行审查时，在形式审查的基础上，仍对质询案进行实体审查。部分实践通过对质询案的实体审查，不正当终止了质询程序，有违《宪法》第73条“受质询的机关必须负责答复”之硬性规定。第二，人大主席团或人大常委会主任会议对质询案“决定”有违正当程序之嫌。人大主席团或常委会主任会议在对质询案行使“决定权”进行审查时，未对享有提案权的代表或者委员进行回避审查，无法豁免利害关系可能对质询程序造成的不正当影响，有违正当程序之嫌，如2000年关于拍卖程序违法对阳江市中级人民法院提出的质询案。

2.对质询案答复不满意时，人大主席团或人大常委会委员长会议（主任会议）的再次“决定”

此种情形在实践中出现较少，至今出现过11次，省级人大及其常委会出现过3次，市级人大及其常委会出现过2次，县级人大及其常委会出现过6次。

具体体现在下列质询实践中：1994年关于广东省国土厅实施《广东省城镇房地产权登记条例》中有关问题对省国土厅提出的质询案①、1997年关于广西壮族自治区北海市海城区辖区内教育费附加的征收与使用对市教委提出的质询案②、1998年关于陈永云等流氓团伙持刀杀人一案对福建省永泰县公安局提出的质询案③、1998年关于河南省方城县烟草专卖局为什么不及时兑现烟农2000万烟叶生产技术补助费对县烟草专卖局提出的质询案④、1999年关于住房制度改革的实施基本情况对河南省建设厅提出的质询案⑤、1999年关于内城河集资问题对邓州市政府提出的质询案⑥、2000年关于电视台违规播放广告等问题对云梦县政府广播电视服务中心提出的质询案⑦、2000年关于四会市在北江边建电镀城事件处理不当对广东省环保局提出的质询案⑧、2000年关于县住房公积金有关问题对安徽省萧县政府提出的质询案⑨、2001年关于生效判决不执行对武乡县人民法院的质询案⑩、2001年关于生效判决不执行对湖南省会同县公安局的质询案⑪。

① 参见曹叠云：《越权抗法乎？严肃执法乎？立法违法乎？抑或其他？广东省国土厅受质询案的法律考辩》，载《中外房地产导报》1995年第3期。

② 参见广西北海市人大常委会办公室：《人大代表质询教委主任两次答复》，载《人大工作通讯》1997年第11期。

③ 参见鲍泰华：《质询，不再陌生——记永泰县人大代表首次提出的质询案》，载《人民政坛》1998年第7期。

④ 参见关宏宇：《质询，使两千万元回到农民手中——方城县人大代表质询县烟草专卖局始末》，载《人大建设》1998年第4期。

⑤ 参见郭永清、张玉民、高莉萍：《河南省人大代表提出房改实施情况质询案》，载《人大工作通讯》1999年第8期。

⑥ 参见刘银虎：《质询：八百多万元糊涂账变明白》，载《人大建设》2000年第6期。

⑦ 参见孟仁达：《人大监督净荧屏云梦县人大首例质询案侧记》，载《楚天主人》2001年第3期。

⑧ 参见任天阳、王钧：《广东省人大代表质询省环保局始末》，载《人大研究》2000年第4期。

⑨ 参见郑建华、李玮：《萧县人大质询县政府》，载《江淮法治》2001年第2期。

⑩ 参见梁晖：《人大代表质询公安局》，载《江淮法治》2001年第5期。

⑪ 参见张克强、刘序国、向秀亮、田必耀：《“法律白条”引发的质询案》，载《人大建设》2001年第9期。

在上述实践中，人大主席团或常委会主任会议通过对质询案的再次“决定”，将代表们不满意的质询案再次置入质询程序，从而让受质询机关再次答复。依据《宪法》第3条第3款、第67条和第104条的规定，国家行政机关、审判机关、检察机关都由人民代表大会产生的，对其负责，受其监督，因此各级人大及其常委会均有权监督行政权、司法权的具体运行。质询属于人大及其常委会行使监督权的一种具体方式，因此人大主席团或常委会主任会议对质询案的再次“决定”可以看作是人大及其常委会监督权的再次行使，对于保障人民主权原则的实现有实践意义。

但在实践中亦暴露出如下问题：第一，人大主席团或人大常委会主任会议对质询案再次“决定”的审查标准模糊。代表们或委员们以多数决民主原则作为质询效果的外在表现，当表现为不满意时，人大主席团或常委会主任会议启动对于质询案的再次“决定权”，但这次的审查无具体标准可参照。第二，人大主席团或人大常委会主任会议对质询案再次“决定”的次数无限制性规定。如在2001年关于生效判决不执行对武乡县人民法院的质询案①中，质询总次数达到三次，人大常委会主任会议对质询案再次“决定”的次数达到两次，是否存在过度质询亦值得商榷。

3. 人大主席团或人大常委会委员长会议（主任会议）“决定”将书面答复的质询案印发会议

笔者收集到的86件质询案，在质询的具体过程中均未涉及“人大主席团或人大常委会委员长会议（主任会议）‘决定’将书面答复的质询案印发会议”此种情形。

《全国人民代表大会议事规则》《全国人民代表大会常务委员会议事规则》《地方各级人民代表大会和地方各级人民政府组织法》以及《各级人民代表大会常务委员会监督法》等法律对人大代表和常委会委员行使质询权的公开程度作了限制性规定。首先，将公开的程度限制在有限的范围内，即人大代表或者人大常委会委员；其次，将是否公开的权限赋予了人大主席团、委员长会议或者主任会议，并以“决定权”的方式体现，这在一定程度上限制了监督职权行使的有效性。但在实践中，86件质询案均未将质询过程有限地公布在人大代表或者人大常委会委员的范围内，人大主席团、人大常委会委员长会议（主任会议）怠于行使法律赋予的公开决定权，不符合人大及其常委会公开行使监督权的要求，导致质询过程运行的透明度降低，影响人大及其常委会公信力的建立。

表5　1980—2016年质询案之法定情形的数量分布

法定情形	总数	全国人大	省级人大	市级人大	县级人大
①人大主席团或常委会委员长会议（主任会议）“决定”质询案	86	2	21（包括直辖市1件）	31	32

① 参见梁晖：《人大代表质询公安局》，载《江淮法治》2001年第5期。

续表

法定情形	总数	全国人大	省级人大	市级人大	县级人大
②人大主席团或常委会委员长会议(主任会议)对质询案的再次“决定”	11	0	3	2	6
③人大主席团或常委会委员长会议(主任会议)“决定”将书面答复的质询案印发会议	0	0	0	0	0

(二)法定情形以外的“决定”之实践

但是实践中也出现了除法定情形外的其他情形:“前几年在全国人民代表大会会议上不止一次出现有30名以上代表联名提出质询案,经大会主席团讨论,均未正式列入会议议程,只是让被质询者向提出质询案的代表作一些解答,或当场回答代表‘询问’。”①

1.“质询”转为“询问”

2000年6月,在深圳市三届人大一次会议上,杨剑昌等15名代表关于深圳泰明国贸公司彭海怀兄弟骗取国家和老百姓20亿元卷款潜逃对市公安局提出了质询案,最后却变成了“听取解释”的询问。2004年,广东省惠州市人大代表关于市政府迟迟不执行市人大常委会关停违章建筑东江明珠高尔夫球场的决议提出了质询案,但人大常委会力劝代表放弃质询。即人大主席团或常委会主任会议“决定”将“质询”转变为“询问”。

在上述实践中,人大主席团或常委会主任会议在对质询案行使“决定权”时,不但对质询案的书面形式、质询对象、质询问题和质询内容等进行了形式审查,而且对质询案进行了实体审查,不正当终止了质询程序,将“质询”转变为监督力度较弱的“询问”。人大常委会主任会议对质询案的实体审查,构成了对质询程序的过度干预,对人大代表的质询权构成了过度限制,不符合程序性措施的筛选机制,违背了合理审查的标准。

2.“决定”质询案的不成立

1998年,在湖北省九届人大二次会议上,代表们拟就地方性法规交到报社后一个月刊登等问题提出质询,省委宣传部闻讯后,立即找人大协调,允诺予以解决,致使这起质询案“流产”。即人大主席团或者常委会主任会议“决定”了质询案的不成立。

在上述实践中,人大主席团或者常委会主任会议在对质询案行使“决定权”前,湖北省委宣传部即通过不正当干预的方式,阻止了质询案的启动,最终导致该质询程序终止。行政机

① 参见刘政、程湘清:《人大监督探索》,中国民主法制出版社2002年版,第36页。

关由人民代表大会产生，对人民代表大会负责，报告工作，同时接受人民代表大会监督，湖北省委宣传部的做法，构成了党政机关对国家权力机关合法独立运行监督权的不正当干预，侵犯了人大代表的质询权，违背了合法审查的标准。

3."质询"后未及时答复

2004年，在黑龙江省十届人大三次会议上，万文国等10名代表关于滨江桥收费站对省政府提出了质询案，大会主席团决定将这一质询案交给黑龙江省政府研究办理，并要求及时向省人大常委会和提议案代表作出答复。但由于种种原因，有关部门未能对质询案及时办理和答复。后经黑龙江省人大常委会多次督促，该省交通厅等部门才和提议案代表进行"对话"。① 即在人大主席团"决定"后，受质询对象未能及时答复。

依据《全国人民代表大会和地方各级人民代表大会代表法》第3条的规定，代表享有依法联名提出质询案的权利。对于质询权利范畴，国家权力机关担负着尊重、保障和实现的积极义务。在上述实践中，人大代表的质询权已经行使，流转至国家权力机关的职权范畴，人大主席团及其常委会积极敦促相关受质询机关答复，以达到保障质询权实现的目的，但因后续对实现质询权的监督机制之缺失，而最终导致未能达到质询权有效运行的目的。同时，这种做法有违《宪法》第73条"受质询的机关必须负责答复"之硬性规定。

三、各级人大及其常委会对质询程序的"决定"内涵与性质的界定

我国宪法以及相关法律仅规定了人大主席团或人大常委会委员长会议（主任会议）对质询程序的"决定"，以及在对答复不满意时再次"决定"的权力，但并未明确"决定"的具体内涵与性质。

（一）各级人大及其常委会对质询程序的"决定"内涵的界定

就各级人大及其常委会对质询程序的"决定"内涵之界定，试从以下四个方面分析：

第一，对质询案的审查应由各级人大及其常委会在"决定"中进行。根据《全国人民代表大会组织法》第16条、第33条，《全国人民代表大会议事规则》第44条，《全国人民代表大会常委会议事规则》第27条和第28条，《全国人民代表大会和地方各级人民代表大会代表法》第14条，《地方各级人民代表大会和地方各级人民政府组织法》第28条和第47条，以及《地方各级人民代表大会常委会监督法》第36条和第37条之规定，应由人大主席团或人大常委会委员长会议（主任会议）对质询案予以"决定"，故由人大主席团或人大常委会委员长会议（主任会议）作为质询案审查的主体，作为质询程序"决定"的主体。

第二，各级人大及其常委会对质询案的审查形式只能是形式审查。根据《宪法》第73条之规定，全国人大代表在全国人大开会期间，全国人大常委会组成人员在常委会开会期间，

① 曹众：《人大监督不是说说而已》，载《检察日报》2015年4月20日。

只要依照法律规定程序提出质询案时，受质询的机关必须负责答复。没有任何机关或者个人可使受质询机关免除答复责任，因此依据低位阶的法律而设定的"决定"，不得违反上位法《宪法》的规定，不得对质询案的审查进行实质审查，不得决定质询案的成立与否，只能对质询案进行形式审查。

第三，各级人大及其常委会对质询案形式审查的内容为质询案的书面形式、质询对象、问题及其内容。依据《全国人大议事规则》第43条、《全国人大常委会议事规则》第26条、《地方各级人大和地方各级人民政府组织法》第28条和第47条、《全国人大和地方各级人大代表法》第14条第4款、《地方各级人大常委会监督法》第35条之规定，质询案必须以书面形式体现，同时必须写明质询对象、质询的问题和内容。因此各级人大及其常委会对质询程序"决定"的过程中，必须对质询案的书面形式、质询对象、问题及其内容进行形式审查。

第四，依据"全国人大法制工作委员会在1989年4月18日对四川省人大财经委员会和1989年9月16日对四川省人大常委会的答复中明确指出，所谓'主席团决定'，只是决定质询案答复的形式、场合，而不是决定质询案是否成立、交不交由受质询机关答复"①。这一答复，则明确指出人民代表大会及其常委会在质询程序中只能"决定"质询的形式和场合。由于我国宪法与相应的法律在这个问题上处于立法空白的状态，而且质询的形式与场合需要在质询案答复前确定，又基于人民代表大会及其常委会在质询程序中的地位，因此，由人民代表大会及其常委会在质询程序中"决定"质询的形式和场合，具有合理性。

因此，各级人大主席团或者人大常委会委员长会议（主任会议）在对质询程序的"决定"过程中，须对质询案书面形式、质询对象、问题及其内容进行形式审查，在此基础上须"决定"答复的形式和场合。

（二）各级人大及其常委会对质询程序的"决定"性质的界定

在明确了各级人大及其常委会对质询程序"决定"的内涵后，仍需明确界定"决定"的性质。

第一，根据《宪法》第73条之规定，全国人大代表或全国人大常委会组成人员只要依照法律规定程序提出质询案时，受质询的机关必须负责答复，不存在任何免除答复责任的制度设计，因此各级人大及其常委会对质询程序"决定"带有程序性质，而与实体结论无关。

第二，在整个质询程序中，对于质询的最终结果，人大主席团或者人大常委会委员长会议（主任会议）的"决定"只作为质询程序中的必要步骤，存在于以下三种情形中：(1)人大主席团或人大常委会委员长会议（主任会议）"决定"质询案；(2)对质询案答复不满意时，人大主席团或委员长会议（主任会议）的再次"决定"；(3)人大主席团或常委会委员长会议（主任会议）"决定"将书面答复的质询案印发会议。

---

① 全国人大常委会法制工作委员会：《法律问答汇编》（第1辑），法律出版社1992年版，第142～144页。

第三，各级人大及其常委会对质询程序“决定”，只需对质询案书面形式、质询对象、问题及其内容进行形式审查，同时“决定”答复的形式和场合，均具有明确的程序性，而与实体结论无关。

因此人大主席团或者人大常委会委员长会议（主任会议）的“决定”当然属于程序性措施，而非实体性结论。

四、“决定”与质询权的保障

（一）“决定”是否对质询权构成了过度的限制

人大主席团或者人大常委会委员长会议（主任会议）在对质询案进行形式审查的基础上，同时“决定”了答复的形式和场合，这不可避免地对质询程序的运行造成了一定程度的限制。这种限制是否构成了过度限制？试从比例性原则分析：

首先，从限制的主体来说，只有人大主席团或者人大常委会委员长会议（主任会议）才能对质询程序进行限制，因为这些限制主体都是基于直接或者间接民主选举产生的，这就使得民选代表对质询程序进行限制，符合人民主权原则；从稳定秩序的角度来说，对质询程序进行这一限制，可以避免因质询权的滥用而对社会秩序造成的影响；从资源效率的角度来说，对质询程序进行这一限制，可以有效利用人民代表大会资源，提高人大工作效率。因此，人大主席团或者人大常委会委员长会议（主任会议）对质询案进行形式审查并“决定”答复的形式和场合，能保障质询更好地发挥对权力运行过程的监督作用，具有合目的性。

其次，依据“必要性原则”，在存在多种同样能达成目的的方法时，应采用对利益损害最小的方法。而任一合宪性制度均需要在不损害质询权的前提下设置某种相应的入口审查机制，以防止因受理范围过宽而导致的类似于“诉累”的后果，节省资源，稳定社会秩序。毋庸置疑，对质询的这一限制在理论上能有力地筛选质询案，控制了质询案的数量，起到一定的过滤作用，使质询发挥其应有的作用。因此，其方法具有必要性。

最后，其为达到目的所采取的这一限制——人大主席团或者人大常委会委员长会议（主任会议）对质询案进行形式审查并“决定”答复的形式和场合，与质询其想要达成目的的利益——即对权力运行的监督并未显失均衡，具有一定的适宜性，符合比例性原则。

因此，当“决定”的内涵确定为人大主席团或者人大常委会委员长会议或主任会议对质询案进行形式审查并“决定”答复的形式和场合时，则完全符合合目的性原则、必要性原则与比例性原则，不构成对质询权的过度限制，而只是对质询权的合理限制。而且，人大及其常委会对质询案的形式审查，这种程序性措施在理论上能起到一定的过滤作用，避免质询案过多而对人民代表大会的过度冲击，使质询合理发挥其权力监督作用。

(二)对质询"决定"的救济

人大主席团或者人大常委会委员长会议(主任会议)在对质询案以形式审查为方式,作为对质询案的限制性过滤机制,不可避免地产生了各种担忧,例如这种限制"可能会对人大代表或常委会委员积极行使质询权构成不良影响"①等。在实践中确实也出现了诸如上述1998年湖北省、2000年深圳市以及2004年广东省惠州市等人大及其常委会对质询程序之非法定情形的"决定"。在这个过程中均体现出人大主席团或者常委会委员长会议(主任会议)未依据质询的形式要件对其进行审查,而是直接进行了不适当干预,使本已经符合质询法定条件的质询案无法成立,滥用了人大及其常委会对质询程序的"决定",而使本属于程序性措施的"决定"扩大至实体性结论的"决定"。

在这种情况下,人民代表大会及其常委会当然地要给予"决定"以救济,以防止对质询权行使的不适当干预,从而保障质询发挥其监督作用。例如,可以仿效对质询案答复不满意时的救济方式,即提质询案主体可再次向各级人大及其常委会经主席团或委员长会议提出要求,由其"决定",由受质询机关作答复。当然在上述各种实践情形下,既然第一次质询案可经各级人大或其常委会"决定"不成立,或转变为诸如"询问"等方式,则第二次的质询案重蹈覆辙也并非不可能的。因此,亦可以赋予提质询案主体向其上级人大及其常委会申诉的权利,给予质询的"决定"以救济,以便更好地保障质询程序的进行。

(三)质询的"决定"过程是否应该公开

依据上文所列表5,实践中132件质询案在质询过程中均未涉及法律规定的第三种情形——人大主席团"决定"将书面答复的质询案印发会议。这一法条中仅有的有限内部公开之规定在实践中也未尝出现,不得不令人产生怀疑——质询的"决定"过程是否应该公开?

依据《全国人大议事规则》第44条、《全国人大常委会议事规则》第28条、《地方各级人大常委会监督法》第36条和第38条的规定,对于质询过程,质询案以书面答复的,受质询机关的负责人应当签署,由主席团决定印发会议或者印发常务委员会组成人员和有关的专门委员会。同时,委员长会议或者主任会议认为必要时,可以将答复质询案的情况报告印发常务委员会会议。

《全国人民代表大会议事规则》《全国人民代表大会常务委员会议事规则》《地方各级人民代表大会和地方各级人民政府组织法》以及《各级人民代表大会常务委员会监督法》等法律将有关质询过程的报告严格限定在人大内部,难以使公众了解诸如众多社会事务、司法案件的真实情况,这在一定程度上限制了监督职权行使的透明度。同时,其未明确规定质询的"决定"过程是否应该公开这一问题,致使质询过程的透明度及公信力降低。

---

① 王永杰、杨海坤:《中外质询制度比较研究——兼论我国质询提案较少的原因》,载《政治与法律》2010年第3期。

依据《地方各级人民代表大会常委会监督法》第 7 条的规定，各级人民代表大会常务委员会行使监督职权的情况应向社会公开。又依据《宪法》第 3 条第 3 款、第 67 条和第 104 条的规定，质询作为人大及其常委会行使监督权的一种具体方式，理应将人大代表和常委会委员行使质询权的全过程向社会公开。因此质询的决定过程、答复情况和结果的公开公布在法律上是有依据的。

因此，为保证质询程序的公正性与独立性，质询的"决定"过程必须公开。

五、结语

综上所述，人民代表大会及其常委会质询程序中的"决定"是在对质询案进行形式审查的基础上，同时"决定"质询案答复的形式和场合。人民代表大会及其常委会质询程序中的"决定"属于程序性措施，而非实体性结论，其是为了保证质询顺利进行而施加的合理限制，以便有利于保障人民代表大会行使监督权。

同时，只有在保证质询顺利进行的前提下，人民代表大会及其常委会的"决定"才具有合理性。因此，在质询程序中，必须防止人大及其常委会对"决定"的滥用，为"决定"提供法律救济，并保证"决定"过程的公开。

但在实践中，仍存在部分人大及其常委会依然未能遵守各级人大及其常委会对质询程序"决定"的形式审查要求，仍对质询案采取实质审查。如 1999 年河南省邓州市人大常委会委员关于内城河集资问题对市政府提出质询案时，主任会议先以人大常委会财经工作委员会为主成立调查组，了解调查质询问题属实后，才决定将其列为第 16 次常委会会议议程，对质询案进行了实质审查。① 亦存在部分人大及其常委会未能明确各级人大及其常委会对质询程序"决定"的程序性措施，仍对质询案作出诸如质询案不成立等实体性结论，如上文提到的 1998 年湖北省九届人大代表们提出的质询案"流产"。

因此，全国人大或其法制工作委员会应尽快对"决定"这一词作出具有明确规范效力的解释，并以正式法律规范文件的形式予以公布；同时应为这一"决定"提供相应的救济，并将"决定"过程予以公开。从而完善我国人大质询程序，发挥其对于我国权力运行过程的监督，并进一步完善我国人民代表大会制度。

---

① 刘银虎：《质询：八百多万元糊涂账变明白》，载《人大建设》2000 年第 6 期。

《厦门大学法律评论》总第三十一辑
厦门大学出版社 2019 年 6 月版
《大数据在台湾地区立法技术上的应用》
第 108 页～第 120 页

大数据在台湾地区立法技术上的应用*

苏　南**

摘要:应用大数据的法律研究目前在中国台湾地区尚不多,尤其是在立法技术方面,“刑事诉讼法”等 8 部“法律”有出现推事用语,与“民事诉讼法”等相关规定采用法官用语显有不同,致生同词歧义或同义歧词现象,造成“法律”适用争议或误用,有待检讨修正。本文将对大数据于立法技术发展可行性、利弊分析、带来挑战予以分析,尤其是立法相关资料的探勘、储存、管理、处理、搜寻、分析等各种面向。也对解决立法上繁复的文本搜寻、法律用语比对、会议咨询及台湾地区“立法院”三读通过等技术性问题,进行分析、发展预测、判断及评价,提出法条中法律用语及修法上建议。大数据的数据筛选很适合立法技术等制式作业的提升,未来应借鉴美国、欧盟及日本在大数据运用上及对个人隐私权保护的立法或修法意见,规划结合信息业的跨领域及前瞻性策略研究,以提升立法政策及技术上的效率与管考程序。

关键词:大数据;立法;资料探勘;法官;推事

The Application of Big Data in Legislative Technology in Taiwan

Su Nan

Abstract: Through legal texts and social life information, transaction data and other extraction by Big Data, that can combine much law information to legislation at domestic and international. From legal history and empirical research, Big Data method also can assist in legislation, amending, and legislative costs. There is not much investigates about Big Data relating legal issues, especially in the application of legislative technology. Because the judgments deeply require a lot of law and law documents, it often has ambiguous or synonymous confession, which can

* 文章 DOI:10.3966/615471682019060031008。

** 苏南,男,台湾嘉义人,台湾地区云林科技大学营建系及财务金融系教授、中国政法大学法学博士、台湾中正大学法学博士、台湾地区交通大学土木工程博士。电子邮箱:E-mail:sun@yuntech.edu.tw。

easily cause controversy or misuse. Therefore, the application of Big Data or Artificial Intelligence can solve legislative technical problems of complex and comparison on information processing, but it also has disadvantages. Therefore, it is still needed analysis and judgment by the legal person's professional; otherwise it will be difficult to legal decision. This article investigates the application of big data technology and ideas to raise the issue of confusion between legal Magistrate and legal synonyms that need to amend eight laws including Criminal Procedure Law. This article will analyze the feasibility of Big Data in the development of legislative technology, and challenges by data exploration, document storage, digital management, computer processing, legal material search, law analysis of legislation-related data. It shall prediction judgments and evaluations on technical issues such as complicated text search, legal language comparison, conference consultation and the third reading of the Legislative Yuan, which proposes legal terms and suggest the law modeling of legislative technology. In the digital era, Taiwan can reference the legislation and personal privacy protection, rules of data protection and flow from United States, European Union and Japan. This article will suggest the strategic to enhance legislative policy, technical efficiency and management procedures by information science and interdisciplinary.

Key Words: big data; legislative; data mining; judge; magistrate

一、前　言

台湾地区"司法院"2018 年 7 月 31 日公布"5 年数字政策",未来将持续朝科技及智慧法庭迈进。订出 4 大目标、14 项计划。前者包括:(1)提升硬件环境及效能,(2)升级信息系统及服务,(3)加强信息及数据安全,(4)迈向科技及智慧法庭。这些都是与大数据司法办案的软件、硬件及系统息息相关的。后者包括:(1)个人计算机,(2)外围设备及系统主机持续更新计划,(3)网络整体提升计划,(4)推展中文转码(Unicode)及系统再造实施计划,(5)第三代审判系统开发及推广建置计划,(6)强化在线声请及电子诉讼文书服务环境计划,(7)完善并法制化电子卷证系统,(8)"司法院"网站再造计划,(9)建置安全性虚拟私有网络计划,(10)增强信息安全防御机制计划,(11)建置"司法院"及所属机关备份系统计划,(12)开放数据(Open Data)计划,(13)审判数据探勘应用环境建构计划,及(14)中文语音识别应用实施计划。前述计划除第(1)项及第(2)项是计算机硬件的扩充外,其他项目则是要透过大数据方法建立智能司法系统,并兼顾信息安全及隐私权保护等之未来发展政策。5 年数字政策完成后,除了将减少法官工作负担、提升审判质量外,可以节省法院人力,并使参与诉讼的当事人、律师更加有效率,减少舟车劳顿等等,节省"国家"更多公帑。①

① 《"司法院"发表〈5 年数字政策 4 大目标 14 项计划〉省钱又有效》,载台湾地区"ETtoday 法律新闻云",https://www.ettoday.net/news/20180731/1224475.htm,最后浏览日期:2018 年 12 月 28 日。

2017年"司法改革会议"推动"透明公开的司法";建议"司法院"及"法务部"以"重建司法系统和人民的关系"为目标,制定一个"五年数字与开放政策计划"。对制订计划的具体建议如下:(1)依照政府数据开放咨询小组设置要点的模式,建立数字化专责与工作小组。并定期公开相关会议与政策信息。(2)采用台湾地区"立法院"发展委员会"开放政府"政策的"公共政策网络参与平台"(join)或类似机制来改善与人民的沟通对话关系。(3)了解人民需求(google网站大资料分析),重新规划机关网站与内容的撰写与编辑。(4)从数据治理、数据导向与数据素养三个层面,全面提升信息建设与信息处理能力。(5)透过质量控管,提升政府信息再利用(如裁判书的分析加值应用)的实用性。结合民间创意,弥补政府不足之处。让政府信息(与数据)的价值最大化。这些议题都与大数据(Big Data)相关,运用大数据方法搜集人民需求、公开判决、改良侦查模式及提升司法质量、信息经济与民众的可近性(accessible)。此外,2017年"司法院"即已经完成行政诉讼"在线起诉"等多项数字政策,除了善用信息科技,减轻法官工作负担外,并且起到了优化案件审理质量,增加司法透明度,提高人民对司法的信赖的作用。

"司法院"近年来针对犯案数最多、民众最关心及影响性最大的案件,已经进行大数据分析,替2万多份判决书,运用统计学分析犯罪条件,建置完成"量刑信息系统",未来法官判决时可以进行大资料参考。司法领域融合大数据技术以收集和挖掘"数据"的价值并加以利用,也是未来刑法的应用方向,但若缺少对大数据思维的信息素养和框架体系之了解,势必会在刑事司法数据的采集、分析、共享及保护的体系,发生断裂。2018年6月21日某检察官带着警察闯入幼儿园,逼问一名疑为霸凌他女儿的4岁女童所言所行,使得现场多名小朋友吓得全身发抖、便溺。难道是侦查手法过当,滥用职权?或是检察系统的办案方法有问题呢?可以利用大数据方法,着眼于检察、侦查领域的大数据侦查体系,建构检察思维、模式、方法及法律配套,并提供程序技术、实务方法的系统化指导及决策。除了搜寻犯罪防治电子数据库外,包罗万象的互联网也是大数据侦查利器,互联网的开放性,再结合大数据及检察运用,将可朝向数字化、信息化及智能化的检察官侦查(Smart Prosecutor Investigation),除了有助于促进检察、侦查转型外,亦可对检察权进行有效监督,防范检察官滥权、刑讯逼供或违法取证。① 目前台湾地区已经利用大数据分析现况,监测社会犯罪事件,实时发现高风险犯罪人口特征及犯罪模式,并实时提供相关措施与防制对策,以减少犯罪率及民众被害的可能。②

另外,卡西·欧尼尔(Cathy O'Neil)③在《大数据的傲慢与偏见》一书中指出,大数据时代人类若过度依赖算法会产生危机。例如Google的精准广告服务(targeted advertising)会根据使用者不同之社会经济地位,给予不同的讯息,许多"学店"广告往往丢向贫穷需要教育的人,却不能提供他们真正需要的援助(知识培养或技能训练),反而仅是收高额学费只给了

① 苏南:《花检公审幼童——智慧检察改革防范检察官滥权》,载台湾地区"ETtoday法律新闻云",https://www.ettoday.net/news/20180807/1228963.htm#ixzz5OpUSC9V0,最后浏览日期:2018年11月28日。

② 许华孚、吴吉裕:《大数据发展趋势以及在犯罪防治领域之应用》,载《刑事政策与犯罪研究论文集》(18),台湾博客来书店2015年版,第342页。

③ 一位对算法有深刻认识与观察的专业数据科学家,他拥有美国哈佛大学博士学位。

他们一张无用的学位证书,使得日后社会的阶级流动更加困难①。

二、大数据概念及在产业上的应用

大数据热潮席卷全球,美国总统奥巴马找来 PayPal 和 eBay 的前执行长帕蒂亚(DJ Patil)担任白宫首席数据科学家,台湾地区"行政院"在 2014 年年底就祭出"科技三箭",期以大数据精准算出民众需求与改善施政措施。中国大陆更是沸沸扬扬,有阿里巴巴用大数据打假货,微信用大数据精准抓住用户需求;2015 年 9 月 5 日,国务院发布《大数据发展的行动纲要》,彰显了我国政府由上而下发展大数据的决心;提出共享、开放和安全三大原则。将大数据定义为"基础性战略资源",提出三大原则:(1)政府数据开放共享,(2)产业创新发展,(3)强化安全保障,并要求加快大数据的法规制度建设。近年来,大数据被喻为数字时代的石油,国内包括医疗健康、商业广告、影视等产业,正积极推动大数据分析。以医学大数据而言,从过去纸张病历记录,到纸本信息数字化、医学记录远距储存及传输,由多方信息整合使数据量呈现惊人成长,引导医疗技术发展。广告业系从用户于在网络遗留数据遗迹,探索顾客或用户使用偏好或习惯,研发准确营销策略。即用户于网络上留下不少的数据足迹,提供业者积极搜集前述足迹透过大数据整体性分析及利用,而产生巨大的商机。无可讳言,遗留的数据足迹当然包含许多正确或不正确信息,包含许多敏感性个人资料。所以非被授权人利用数据时应有效的去识别(de-identification)程序,避免侵犯个人隐私或违反个人资料保护法规范。所以在信息爆炸的今天,应用大数据势将使个人信息保护议题备受瞩目!

大数据时代,信息正在成为一种生产资源,一种稀有资产和新兴产业,成为继土地、人力、资本之后的新要素,是组织未来发展的核心竞争力。国家、政府、个人、企业、产业等无不深受其影响。此为何故?这是因为大数据本质上具有大量性(Volume)、高速性(Velocity)、多样性(Variety)及数据价值(Value of Data)等之 4V② 特色,将对人类文明发生冲击③。所谓大数据(又称为巨量数据或海量数据)系指以往一般技术所不容易管理,但透过现代的信息技术及管理方法,已能有效储存、分析的大量数据。想要作大数据者应先了解,什么是资料(Data)?存得起来的,就是 Storage(储存);看得到的,才是 Data(资料);看得懂的,叫作 Information(信息);用得出来的,才能称为 Intelligence(情报、智慧)。④

---

① [美]卡西·欧尼尔:《大数据的傲慢与偏见:一个圈内数学家对算法霸权的警告与揭发》,台北大学出版社 2017 年版,第 71~77 页。

② Ania Thiemann and Pedro Gonzaga,Big data: bringing competition policy to the era, 27, Oct.2016 , https://one.oecd.org/document/DAF/COMP(2016)14/en/pdf, last visited 2018/09/01.

③ 任立中:《大数据展略 4.0》,台湾前程文化公司 2016 年版,第 II 页。

④ 苏南:《论大数据应用于法律的作业问题及展望》,载《台湾地区律师》2018 年 1 月号。

三、大数据在法律上的应用

台湾地区关于大数据的相关法律议题并不多，主要仍以其对法律体系解释应用的挑战为视角，诸如民事责任体系、权利主体基本内涵、行政管制与司法程序应用、隐私与人权保障、分配正义等；在立法技术上应用的讨论则甚少。“大数据”可作为巨量法律文件及法条之收集、筛选与决策的基础。立法决策上可能以本地区现有或先前的法律(含已废止)，加上先进国家或国情相近国家的立法例，作为建置法律数据库的来源、基础。立法决策所需之法律文件数据及分析等，可运用大数据辅助，尤其是部分法制或立法技术之类制式的作业方式，可采大数据模式处理。

根据2016年调查数据显示，民众对法官与检察官的不信任与不公正，各自飙达84.6%与76.5%。① 近年来法官对于性侵、贪污、食品安全等的一些判决引发很多民众的不满，甚至走上街头，甚至有人以“恐龙”来形容法官判决或量刑的不当，认为它不符合社会法感情！“司法院”为让法官量刑时有客观信息可供参考，2016年10月底上线的“量刑信息系统”，可针对“不能安全驾驶”“枪炮”“毒品”“杀人”“帮助诈欺”“窃盗”和“抢夺”等犯罪类型，法官判决时只要按按键盘，输入参考因子，就可参考先前案例的量刑信息，作为判决参考，让法官在信息更充足的情况下作出审判。这样，法官无须只依主观判断，也可以用现代化、科技化的大数据数据库(Big Data)作基础，只要键入案件事实，动动键盘，数据库及大数据，就会自动显出判刑行情，使法官的判决更符合社会期待。所以结合大数据的“人机协作”之量刑方式，可为消灭恐龙法官的终极武器？有待进一步观察。

如何结合信息科技、法律科学与法官、检察官、律师及诉讼当事人等的要求、运用大数据建置法律云放在云端，再借由互联网来搜寻法律案件事实之证据调查，借由人的数据、物的数据及事的数据等，可以按照法官或检察官的意志聚集、组合、分送和串流而达成案例事实的现场重现。

进一步而言，云计算又使大数据对于法律问题的处理能力较目前的传统人工处理方式，更为精准、可预测及客观化，并作出判决或量刑的几个建议方案，供法官或司法人员结合当事人的主观意图及法律价值等而“认事用法”，作成使当事人及社会更信服的判决；摆脱传统概念法学及法官自由心证的社会诟病的传统判决模式。尤其是社会上俗称的“恐龙法官”，其实很多都不是判决中的法律适用被批评，而是在认定事实部分被认为和社会观感有显著落差部分，更可借由大数据调查证据的导入而大幅改善。

---

① 《调查：对法官与检察官不信任度84.6%》，载 http://news.ltn.com.tw/news/society/breakingnews/1609704，最后浏览日期：2018年5月12日。

四、大数据检索法律文件的作业方法

(一)法律检索方法

近年来,政府机关不遗余力地建置电子法律资源,如台湾地区"司法院"的法学数据检索(http://nwjirs.judicial.gov.tw/Index.htm)、"法务部"的法规数据库(http://law.moj.gov.tw/fn.asp)、"立法院"的"法律"系统(http://lis.ly.gov.tw/lgcgi/lglaw)等。民间方面,也有商业性法律数据库的开发建置,例如法源法律网(http://www.lawbank.com.tw/declare01.php)、植根法律网(http://www.rootlaw.com.tw/)等。相较于美国的法学数据库,多以民间开发、市场导向为主,台湾地区则是以政府主导,且将"立法"、司法及行政的法律数据库,分散发展各自建置。① 现行有效及先前的法律规范及文件等浩如烟海,仅凭人为找到立法时所适用的全部法条,难如登天。若要提高找法条的查全率与查准率,大数据式的与互联网相链接的法律数据库是未来的趋势。② 但法律搜索仅是法律判断的一个步骤,法律检索方法大略如下:③

1.确立法律检索的范围④

就法律体系而言,大法官解释、法律、法规命令、行政规则及函释、地方立法等都属之;施行细则、规程、规则、办法、纲要、标准或准则⑤也是广义的法律。检索时除要尽可能全面外,一定要查到具体的法律条文及判决,才能据以在法律分析中论述,提出自己的论点与判断。

2.法律检索的步骤

第1步:相关的法律有大致的概念,先找相关类别,究竟是属于违约或侵权问题?婚姻法或交通肇祸争议?继之则采明显相关的法律,如民法、行政法、刑法等,快速检索一遍,对问题有大概的定位,找出该案件的基本法律名词。

第2步:从描述案件的自然语言中,提炼关键词和转换成法律名词。例如把"车祸"转换成"交通肇事",把"解约"转换成"解除工程契约"等,并且多试几种。

第3步:用"法律关键词"在一些特定网站(如"'司法院'法学数据检索系统"http://jirs.judicial.gov.tw/FJUD/,"法源网"http://www.lawbank.com.tw)内进行搜索。因其法律专业性通

---

① 法律网站的全球化与在地化:以全球法律信息网为例,https://www.dgbas.gov.tw/public/Data/88117203571.pdf,最后浏览日期:2018年7月21日。

② 大数据时代:如何3分钟进行完备而高效的法律检索? https://www.pixpo.net/career/0JpU20Hl.html,最后浏览日期:2018年7月21日。

③ 许云:《法律检索的方法和技巧》,https://www.jianshu.com/p/ffb5318323bf,最后浏览日期:2018年7月21日。

④ 《如何进行完备而高效的法律检索?》https://www.zhihu.com/question/20462477,最后浏览日期:2018年8月11日。

⑤ 请参见台湾地区"'中央'法规标准法"第3条。

常会比一般网站搜索高得多。有时还需在政府主管机关网站内搜索，例如“立法院”的议案整合暨综合查询系统(https://misq.ly.gov.tw/MISQ/IQuery/misq5000Action.action)。

第 4 步：根据上述结果，到“‘司法院’法学数据检索系统”“法源法律网”“植根法律网”“法院网站”、律所网站等，顺藤摸瓜找到法律条文和类似的案件，梳理案件事实与判决书的法律逻辑关系，找到解决方法或答案预测，类似案例的判决之参考价值颇大。

上述的 4 个步骤不一定完全按顺序来，有时做完后面的步骤，仍需要回到上一个步骤，重点是检索查询要不断缩小范围，从面到点直到系争事实的法条涵摄关系及法学三段论法。

3.法律条文数据库和权威释义

法官和律师搜索法规与判决书等，一般都有专门的法学数据库，从而避免法律人找法规找到已经废止的法规之情形的发生。建议检索要采法院、主管机关或权威性高的网站，它们的更新也比较及时，也要查询地方法规。

(二)“立法院”的法律检索

台湾地区“立法院”自 1976 年开始进行“‘立法院’法律系统”的数据库架构规划、数据搜集、分析建文件及校核等作业，在 1991 年完成系统开发。主要系为提供“立法委员”查找法律相关数据，开始时为院区内之网络系统，①但 1999 年利用全文检索软件(GAIS)撰写，则部分对外开放可供全球信息网络进行简易检索。2002 年多功能的法律系统正式启用，每年有 70 万以上人次上网使用。本系统可收录“立法院”三读通过并公布的“法律”全文。内容除了包括现行有效、废止、停止适用的“法律”，每个“法律”都能提供自 2006 年以来历次修正之“立法”记录、部分修正条文的“立法”理由及修正后的“法律”全文。又配合不同的检索需求，系统会提供“法律”名称检索及各式浏览功能，方便用户轻松查到所需参考的“法律”条文及相关数据。“立法委员”在法案拟定或审议时，常需参考国外相关立法例。美国国会图书馆 1992 年起推动“全球法律信息网计划”(Global Legal Information Network)，2001 年美国国会图书馆成立国际组织，其下之国会法律图书馆(Law Library of Congress)，目的除了提供一个全球化、政府间、非营利及合作性外，并具有权威的、官方的、现行的及完整的、标准的“全球法律信息网”(Global Legal Information Network，GLIN，网址：http://www.glin.gov/search.action)。GLIN 在本地区的工作站设于“立法院全球法律信息网工作小组”，负责本地区制修法律之网站建置，即“立法院全球法律信息网”(Global Legal Information Network，Legislative Yuan。网址：http://glin.ly.gov.tw/web/index.do)，使全球法律资源符合本地区立修法需求，对数据进行随时更新，并逐年回溯建置历史数据，以建构完整的法律数据库。②

① 台湾地区“‘立法院’法律系统”，https://lis.ly.gov.tw/lghtml/lawhelp/help.htm，最后浏览日期：2018 年 9 月 23 日。

② 法律网站的全球化与在地化：以全球法律信息网为例，https://www.dgbas.gov.tw/public/Data/88117203571.pdf，最后浏览日期：2018 年 8 月 28 日。

(三)本研究的搜索方法

大数据是如何筛选的呢？举例来说，用大数据分析“法官”与“推事”两者名称有何不同。[①] 再进一步运用“‘立法院’法律系统”数据库进行分类演算、归纳分析，找出我国台湾地区现行及非现行法律体系内，“法官”与“推事”名称的使用情形，检阅“‘立法院’关系文书”，分析各部法律使用不同名称状况，了解立法过程及对使用名称不一致问题提出解释。具体步骤系就相关法律及条文，搜寻“法官”与“推事”名称的使用情形进行归纳分析[②]。即先找出与“法官”及与之相似的“大法官”“军法官”“受命法官”“受托法官”“陪席法官”“试署法官”“候补法官”等法律用语，将它们的法律概念进行串接、编织，比较其与“法官”用语的具体意义。即分析上述职称在内涵上、概念性、意义上有何异同？同此方法，也找出有关于“推事”的法律条文，运用类似于大数据的方法，在内涵上、概念性、意义上也分类演算。最后要找出在立法目的上，“法官”与“推事”用语概念本就相同的法条，建议未来哪些条文须进行修改。

五、法官与推事用语的大数据方法

(一)法官的定义范围

2011 年 7 月 6 日制定公布的“法官法”，第 2 条第 1 项规定：“本法所称法官，指下列各款人员：一、‘司法院’大法官。二、‘公务员惩戒委员会’委员。三、各法院法官。”第 2 项规定：“前项第三款所称之法官，除有特别规定外，包括试署法官、候补法官。”其立法理由谓：“一、宪制性规定所规定之司法权包括解释宪制性规定、统一解释法律、命令之解释权及民事诉讼、刑事诉讼、行政诉讼、公务员惩戒之审判权。行使上开司法权者，虽有‘司法院’大法官、‘公务员惩戒委员会’委员及各法院法官不同之名称，但其行使司法权时，必须依据宪制性规定及法律独立审判，不受任何干涉，则无不同，均属宪制性规定第八十条所称之‘法官’，爰于第 1 项明定。试署法官及候补法官，除有特别规定外，依据法律独立审判，不受任何干涉，与实任法官无异，亦属‘法官’之范畴，爰为第 2 项规定。”

(二)推事系与法官相同意义

法官，为法院职掌审判事务官员之职称。于 1989 年 12 月 22 日“法院组织法”第 8 次修

① 苏南：《当法律遇到大数据》，载，台湾地区“ETtoday 法律新闻云”，https://www.ettoday.net/news/20180713/1211912.htm，最后浏览日期：2018 年 9 月 21 日。

② 谢碧珠、汤文章、苏南：《大数据在立法技术上的应用——以推事用语修正为例》，载《第 29 届国际信息管理学术研讨会摘要论文集》(台湾地区信息管理学会 2018)。

正公布(华总〔一〕义字第6973号令)及同一天制定公布的"司法人员人事条例(华总〔一〕义字第6974号令),两部"法律"本都采"推事"用语。唯立法者意旨系指与宪制性规定第80条及第81条所指称法官之意涵一致,故后来将之修正为"法官"。即"司法人员人事条例"第3条于2002年10月7日的修正理由谓:按"推事""评事"及"委员"等称谓,现皆已修正为"法官"。并且载明法官年资之计算,应合计其以前担任法院之推事,免因职称更易而引发争议。

宪制性规定第80条规定:"法官须超出党派以外,依据法律独立审判,不受任何干涉。"第81条规定:"法官为终身职,非受刑事或惩戒处分,或禁治产之宣告,不得免职。非依法律,不得停职、转任或减俸。"即宪制性规定对依法独立审判者,以"法官"称之。1989年12月22日制定公布"司法人员人事条例",乃一律采用法官之用语。该条例第3条明定司法官之意义与职称:"本条例称司法官,指左列各款人员:一、'最高法院'院长、兼任庭长之法官、法官。二、'最高法院检察署'检察总长、主任检察官、检察官。三、'高等法院'以下各级法院及其分院兼任院长或庭长之法官、法官。四、'高等法院'以下各级法院及其分院检察署检察长、主任检察官、检察官。"

(三)法官或推事用语之使用现况

台湾地区"民事诉讼法""民事诉讼法施行法""非讼事件法""兵役法施行法""乡镇市调解条例"等现有诸多"法律",其条文中虽然曾使用推事一语,目前都已修正为"法官"。但仍有下述"法律"的"法条"中,仍然使用推事用语迄今未改,待辨其与"法官"用语的实质意义是否相同,供未来修法参考,如表1所示。

表1　目前仍使用推事用语的法律及法条

法律名称	法条
"刑事诉讼法"	第17条等,共25条①
"刑事诉讼法施行法"	第3条
"破产法"	第11条、第117条
"管收条例"	第3条、第5条
"海上捕获法庭审判条例"	第5条、第6条
"调度司法警察条例"	第1～7条及第9条
"军法人员转任司法官条例"	第4条、第5条、第6条
"最高法院设置分庭条例"	第5条

① "刑事诉讼法"已修正40条过去使用"推事"用语为"法官",尚有25条中的"推事"用语意涵实与"法官"相同,但未修正。

(四)“刑事诉讼法”的改正情形

1997 年 12 月 19 日修正的“刑事诉讼法”，仅配合“法院组织法”将第 379 条的“推事”用语修正为“法官”，其余文字则未修改。并且该次修正或新增之条次，计有 8 条已把“推事”用语改称“法官”，如表 2 所示。

表 2 “刑事诉讼法”1997 年 12 月“修法”的“推事”用语改正情形

第 379 条、第 100 条之 2、第 101 条、第 101 条之 1、第 101 条之 2、第 102 条、第 103 条、第 105 条

其后陆续将其他相关条文的“推事”用语改为“法官”。2017 年 11 月 16 日修正公布的“刑事诉讼法”，其中如第 34 条之 1 等，计有 40 条(如表 3)条文的“推事”均业已改为“法官”。但该法律中尚有第 17 条等 25 个“法条”(如表 4)，其中的推事之意义实质上已和法官一致，但仍未修改，有待未来“修法”中琢磨。

表 3 “刑事诉讼法”已改称“推事”为“法官”的法条①

第 34 条之 1、第 44 条、第 101 条、第 102 条、第 103 条、第 105 条、第 128 条、第 136 条、第 145 条、第 153 条、第 170 条、第 171 条、第 175 条、第 183 条、第 195 条、第 196 条、第 198 条、第 200 条、第 201 条、第 203 条、第 204 条、第 205 条、第 279 条、第 326 条、第 379 条、第 416 条、第 420 条、第 470 条、第 100 条之 3、第 101 条之 1、第 101 条之 2、第 128 条之 2、第 133 条之 1、第 159 条之 1、第 203 条之 1、第 204 条之 1、第 204 条之 3、第 205 条之 1、第 219 条之 4 条、第 288 条之 3

表 4 “刑事诉讼法”未改称“推事”为“法官”的法条②

第 17 条、第 18 条、第 19 条、第 20 条、第 21 条、第 22 条、第 23 条、第 24 条、第 25 条、第 26 条、第 46 条、第 50 条、第 51 条、第 63 条、第 67 条、第 68 条、第 71 条、第 280 条、第 292 条、第 313 条、第 390 条、第 391 条、第 394 条、第 426 条、第 457 条

谢碧珠等以为，“刑事诉讼法”一部法律，对于职司审判者之名称，却并用“法官”与“推事”之不同用语，虽然有些条文已经修改，但尚有 25 个条文计未修正，难谓符合法律用语一致性原则③。

---

① 台湾地区“立法院”:《“刑事诉讼法”推事用语之修正》，https://www.ly.gov.tw/Pages/Detail.aspx? nodeid=6590&pid=167455，最后浏览日期:2018 年 10 月 21 日。

② 谢碧珠、汤文章、苏南:《大数据在立法技术上的应用——以推事用语修正为例》，载《第 29 届国际信息管理学术研讨会摘要论文集》(台湾地区信息管理学会 2018)。

③ 谢碧珠、汤文章、苏南:《大数据在立法技术上的应用——以推事用语修正为例》，载《第 29 届国际信息管理学术研讨会摘要论文集》(台湾地区信息管理学会 2018)。

(五)"推事"不宜修改为"法官"之情形

目前少数法律中规定当事人应有曾任"推事"才能取得资格条件的条文,因为当事人先前取得之任职证明上已明载其任"推事"之证明,这些情形至目前暂不予修正,以免影响当事人权益。例如"仲裁法"第 6 条第 1 款规定:"具有法律或其他各业专门知识或经验,信望素孚之公正人士,具备下列资格之一者,得为仲裁人:一、曾任实任推事、法官或检察官者。"同法第 8 条第 1 项第 1 款规定:"具有本法所定得为仲裁人资格者,除有下列情形之一者外,应经训练并取得合格证书,始得向仲裁机构申请登记为仲裁人:一、曾任实任推事、法官或检察官。"这两条文涉及当事人取得仲裁人资格,只要先前的服务证明上有载明"推事"之职称即可,因该证明已无法将"推事"修改为"法官";故建议条文中的"推事"用语不宜修改。进一步而言,因其既已明定,曾任实任推事者,不必经训练合格就得向仲裁机构申请登记为仲裁人的例外规定。倘将"推事"用语改为"法官",反而会减缩以前曾任推事者担任仲裁人的权益。

"司法人员人事条例"第 9 条第 1 款规定:"地方法院或其分院法官、地方法院或其分院检察署检察官,应就具有下列资格之一者任用之:一、经司法官考试及格者。二、曾任推事、法官、检察官经铨叙合格者。"本条所用推事用语,系针对过去任职证明书上所称之推事职称者,自不得将该条文的"推事"用语径改为"法官"。1944 年 10 月 18 日制定的"军法人员转任司法官条例"第 5 条第 1 项规定:"军法人员曾任推事或检察官一年以上,并相任当于荐任职之军法人员二年以上,经登记并审查成绩合格者,具有转任兼任地方法院院长之推事、地方法院首席检察官或高等法院荐任推事或检察官之资格。"本条系对于曾有推事经验者,得转任兼任地院院长、首席检察官或高院推事检察官的资格认定。同法第 6 条第 1 项规定:"军法人员曾任兼任地方法院院长之推事或地方法院院长之推事或地方法院首席检察官或高等法院推事或检察官二年以上并任相当于简任职之军法人员二年以上,经登记并审查成绩合格者,具有转任简任推事或检察官之资格。"本条系对于曾任推事者得转任简任推事或检察官之资格采计,原称推事用语的真正意义也是指法官。原则上虽可将条文中的推事用语改为"推事或法官",以兼含过去所称之推事与现称之法官,但当年任推事者大部分今已老迈,几已无适用可能,故无修改之必要。

(六)大数据应用于本研究——方法论

本文的上述结果系采大数据方法①为:(1)运用"'立法院'法律系统数据库"(计有部)进行分类演算归纳分析;(2)找出台湾地区现行及非现行法律体系内,法官与推事名称使用情形;(3)进一步检阅"'立法院'关系文书";(4)分析各部规定使用不同名称之状况;(5)了解立法过程;(6)对使用名称不一致问题提出解释。

研究方法为就相关"法律"及条文,搜寻"法官"与"推事"名称的使用情形进行归纳分析。

① 何宗武:《企业大数据的厚数据观点——借鉴美国职棒大数据》,中华谈判管理学会 2018 年版,第 1～3 页。

研究步骤上:(1)首先找出与“法官”及与之相似的“大法官”“军法官”“受命法官”“受托法官”“陪席法官”“试署法官”“候补法官”等法律用语;(2)将它们的法律概念进行串接、编织,探讨其与“法官”用语之比较;(3)分析上述职称在内涵上、概念性、意义上有何异同?(4)同此方法也找出有关于“推事”的“法律条文”;(5)运用类似于大数据的方法,在内涵上、概念性、意义上也分类演算;(6)找出立法目的上,“法官”与“推事”用语本就相同的法条,建议修改。①

简言之,大数据方法系:(1)先对于现行法律系统与非现行法律系统进行分类;(2)于法律系统数据库进行不同系统的分类与分析;(3)从前揭数据库找出与“法官”或与之相似的法律用语②;(4)用大数据对“法官”用语(含相似)予以“分类演算”;(5)上述步骤就是把(法官相似用语)一裂解为多;(6)再将之串接,把多编织为一;(7)即从各法律体系中,探讨前揭各种与法官有关的不同名称,其内涵之同构型(即所谓法官的概念与意义为何);(8)同理,再找出有“推事”之法律条文;(9)将“推事”用语采前面之“法官”用语作相同步骤演算;(10)前述步骤乃属将大数据予以“分类演算”的程序③。

(七)“推事”用语改为“法官”的立法大数据应用成果

1989 年以前制定的“法律”,或多年未经修订者,较易出现“推事”用语;例如,“刑事诉讼法施行法”等 7 种“法律”。“刑事诉讼法”因系早期制定,原采“推事”用语,直到 1997 年 12 月 19 日开始有部分条文修正或增订,改采“法官”用语。目前为止其虽已有数量 40 条的条文均已改用“法官”乙语,但尚有数量 25 条的条文仍然沿用“推事”用语,显不一致,滋生疑义。谢碧珠、汤文章及笔者的研究认为,现行的宪制性规定第 80 条及第 81 条、“刑事诉讼法”及“民事诉讼法”等相关法律条文内,所称之“推事”与“法官”,在概念上乃表彰同一身分之用语,却在同一部“法律”或不同“法律”间,出现不同的“法律”名词、用语,造成一般民众之困惑,有待研修。为求法律用语一致性,建议:(1)“刑事诉讼法”“推事”之用语应一律修正为“法官”;(2)“刑事诉讼法施行法”等 7 部“法律”的“推事”用语亦应修正为“法官”。

六、结论与建议

欠缺以大数据为基础之立法实证分析,立法机关数据库可能无从建置规划产业政策的信息基础。而于立法信息公开及透过网络搜集立法信息时,应兼顾敏感数据特性,结合去识别化等信息科技,以平衡大数据立法信息公开与个人资保护。于“政府信息公开法”及“个人资料保护法”的规范意旨及执行,难免经常处于冲突状态,于两者求取平衡为关键问题。大

---

① 谢碧珠、汤文章、苏南:《大数据在立法技术上的应用——以推事用语修正为例》,载《第 29 届国际信息管理学术研讨会摘要论文集》(台湾地区信息管理学会 2018)。

② 诸如大法官、军法官、受命法官、受托法官、陪席法官、试署法官、候补法官等。

③ 谢碧珠、汤文章、苏南:《大数据在立法技术上的应用——以推事用语修正为例》,载《第 29 届国际信息管理学术研讨会摘要论文集》(台湾地区信息管理学会 2018)。

数据供作立法技术工具以搜寻法律文件、判决书等已成未来立法技术发展趋势。以数量大、速率快、多样化等方式，提供所有现有法律文件及各国立法例，为数据库来源与立法决策之基础。尤其大数据处理模式适合一些法制或立法技术的类制式作业。先前研究指出，目前“刑事诉讼法”及其施行法等“法律”，仍使“推事”用语，与“民事诉讼法等”相关法律业已改用法官用语相较，出现同义歧词现象，不符合法律用语一致性原则，应修正为“法官”。至于“破产法”“管收条例”“海上捕获法庭审判条例”“调度司法警察条例”“军法人员转任司法官条例”“最高法院设置分庭条例”等有些条文，目前仍使用“推事”用语者，亦应尽速改为“法官”用语，方能符合法律用语一致性原则。

立法技术上采用大数据为之工具，已成未来趋势，以搜寻各国立法例、法律文件、判决书等。尤其大数据对于数量大、多样化的现有法律及各国立法例，更显出速率快，优于目前以人力为主的传统方法。大数据处理模式作为数据库来源，很适合一些法制或立法技术等之类制式作业。目前“民事诉讼法”等很多相关“法律”已改用“法官”用语，但“刑事诉讼法施行法”等 7 部“法律”，均仍使“推事”用语，致生歧词同义现象。本文建议应尽速改为“法官”用语，以符合法律用语一致性原则。未来我国应对大数据在立法技术的应用，规划结合信息业的跨领域及前瞻性策略研究，提升立法政策、技术及作业之目的性、效率性与管考程序。

《厦门大学法律评论》总第三十一辑
厦门大学出版社 2019 年 6 月版
《公共选择与法律》
第 121 页～第 148 页

公共选择与法律*

——利益集团理论之述评

敖海静**

摘要：将经济学的理论和方法应用于其他社会科学领域是当代西方社会科学学术的重大发展。其中，公共选择理论是这一理论趋势中颇为耀眼的一颗新星。这一理论将理性人假设和方法论上的个人主义贯彻到政治和法律运作的过程中，更新了以往的研究结论。作为公共选择的两大理论分支之一，利益集团理论与法律研究的关系极为密切，被应用于诸多法律议题的研究领域，为我们更加深入地洞察法律制定和运作的逻辑提供了理论钥匙。在这一交叉研究的发展过程中，立法的交易模式作为一种新兴的具体的研究工具，尤为关注立法的供需关系和供需两方的行为逻辑，为我们从公共选择的视角认识和解释法律制度奠定了基础。这一进路标志着社科法学中一种既不同于法律社会学，也不同于借助微观经济学的传统法律经济学的本土化研究进路。中国学者需要足够的理论自觉，要紧紧盯住公共选择理论的方法论意义，找到本土法律实践中的行为人，并利用方法论的个人主义去建立有因果机制的理论解释。

关键词：公共选择；法律；利益集团；立法的交易模式

Public Choice and Legislation

——A Review of Interest Group Theory

Ao Haijing

Abstract: The application of economic methods to other social sciences is a major de-

---

* 文章 DOI:10.3966/615471682019060031009。

** 敖海静，男，1986 年出生，湖北省随州市人，法学博士，中国人民大学法学院博士后研究人员，研究方向：公法学和法制史，电子邮箱：aohjwhu@foxmail.com。感谢匿名审稿人的修改意见。一如成例，文责自负。

velopment in contemporary western social science. The theory of public choice is a new star in this theoretical trend. This theory carried out the rational man hypothesis and the individualist methodology in the process of political and legal operation, and updated the research conclusions. As one of the two theoretical branches of public choice theory, interest group theory is closely related to legal research. It had been applied to many legal issues and provided a theoretical key for us to further understand the logic of law making and operation. In the process of development of the cross-over study, as a new and specific research tool, the transaction model of legislation particularly concerned about the relationship between supply and demand of legislation and the behavioral logic of both supply and demand, and laid a foundation for us to understand and explain the legal system from the perspective of public choice. This approach means a new kind of social research of law, which is different from with the sociology of law, and also different from with the traditional economics of law. Chinese scholars need enough theoretical consciousness to focus on the methodological significance of public choice theory, find the rational actors in the local legal practice, and use methodological individualism to establish causal explanations.

Key Words: public choice; legislation; interest group; the transaction model of legislation

一、引言

著名经济学家丹尼斯·C.缪勒将公共选择定义为“对非市场决策的经济学研究,或者简单地定义为把经济学运用于政治科学的分析”。① 在公共理论学界和法律学界,这一概念受到了广泛的接受和运用。② 简单地说,公共选择正是在与私人选择相对的意义上获得定义的。从更为狭义的角度而言,公共选择理论不外是将微观经济学的分析应用于政治决策,几乎政治过程的所有方面都能成为它的应用领域和分析对象。这些方面包括投票规则和行为、利益集团问题、政治制度的内部结构、宪政体制内的政治互动、国家理论、政党政治、政治

① [美]丹尼斯·C.缪勒:《公共选择理论》,杨春学等译,中国社会科学出版社1999年版,第4页。

② 例如,戴维·B.约翰逊就认为,“政治市场的研究,实质上是将经济学的方法应用于政治科学”。See David B. Johnson, *Public Choice: An Introduction to the New Political Economy*, California: Bristlecone, 1991, p. 12;公共选择理论巨擘戈登·塔洛克也说,“公共选择在本质上是利用经济学的工具解决传统上属于政治科学的一些问题”。[美]戈登·塔洛克:《公共选择》,载《公共选择——戈登·塔洛克论文集》,柏克、郑景胜译,商务印书馆2011年,第17页。斯特恩斯也认为,“正与私人决策相对,(公共选择)就是对公共决策的经济分析”。See Maxwell L. Stearns, *Public Choice and Public Law*, Cincinnati: Anderson, 1997, p. xvii。其他类似的观点可参见 Daniel A. Farber, Philip Frickey, *Law and Public Choice: A Critical Introduction*, Chicago: The University of Chicago Press, 1991, p. 7; Jerry Mashaw, The Economics of Politics and the Understanding of Public Law, 65 *Chicago Kent Law Review* 123, 124 (1989).

交易、政治冷漠、官僚选择、政策分析，以及管制理论等。① 历史地看，公共选择观念的起源似乎可以追溯至两百多年前两位法国数学家让-查尔斯·博尔达和马奎斯·孔多塞对投票表决过程的数学分析。对此，诸如塔洛克、托利森、莱芙莫尔、皮科克、缪勒，以及布坎南等著名的公共选择论者基本上都是认可的。② 而进入现当代，除了上述学者的著述以外，布莱克、阿罗、唐斯、赖克和尼斯坎南等人的作品也极大地推动了公共选择理论的发展。③

然而，在公共选择理论方面，布坎南和塔洛克合著的《同意的计算——立宪民主的逻辑基础》④一书堪称石破天惊的里程碑作品。有学者认为，布坎南和塔洛克的这项研究在很多方面都具有开创性的意义。它将经济学中效用最大化的行为模型的适用范围扩展至政治选择和“作为交换的政治”的概念化领域。不仅如此，它还将这些学界原本认为毫无关联的元

---

① 对于麦考罗和 Medema 来说，公共选择理论也构成了一种法律经济学的研究方法，这种方法与关注司法裁决，并以普通法为面向的芝加哥法律经济学派不同，它主要关注通过政治过程——法律的需求和供给——来实现的法律的创制和实施。See Nicholas Mercuro, Steven G. Medema, *Economics and the Law*, New Jersey: Princeton University Press, 2006, p. 156.

② 参见[美]戈登·塔洛克：《公共选择》，载《公共选择——戈登·塔洛克论文集》，柏克、郑景胜译，商务印书馆 2011 年，第 17 页；Robert D. Tollison, Public Choice and Legislation, 74 *Virginia Law Review* 339 (1988); Saul Levmore, Parliamentary Law, Majority Decision Making and the Voting Paradox, 75 *Virginia Law Review* 971 (1989); Alan Peacock, *Public Choice Analysis in Historical Perspective*, Cambridge: Cambridge University Press, 1992; Dennis C. Mueller, *Perspectives on Public Choice: A Handbook*, Cambridge: Cambridge University Press, 1997; James Buchanan, The Collected Works of James Buchanan, Vol. 13: *The Politics as Public Choice*, 2000.

③ 例如，邓肯·布莱克为研究委员会和候选人在选举中的行为发展了一套中间选民理论，并且建立了一个丰富的微观分析框架。泛详 Duncan Black, *The Theory of Committees and Elections*, Cambridge: Cambridge University Press, 1958. 肯尼思·阿罗则对社会福利环境下的多数决规则进行了评估，并提出著名的阿罗不可能定理，简单说来就是如果众多的社会成员具有不同的偏好，而社会又有多种备选方案，那么在民主的制度下不可能得到令所有人都满意的结果。泛详[美]肯尼思·阿罗：《社会选择与个人价值》，陈志武、崔之元译，四川人民出版社 1987 年版。安东尼·唐斯以及后来的一些学者，如塔洛克，则视个人的投票决策为一种消费行为，而不是出于个人利益的理性的投资性行为。泛详[美]安东尼·唐斯：《民主的经济理论》，姚洋、邢予青、赖平耀译，上海世界出版集团 2005 年版。威廉·H. 赖克提出了著名的最小获胜联盟原则(Minimum Coalition Principle)的假定，并提供相关证据。详见 William H. Riker, *The Theory of Political Coalitions*, New Haven: Yale University Press, 1962. 威廉·A. 尼斯坎南阐发了代议制政府背景下官僚机构行为的理论，提出了官僚预算最大化模型，即官僚是追求总预算规模最大化的，并且认为在预算程序中，官僚机构支配者立法机关。泛详 William A. Niskanen, *Bureaucracy and Representative Government*, Chicago: Aldine, 1971；威廉姆·A. 尼斯坎南：《官僚制与公共经济学》，王浦劬等译，王浦劬校，中国青年出版社 2004 年版。

④ James Buchannan, Gordon Tullock, *The Calculus of Consent: Logical Foundations of Constitutional Democracy*, Michigan: University of Michigan Press, 1962. 中译本参见[美]詹姆斯·M. 布坎南、戈登·塔洛克：《同意的计算——立宪民主的逻辑基础》，陈光金译，中国社会科学出版社 2000 年版。对于布坎南和塔洛克来说，立宪设计是这样一个问题，即对于任何国家行动来说，根据宪法来决定何种投票规则或者选择机制。See Ludwig Van den Hauwe, Public Choice, Constitutional Political Economy and Law and Economics, in Boudewijn Bounckaert, Gerrit De Geest (eds.), *Encyclopedia of Law and Economics*, Vol. 1, Edward Elgar Publishing, 1999, p. 612.

素整合为一个逻辑连贯的结构。①

但对于塔洛克本人而言,唯一令人感到诧异的是,有关公共选择的命题在历史上从来没有进入过正统学科——无论是经济学还是政治科学——的视野。"确实抓住过这些命题的著书立说者,如马基雅维里在《君主论》中有几处论述,常被看作是道德上可疑的人,而且往往被拿来作为坏人的事例,而不被看作深刻的分析者。"②对此,塔洛克认为,正是公共选择改变了这种看法,但更为重要的是,"通过使用一种模型,其中的选民、政客和官僚都被假定为主要是自利的,公共选择变得有可能利用取自经济学方法中的分析工具了。结果,得出了一些相当严密的模型,尽管模型中的数据取自政治范畴,却可以用在经济学中使用的同样的统计方法进行检验。这个结果就是政治学的一种新理论,它更加严密,更加现实,也比老的正统方法更好检验"③。

本文旨在对当代公共选择理论在法律研究方面的应用脉络进行初步的理论梳理,主要分为四个部分进行论述。首先,本文将介绍有关公共选择理论的基本假设。其次,将对作为公共选择的两大理论分支之一的利益集团理论的发展脉络进行述评,因为这一理论对美国的法律研究产生了重大的影响,也为我们深入理解法律制定和运作的逻辑提供了理论钥匙。再次,从理论解释发展到具体的研究工具,是公共选择理论应用于法律研究领域的一个突出的特征,基于此,本文将介绍作为该特征代表的立法的交易模式这一工具。在最后,本文会对上述理论脉络作一个简要的总结和评析。应当说,将公共选择理论与法学研究进行恰当和有机的联系是颇有价值的学术探索,因为这种学术努力契合了当代学术研究中各学科相互借鉴、融合的发展趋势。而这不仅是本文的基本立场,也是促使笔者写作本文的原因和初衷。

二、基本的理论假设:理性人与个人主义

从分析的视角来看,要想一窥公共选择理论的堂奥,则必须首先正视这一理论的两个基本前提假设。首先是理性人假设,又称经济人假设。而对于理性人到底是什么样的"人",唐斯借助阿罗的理论所进行的分析和定义至为精当。他认为,"一个理性人是一个按如下方式

---

① 路德维希·范·德恩·豪威认为,《同意的计算》是一本具有开创性意义的著作,"它将经济学中效用最大化的行为模型的适用范围扩展至政治选择和'作为交换的政治'的概念化领域。不仅如此,它还将这些学界原本认为毫无关联的元素整合为一个逻辑连贯的结构"。因此,政治过程就被概念化为一个互利互惠的交易。正因为如此,作为一种集体决策规则的全体一致规则就具有了吸引力。既然规则间的选择是一种社会性的选择,而非交易,那么自愿交易的形式就是政治同意。See Ludwig Van den Hauwe, Public Choice, Constitutional Political Economy and Law and Economics, in Boudewijn Bounckaert, Gerrit De Geest (eds.), *Encyclopedia of Law and Economics*, Vol. 1, Edward Elgar Publishing, 1999, pp. 604-605.

② [美]戈登·塔洛克:《公共选择》,载《公共选择——戈登·塔洛克论文集》,柏克、郑景胜译,商务印书馆2011年,第18页。

③ [美]戈登·塔洛克:《公共选择》,载《公共选择——戈登·塔洛克论文集》,柏克、郑景胜译,商务印书馆2011年,第18页。

行为的人,(1)当他面临一系列可选择方案时,他总能够作出一个决定;(2)他根据他的偏好顺序按这样一种方式来排列所有可选择的方案,使得每一方案或者优于其他方案,或者与其他方案无差异,或者劣于其他方案;(3)他的偏好顺序是传递的;(4)他总是选择在他的偏好顺序中位置最高的可选方案;(5)每当他面临同一选择时他总是作出同一决定"①。通常来说,理性人的前提假设关联着任何一种理性选择理论的基本证立。用经济学家加里·贝克尔的话来说,"所有人类行为均可以视为某种关系错综复杂的参与者的行为,通过积累适量信息和其他市场投入要素,他们使其源于一组稳定偏好的效用达至最大"②。

由于社会对公共物品的现实需求和公共物品本身具有的消费非排他性和非竞争性的特征,使得市场机制难以以合理的成本提供满足社会基本需求的公共物品。在这个意义上,很多人将政府视为一种成本更低的市场替代机制。但是,在公共选择论者看来,这显然是一个误解。因为人们所处地位的变化并不会必然改变他的本性。个人的行为天生地要使效用最大化,一直到受他们遇到的抑制为止。③ 过去经济学和政治学的分析出于两个相反的标准,经济学假定在经济活动中人人都是自私自利的,政治学则认为政治人是利他主义者。这种分析前提在实际上撕裂了人的本质,使得制度分析无法在一个统一的基础上展开。如果假定人人都是利他主义者,就不会存在坏的体制,也无法解释坏政策的产生。④

第二个基本假设是方法论上的个人主义。传统的政治理论在分析集体行为时,往往将团体作为一个不可分割的整体,从整体的角度来分析个人的政治或社会行为。尤其在分析国家时,更是将国家视为代表社会的唯一决策单位,不但认为存在客观实在的国家利益(公共利益),而且这一利益必然是凌驾于个人利益之上的。然而,当经济学的方法被纳入政治分析时,这一理论前提就面临难以自洽的矛盾。不但阿罗的不可能定理和"投票悖论"理论已经否定了试图精确地将个人偏好转化为聚集的、合意的公共偏好是不可能的,而且本身对于经济科学来说,集体本身是无法选择和行动的,只有个人才作出选择和行动。社会不是别

---

① [美]安东尼·唐斯:《民主的经济理论》,姚洋、邢予青、赖平耀译,上海世界出版集团 2005 年版,第 5 页。托马斯·尤伦则在两种意义上界定了理性这个术语。一种是在非正式的意义上,即当某项选择的作出是审慎和协商的结果,那么他就是理性的。另一种则是在正式意义上,即消费者具有可传递的偏好,且在各种约束条件下通过这些偏好而寻求效用的最大化。See Thomas S. Ulen, Rational Choice Theory in Law and Economics, in Boudewijn Bounckaert, Gerrit De Geest (eds.), *Encyclopedia of Law and Economics*, Vol. 1, Edward Elgar Publishing, 1999, pp. 791-792. 相对而言,布坎南和塔洛克的定义则十分简便易行。他们认为,理性人或者经济人的假设不过就是指"当有代表性的或普通的个人在交换中面临现实的选择时,他将选择'更多'而不是'更少'"。参见[美]詹姆斯·M. 布坎南、戈登·塔洛克:《同意的计算——立宪民主的逻辑基础》,陈光金译,中国社会科学出版社 2000 年版,第 19 页。在 10 年后的《公共选择理论:经济学在政治方面的应用》一书中,布坎南进一步发挥了这一立场。他说道:"当总量和'更少'是以可独立识别和界定的物品为单位进行测量时,行为符合经济理性的代理人则偏向选择更多而不是更少。"See James Buchanan, Robert Tollison, *Theory of Public Choice: Political Applications of Economics*, Michigan: The University of Michigan Press, 1972, p. 17.

② [美]加里·S. 贝克尔:《人类行为的经济分析》,王业宇、陈琪译,上海三联书店、上海人民出版社 1995 年版,第 19 页。

③ [美]詹姆斯·M. 布坎南:《自由、市场和国家:20 世纪 80 年代的政治经济学》,吴良健、桑伍、曾获译,北京经济学院出版社 1988 年版,第 23 页。

④ 参见许云霄编著:《公共选择理论》,北京大学出版社 2006 年版,第 22~23 页。

的什么事物，不过是一种个人追求自身利益的总量效果，国家也只是个人借以寻求自身效用的机构。根据方法论的个人主义原则，埃尔斯特认为，“根本就不存在所谓的集体目标或者集体信念。经过一番讨论，一个家庭或许会就使用其收入的方式作出决定，但这一决定绝不是建立在所谓的‘它的’目标和‘它的’信念的基础上，因为根本就不存在这些东西”①。我们说公共选择理论在方法论上坚持个人主义的立场，不过是认为个人才是决定私人行动与集体行动的唯一的终极抉择者，应当将个人利益或偏好作为基本的分析单位，视个人偏好为唯一的价值测量方式，行为的目的是个人偏好的满足与分配效率的实现。无论在经济市场上，还是在公共选择论者也视为一个市场的政治领域，这一目的都是通过根据资源的价值进行分配实现的，而资源的定价则以个人的支付意愿而定。由于每个人的偏好、能力与条件并不相同，个人所理解的成本和收益是有区别的。个人的选择具有主观性质，他人无法预测。由于个人是集体决策的最终承受者，也只有个人才具备评判决策结果的资格。②

就以上两个基本假设的应用而言，最容易引起争论的问题之一就是自利原理在政治市场上的运用。根据公共选择理论，我们的确有望在政治市场上发现那些存在于任何市场环境中的自利的个人。③ 如此一来，政治人这个在传统政治科学文献中被描述为在集体行动中体现了公共精神的利他主义者就应当被视作政治市场中理性自利的决策个体，诸如议员、选民，以及官僚等概莫能外。换言之，这就表明了一种方法论上的一致性，即无论是在私人领域，还是在公共领域的制度环境下，我们都有望在自利的个人中间找到一种同等的行为动力机制。对此，有论者认为，个人在政治生活中理性自利的假设是错的，理性人假设，尤其是政治生活中的理性人假设不符合现实。因为在政治生活中，人们的行为动机是多样化的，公共选择理论家简化或者说漠视了这种多样化，没有看到政治生活中常常出现的利他行为。④ 但正如新古典经济学家弗里德曼所指出的，理论假设只是对纷繁复杂的社会现象进行概括性描述的方式之一，对假设进行取舍的标准并不是它本身的真伪，或是在多大程度上符合现实，而是据此假设建立起来的理论的预测价值。这也就是说，公共选择理论的基本理论假设之所以被学界广为接受，其原因并不是它真的反映了客观事实，而是因为相较于其他种种人

---

① John Elster, Introduction, in Jon Elster (ed.), *Rational Choice: Readings in Social and Political Theory*, New York: New York University Press, 1986, p. 3.

② 参见许云霄编著:《公共选择理论》,北京大学出版社 2006 年版,第 20 页。

③ 从学术传统上看,关于个人自利的假设可以追溯到亚当·斯密的以下这段名言:“人总是需要有其他同胞的帮助,单凭他们的善意,他是无法得到这种帮助的。他如果诉诸他们的自利之心,向他们表明,他要求他们所做的事情是于他们自己有好处的,那他就更有可能如愿以偿。任何想要同他人做买卖的人,都是这样提议的。给我那个我想要的东西,就能得这个你想要的东西,这就是每项交易的意义;正是用这种方式,我们彼此得到自己所需要的帮助的绝大部分。不是从屠夫、酿酒师和面包师的恩惠,我们期望得到自己的饭食,而是从他们自利的打算。我们不是向他们乞求仁慈,而是诉诸他们的自利之心,从来不向他们谈自己的需要,而只是谈对他们的好处。”参见[英]亚当·斯密:《国富论》,杨敬年译,陕西人民出版社 2008 年版,第 18 页。

④ 此类批评性观点,可参见褚松燕:《一种政治学研究范式的局限——评公共选择理论》,载《天津社会科学》2000 年第 4 期;方福前:《“经济人”范式在公共选择理论中的得失》,载《经济学家》2001 年第 1 期;李培林:《理性选择理论面临的挑战及其出路》,载《社会学研究》2001 年第 6 期;张晒:《理性选择理论:优势、局限性与可能出路》,载《湖北经济学院学报》2015 年第 3 期。

性假设，它提供了可以接受检验的理论和预测成果①——尽管行为人客观上并没有按照经济学家的理论分析工具行为和决策，但这并不妨碍经济学家们通过运用这些理论得出的结论来预测他们的行为和决策。有一些学者在质疑理性人和方法论的个人主义假设的基础上，提出了诸如"比较利益人""政治理性人""公共人"等新的理论假设，②以求呼应行为人政治行为动机多样化的现实情况。这些新的假设或许更贴近现实，然而问题在于它们丧失了理论自洽和预测的功能——因为它们无法解决这样的问题，即行为人的决策在何种情况下是自利的，而在何种情况下又是利他的；何种情况下是理性的，何种情况下又是受到情感支配的。事实上，这些批评只能是一种"批评"，根本无法提供"建设"。

但即便如此，公共选择论者也并不否认理论的局限性。他们本身也对理性人假设的各种问题——信息不充分、个人偏好、情感因素等——保持着适当的开放态度。正是在这种意义上，经济学家与公共选择论者都试图避免在有关人类个人欲望与动机方面设定过于强烈的假设。相反，他们都将自己的模型建立在看似简单的个人"理性"的假设上。斯特恩斯和茨维基就指出：

> 个人理性假定不论人们拥有多么不同的个人偏好，他们都会以有效率地使用成本的方式来达到自己的目的。通常与经济学家一样，公共选择论者也接受个体动机的假设，并将其作为开展进一步研究的既定起点。例如，一个人在创办或者经营一家公司的过程中所表现出的理性与在建立或者促进一家慈善机构时并无差别。因此，对理性的经济学解读完全不同于所谓的经济人(homo economicus)。经济分析的批评者通常认为这一理论建立在总是将个人行为理解为完全狭隘的利己主义的基础上。然而事实上，这是对经济学家有关理性假设的拙劣的歪曲。一个人的行为可能会受到各种各样的想法的驱动。这些动机可能会——而且往往确实会——包括最大限度地增加收入或者利润的愿望，但同时也可能会包括诸如竞争忧虑、增加休闲、获取智力刺激、支持家人和朋友，以及对宗教、慈善或者社区表现出认同等因素。经济学家认为，无论个人寻求的目的和效用是什么，他/她都会理性地实现目标。进一步而言，经济学家也认为，尽管个体间的差异如此惊人，但理性则呈现出了某些人类所共同分享的自然天性。③

因此，公共选择理论在方法论上的个人主义立场并不是说个人的决策和选择是完全孤立的，不会因为制度环境的变化而永远不变。经济学的确假定个人的偏好是稳定有序且可以传递的，但这并不意味着偏好是唯一的。公共选择理论承认人们的偏好不仅存在个体间的重大差异，而且也认为个人可能会追求多种效用和偏好，决定行为的动机也是多种多样的。个人的选择会随着制度环境的不同而不同。只不过无论是什么制度环境，公共选择理

---

① See M. Friedman, The Methodology of Positive Economics, in M. Friedman ed., *Essays in Positive Economics*, University of Chicago Press, 1953.

② 参见吴金群：《行政人是"经济人"还是"公共人"：事实与价值之间》，载《探索》2003 年第 5 期；陈庆云、曾军荣、鄞益奋：《比较利益人：公共管理研究的一种人性假设——兼评"经济人"假设的适用性》，载《中国行政管理》2005 年第 6 期；汪波：《政治学基本人性假设的再探讨——论"政治理性人"的基本逻辑》，载《浙江社会科学》2007 年第 6 期。

③ Maxwell L. Stearns, Todd Zywicki, *Public Choice Concepts and Applications in Law*, Minnesota: West, 2009, pp. 7-8.

论都认为任何选择都是个体的选择。同时,个人主义并不必然就是利己主义,个人主义并未限定个人所追求的目标一定是个人主义的,其目标取向也可以是利他主义的。① 应当允许人们按照自己的价值观来过自己的生活,这是公共选择理论方法论的精神实质。

这也就是说,完整的公共选择理论框架还包括对制度功能和制度设计的分析与评估。②因为这些因素会极大地影响到对政治行动者的激励和约束。同时,在政治过程的语境下,代理成本问题也会于代理人(如在选举中被选出而代表选民利益的人)的行为与委托人(例如选民或者其他决策者)的目标间的背离处显现出来。③

三、重新理解法律:利益集团理论之脉络

在公共选择理论领域,存在着两大理论分支:社会选择理论和利益集团理论。这两大理论分支均缘起于经济学研究方法和范围的拓展。社会选择理论主要关注偏好聚合问题,利益集团理论则为我们更深入地洞察法律制定和运作的逻辑提供了理论资源。因此相较而言,在美国的法学界,利益集团理论受到更多的关注和应用。法学家们利用这一理论来研究立法需求和供给、"法庭之友"制度、财产征收,以及竞选资金管制等问题。就本文的研究进路来说,本文也将主要关注后一个理论分支,即利益集团理论,并试图理解政治市场的运作逻辑。同时,在借助交易模型的前提下,尤为关注立法的供需关系和供需两方的行为逻辑。

传统的政治学观点认为,在理想化的民主制度中,公共政策是通过"一人一票"的投票原则对公众意愿的真实反映。然而,这种看法终究是一种美好的政治理想。正如研究美国政治的学者们所指出的,"美国的政治体系,在实质上是以利益集团或群体为根基的。权力的分配和政策的形成,都要以不同竞争群体的现实平衡为基础"。④ 事实上,美国的宪制结构本身就反映了麦迪逊对政治过程中党争影响的深深忧虑——党争败坏了联邦的公共管理,造成了不稳定和不公正。在他看来,"党争就是一些公民,不论是全体公民中的多数或少数,团结在一起,被某种共同情感或利益所驱使,反对其他公民的权利,或者反对社会的永久的和集体利益"。党争的潜在原因深植于人性之中,"相继把人们分为各种党派,煽动他们彼此

---

① 参见许云霄编著:《公共选择理论》,北京大学出版社2006年版,第20～21页。

② 经济学家诺斯认为,制度是一个社会的游戏规则,是为决定人们的相互关系而人为设定的一些制约,它通过向人们提供一个日常生活的结构来减少不确定性。它由正式制约(如规则、法律、宪法等)、非正式制约(如行为规范、习俗、自我实施的行为规则等),以及它们的实施特征构成。同时,制度也构造了社会中的激励结构。See Douglas C. North, Economic Performance Through Time, 84 *American Economic Review* 359, 369 (1994).

③ 斯特恩斯与茨维基认为:"代理人——不论是立法者还是法官——都不是白板一块。公共选择理论的一个基本信条就是代理人并非委托人用以实现自己目的的中立的渠道。相反,代理人自身的偏好和动机有时候与委托人是一致的,有时候则背道而驰。代理成本是一个非常复杂的问题,因为在我们找到用以降低代理成本的措施前,我们必须先解决一个逻辑上在先的问题,即谁是委托人?" See Maxwell L. Stearns, Todd Zywicki, *Public Choice Concepts and Applications in Law*, Minnesota: West, 2009, pp. 12-13.

④ 刘润忠:《美国政治与利益集团》,载《天津社会科学》2002年第1期。

仇恨,使他们更有意于触怒和压迫对方,而无意为公益而合作。""但党争的最普遍而持久的原因,是财产分配的不同和不平等。有产者和无产者在社会上总会形成不同的利益集团。债权人和债务人也有同样的区别。土地占有者集团、制造业集团、商人集团、金融业集团和许多较小的集团,在文明国家里必然会形成,从而使他们划分为不同的阶级,受到不同情感和见解的支配。管理这各种各样、又互不相容的利益集团,是现代立法的主要任务,并且把党派精神和党争带入政府的必要的和日常的活动中去"。① 在关于党争的治理问题上,麦迪逊认为既然党争的原因无法消除,则只能对其结果加以控制以求解决,而共和政体就是最佳的控制机制。② 虽然麦迪逊所论述的党争还并不是现代意义上的利益集团政治,这从他在论述中不加区别地换用政党和派别两个词中可以看出来,但他提出的对民主制度进行结构性保护的理论使他成为美国有史以来阐述利益集团理论的第一人。③ 而后这一美国政治实践中的真实问题成为学术界研究的重要课题,并成为公共选择理论的一个学术生长点。事实上,美国的政府结构能否真的体现并保障公共利益,防止某些利益集团绑架公共政策,至今仍然是值得质疑和讨论的问题。在法学界,也有不少学者开始运用公共选择理论来分析利益集团在立法过程中的角色和功能。

从现代的视角来看,政治学家和宪法学家亚瑟·本特利最先对利益集团的功能展开了理论研究。他在首版于1908年的《政府的过程:社会压力集团研究》一书中认为,不存在没有集团利益的集团,政治压力是一种集团现象,而集团之间的压力平衡构成了一个社会的现状。这种观点也为后来的杜鲁门、道尔和V. K.基所接受,形成了多元主义的利益集团理论。这种理论认为,社会成员总是归属于某一个或几个利益集团的,这些集体的目的也各不相同。正式的民主过程本身包含着局限性,尽管选举的结果反映了多数人的选择,却不能保证决策结果能够反映多数人的意志。政府的决策总是满足那些相对较小的集团。因此,必须通过利益集团之间的相互作用和竞争来满足多元社会的要求,一致性要通过复杂的过程,涉及多种问题、多个集团、多个成员、多种资源和多个切入点,最终汇合为公共利益。④ 这种理论实际上是对"个人行动的目的是追求自身利益最大化"命题的推广。

可以说,这方面的开创性工作必然是与奥尔森名为《集体行动的逻辑》的杰作联系在一起的。在他看来,并不是所有的利益相关者都有同样的机会组成或进入一个集团,也并不是所有的利益相关者都能在维护利益方面采取影响公共政策的集体行动。那种认为从理性的和寻求自身利益的这一前提就可以合逻辑地推出集团会从自身利益出发采取行动的观念事实上是不正确的。因为如果由于某个成员的独立活动使得整个集团的状况有所改善,由此我们可以合理地假定成员个人付出的成本与集团获得的收益是等价的,但付出成本的成员事实上却只能获得其行动所带来收益的一个极小的份额。在一个集团范围内,集团收益是公共性的,即使有的成员并没有为此付出任何成本,也仍会分得一部分收益。集团收益的这种性质促使集团的每个成员都有"搭便车"而坐享其成的激励。集团越大,分享收益的人越

---

① [美]汉密尔顿等:《联邦党人文集》,程逢如等译,商务印书馆1980年版,第45～47页。

② 参见[美]汉密尔顿等:《联邦党人文集》,程逢如等译,商务印书馆1980年版,第48～51页。

③ 参见谭融:《美国的利益集团政治理论综述》,载《天津大学学报(社会科学版)》2001年第1期。

④ 谭融:《美国的利益集团政治理论综述》,载《天津大学学报(社会科学版)》2001年第1期。

多，则为实现集团利益而进行活动的成员分享到的收益份额就越小。所以，在严格坚持经济学关于人及其行为的假定条件下，理性的人并不会为了集团的共同利益而采取行动。多元主义的利益集团理论对理性经济人的逻辑前提做了完全错误的推广。奥尔森这种关于集体行动的“搭便车”困境为公共选择论者进一步理解影响立法需求的压力提供了很好的切入点。埃斯克里奇对此评论道，“乐观的多元主义论者以为在应对社会环境中的各种真实侵扰时，利益集团就会形成并因此表达出合理的不满，将各种各样的社会经济视角带入随后的政治辩论之中。然而，继奥尔森之后，公共选择理论认为利益集团的形成将更具选择性，因此，立法需求也表现出高度的偏颇”①。

奥尔森通过“搭便车”困境对利益集团形成过程中的选择性特征进行了解释。立法是一种“非排他性”的公共物品，社会的所有成员都可以毫无阻碍地获取立法收益中的一份，即便他并没有为法律的通过付出任何成本。正是由于利益集团的成员存在着“搭便车”的激励，都期待着他人付出成本为整个集团提供公共福利，到头来，能够改善集团状况的公共物品就因无人提供而处于供给不足的状态。但是，有时候也会存在一种例外，那就是在原则上，“搭便车”问题对规模较大的集团产生的困扰远多于对小规模集团的困扰。小集团之所以冠之以“小”的称呼，就是因为成员人数少，较之实现的集团总收益，集团的总成本更小。反之，“就大集团而言，其获得的任何集体物品的数量离最优水平越远，它就越不可能采取行动去获取哪怕是最小数量的这类物品。简而言之，集团越大，就越不可能去增进它的共同利益”②。可以说，在这一点上，小集团的成员拥有着与自身规模极不相称的集体行动组织力。另外，随着利益集团规模的增大，不仅组织成本，而且信息成本和监督成本也将随之增加。而小集团的优势就在于如果从集体行动中获得利益的个体为数很少，集体成员就有可能进行谈判，并取得一致同意从而开展集体行动。因为这种成员之间讨价还价的成本较低，成员之间的博弈是在一种近似完全信息条件下进行的，即大家都知道各自可能的行动以及该行动所带来的各种可能后果。这也就是说，规模小的集团“降低了交易成本增加了搭便车的成本（通过减少可搭便车的可能性——每个人对其集团的成功可能都是必不可少的），增加了重新分配的收益，而且通过减少每一反对者的成本而降低有组织反对的可能性”③。

但是，奥尔森通过研究也承认，通过对其成员进行选择性激励（如对那些为集团利益的增加做出贡献的个人，除了使他能获得正常的集体利益的一个份额之外，再给他一种额外的收益，如额外的奖金、红利或荣誉等），或者成员被强制加入（如专业性或行业性协会），大集团也能够有效组成并展开集体行动。即使如此，也正如埃斯克里奇所指出的那样，“奥尔森的主要观点，即不同规模的利益集团在克服搭便车难题方面拥有极为不同的能力，已经获得

---

① William N. Eskridge, Jr., Politics Without Romance: Implications of Public Choice Theory for Statutory, 74 *Virginia Law Review* 275, 285-286 (1988).

② ［美］曼瑟尔·奥尔森：《集体行动的逻辑》，陈郁、郭宇峰、李崇新译，三联书店、上海人民出版社1995年版，第30页。

③ ［美］理查德·A. 波斯纳：《法律的经济分析》，蒋兆康译，林毅夫校，中国大百科全书出版社1997年版，第685页。

了某些经验性研究的支持，并且被公共选择理论界广为接受”①。

紧接着，奥尔森又在1985年出版了作为《集体行动的逻辑》的姊妹篇的《国家的兴衰：经济增长、滞胀和社会僵化》一书。他在这本书中对之前的理论进行了进一步的拓展，但事实上更像是以经济史上的各国兴衰历程对理论进行了经验验证。在这本书的开篇，他就提出了一个旨在用自己的利益集团理论重新加以解释的老问题——“许多曾经一度辉煌的庞大帝国或文明逐渐衰落或崩溃；而许多过去曾经是蒙昧野蛮的民族却迅速崛起，获得了巨大的财富、权力，创造了灿烂的文明”②。

一般来说，任何利益集团在原则上都可以通过以下两条路径为其成员带来利益：第一，帮助形成生产率更高的社会，这样其成员即使按照原有份额也会得到更多产品。第二，在社会总产量不变的前提下为其组织成员获取更大的分配份额。也就是说，“一个组织可以通过将社会生产的‘馅饼’做大来使其成员受益，因为在分配份额不变的情况下可以得到的那一块更大，也可以在‘馅饼’大小不变的情况下通过分享更大的份额使其成员获益”。但无论采用哪一种途径，都需要付出一定的成本。为此，奥尔森举了一个例子：假定组织所代表的工人或企业，占有全国收入总额的1%。如果这个组织采取第一种途径，承担了推动社会以更高的生产率进行生产所需要的全部成本，但也只能得到由此给整个社会带来的全部收益的1%。那么，平均而言，当且仅当组织成员为使社会生产率更高所投入的资源所能产生的社会收益比为获得这些收益而支付的成本至少高出100倍的时候，组织成员才可能获得净收益。这实际上是说，为整个社会的收益而行动的组织支付了行动的全部成本，却只能按照既定份额获取收益中的一小部分。但是，当我们假定这个组织采取第二种途径。虽然由于此种再分配带来的社会激励模式的变化将促使社会总体生产能力和产量下降，作为社会构成部分的组织成员本身也要承受这种损失，但是除非社会产量的下降数至少是组织成员在再分配努力中获得的产量的100倍，否则他们仍会通过获取社会产品的更大份额而获取净收益。也就是说，这样的组织在努力攫取社会产品的更大份额时，根本不会考虑强加这种再分配可能给社会整体造成的任何损失。相比较自己之前提出的分馅饼的比喻，此时奥尔森倒觉得将这种情况看作一群强盗冲进一家瓷器店抢劫更符合问题的核心本质③——说白了就是，其中一些强盗比别人抢到更多，但同时在抢劫的过程中也打碎了不少原本大家可以分到的瓷器。

奥尔森把社会中都极力偏向于收入和财富的再分配而不是生产更多产品的组织称为“分配联盟”④。这种“分配联盟”是一种特殊利益集团，可能是卡特尔，也可能是立法游说团体，也可能兼有两者特征。他们为提高成员收入不惜降低社会整体效率和产量，为此经常采

① William N. Eskridge, Jr., Politics Without Romance: Implications of Public Choice Theory for Statutory, 74 *Virginia Law Review* 275, 286 (1988).

② ［美］曼瑟·奥尔森：《国家的兴衰：经济增长、滞胀和社会僵化》，李增刚译，世纪出版集团、上海人民出版社2007年版，第1页。

③ 参见［美］曼瑟·奥尔森：《国家的兴衰：经济增长、滞胀和社会僵化》，李增刚译，世纪出版集团、上海人民出版社2007年版，第42～44页。

④ 塔洛克和克鲁格也将这些组织称为“寻租”的组织。See William C. Mitchell, Review: Toward a Theory of the Rent-Seeking Society, 41 (2) *Public Choice* 339, 341 (1983).

用的一种方式就是游说立法者提高某些产品的价格或劳动者的工资，或者对某些收入征收更低的税收。对分配问题的重视将使得政治生活中分配问题的意义相对更加重要，而政治生活中普遍共同利益的意义就相对不是那么重要了。在分配的争斗中，由于社会效率和产量的下降，没有人受损，就不可能有人受益，这就不可避免地导致集团间和阶层间产生怨恨，政治分歧就会加剧。同时，由于分配联盟的决策迟缓和繁忙复杂的议事日程会减缓社会采用新技术的能力，减缓为回应不断变化的条件而对资源的再分配，这导致从长期的角度来看，社会产量的下降将比特殊利益集团得到收益高出很多倍。① 到此，奥尔森为我们深入理解集体理性和个人理性的关系提供了锋利的理论解剖刀。通常，人们总是将基于理性人假设的个人选择和行为倾向不加反思地推广至群体、阶级，乃至一个国家，假定具有共同政治利益的人将会组织起来采取政治行动以实现这种利益。事实上，也正是基于此种带有机械论色彩的个人自由主义理念，近代以来传统启蒙思想家和政治家才力倡人民主权学说，建立代议制和权力分立的民主政治形态，寄望这一套政治体制能在法律神圣权威下"无私"地提供各种公共物品，将个人偏好准确地聚合为社会公意，并使相互竞争的个人利益协同促进社会的整体福利。奥尔森的理论破解了这种启蒙理论中的神话部分，然而吊诡的是，这也正是源自他在方法论上彻底地坚持了个人主义的立场。

在理论上，利益集团问题与芝加哥学派的经济规制理论之间存在着异常紧密的联系。从源流上来说，芝加哥学派的经济规制理论可以追溯至经济学家施蒂格勒和佩尔兹曼的奠基性工作。施蒂格勒在 1962 年和 1971 年分别发表了著名论文《管制者能管制什么？——电力部门的实例》和《经济管制理论》，为这一新的理论流派拉开了大幕。根据他的观点，选举政治中规范供给方永远都时刻准备着以明确的利益索取为条件来满足那些处在最有利位置的人的需求，尤其当这些利益意味着政治支持、竞选捐赠、未来的政府合同，甚至是贿赂的时候。通过研究政府对自然垄断行业的管制，施蒂格勒发现，这些管制措施并不能取得预期的效果。政府实质上将管制视作一种"商品"，用以满足利益集团对管制"商品"的需求，目的是实现利益的再分配。政府官员通过提供管制"商品"可以获取选票，以实现连任的目的，甚至获得其他形式的回报，而被管制者则可以通过游说或贿赂来左右政府的管制政策，以谋求自身利益。在《经济管制理论》一文中，他继续对政府管制的动机进行分析。在文中，他开宗明义地说道，"国家——国家机器和国家的权力——是一个社会中的每个产业潜在的援助力量和潜在的威胁"②。而人都是理性的，管制者能理性地选择可以使效用最大化的行动。同时，每一个利益集团也都会选择最大化自身利益的行为，设法利用国家权力来为本集团的利益服务。这就是他所谓的管制"商品"的需求—供给理论。

由于利用公共资源和国家权力可以提高利益集团的经济地位，于是就产生了对管制的需求。管制的供给则产生于民主政治过程。管制范围和形式也都是由关于管制的供需关系所决定的。因此，经济管制理论的前提性观点就是，认为管制在本质上是利益集团利用国家

① 参见[美]曼瑟·奥尔森：《国家的兴衰：经济增长、滞胀和社会僵化》，李增刚译，世纪出版集团、上海人民出版社 2007 年版，第 44～63 页。

② [美]施蒂格勒：《经济管制理论》，载[美]库尔特·勒布、托马斯·盖尔·穆尔编：《施蒂格勒论文精粹》，吴珠华译，商务印书馆 1999 年版，第 308 页。

权力将社会资源从其他利益集团向本集团转移的一种工具。它既可能是某一产业积极寻求的东西,也可能是强加于其上的东西,但一般来讲,管制是产业争取来的,而且其设计和实施都主要是为了使该产业获得更大的利益。① 管制限制了被管制行业的准入,提高了这个行业现有企业的价格和利润。所以,从管制中获益的利益集团为了阻止竞争者进入,并保持高利润,就产生了积极游说政府保持管制的强大激励。由于一个利益集团寻求国家权力的支持而获得垄断租金时,会损害其他利益集团的利益,这些利益集团为了保护自己的利益也会寻求国家权力的支持,以阻止前一个利益集团的寻租行为。如此一来,在寻求政府管制的过程中就会形成一个竞争性寻租市场。寻租竞争增加了社会的立法成本,造成无谓的社会公共资源浪费。寻租竞争的结果究竟会导致有利于哪个利益集团以及什么样的管制立法,取决于寻租竞争中利益相反的集团之间的力量对比,力量强大的利益集团往往会成功俘获立法者和管制机构。施蒂格勒的结论挑战了一个传统的直觉性认识,即政府的大多数行业管制都是为了促进诸如保护消费者这样的公共利益。真实的情况是,多数管制都是应利益集团的需求而生的,是利益集团在购买"管制",目的就是获取垄断租金。这样的管制或立法不会增加一般福利,与其说这样的管制是为了社会的公共利益,不如说是特殊利益集团寻租竞争的结果。

对施蒂格勒的理论,佩尔兹曼后来评论道:

> 在某种意义上,施蒂格勒的学术工作为从"生产者保护"的视角看待管制提供了理论基础……他似乎已经认识到早期的"消费者保护"模型危险地拥抱了将管制视作免费物品的观点。根据这个模型,市场失灵的存在就足以产生对管制的需求,尽管它并没有提及促使需求有效的机制……由于公共物品、管制这些东西事实上并不是完全免费的,对管制的需求也不是自动合成的。因此,施蒂格勒就将实证管制经济学的任务界定为解释围绕管制的供求关系。②

这实际上是说施蒂格勒开创性地解释了公共管制为什么会持续存在的问题。此后,佩尔兹曼进一步完善了施蒂格勒的理论,在《迈向更一般化的管制理论》一文中研究了影响管制需求与供给的因素,讨论了在实行政府管制的情况下,由于利益集团之间的斗争,管制者对被管制的产品如何定价的问题。一般来说,在长期平均成本连续下降的行业必然会形成自然垄断的现象,这时只需要一家厂商就可以提供这个行业的全部产出。在这种自然垄断的情形下,根据利润最大化原则确定的产出总是低于社会所需要的最优水准。因此就需要通过管制来限制一个厂商利用这种垄断地位来谋取利益。传统的经济学观点认为,对垄断

---

① [美]施蒂格勒:《经济管制理论》,载[美]库尔特·勒布、托马斯·盖尔·穆尔编:《施蒂格勒论文精粹》,吴珠华译,商务印书馆 1999 年版,第 308 页。施蒂格勒不仅阐明了为何会有管制的问题,同时还解释了行为理性的立法者会选择何时向寻求管制的行业提供管制利益的问题。根据早先时候奥尔森将有效的政治组织与组织(集团)的规模联系起来的洞见,施蒂格勒指出,组织化程度良好的小集团(尤其在没有重量级的对手时)——他们最能够给成员带来管制利益——将最有可能进行有效的寻租。与此相反,大集团和那些弥散型组织则没有这些能力。参见[美]施蒂格勒:《经济管制理论》,载[美]库尔特·勒布、托马斯·盖尔·穆尔编:《施蒂格勒论文精粹》,吴珠华译,商务印书馆 1999 年版,第 324～325 页。

② Sam Peltzman, Towards a More General Theory of Regulation, 19 (2) *The Journal of Law and Economics* 211, 212 (1976).

进行管制可以帮助消费者获得消费者剩余。事实上，这种观点的基础正是佩尔兹曼所批判的视管制为免费的公共物品的观念。

在施蒂格勒理论的基础上，佩尔兹曼不仅将管制与游说团体的规模和组织化程度联系在一起，而且还将它与作为已实施的管制立法的后果的选票得失情况联系起来。对此，他解释道，“大体上，施蒂格勒提出了政治活动中的组织规模报酬递减规律，即超过某个点，人均转移资源就被稀释，结果反而适得其反。因为转移的资源总量是内生的，那么就可以推论报酬递减规律也适用于这种资源转移”①。这也就是说，他把管制看作是由追求选票最大化的政治家提供的，因为立法者的行为受到他自己保住职位欲望的驱动，其效用最大化行为将是寻求最广泛的政治支持。由于管制立法能在社会成员之间重新分配财富和资源，利益集团会以提供他们对立法者的政治支持作为获取有利于自己的管制立法的交换条件。由此，管制立法也将由立法者的政治支持最大化所决定。

通过将理论关注点集中于立法者的选票最大化，而不是之前多数理论家所关注的组织规模问题，佩尔兹曼就能将原本只是施蒂格勒初始模型中的一个小细节作为影响管制供需关系的重要因素带入这个模型之中。简单来说，这一点就是“运用政治过程的成本不仅限制了占主导地位的集团的规模，而且还限制了其他的收益”②。对此，斯特恩斯解释道，后者意味着“管制不是一个简单最佳产业集群获胜的招投标过程。相反，它是一个十分复杂的过程。在其间，管制的供给方——也就是立法者——会对从未来资源转移中获取的收益和由此造成的丢失选票的成本进行权衡”③。这说明尽管在公共决策的过程中，真正作出决策的只是少数人，其决策也必将有利于某些阶层或集团的偏好和利益，但立法者被俘获也并不是必然的。即使最有力的生产者集团也不可能从政治过程中得到它所希图的一切。对此，麦考罗和曼德姆就评论道：

> 佩尔兹曼认为，正如施蒂格勒所指出的那样，如果选举政治中的管制供给方认为生产者收益足够大，而且承担了大部分相关成本的消费者不太可能在下次选举中进行报复，那么为了自身的利益，他们很可能限制市场准入或者提高进入壁垒。然而，佩尔兹曼继续说道，如果这些条件都不满足，则管制者就可能选择不限制准入。结论不过就是一个简单的成本收益的故事：管制者拥有限制市场准入的激励，直到达到这样一个均衡点，即由管制所导致的最后1美元的价格上涨所获得的选票数量正好等于因此而失去的消费者选票的数量。这使得他得出结论，认为通过政治选举上台的管制者并不总是服务于企业和行业协会的利益。相反，根据与支持和反对的程度与强度相关的一系列变量，政治均衡定价可以偏向其中的任何一方。④

詹森和麦克林对奥尔森和佩尔兹曼的理论进行了补充。对于现实政治中确实存在的某

① Sam Peltzman，Towards a More General Theory of Regulation，19 (2) *The Journal of Law and Economics* 211，212 (1976).

② Sam Peltzman，Towards a More General Theory of Regulation，19 (2) *The Journal of Law and Economics* 211，212 (1976).

③ Maxwell L. Stearns，*Public Choice and Public Law*，Cincinnati：Anderson，1997，p. 125.

④ [美]尼古拉斯·麦考罗、斯蒂文·曼德姆：《经济学与法律——从波斯纳到后现代主义》，吴晓露、潘晓松、朱慧译，法律出版社2005年版，第128～129页。

些公益性游说，他认为应该从利他主义的角度予以解释。他们重述了马格里斯关于利他主义的分类——善行利他主义和参与利他主义。这种分类类似于社会心理学家巴特森提出的纯利他主义和自我利他主义。对于公益性的立法游说，比如环境保护游说，善行利他主义者认为其结果将惠及全体社会成员，具有重大价值，因而愿意加入游说的行列。但对于参与利他主义者来说，他认为参与公益性游说是应该的，能够从中获取满足感，是否能够影响到最终结果反而不重要。① 对于游说权力的大小，麦克林认为应当考虑立法者的反应。由于利益集团和社会阶层之间的利益并不完全一致，甚至有时相互冲突。立法者的选票最大化逻辑必然意味着他要在选票和利益之间作出符合理性要求的选择。关心选票则应当关注全体选民而疏远利益集团，关心利益就要接近利益集团。但这两者也并非完全相互排斥，即便追求选票，立法者也会在一定程度上重视利益集团。对此，麦克林提出了三个方面的原因：第一，利益集团也有选票；第二，利益集团可以给立法者提供政治资金；第三，在某些特定的和专业性的政策领域，立法者需要借助利益集团的专门知识和技术。② 然而，游说权力与选票权力往往还是相互矛盾、背道而驰的。那么，立法者究竟会受到哪一种力量的影响呢？麦克林认为结果不是一概而论的，否则就很难解释有时会通过像《谢尔曼反托拉斯法》(*Sherman Antitrust Act*)和《清洁空气法》(*Clean Air Act*)这样的有利于社会公共利益的法案，有时候又会制定像 1824 年《关税法》(*Tariff Act*)和 1930 年《斯莫特-哈雷关税法》(*Smoot-Hawley Tariff Act*)这样明显有利于生产者而不利于消费者的法律。

作为公共选择理论的主要流派之一，芝加哥法律经济学派也在利益集团理论方面颇有建树，这主要应归功于兰德斯和波斯纳的学术工作。他们认为，之所以设计联邦宪法的体制，就是为了促进利益集团对立法过程的统治，而作为强制执行这些集团间达成的各种交易的司法系统本身也是这项设计的构成部分。可以说，利益集团理论最好地解释了制宪者们为什么会制定《联邦宪法》第 3 条，而通过提供对利益集团政治在立法领域的有效展开所必要的稳定性和连续性，独立的司法系统也促进了他们的活动。"事实上，在采取合适的方法提高立法的持久性方面，立法机关本身有着强大的激励。正如我们所看到的，立法机关通常可用两种方法来达到这个目的：第一，建立复杂的立法程序，提高废除法律的成本；第二，建立独立的司法体系，以根据立法机关的意图实施立法。"③似乎在兰德斯和波斯纳看来，独立的司法体系强化了立法的稳定性，同时这样的行为方式还增加了立法者和利益集团交易的净收益。如此一来，在有立法机关、利益集团、行政机构(官僚机构)和司法机关参与的合作博弈中，就会得到一个偏离社会福利曲线的均衡解。④ 然而，这种将司法机关视作中立的法律实施者的解释模式也受到了激烈的批评。杰里·马肖就说道，"即便立法机关的确需要建立一套独立的司法体系作为一种承诺机制，以向利益集团和全体选民保证立法承诺不会变。

---

① See Michael C. Jensen, William H. Meckling, The Nature of Man, 7 (2) *The Journal of Applied Corporate Finance* 4 (1994).

② 参见许云霄编著：《公共选择理论》，北京大学出版社 2006 年版，第 129 页。

③ William M. Landes, Richard A. Posner, The Independent Judiciary in an Interest-Group Perspective, 18 *The Journal of Law and Economics* 875, 878-894 (1975).

④ 参见郑戈：《法治的可能性及其限度——一个"公共选择理论"的分析模型》，载北京大学法学院人权研究中心编：《司法公正与权利保障》，中国法制出版社 2001 年版，第 66 页。

但这种观点也没有解释独立的司法体系为什么愿意做立法机关的忠实代理人。司法机关的行为逻辑这一问题本身应当获得解释"①。如果根据公共选择理论的基本假设,马肖的批评可谓正中要害。司法机关作为独立的政治行动者,即使选择与立法机关合作,也必然是基于某种独立的行为逻辑。对此,托里森提供了一种简单的解释:

> 如果某部保护性立法的寿命只是本届立法机关的任期,下届议会肯定会废除它,那么任何一个利益集团都不会为此费力太多。对于利益集团来说,一部立法必须是持久的才是有价值的。这也就是说,它必须具备效益现值,而且还要高于利益集团为此而付出的成本。因此,利益集团和立法机关都有一种激励来促进能够提高立法寿命的制度安排……但与此相关的另一个问题还没有得到恰当的解释。法官为什么愿意作为立法者和利益集团之间长期协议的实施者?这个问题其实并不复杂,然而相关文献始终没有作出回应。事实上,司法部门也要从立法机关那里获得自己的预算。当它的行动有助于提高和强化立法的持久性时,它的部门预算和法官的薪水就会增加。这一理论命题是可以受到检验的,而来自各州法官薪水和司法预算的数据也没有推翻这种论点。因此,从根本上来说,法官行为之所以符合兰德斯-波斯纳模型,乃是因为这样做有利于他自身的利益。②

这种解释模型最早是由尼斯坎南(William A. Niskanen)的工作奠定的,他提出官僚机构的行为动机并不是为寻求公共利益而对法律进行不偏不倚的执行,而是有着内在的支配逻辑——预算最大化,这就促使它的行为策略总是服从于这个目的。但邓利维对尼斯坎南的观点提出了批评——当然,这种高质量的学术批评最终修正了这一模型——他认为尼斯坎南没有对个人动机和集体动机作出合理的区分,作为自我利益最大化者,官僚个人的行为动机是获取边界清晰的利益,比如财富、晋升、各种便利条件等等,预算最大化只是解决集体行动难题的一项集体策略而已。③ 总体来看,尼斯坎南和邓利维的研究展现了官僚的自利本性,官僚可以从一系列合法的备选决策集合中选择最有利于自己而不是社会整体利益的方案。大多数被我们视为政府行为的活动,其实只是出自官僚理性选择的结果。从这个意义上说,如果不对官僚的行为进行有效制约,那么现代法律就与专制制度下作为纯粹统治工具的法律没有区别。

在很大程度上,实践中的司法部门的确尤为关注自己的经济利益。因为报酬问题使得更少的人有意愿谋取联邦法官的职位。汉密尔顿说司法部门既无强制,又无意志,而只有判断。这实际上是说司法部门在根本上是一种智识性因素,因此即便它的存在和运转需要借助一系列制度化的机制,但相较于立法和行政分支,司法部门显然更依赖于法官个人的智识性品质。如果不能保证良好的收益预期,司法部门就难以吸引到更优质的人力资源。首席大法官罗伯茨在2008年最高法院年终报告中就大篇幅地提到了司法预算和法官工资不足

---

① Jerry Mashaw, Public Law and Public Choice: Critique and Rapprochment, *John M. Olin Center Studies in Law, Economics and Public Policy Research Paper* No. 366, 37 (2009).

② Robert D. Tollison, Public Choice and Legislation, 74 *Virginia Law Review* 339, 345 (1988).

③ 参见郑戈:《法治的可能性及其限度——一个"公共选择理论"的分析模型》,载北京大学法学院人权研究中心编:《司法公正与权利保障》,中国法制出版社2001年版,第58页。

的问题。① 同时，在第110届国会期间，整个司法分支都曾努力争取增加报酬。这一努力还得到了参众两院领袖和时任总统的乔治·W.布什的支持，只不过相关法案被国会中少数几个颇具权势的议员阻止了。② 在托里森看来，除了建立独立的司法体系之外，兰德斯和波斯纳还为强化立法的持久性提供了另一套方案：

立法机关的组织规则（如关于委员会、投票、纪律等方面的规则）本身就内含着抑制后届立法机关废除当前立法的作用。此外，立法者通常不止一个任期。因此，作为后届立法机关的成员，他们可以确保立法的利益流向他们的利益集团。所以说，立法机关本身就能促进立法和与利益集团之间协议的持久性。兰德斯和波斯纳将宪法条款看作更高位阶的法律。对于利益集团来说，宪法条款的价值远高于普通立法，因为它们更具持久性（即更难以废除），但由于在制定通过的程序要求方面更加严格（如在投票时，要求更高的赞成比例，甚至要求全民公投），也使得它们的成本更高。③

在公共选择理论中，Schlozman和蒂尔尼对利益集团在政治过程中的角色进行了独到的研究。在《组织化利益与美国的民主》一书中，他们不仅发现早先时候有关利益集团的组织和政治弱点的诸多结论都是缺乏经验支持的，同时还注意到许多利益集团拥有大量的资源，并且执行着复杂的政治策略。他们拒绝接受利益集团控制了国会立法的观点。相反，他们认为，当利益集团试图阻止而不是推动立法时；当利益集团的目标非常狭窄，只涉及眼前的问题时；当利益集团得到其他组织和那些本身很重要的人物，而不仅仅只是集团斗争的裁判的公共官员的强力支持时；当利益集团有能力将议题抛至诸如某个持赞同态度的国会委员会这样有利的场合时，它的影响力才可能是最大的。④ 由此，他们得出结论认为，“根据大量因素——如议题性质、需求性质、政治竞争的格局，以及资源配置——的不同组合，组织压

---

① 首席大法官罗伯茨在报告中用颇具感叹，但也不乏幽默的语气抱怨道，“在2008财政年度，包括最高法院、其他联邦法院、美国联邦法院管理署以及联邦司法中心在内的司法机构共获得大约62亿美元的财政支持。这个数字是美国3万亿财政预算中1%的1/5。1%的1/5！这就是作为政府三大分支机构之一的司法机构所获得的财政支持——而这个机构负有亚历山大·汉密尔顿在《联邦党人文集》第78篇中所主张的‘捍卫宪法和公民权利’的职责”。他还不厌其烦地再次强调提高法官收入问题：“我怀疑很多人已经听了无数遍，我知道我也喋喋不休地说了无数遍，不过我必须再次提出我的主张——国会提供的司法补贴必须与通货膨胀保持一致。法官清楚地知道在满足公众服务方面应支付的成本。但是，他们不清楚国会每年提供的补贴没有跟上生活成本的提高而逐渐销蚀了该项支付。去年，国会差一点通过了参议院和众议院司法委员会提交的议案，该议案本可以恢复法官过去多年遭否决的生活补贴调整方案。一年后，尽管有两党的强力支持、司法机构成本的总额在国家总预算中微乎其微，还有司法机构的重要地位，国会仍然没有通过该项关键的具有补救性的法案。为了使一个糟糕的局面变得更糟，国会今年再次没有通过联邦法官增加生活补贴的提案，尽管它为包括国会成员的其他联邦雇员涨了工资。国会今年的不作为生动地表明为什么在过去的二十年里法官的实际收入下降了。”参见[美]罗伯茨：《美国联邦最高法院2008年年终报告》，黄斌译，载《法制资讯》2009年第2期。

② 参见[美]罗杰·H. 戴维森、沃尔特·J. 奥勒斯泽克、弗朗西斯·E. 李、埃里克·希克勒：《美国国会：代议政治与议员行为》，刁大明译，社会科学文献出版社2016年版，第432页。

③ Robert D. Tollison, Public Choice and Legislation, 74 *Virginia Law Review* 339, 345 (1988).

④ Kay L. Schlozman, John T. Tierney, *Organized Interests and American Democracy*, New York: Harper & Row, 1986, pp. 89-90.

力对国会的影响力的范围从微不足道直至决定性的”①。

利益集团理论是公共选择学派中与法律研究联系最密切的理论分支，是我们更深入地洞察法律的制定和运作逻辑的理论资源。本节对该理论的发展脉络进行了比较详细的梳理和介绍。在当下的美国法学界，以后利益集团理论为代表的公共选择的理论进路已经日益介入有关制定法的制定和解释、遵循先例、行政行为和授权规则，以及否决权等议题的法律争议当中。然而，问题是仅有理论观点尚不能“庖丁解牛”——庖丁对牛的身体构造了如指掌固然重要，但他仍然需要一把锋利的牛刀——立法等具体的法律议题还需要我们拥有一套能将这些理论学说加以运用的称手的工具，而立法的交易模式就是这个从理论到工具的飞越过程中的重要一环。

四、从理论到工具：作为市场的政治——立法的交易模式

在公共选择理论的视野下，立法环境类似于市场环境，只不过是一个政治市场而已。立法过程的所有参与者都被假定为追求自身利益最大化的理性人，因此可以在这个意义上将司职立法的国会类比为一个市场。在这个市场中，各种利益集团和游说者都试图推动有利于他们所代表的选民群体利益的立法。事实上，根据这种理论模型，国会议员被看作是立法的供应者，各种利益集团则在较小的意义上被视为公众的替代角色，并成为立法的需求方。“哪些立法者慷慨地在政治上向他们提供服务，他们就为哪些立法者输送利益。立法者可以通过诸如拒绝通过一部法案、将广泛的决策权委托给行政分支以避免作出明确选择，以及明确分配有形利益等方式来回应对立法的需求。”需要特别关注的是，公共选择理论家普遍认为，“只有在追求的立法所带来的利益超过为此而付出的成本时，个人才会选择寻求推动这样的立法。同样地，就立法供给方而言，他们提供立法的前提也必然是如此行动能最有效地服务于自身目的，而其中最主要的毫无疑问是成功连任”②。然而，立法者也并不是终极意义上的法律“供给方”。由于将立法过程在本质上看作一种交易，立法便具有了再分配的性质，某些人将从中受益，而另外有一些人的利益就会遭受损害。因此，在公共选择论者看来，立法就是财富转移的过程。只有那些必须付出更高的组织成本才能保卫自身一个较小利益不被夺走的分散的利益集团或者个人才是终极意义上的“供给方”。但这种供需过程并不是传统经济学教科书中的自愿供给，而是由于组织成本太高和国家作为一种强制机制而被迫屈从的供给。操纵这种立法供需过程的就是那些实际监控立法过程的政治家、官僚和其他政治代理人，这些人就是公共选择理论家所谓的“政治经纪人”(political brokers)。他们“将集中关注那些有利于组织良好和集中的利益集团的利益的法律安排，而代价就是那些分散的利益。通过有效地配对立法的需求方和供给方，这些人在立法市场中建立了一种均衡(e-

---

① Kay L. Schlozman, John T. Tierney, *Organized Interests and American Democracy*, New York: Harper & Row, 1986, p. 123.

② William Eskridge Jr., Philip P. Frickey, Elizabeth Garret, *Legislation: Statutes and the Creation of Public Policy*, Minessota: Thomson-West, 2002, p. 54.

quilibrium)关系”①。

在公共选择理论领域，继詹姆斯·布坎南和戈登·塔洛克区分了制宪时期和非制宪时期的决定集体决策的选择后，麦考罗和曼德姆指出：“这种作为交易的政治是制度层面的，而非宪法层面的。它在立法投票中的作用比在直接民主中的作用更为突出，这一点突出地体现为在立法的语境下——此时相比直接民主，交易数量小得多，立法者也更集中，并且互动也更有秩序，更加广泛——它为组织这些交易而付出的成本更小。”②在这一背景下，本节将致力于对政治市场的分析，尤其关注利益集团、选民和国会议员在立法供需过程中的互动。为此，本文将借助于公共选择理论中的交易模型理论，并对其中由法律学者做出的理论贡献给予特别的关注。因此，如果我们试图深入理解美国法的制定和运作背后的理论逻辑，就应当认真对待这一领域的游戏规则，并对它们到底如何影响到议员、利益集团和选民的动机、决策和利益约束给出尽可能精细的理论分析。

在利益集团理论的发展过程中，詹姆斯·威尔森(James Q. Wilson)曾提出一种有关立法的交易模型，并得到迈克尔·海耶斯(Michael T. Hayes)的进一步发展。根据政治市场与经济市场相类似观念的启发，海耶斯分别针对几种不同类别的政治问题勾勒了立法供需模型，这构成了所谓的“威尔森-海耶斯立法交易模型”。他们将与公共物品相关的利益划分为广大公众共享的一般利益(如国防)和特殊利益(如工业补贴)。同样的，与公共物品相关的成本也被区分为广泛分布的成本(如高速公路限速)和分布狭窄的成本(如租金控制)。正如斯特恩斯所说的那样，“当大多数公共物品的成本和收益都在这些极端之间时，就建立分析范式来说，这几种模型就是有用的”③。随着理论研究的深入，威尔森-海耶斯模型又被后来的学者加以拓展，具体包括静态模型和动态模型。其中，后者是在前者的基础上衍生而来的。基本上，本文只会涉及静态的威尔森-海耶斯交易模型，因为就说明在政治市场如何进行公共选择这一问题而言，它通过一个 2×2 的四边矩阵很好地解释了为什么在立法的需求方和供给方均行为理性时，最后的结果反而是出现了大量总体上由所有社会成员负担成本，却并没有产生相应收益的特殊利益立法。因此，就利益集团对立法过程的影响这一本文主题而言，这一模型已经提供了足够的解释和洞见。从研究路径上说，本文以下的分析将从需求方和供给方两个方面分别展开。

先来看立法需求方。通常来说，在任何给定的政治议题上，立法者都面对着无数的利益集团。这些利益集团要么彼此达成一致意见—合意模式——要么发生冲突—冲突模式。那种在立法需求方面达成合意的模式类似于非零和博弈的情况，而冲突模式基本上就是零和博弈。在这种情况下，如果相关各方就某议题达成共识，那么各方都是赢家。反之，如果面

---

① Robert D. Tollison, Public Choice and Legislation, 74 *Virginia Law Review* 339, 343 (1988).

② [美]尼古拉斯·麦考罗、斯蒂文·曼德姆：《经济学与法律——从波斯纳到后现代主义》，吴晓露、潘晓松、朱慧译，法律出版社 2005 年版，第 126～127 页。

③ Maxwell L. Stearns, The Public Choice Case Against the Item Veto, 49 *Washington and Lee Law Review* 385, 403 (1992).

对一个意见冲突的议题，那么最终解决方案必然直接导致可识别的赢家和输家。① 对利益集团来说，正式组织化的程度是其在要求立法时有效进行活动的关键因素。组织化的利益集团将为政治行动者提供有效信息，并能更加清晰和准确地为立法者界定相关的议题。换言之，只有那些能够有效地组织起来进行集体行动，用不到 1 美元的组织成本从立法中获取 1 美元收益的利益集团才是有效的法律需求者。根据利益集团理论，一个社团为其成员提供了完全无法从其他地方获取的私人化的服务。通过对服务进行垄断定价，社团能够筹集用于游说的资金。由于启动成本在出于其他目的而组建社团时就已经沉淀，政治行动就成为组织化带来的有成本效益（cost-effective）的副产品。②

如此一来，越来越多的利益集团采取相互联盟，共同开展工作的方式，这也日渐成为立法市场中需求方的典型特征。在这种联盟当中，具有共同利益的多个群体通常会在有限的时间内共同活动。正如有些学者所指出的那样，有一些联盟是相对永久的，然而，不同的联盟是更小的群体间的真正联合。这些群体间的协调可以向立法者表明政策的支持者横跨多个国会选区。同时，这些联盟通常也是不分党派的，这就使得他们具有跨党派支持的优势。当然，联盟也并非不可战胜的。联盟的规模越大，范围越广，就对能够导致其分裂和削弱其力量的策略越敏感。因此就面临着难以克服的内部张力。一方面，更大的联盟由于能够调动更多的资源，并维护与更多立法者的关系而具备更大的影响力。但另一方面，大联盟内部的各种群体虽然利益一致，但是也不是完全相同的。因此，它们往往面临着集体行动的困境，或者在立法过程中达成妥协的时候开始走向分裂。③

此外，或许与立法需求相关的基本问题还有如何解释法律随着时间的流逝而始终保有自身的规范效力，亦即下一届立法机关为什么不推翻上一届立法机关制定的法律呢？对此，波斯纳曾试图通过司法独立来回应这个问题。他指出，之所以设计联邦宪法的体制，就是为了促进利益集团对立法过程的统治，而作为强制执行这些集团间达成的各种交易的司法系统本身也是这项设计的构成部分。可以说，利益集团理论最好地解释了制宪者们为什么会制定《联邦宪法》第 3 条，而通过提供对利益集团政治在立法领域的有效展开所必要的稳定性和连续性，独立的司法系统也促进了他们的活动。④

对于供给方，威尔森-海耶斯交易模型假定那些有志于担任公共职务者和在任官员的首要行为动机在于谋求当选和连任。当然，这种假定也并不完全意味着这些立法者不会为自身设定其他的更值得赞赏的目标。比如说希望利用自身的职位和权力促进公共利益。因为公共选择理论始终坚持个人主义的方法论，以个人利益或偏好作为基本的分析单位，行为人

---

① 事实上，在某种程度上，这种二分法是不现实的。在一个资源有限的现实世界里，从长远看所有的政策都是零和博弈，因为总有人要为此支付成本。但从短期来看，如果政府将某项决策的成本加诸一个不太起眼或者没有投票权的群体，那么它就相对可以不受资源的限制。例如，政府通过财政赤字提高社会福利实际上是将成本转嫁于未来的，乃至还没出生的纳税人。

② Robert D. Tollison，Public Choice and Legislation，74 *Virginia Law Review* 339，344 (1988).

③ William Eskridge Jr.，Philip P. Frickey，Elizabeth Garret，*Legislation*：*Statutes and the Creation of Public Policy*，Minessota：Thomson-West，2002，p. 55.

④ William M. Landes，Richard A. Posner，The Independent Judiciary in an Interest-Group Perspective，18 *The Journal of Law and Economics* 875，877-892 (1975).

在政治市场中的行为目的依然是有效率地满足个人的偏好。但个人主义的方法论并不意味着排斥那些将道德和公益作为个人偏好的政治行动者。但作为一名立法者，通常必须要考虑到的事情之一就是，一个理性的选民通常不会费时费力地去了解有关自己那张选票的所有信息。原因很简单——对他的日常生活而言，他手中的那一张选票的影响力微乎其微，这使得他缺乏强烈的激励去收集和了解这些信息。而且，在政治市场中，选民的这种普遍的"无知"也是不均衡的。因此，只有当立法者更可能因为立法成功发挥效益而从他的选民那里得到肯定和赞许时，他们才会愿意供给更多的法律规则。正如斯特恩斯等人所指出的，"对于某个议员说自己一手成功促成某项重大立法的说法，选民通常不太会相信。对此，议员们自己也十分清楚。而且议员也知道选民更愿意出于一项仅对所在选区有助益的立法而褒奖他"①。事实也的确如此。国会议员们不仅认为相较于他们在立法程序根据选民意愿投下的票，选民对那些没有根据他们的利益进行的投票会耿耿于怀更长时间，②而且事实上他们也更可能因为推动了一项仅为当地社区带来利益的立法——比如为桥梁维修争取到资金，又比如为当地产业争取到税收补贴等——而受到选民的欢迎。

此外，我们还应当考虑到立法者们所经常使用的一项策略——立法语言。与此相关的一个问题就是，一项单独赋予某些群体以利益的立法通常是以明确的语言，还是含糊的措辞起草的？对此，杰里·马肖指出公共选择理论家并未给出清晰明确的说法——有些论者认为利益集团的讨价还价会通过相当明确的语词进行，这是为了确保它无论是通过金钱还是选票作出的贡献的价值得到利益集团的实际接受。然而，另一些人则指出，利益集团立法在表达方式上将是含糊不清的，并且还包含着对行政人员的广泛授权。据估计，在后者这一情形当中，未来被监管的组织和行政部门之间的合作将确保俘获的收益，同时也将使得立法政客免遭促进特定利益集团的私人目的的责任分配。③

根据威尔森-海耶斯立法交易模型，立法的供需两方在政治市场中会面临各种不同的成本—效益约束条件，当他们据此行动时便衍生出多种不同的互动关系，这就进一步导致分属不同类型的立法出现。如果用简化点的语言表述，威尔森-海耶斯模型可以被分解为收益分担/成本分担、收益分担/成本集中、收益集中/成本分担和收益集中/成本集中四种立法类型。在理论上，可以将它们看作一组 2×2 的四边矩阵。

我们先来看收益分担/成本分担型立法。从传统观点来看，作为立法机关的国会被期望提供的就是这一类型的立法，因此也可以被看作立法的理想类型。然而，在公共选择理论家看来，由于这种类型的立法意味着所有选民在都付出微小成本的同时，也都只能获取极其微小的收益，供需中的任何一方都缺乏适当的激励进行立法游说，立法者通常以不作为或者象征性行动作为回应。尽管这是一种立法的理想类型，讽刺的是，在现实中它基本上只能属于看起来很美的"乌托邦"。如果假定社会的每个成员都是理性的，那么他们就最不可能组成

① Maxwell L. Stearns, Todd Zywicki, *Public Choice Concepts and Applications in Law*, Minnesota: West, 2009, pp. 71-72.

② See Morris P. Fiorna, *Representatives, Roll Calls, and Constituencies*, Massachusetts: Lexington, 1974, pp. 38-39.

③ Jerry Mashaw, Public Law and Public Choice: Critique and Rapprochment, *John M. Olin Center Studies in Law, Economics and Public Policy Research Paper* No. 366, 25-26 (2009).

群体去追求分担化程度很高的利益，而只会组成小规模的群体去追求仅限于成员分享的利益。因为就国防、灯塔等收益分担化程度很高的公共物品来说，很难将任何人排除出利益分享的范围。如此一来，"尽管所有人在分享收益方面存在共同利益，但却在为生产这种收益而支付成本方面缺乏共同利益。每个人都希望由别人承担全部成本，而自己只享有利益"①。正是因为这种集体行动中的"囚徒困境"和"搭便车"难题使得这种理想型立法很可能存在供给不足的问题。

第二种立法是收益分担/成本集中型立法。这种类型的特征表现在立法游说方面就是弱支持和强反对之间的冲突。对于这种冲突，立法者通常会采取两种策略——要么不立法，要么对行政部门进行授权委托。在马肖看来，由于美国的政府体制内存在着复杂的制衡关系，利益集团通常只需要控制其中的一个部门(众议院、参议院或者总统)就可以阻止立法。即便失败，司法审查仍然提供了另一个备选方案，"因此，可以合理地推测，相较于促进特殊利益的立法，或许更多符合公共利益的立法会遭到阻碍"。这种立法类型也体现了在宪法层面(例如两院制、违宪审查制度)对立法程序的结构进行设计，并设置"否决"机制的根本重要性。② 事实上，这些消极的立法审查机制的目的就是扩大就成功促进所欲的立法而言所必要的联盟规模，并因此降低对被立法程序阻挠的少数群体的威胁。③

与收益分担/成本集中型立法的特征正相反，收益集中/成本分担型立法在受到强有力的游说支持的同时，却鲜少遭遇成气候的反对。因为这种类型的立法不仅有利于积极游说的团体的利益，也符合立法实践中互投赞成票(legislative logrolling)和大量猪肉桶立法

---

① 参见[美]曼瑟尔·奥尔森:《集体行动的逻辑》，陈郁、郭宇峰、李崇新译，三联书店、上海人民出版社 1995 年版，第 19～30 页。

② See Maxwell L. Stearns, Todd Zywicki, *Public Choice Concepts and Applications in Law*, Minnesota: West, 2009, pp. 72-73. 例如麦迪逊就相信立法机关自身的结构性特征就有助于防止议员们受制于党派。作为一个大的共和国，美国有许多议员，他们每一个人都代表很广泛的选民。这就使得许多议员免于受制于一个党派。此外更重要的保障机制是两院制和行政部门的立法否决权。两院制不但意味着议案要受到双重审议，而且还确保了这些审议来自不同的视角。"在共和政体中，立法权必然处于支配地位。补救这个不便的方法是把立法机关分为不同单位，并且用不同的选举方式和不同的行动原则使它们在共同作用的性质以及对社会的共同依赖方面所容许的范围内彼此尽可能少发生联系。"参见[美]汉密尔顿等:《联邦党人文集》，程逢如等译，商务印书馆 1980 年版，第 264～267 页。

③ See William H. Riker, *The Theory of Political Coalitions*, New Haven: Yale University Press, 1962, pp. 89-101. 赖克在《政治联盟理论》一书中提出了"最小获胜联盟假说"。他认为政党竞争是一种零和博弈，一方所得是另一方所失。在这种博弈中，任何一个政党的最优策略是让竞争对手的联盟尽可能大，而自己保持一个最小获胜联盟以及另一个与自己只有一票之差的更小的政党联盟。所谓的最小获胜联盟是指这种党派联盟中缺少任何一方都无法在竞选中获胜，这种联盟是由最少成员构成的。赖克是运用成本—收益分析方法来讨论党派联盟的。他认为，党派联盟之所以需要保持一个最小获胜规模，一方面，是因为党派联盟越大，每个成员获得的利益份额就越少，而维持联盟的成本就越高；另一方面，联盟规模越大，即使减少一部分成员也不会降低联盟获胜的概率。也就是说，联盟规模越大，在经济上既不合算，也没有必要。参见许云霄编著:《公共选择理论》，北京大学出版社 2006 年版，第 189 页。

(pork-barrel legislation)的运作逻辑。① 因此,在现实政治中是一种较普遍的立法类型。从理论上来讲,互投赞成票还是一种可用来解决选民无法准确表达自身偏好强度问题的路径。因为对于决策表决程序中最常用的多数决规则来说,虽然它具有简单明了、操作性强的特征,并且是唯一满足雷-泰勒定理的投票规则,但是它的缺陷也是明显的。其中之一就是不能体现偏好的强度。如果少数人对一个方案的偏好强度远远超过多数人的另一个相反的方案时,多数决规则还是不是最优呢?多数决规则的实质是数人头,这就使得它将不平等的偏好强度平等化了。因此多数决规则是建立在一种虚构上的,即十分软弱和不现实的约定上:假设各种选择的偏好强度是一样的。因此这一规则不能反映投票人的偏好强度,而且很可能忽视了少数人的利益。当投票程序中不能显示选民的偏好强度时,选民就会通过一些别的办法来解决,他们会通过某些策略行为将自己的偏好强度表达出来。其中选票交易是最典型的策略行为。由于在代议民主制国家,买卖选票受到法律的明确禁止,互投赞成票就成为唯一的交易形式。投票者在投票赞成自己强烈偏好法案的同时,也会赞成对自己有一定损害的法案,以换取其他投票者赞成自己偏好的法案。②

最后一种类型的立法是成本集中/收益集中型。与第一种收益分担/成本分担型立法相类似,它也将引起激烈的冲突。但与之不同的是,冲突双方进行立法游说的激励和力度都很强烈。这也是一种典型的立法类型。在这种情形下,立法者更愿意采取敬而远之的态度,往往通过要么授权行政部门,要么"授权"法院的方式回避立法。这种授权使得立法者在指责行政部门或法院强赋成本的同时,又能因为产生了立法上的收益而获得利益集团和选民的

---

① 互投赞成票是代议民主制立法程序中经常出现的政治实践。在这种立法投票实践中,比如议员甲同意对议员乙力主通过的法案投下赞成票,那么反过来当甲所青睐的法案进入投票表决程序时,乙则会投桃报李也投赞成票。那些在自身十分关注的议题上处于少数派的议员通常愿意用他们在自己不大关注的议题上的投票权与其他议员进行交易,以期望通过这一过程在他们关注的议题上达成一个多数派。参见[美]尼古拉斯·麦考罗、斯蒂文·曼德姆:《经济学与法律——从波斯纳到后现代主义》,吴晓露、潘晓松、朱慧译,史晋川审校,法律出版社 2005 年版,第 127 页。马肖也指出,由于立法者们代表着不同选民的不同利益,他们所有人都会发现彼此交易(互投赞成票)以使大范围的选民得到满足是有益的。最后,即使在立法成本同样影响所有选民的情形下,只要立法的收益超过其成本的一半,立法受益者就有可能结成相对多数的联盟。参见[美]杰里·马肖:《贪婪、混沌和治理——利用公共选择改良公法》,宋功德译,毕洪海校,商务印书馆 2009 年版,第 225～226 页。猪肉桶是美国政治中经常使用的一个词语。南北战争前,南方种植园主家里都有几个大木桶,把日后要分给奴隶的一块块猪肉腌在里面,后来就用它来喻指人人都有一块。猪肉桶立法,又称政治分肥法,指立法机关通过的对某一地区拨款或进行基础建设的法案,这种法案并非出于对国家整体利益的考量,而是通过争取当地的选票来帮助提出议案的议员获取政治利益。参见王骞:《法律英语中的隐喻研究及其汉译》,载《上海翻译》2015 年第 1 期。

② 许云霄编著:《公共选择理论》,北京大学出版社 2006 年版,第 217～218 页。然而,也有学者对互投赞成票发挥偏好强度表达和满足的功能并不完全赞同。例如,莱弗摩尔认为,由于参与者能够投标竞买他们非常希望拥有的东西,或者用其他东西代替它们,传统市场能够满足不同的偏好强度。对他来说,在投票权的情形下,明显的问题是如果巨大的权力不能转移至富有的公民,不同的偏好强度是否还能得到满足。See Einer Elhauge, Does Interest Group Theory Justify More Instrusive Judicial Review?, 101 *Yale Law Journal* 31, 64 (1991).

回报。① 同时也可以预料到，立法者要么什么也不做，要么只会制定通过语词含糊的法律。这种类型的立法往往也将导致对更多监管的系统性偏向。

表 1　立法的交易模型②

收益分担/成本分担	收益分担/成本集中
除非就议题达成共识，否则的结果是不立法或象征性立法行为。即使立法，立法机关通常也很难监督法律的有效实施，或很难修订。	反对的力量强于支持的力量。 冲突需求模式：不立法或授权行政部门。如果是后者，监管机构往往逐渐被俘获。
收益集中/成本分担	**成本集中/收益集中**
存在支持进行立法的强大的利益集团活动。合意需求模式：若公众信息短缺，则向有组织的利益集团分配利益，或者是有组织的利益集团的自我监管。典型的寻租立法。	冲突需求模式：不立法或授权行政部门。 受权监管部门将成为有组织的利益集团继续冲突的战场。

五、小结与评析：从域外到本土

本文对利益集团理论——它是公共选择理论的一个分支——在美国学术界的发展脉络进行了初步的梳理，同时介绍了这一理论在应用中最重要的分析工具——立法的交易模式。总体来看，公共选择理论为我们分析法律问题提供了独特的视角和良好的工具。在当下的美国法学界，公共选择的理论进路已经日益介入有关制定法解释、遵循先例、行政行为和授权规则，以及否决权等议题的法律争议当中。尽管在这一过程中，公共选择理论的进路也遭到某些法律学者的批评，认为它对政治过程的理论阐释过于简约化，没有认识到制度的丰富性。③ 然而问题是，本身就不可能存在面面俱到的理论进路。公共选择分析最基本的前提只不过是提醒了我们，人们至少在有些时候是追求他们自己或所在团体的利益的，而那些试图实现私人或团体利益的努力通常是凭借对民主政治过程的俘获进行的，人们往往被蛊惑或者自欺欺人地以为牺牲宪法上的政治自由才是通过另一种美好目标的必经之路。如果我们忘记了那些一般性前提，无论我们的目标多么崇高多么值得赞美，也无论我们多么谙熟自

① See Maxwell L. Stearns, Todd Zywicki, *Public Choice Concepts and Applications in Law*, Minnesota: West, 2009, p. 74.

② William N. Eskridge Jr., Politics Without Romance: Implications of Public Choice Theory for Statutory Interpretation, 74 *Virginia Law Review* 275, 290 (1988).

③ See Farber, Frickey, The Jurisprudence of the Public Choice, 65 *Texas Law Review* 873, 902 (1987); Michael DeBow, Dwight Lee, Understanding (and Misunderstanding) Public Choice: A Response to Farber and Frickey, 66 *Texas Law Review* 993 (1987).

由民主宪政的规范理念，我们也只会沦为最糟糕的制度设计者。[①] 更特别的是，公共选择理论所进行的分析经常会与主要公法领域流行的以直觉为基础的分析存在矛盾，它们往往告诉我们那些直觉上看来会改善社会境况的措施却实际上让事情变得更糟了，正如竞选资金限制并没有如预期的那样让选举更加开放和公正一样。因此，虽然存在一些批评意见，但是出于对更加合理的制度设计的追求，公法学界仍然可能对公共选择的理论发现充满兴趣，尽管他们也知道政治生活并不完全是公共选择理论所描绘的那样。

就立法的交易模式这一分析模型来说，它表明政治市场的结果是相当悲观的。因此，这种静态的交易模型分析"暴露了那种特定的，刺激立法机关最初的创造的立法类型供给不足"。相反，"在鼓励游说那种以更大人群为代价的狭隘的、个别的利益方面，立法机关在一定程度上倾向于模拟私人市场的激励"[②]。从对这种类型立法的司法审查的视角来看，尤其当我们像波斯纳那样考虑到在美国对竞选资金、核能开发，以及法律、会计等专业服务市场的监管是较为典型的特殊利益立法时，这就可能蕴涵着十分重要的意义。

这一模型解释了政治市场中作为一种变形的帕累托更劣解的立法类型的动力机制：虽然收益分担/成本分担型立法对社会整体而言是一种理想型立法，但是它因为"搭便车"问题的存在而面临供给不足的现实问题。与此相对，对于那种直接为特定群体提供偏狭利益的公共物品，却存在着强大的激励进行支持性游说。"搭便车"问题中的潜在收益人消极不作为的现象不会完全消失，但就这些人可能被排除在立法所带来的收益方面而言，这一现象会变少。这里面的问题类似于卡特尔中的"欺骗"问题。为了避免"骗子"通过在游说过程中的"出工不出力"却能跻身于特殊利益立法的潜在受益群体，这一群体的说客将在可能的情况下使立法收益处于可分割和排他性的状态。公共物品的成本方面的游说激励问题实际上与它在收益方面的游说激励问题是一体两面的关系。对于成本分担程度很高的公共物品，某些人希望游说反对的声音最小化，这正如某些人希望游说支持那种收益分担程度很高的公共物品的声音最小化一样。同样的，对于成本集中程度高的公共物品，也会出现类似的游说现象。然而，当我们对这些问题展开具体分析时，"搭便车"或者说"欺骗"问题便是我们必须考量的重要因素。但无论如何，总体来看，针对某项立法的游说支持或反对的声音都会成比例地随着该项立法收益或者成本的集中化程度而增大。[③]

然而，斯特恩斯和茨维基指出，当我们讨论某些类型的立法存在供过于求或供给不足的问题时，很重要的一点是要强调这些论断预设了一套有关我们希望理想化的立法机关应该提供的那些立法的背景假设。在这个意义上，"任何人所能提出来以供加以比较的立法基础或者设置这种基础的标准——比如多数主义、效率、福利最大化、功利主义、减少特殊利益群体的收益，或者什么其他准则——必然都是可以争论的，但这种争论最终也并不能解决立法基础的问题"在这两位学者看来，立法机关的首要目的是"提供那些由于'搭便车'问题和'出

---

① 参见[美]杰里·马肖：《贪婪、混沌和治理——利用公共选择改良公法》，宋功德译，毕洪海校，商务印书馆2009年版，第316页。

② Maxwell L. Stearns, Todd Zywicki, *Public Choice Concepts and Applications in Law*, Minnesota: West, 2009, p. 259.

③ Maxwell L. Stearns, The Public Choice Case Against the Item Veto, 49 *Washington and Lee Law Review* 385, 406 (1992).

工不出力'现象所造成的私人基于他们个人的意志而不可能提供的物品和服务。与这种假定相一致,威尔森-海耶斯交易模型有力地证明了那些在传统公共物品的供给过程中困扰私人参与者的倾向也会在立法程序中展现自己,以至于'搭便车'问题和'出工不出力'现象破坏了对公共利益立法的游说支持"①。

即便如此,在这一理论的批评者看来,就对某项立法为何会被制定和颁布问题的理解而言,立法对特定群体有利或者似乎旨在惠及广大公众的说法简直是毫无意义的,并不能为我们理解这一问题贡献多少智慧。

我们可以提出一连串有关公共利益的故事,以作为私人利益预言的反证,但这也并不意味着立法活动就是普遍倾向于公共利益的。事实上,如果对任何一部立法进行细致观察,几乎总会感觉既能作出貌似合理的私人利益倾向的解释,也能作出貌似符合公共利益的解释。难道职业许可证不是用以保障消费者免受欺诈和技艺不精伤害的手段吗?但从另一个角度看,它难道不又是一种限制竞争,并且提高持证人收入的工具吗?②

在法律经济学的代表性人物波斯纳看来,有一种观点有助于我们正确、全面地看待利益集团问题,即许多法律(例如,大部分的刑事法律)并不是狭隘的利益集团的产物。尽管利益集团的规模越大,内部的凝聚力就会越小,但是如果它寻求的利益足够大,那么它依然有可能克服"搭便车"难题,尤其是当反对意见自我扩散时就更是如此。但是,波斯纳同时提醒我们注意,一旦一部保障公共利益的法律得到实施,那么利益集团就将成为那种非常可能超越效率界限而在扩大其影响过程中带有私利的组织。这也是应当引起我们注意的问题。

当我们完成有关美国的利益集团理论这一段思想航行,不免会生发出一种疑问——它适用于中国,或者说它对中国的法律理论和实践有价值吗?提出这个问题并不是无的放矢的。事实上,的确有中国学者针对公共选择理论的普遍主义倾向提出了质疑,认为这一理论路径不适用于文化和政治上不同于西方的中国。③ 但正如有学者对此回应道,"文化上的差异完全可以放入'偏好'这一变量中被处理",而且"即使处于不同文化环境中的人的偏好并不相同,我们依然可以假定他们都会用最小的成本来追求自己的偏好",④因此,文化和政治制度的差异并不足以否定公共选择理论对中国研究的适用性。但从另一个角度来看,那些在公共选择理论领域做出学术贡献的美国学者在建构自己的理论观点时大脑中所对应的显然不可能是中国的社会实践。理论是用来解决实际问题的,而问题即使带有普遍性,也必然是产生于特定时空背景下的。从这个意义上说,即便设定了普遍主义倾向的理论假设,但任

① Maxwell L. Stearns, Todd Zywicki, *Public Choice Concepts and Applications in Law*, Minnesota: West, 2009, p. 258.

② Jerry Mashaw, Public Law and Public Choice: Critique and Rapprochment, *John M. Olin Center Studies in Law, Economics and Public Policy Research Paper* No. 366, 29-30 (2009).

③ 这一类的观点可参见杨龙:《新制度主义在中国的局限性分析》,载《学习与探索》2005 年第 6 期;曹芳:《理性选择制度主义方法论评述——兼论其在中国政治学中的适用性》,载《学术论坛》2009 年第 11 期;张晒:《理性选择理论:优势、局限性与可能出路》,载《湖北经济学院学报》2015 年第 3 期。

④ 刘伟、苗岭:《国内学界对理性选择理论的误解:一个初步反思》,载《社会科学动态》2017 年第 2 期。

何具体的理论必然都是一种语境化的“地方性知识”。因此,对中国法律实践进行理论化阐释的独特性并不在于需要,或者能够提出一种看似更具文化本土性的人性假设,而是利用这套理论建构出能够解释中国问题的具体模型。正如研究中国行政立法问题的学者所指出的那样,“中西官员的差别不是行为动机,而是通过立法追求自身权力和利益最大化时所面临的激励约束机制不同”①。这无疑是说,中国问题既不独特,也很独特。正是在这种独特和不独特间的微妙处,中国学人的创造性将得到极大的释放。

事实上,无论是公共选择理论,还是作为其中一个分支的利益集团理论,中国学人并不陌生。尽管公共选择理论在中国也面临着经验研究的相对死亡的困境,中国的经济学者和政治学者仍然进行了大量的理论介绍,而且还有一些青年学者展现出了深厚的理论功底和对国际学术动态的把握,较为完整地介绍了一些国际学界的相关理论发展动态。但当我们将观察透视镜转向中国的法学界时,则不免发觉相关的论述和研究严重不足,仅有零星的一些学者试图运用公共选择的理论和方法来解释中国的法律实践问题。其中具有代表性的是行政法学者包万超先生。他是国内较为系统地以公共选择理论分析中国行政法问题的学者。在他看来,“实证行政法学的目标既然是要在行政法的经验世界里建立一种人类的行为理论,那么,作为公共选择理论核心基础的方法上的个人主义、经济人假设和被视作交易的政治,同样可以,并且应当适用于重建实证行政法学的分析基础”,因此,对于失衡的中国行政法体系来说,首先需要改变的就是这个体系的游戏规则——以行政部门为主导的立法体制和立法程序,使行政立法成为真正开放的“公共”选择过程,而这就要求立法选择机制和以建立“充分的激励和有效的约束机制”为目标的立法技术的双重改进。② 除此之外,沈启帆和徐向华也以公共选择理论的视角,从理论和实践两个层面剖析了我国立法多数决制度,并提出了改应到基数制为实到基数制、完善表决顺序和增加保护少数的规定等对策建议。③这些研究再一次证明,公共选择理论并不仅仅只能利用来分析两党制或多党制下的民主竞选,对与议会民主制不同的选举体制也有启发意义。值得一提的是,一贯主张法院独立进行司法审查的张千帆教授一改以往比较法的分析路数,在《让“危险最小”的分支发挥最大的作用——论司法独立对市场经济的意义》一文中采用统计学中回归分析的实证进路,尝试通过司法改革的公共选择模型的探讨,理清中国司法改革的思路。④ 以上这些研究是为数不多的利用公共选择理论探讨中国法律实践的经典作品。从某种意义上说,它们本身除了推进所涉具体问题的研究的价值以外,尚具有一种示范意义,标志着社科法学中一种既不同于法律社会学,也不同于借助微观经济学的传统法律经济学的本土化研究进路。然而在推进这一进路的过程中,中国的法律学人需要足够的理论自觉,这种自觉当然一方面表现为对本土的法律实践的独特问题保持敏感,不要迷信西方人的具体结论,但也必然意味着警惕盲目的

---

① 包万超:《平衡立法与公共选择》,载《学习与探索》2013 年第 3 期。

② 包万超:《公共选择理论与实证行政法学的分析基础》,载《比较法研究》2011 年第 3 期;包万超:《平衡立法与公共选择》,载《学习与探索》2013 年第 3 期。

③ 参见沈启帆、徐向华:《论立法多数决制——一个公共选择理论的视角》,载《法学》2005 年第 12 期。

④ 参见张千帆:《让“危险最小”的分支发挥最大的作用——论司法独立对市场经济的意义》,载《浙江学刊》2004 年第 6 期。

理论前提创新，紧紧盯住公共选择理论的方法论意义，找到本土法律实践中的行为人——那个理性的人——并利用方法论的个人主义去建立有因果机制的理论解释。对那些文化和政治上的批评者来说，坚持这一进路的中国法律学人所能给出的最强有力的回应就是——我们和你们一样，只提供了一种有效的理论解释。

《厦门大学法律评论》总第三十一辑
厦门大学出版社 2019 年 6 月版
《"需要国家干预说"与"纵横统一说"经济法学思想考辨》
第 149 页～第 163 页

"需要国家干预说"与"纵横统一说"经济法学思想考辨*

——与刘文华教授商榷

刘　辉**

摘要:"需要国家干预说"与"纵横统一说"一样高度重视经济民主,与中国经济法的历史是相容的。"需要国家干预说"不仅是"国家干预"之法,也是"干预国家"之法,与"纵横统一说"一样强调"市场之手"的运用。"需要国家干预说"主张经济法具有谦抑性,是与三中全会精神相符的。横向经济关系与纵向经济关系的划分并非泾渭分明,"纵横统一说"的主要研究对象与"需要国家干预说"无实质性差异。"需要国家干预说"并不会引发经济法独立性的缺失。"需要国家干预说"与"纵横统一说"均强调经济法调控受体的权利保障,构建体系化的权利保护机制是正确的法律进路。

关键词:需要国家干预说;纵横统一说;谦抑性原理;动态干预;经济法独立性

Investigating and Analysing the Economic Law Thoughts of "Needed State Intervention Theory"and "Management-Coordination Theory": Consulting with Professor Liu Wenhua

Liu Hui

Abstract: Both "Needed State Intervention Theory"(NSIT)and "Management-Coor-

* 文章 DOI:10.3966/615471682019060031010。

本文为国家社会科学基金重大项目"网络金融犯罪的综合治理研究"(17ZDA148)、国家社会科学基金一般项目"新发展理念下中国金融机构社会责任立法问题研究"(17BFX009)、中央高校基本科研业务费专项资金资助项目"财税金融法"(20720151038)、福建省社会科学基金项目"自贸协定视角下知识产权交易税制研究"(JF2017C005)的阶段性研究成果。

** 刘辉,男,1984 年生,四川三台县人,厦门大学法学院经济法学专业博士研究生,研究方向:经济法学、金融法学。电子信箱:303984338@qq.com。

dination Theory" (MCT)are highly valued the economic democracy, and compatible with the history of China's economic law. NSIT emphasized that economic law is not only the law of "state intervention", but also the law of "intervening the state", also stress the use of "the hand of the market". NSIT is in accordance with the spirit of the The Third Plenary Session of the 18th CPC Central Committee that the economic law abide by the principle of modesty. The relationship between lateral economic relationship and longitudinal economic relationship is not quite distinct from each other. The research objects of the two theories are essentially the same. NSIT does not lead to the lack of independence of the economic law. Both of the two theories emphasized the right protection of the receptor of the macro-regulation and market regulation by economic law, and the establishment of a system of right protection mechanism is the correct legal approach.

Key Words: Needed State Intervention Theory; Management-Coordination Theory; the principle of modesty; dynamic intervention; independence of economic law

一、问题的缘起与研究立场

在承认经济法是一门独立的法学二级学科的前提下,围绕经济法的定义、产生背景和调整对象等基本命题,中国经济法学界长期存在着"国家协调说""社会公共性经济管理说""纵横统一说""国家调节说""国家调制说""需要国家干预说"等主流经济法学思想。① 近日,著名经济法学家刘文华教授(以下简称刘师)在《中国经济法"干预论"之批判》(以下简称刘师文)一文中,以"纵横统一说"经济法学思想为理论基础,对国家教育部组织编写的马克思主义理论研究和建设工程重点教材《经济法学》(以下简称《经济法》教科书)中的"干预论"经济法学思想②进行了批判,③在学界引起了广泛的关注。

在"多研究些问题,少谈些主义"、中国经济法学者将主要学术精力投入具体经济法律制度的反思与建构之中的当下,经济法基础理论研究的缺失让中国经济法是否构成一个独立的法律部门,它与民法、行政法之间的界限如何划分,在法学界都成为一个聚讼未决的问题。④ 刘师文的发表则再一次将中国经济法学者对经济法基础理论的探讨引向深入。

① 参见李昌麒主编:《经济法学》,中国政法大学出版社 2017 年版,第 30 页。

② "干预论"是刘师文中的提法,其全称为"需要国家干预说",为尊重该学说创立者和传播者的原意,笔者在下文统一使用"需要国家干预说"的提法。值得注意的是,"国家调节说""国家调制说"等诸多主流经济法学说在基本原理(尤其是经济法的调整对象和政市关系的定位问题)上与"需要国家干预说"均存在共通之处。

③ 参见刘文华:《中国经济法"干预论"之批判》,载《首都师范大学学报(社会科学版)》2017 年第 6 期。本文转载于中国人民大学复印报刊资料《经济法学·劳动法学》2018 年第 3 期。

④ 冯果:《经济法的价值理念论纲》,载《经济法研究》(第 14 卷),北京大学出版社 2014 年版,第 97 页。

任何一个学术领域学术争鸣的兴起和持续往往意味着学术研究的发展和繁荣，刘师作为中国最早从事经济法基础理论研究的代表人物之一，其对“需要国家干预说”的理论“批判”对于砥砺思想、推动中国经济法学研究的进步无疑具有重要的理论和现实意义。然而，“发现法律体系中的背景‘根据’并对其阐述显然是件困难的工作”①，笔者讶异地发现，刘师文对于“需要国家干预说”存在着诸多的误解，这些误解也同时成为其部分立论的基础。

“学术批评如果离开了被批评者的观点的原意，这种批评往往达不到有的放矢的目的，反而还会引起一些学术混乱。”②本文拟回应刘师基于“纵横统一说”对“需要国家干预说”的批判，通过两说在具体的经济法问题上的比较研究，揭示各自在具体问题上的理论解释力。需要特别强调的是，本文写作的宗旨并不是为两种学说作“非此即彼”与“楚河汉界”的绝对区隔，而是旨在分析不同学说服务于中国经济法学研究发展的理论意义。

二、争鸣的起点：“需要国家干预说”与中国经济法历史和现实脱节吗？

刘师文指出，《经济法》教科书预设立场，以西方经济法为模式，选择性地裁剪历史和现实，将西方经济法中的国家干预作为中西方经济法产生与发展的唯一路径，从而导致该学说与中国经济法之历史与现实脱节。而之所以裁剪中国经济法的历史，隐去国家领导人有关改革的言论，其根本原因是，中国经济法产生形成的历史与“需要国家干预说”的基本理念不相容。③ 其认为西方经济法是由于市场失灵、政府干预而形成的，但中国经济法乃至归属西方经济法阵营的日本经济法都不是这样产生的。④

（一）两种学说的事实论基础

刘师在其标志性著作《中国经济法基础理论》中将“纵横统一说”经济法学思想定性为“一种在社会主义公有制基础上对有计划商品经济关系如何进行法律调整的法理思想”⑤，该思想于1980年前后起草《计划法》时最早提出。⑥ 在党的十一届三中全会的路线指引下，《计划法》的起草同志普遍认为，当时无论是经济体制模式，还是法律对经济的调整模式，最棘手、最尖锐的问题是如何解决集权和分权的问题，⑦这是“纵横统一”经济法结合思想产生的重要的思想基础。刘师提出，“需要国家干预说”不符合中国经济法的现实，比如《价格法》

---

① 刘星：《德沃金的“理论争论”说》，载《外国法译评》1997年第3期。

② 李昌麒、单飞跃、甘强：《经济法与社会法关系考辨——兼与董保华先生商榷》，载《现代法学》2003年第5期。

③ 刘文华：《中国经济法“干预论”之批判》，载《首都师范大学学报（社会科学版）》2017年第6期。

④ 刘文华：《中国经济法“干预论”之批判》，载《首都师范大学学报（社会科学版）》2017年第6期。

⑤ 刘文华：《中国经济法基础理论》，法律出版社2012年版，第59页。

⑥ 刘文华：《中国经济法基础理论》，法律出版社2012年版，第59页。

⑦ 刘文华：《中国经济法基础理论》，法律出版社2012年版，第60页。

中存在紧急干预等；并认为"需要国家干预说"不好解释"中国经济法到底产生了没有"，因为该说将"市场经济的充分发育"作为经济法产生的重要前提，而中国"市场体系不完善"，依此说则中国经济法尚未产生。①

事实上，以著名经济法学家李昌麒教授(以下简称李师)为代表的"需要国家干预说"倡导者在其著作中向来不回避对中国经济法产生与形成历史予以介绍。李昌麒教授主编的《经济法学》(以下简称李师教科书)在第一章"经济法的兴起"之第三节"经济法兴起的历史轨迹"中，不仅介绍了"经济法兴起的起点和重点""经济法在资本主义各个时期的兴起""经济法在苏联和东欧社会主义国家的兴起"，而且特别设立"经济法在中华人民共和国的兴起"专题，分"基本完成社会主义改造阶段""全面开始社会主义建设阶段""'文革'阶段""新的历史发展阶段"以及"社会主义市场经济体制确立以后"等不同阶段介绍中国经济法的形成与发展史，并详细介绍了十二届三中全会《关于经济体制改革的决定》、十二届四中全会《关于国民经济和社会发展第七个五年计划的建议》、十四届三中全会《中共中央关于建立社会主义市场经济体制若干问题的决定》、十八届四中全会《中共中央关于全面推进依法治国若干重大问题的决定》等重要改革文件精神。② 因此，我们不能武断地得出"需要国家干预说"经济法学思想基本理念与中国经济法的历史不相容之结论。

(二)"需要国家干预说"高度重视经济民主

申而论之，刘师"批判""需要国家干预说"与中国经济法历史不相容，其核心的理论逻辑是：经济集中与经济民主的对立统一是经济法产生的最一般、最基本的原因。③ 按照"纵横统一论"的思想建立经济法是最适当、最科学的途径。④ "国家调节之手、纵向经济关系等，都体现一种经济集中；而市场调节之手、横向经济关系，则体现为经济民主。"⑤"需要国家干预说"只从国家之手一个角度或者说只从"纵横统一说"视野下的"纵向经济关系"——经济管理关系一个方面来看待经济法问题并划定经济法的学科范围，这与中国经济法产生之背景——十一届三中全会以后在保持必要的经济集中的情况下大力发扬经济民主⑥不相融合。笔者认为，刘师创立的"纵横统一说"固然能够对中国经济法产生的历史进行理论概括，并对该学说之下经济法调整范围的划定以及经济法的使命和目标等理论问题具有较强的解释力，但刘师对"需要国家干预说"，特别是对该说之下的"国家干预"的理论内涵显然存在重大误解。

李师特别强调，正确认识国家对经济的干预必须走出两大误区：一是把国家干预与市场经济对立起来，以为市场经济是排斥国家干预的。二是只看到干预的消极面，看不到现代经济干预在价值取向上的积极变化。从各国不同历史阶段的经济干预来看，国家干预经济的

① 刘文华：《中国经济法"干预论"之批判》，载《首都师范大学学报(社会科学版)》2017年第6期。

② 参见李昌麒主编：《经济法学》，中国政法大学出版社2017年版，第19～21页。

③ 刘文华：《中国经济法基础理论》，法律出版社2012年版，第67页。

④ 刘文华：《中国经济法基础理论》，法律出版社2012年版，第59页。

⑤ 刘文华：《中国经济法基础理论》，法律出版社2012年版，第60页。

⑥ 刘文华：《中国经济法基础理论》，法律出版社2012年版，第67页。

过程其实就是国家干预经济的法治化和民主化的过程。[①] “需要国家干预说”不仅不忽视“市场之手”,不忽视经济民主,甚至将经济民主原则列为经济法的基本原则,要求国家对经济的干预必须符合经济民主的基本要求。[②] 同时,“需要国家干预说”将国家干预定义为一种“以市场为基础的干预”“以保护竞争为目的的干预”“手段应当走向法治化的干预”“遵循法定程序的干预”以及“范围法定的干预”,严格限制国家干预的“度”,[③]并严厉反对将经济法的控权观误读为滥权观,[④]引入市场之手等各种力量对国家干预进行监督。因此,“需要国家干预说”本身即“内含经济民主理念”。[⑤] 换言之,无论是“纵横统一说”还是“需要国家干预说”,承认经济民主是两种经济法学说之不同学理概括下殊途同归的法理追求。我们并不能轻率地认为其中任何一种经济法学思想理念与中国经济法产生的历史不相容。

刘师列举的实证法上的“价格紧急干预”和“银行干预措施”不仅在“需要国家干预说”之下毫无疑问地归属于经济法的调整范畴,而且“需要国家干预说”对这两种经济立法的理论解释也非常具有说服力。比如,正是金融市场本身的不稳定性和脆弱性催生了2008年全球金融危机的爆发,才凸显出国家强化金融市场干预的必要性。据此,“巴塞尔协议Ⅲ”新增的基于金融体系系统性风险管理的资本、会计、流动性管理等方面的要求才引领着各国金融监管改革立法。[⑥] 李师将国家干预分为“静态干预”和“动态干预”,其中动态干预“通常表现为根据国内和国际经济形势的变迁而采取的非常态下的临时性干预”[⑦]。《价格法》明确规定的当“市场价格总水平出现剧烈波动等异常状态”下,“国务院可以在全国范围内或者部分区域内采取临时集中定价权限、部分或者全面冻结价格的紧急措施”[⑧]即属于动态干预行为。

另外,刘师对“需要国家干预说”下经济法兴起的经济原因存在误读。李师教科书明确指出,社会化大生产的发展推动了经济法的兴起,在商品经济发展的低级阶段,经济法不可能“作为一支独立的力量活跃于社会舞台”,只有随着商品经济的发展,特别是“商品经济朝着它的高级阶段即市场经济阶段发展”,“经济法才能成为一个独立的力量在各国法律体系中勃起”。[⑨] 刘师则将此误解为“经济法产生的重要前提是市场经济的充分发育”。

三、“加强”或“谦抑”:中国经济法需要恪守谦抑性吗?

作为对“需要国家干预说”的第二个批判进路,刘师认为,《经济法》教科书所持“干预论”

---

① 参见李昌麒主编:《经济法学》,中国政法大学出版社2017年版,第22页。

② 参见李昌麒主编:《经济法学》,中国政法大学出版社2017年版,第44～45页。

③ 参见李昌麒主编:《经济法学》,中国政法大学出版社2017年版,第42～44页。

④ 李昌麒、单飞跃、甘强:《经济法与社会法关系考辨——兼与董保华先生商榷》,载《现代法学》2003年第5期。

⑤ 应飞虎:《需要干预经济关系论——一种经济法的认知模式》,载《中国法学》2001年第2期。

⑥ 参见高增安、何京君:《从金融危机看新巴塞尔协议的改革方向》,载《西南金融》2010年第7期。

⑦ 李昌麒:《论经济法语境中的国家干预》,载《重庆大学学报(社会科学版)》2008年第4期。

⑧ 参见《价格法》第31条。

⑨ 参见李昌麒主编:《经济法学》,中国政法大学出版社2017年版,第21页。

为国家经济治理"设坎","没有市场失灵,国家就不应该进行经济调制"的论断过于武断和荒谬。这与"对内搞经济对外搞贸易"的现代社会国家主要职能以及"经济国家"的趋势大相背离。①

(一)正确认识市场对资源配置的决定性作用

关于经济法的谦抑性(含谦抑干预理念、谦抑干预原则等)之争,其理论本质是对政府与市场关系的论辩。"现代经济法理论是以对政府的有限理性假设为前提的。"②"需要国家干预说"之所以在其名称中冠以受到某些学者质疑③的"需要"二字,其根本目的在于表明经济法之基本理论假设和国家干预之初始立场。质言之,"需要国家干预说"是建立在政府有限理性假设之上的,它为国家干预设置了"准确的切入点"——市场缺陷理论,④即在市场没有发生失灵的情势中不应当进行国家干预。⑤ 并且,由于市场缺陷出现的"逐步性""阶段性""市场缺陷的相对性以及不同性质的市场缺陷的存在",市场在不同时期对国家干预的需求在质和量上有差异。⑥ 因此,经济法应当秉承国家干预与市场失灵相适应原则——即在确实发生市场失灵的场合,国家对经济的干预也要恪守谦抑,与市场失灵的程度相适应。⑦ 不难发现,经济法谦抑性原理不仅是"需要国家干预说"经济法学思想的学理拟制,而且与十八届三中全会决定关于"市场在资源配置中起决定性作用"的精神不谋而合。

笔者认为,刘师对现代社会国家职能特别是"经济国家"概念的理解存在偏误。"经济国家"是指国家受经济属性的嵌入与公私融合的驱动,超越单纯的政治主权组织而成为经济、社会发展的内生因素与主导力量,在促进经济、社会发展的同时亦引发自身的组织及行为变革。其本质是政府作为经济发展的内在力量,糅合政治属性并将政府作为一个市场主体具有的特质融入生产、交易和分配。⑧ 换言之,"经济国家"理论虽然高度重视政府在市场经济中的重要地位,但是其重点强调"国家深度融入市场机制",⑨以"嵌入"市场机制的形式实施经济治理,市场依旧是资源配置的决定性力量。这其实与漆多俊教授"国家调节说"下国家投资经营法中政府作用的发挥有异曲同工之妙。⑩

---

① 刘文华:《中国经济法"干预论"之批判》,载《首都师范大学学报(社会科学版)》2017 年第 6 期。

② 李昌麒、单飞跃、甘强:《经济法与社会法关系考辨——兼与董保华先生商榷》,载《现代法学》2003 年第 5 期。

③ 参见董保华:《论经济法的国家观——从社会法的视角探索经济法的理论问题》,载《法律科学》2003 年第 2 期。

④ 应飞虎:《需要干预经济关系论——一种经济法的认知模式》,载《中国法学》2001 年第 2 期。

⑤ 刘大洪:《论经济法上的市场优先原则:内涵与适用》,载《法商研究》2017 年第 2 期。

⑥ 李昌麒、单飞跃、甘强:《经济法与社会法关系考辨——兼与董保华先生商榷》,载《现代法学》2003 年第 5 期。

⑦ 刘大洪:《论经济法上的市场优先原则:内涵与适用》,载《法商研究》2017 年第 2 期。

⑧ 冯辉:《论经济法学语境中的"经济国家"》,载《法学家》2011 年第 5 期。

⑨ 冯辉:《宪政、经济国家与〈预算法〉的修改理念——以预算权分配为中心》,载《政治与法律》2011 年第 9 期。

⑩ 参见漆多俊主编:《经济法学》,高等教育出版社 2010 年版,第 92～100 页。

经济法“一个重要的功能是通过法律调整保证和促进国家调节机制与市场调节机制的有机结合”①。事实上，“纵横统一说”与“需要国家干预说”均强调“市场之手”与“国家之手”的协同运用，“需要国家干预说”的宏观调控与可持续发展法律制度能够很好地解释现代社会“经济国家”理论下国家的经济职能。反过来，“经济国家”职能的发挥必须接受经济法学基础理论的检视和追问，即国家在特定领域“嵌入”市场机制，是否造成经济效率的减损、是否构成“与民争利”、是否造成特定领域市场机能的衰减等问题有必要接受“需要国家干预说”对国家干预的基本要求的质问和评价。因此，笔者认为，两种学说本身并不能说明是否与现代“经济国家”职能的趋势相背离。

而如著名新制度经济学家张五常所言，市场之外其他任何的竞争准则，都会引起租值消散。② 日本著名经济法学家丹宗昭信将经济法定义为“市场机制下建立的经济政策立法体系”，其核心是“维持市场竞争秩序”。③ 经济学家吴敬琏教授认为，市场具有“有效配置资源”并形成“兼容性的激励机制”两大基本功能。④ 我国在完善市场经济体制的进程中，“各级政府对市场的过度干预不但没有削弱，相反还不断增强，这严重抑制了市场在资源配置中发挥应有作用”。恰是政府在刘师所言“对内搞经济对外搞贸易”等所谓现代国家职能的大帽之下过多地干预经济，造就了我国经济的“两个严重后果”：“一是以投资和出口驱动为主要特征的旧的粗放型经济发展方式难以转变，使资源浪费、环境破坏、宏观经济失衡等问题变得愈来愈突出；二是由于各级政府手里掌握太多太大的资源配置权力，造成了权力寻租的庞大基础，也使腐败蔓延，难于遏制。”⑤因此，党中央决定实施的供给侧改革的中间环节是“提高效率、优化结构、纠正资源误配”，“就要发挥市场的决定作用”。⑥ 与之相对的经济法呼应体现在张守文教授关于新时期政市关系的法律规制方面的论断之中——“法律要着重通过限制政府职能，来明晰和保障市场配置资源的功能”⑦，而作为国家干预、调制经济基本形式的经济法必须恪守谦抑并充分保持对市场机制的尊重和敬畏。

(二)正确处理“更好发挥政府的作用”

刘师将国家“过问”经济生活与干预经济等同起来，有偷换概念之嫌。国家“过问”经济生活有多种形式，法律只是其中之一。而以法律“过问”经济，又涉及不同法律的分层介入。比如，王利明教授认为，民法典作为市场经济的基本法。民法总则的出台就“有力地促进了市场经济法律制度的完善”，提高了“国家治理能力”。⑧ 除民法外，“作为规范市场主体与交

---

① 刘大洪、吕忠梅：《现代经济法体系的反思与重构》，载《法律科学》1998年第1期。

② 张五常：《新制度经济学的来龙去脉》，载《交大法学》2015年第3期。

③ [日]丹宗昭信、伊从宽：《经济法总论》，吉田庆子译，中国法制出版社2010年版，第8页。

④ 吴敬琏：《供给侧结构性改革政府如何“有所为”》，载《北京日报》2016年5月9日，第13版。

⑤ 吴敬琏：《厘清市场和政府关系，形成改革合力》，载《北京日报》2013年11月25日，第17版。

⑥ 吴敬琏：《坚持政府和市场关系的准确定位》，载《理论参考》2013年第12期。

⑦ 张守文：《政府与市场关系的法律调整》，载《中国法学》2014年第5期。

⑧ 王利明：《民法总则：中国民事立法的里程碑》，载中国网，http://opinion.china.com.cn/opinion_51_159951.html，最后浏览日期：2018年2月7日。

易行为的主要法律”，商法也在其规范内容与体系结构中“大量容纳了市场机制与政府职能据以发挥作用的制度措施”，在“使市场在资源配置中起决定性作用和更好发挥政府作用”改革理念下，商法机制发生了由“限定市场、余外政府”模式向“限定政府、余外市场”模式的结构翻转，“对政府权力以正面清单方式管理，对市场权利以负面清单方式治理”①也不失为国家“过问”经济生活的重要形式。尤其是在金融法领域，要鼓励和支持金融创新，就必须实现从主动干预到谦抑干预，从全能国家到“瘦身国家”的根本转变。② 可见，经济法虽然是国家干预经济的基本形式，但其并不是国家“过问”经济生活的唯一形式。③

英国规制理论专家安东尼·奥格斯将政府规制分为信息规制、标准规制、事前审批，并认为不同类别的规制形式对市场机制的破坏性存在显著差异：信息规制对市场机制的破坏最小，事前审批最大，标准规制居中。④ 贾科弗则在其“控制策略”理论中将对商事交易的控制分为市场竞争秩序、个体诉讼、公共强制监管与国有化四种类别，并提出四种类别下政府的控制力和对商事交易的影响呈递增规律。⑤ 这其实印证了“需要国家干预说”中国家干预的“度”与市场失灵的“度”相适应的基本原理。相反，刘师质疑的市场失灵场合下，政府干预的“不坚决”与“不干预”是不同的概念，当市场失灵出现，国家干预的必要性产生，但其手段和程度仍必须与市场失灵的程度相适应，这也就是吴敬琏教授所言的“政府在市场里面起作用的时候要非常注意手段和力度”⑥。比如在金融法中，国家金融调制应当高度关注和科学测量由实体经济要素禀赋所决定的最优金融结构，并以此作为确立国家金融调制权力运用方式和力度的指挥棒和试金石。⑦

刘师指出，“需要国家干预说”只看到了“市场配置资源的决定作用”，却断章取义忽略了中央文件中“更好地发挥政府的作用”，导致政市关系理解出现偏差。对此，吴敬琏教授特别强调，处理“更好发挥政府作用”，关键问题是这里的“更好”是跟谁比？“更好”不是跟“市场对资源配置的决定性作用”相比，而是跟“过去的做法”比。⑧ “更好发挥政府作用”的目的是“保障市场在资源配置中的决定作用”。⑨ 无论是新凯恩斯主义经济学派还是新自由主义经济学派，均不主张“回到政府包办一切的命令经济体制上去”。“政府为了更好地发挥作用，必须‘大幅度减少政府对资源的直接配置’和‘着力解决市场体系不完善、政府干预过多和监

① 陈甦：《商法机制中政府与市场的功能定位》，载《中国法学》2014年第5期。

② 刘辉：《论互联网金融政府规制的两难困境及其破解进路》，载《法商研究》2018年第5期。

③ 需要指出的是，刘师文所言“涉及全局经济部署、长远计划安排、公共事业、公共利益项目、国防、高科技攻关”等问题显然属于“需要国家干预说”中市场失灵的具体表现形态，应当归属于经济法的调整对象和范围。参见李昌麒主编：《经济法学》，中国政法大学出版社2017年版，第52～54页。

④ [英]安东尼·奥格斯：《规制：法律形式与经济学理论》，骆梅英译，中国人民大学出版社2008年版，第152～153页。

⑤ [美]安德列·施莱佛：《理解监管》，余江译，载《比较》(第16辑)，中信出版社2005年版，第107页。

⑥ 吴敬琏：《供给侧结构性改革政府如何“有所为”》，载《北京日报》2016年5月9日，第13版。

⑦ 参见刘辉：《金融禀赋结构理论下金融法基本理念和基本原则的革新》，载《法律科学》2018年第5期。

⑧ 吴敬琏：《供给侧结构性改革政府如何“有所为”》，载《北京日报》2016年5月9日，第13版。

⑨ 陈甦：《商法机制中政府与市场的功能定位》，载《中国法学》2014年第5期。

管不到位问题’。”①

刘师提出的“我们是发展中国家，国家（政府）在内外经济生活领域中，不是要被削弱、退出，而是要加强对经济事务的掌控和引领”的主张，本质上正是吴敬琏教授所批判的我国政市关系的时弊——“强势政府”动员和“分配资源的超强权力”，“要求进一步加强各级政府对市场的‘驾驭’和对社会经济生活的管控”②是必须摒弃的错误倾向，这很容易导致“国家干预僭越其应然边界”并引发“掣肘市场机制发挥应有作用的‘泛干预主义’”。③ 正如刘师曾言，“在经济新常态和供给侧改革大背景下，经济法理论应确立‘上遵天规、下接地气、中求人和’的发展方向”，这里的“上遵天规”就要求主观上必须“遵循党和国家的经济政策方针、法律法规”，④从全面、正确理解和贯彻三中全会精神的角度来说，中国经济法需要恪守谦抑性。

四、“瘦身”或“强身”：“需要国家干预说”威胁中国经济法独立性吗？

刘师认为，“需要国家干预说”将经济法塑造成公法、调整不平等关系的法、服从于民商法调整的法，并且因为“政府干预、行政权力是以行政法规制为核心”的，所以“需要国家干预说”下经济法最终将走向“经济行政法”，丧失学科独立性。对此，有几个层面的逻辑和事实问题值得我们深思：第一，经济法调整的纵向经济关系与行政法调整的纵向法律关系一样吗？如果不一样，两种法律关系的关系到底为何？第二，经济法真的调整横向经济关系吗？如果调整，那么这种横向经济关系的本质为何？它与民法调整的横向法律关系是否完全相同？如果不同，二者的关系为何？第三，如果“纵横统一说”或者“需要国家干预说”中的纵向法律关系、不平等法律关系存在被认定为行政法律关系的风险的话，“纵横统一说”中的“横向法律关系”到底能否维持经济法学科的独立性。

（一）经济法调整的纵向经济关系≠行政法法律关系

首先，笔者认同刘师“经济法调整的纵向经济关系不是单纯的行政法法律关系”的观点。事实上，经济法学者普遍不遗余力地论证经济法调整的纵向经济关系与行政法律关系的区别。刘师提出两点理由：其一是“纵向经济关系是一种经济管理关系，他是一种经济关系，而不是行政关系”。其二是经济管理关系的主体的“地位以及它们之间权利义务的连接状态”与行政法律关系不同。⑤ 我们注意到，《经济法》教科书也从经济法与行政法二者在调整对象、主体、涉及的权力、构成要素、宗旨以及追求利益的方式等方面对两种法律关系进行了区分。⑥

---

① 吴敬琏：《厘清市场和政府关系，形成改革合力》，载《北京日报》2013 年 11 月 25 日，第 17 版。

② 吴敬琏：《厘清市场和政府关系，形成改革合力》，载《北京日报》2013 年 11 月 25 日，第 17 版。

③ 参见刘大洪、段宏磊：《谦抑性视野中经济法理论体系的重构》，载《法商研究》2014 年第 6 期。

④ 刘文华：《经济法路向何方？》，载《河北工业大学学报（社会科学版）》2017 年第 1 期。

⑤ 刘文华：《中国经济法基础理论》，法律出版社 2012 年版，第 78～80 页。

⑥ 参见《经济法学》编写组：《经济法学》，高等教育出版社 2016 年版，第 53～54 页。

李师则指出,"行政法的性质决定其不能对私权及其行使,以及私权与公权的良性互动机制作出说明和安排",行政权虽然调整一定范围的经济关系,但是"其要旨在于对行政权进行制衡,在通常情况下并不进一步介入具体的社会经济关系"。① 漆多俊教授则对经济法调整的纵向经济关系和行政管理关系从管理目的、任务,管理方式和手段,管理原则,管理内容与深度,侧重的角度以及管理主体等方面作了详尽的论述。② 总之,我国经济法学者基本都赞同经济法调整的纵向经济关系不同于行政管理关系的观点,这成为经济法学科独立性得以建立的最重要的逻辑起点。

(二)"纵横统一说"的横向经济关系本质上是"需要国家干预说"的纵向经济关系

其次,笔者认同"纵横统一说"提出的横向经济关系的理论视角,但不赞同把这种横向经济关系定性为"平等经济关系",并将其列为与纵向经济关系并列的一种经济法调整对象。众所周知,"纵横统一说"不同于大多数国内经济法学说的主要之处在于,其认为经济法不仅调整纵向经济关系,还调整横向经济关系。③ 横向经济关系包括"经济联合关系""经济协作关系"和"经济竞争关系"三类。④

对这三类横向经济关系进行类别化分析,我们可以发现,前两类横向经济关系虽然在表象上是以平等主体的外观予以呈现的,但是其本质上是典型的以"国家计划"或者"国家组织管理"等名义,由国家公权力介入的纵向经济关系,其法律本质并不是民事合同或者商事合同,因此,并不是名副其实的横向法律关系、平等法律关系。换言之,这类法律关系如果没有公权力的介入,根本就不会发生。

经济竞争关系虽然看似由具有特定市场份额和特定市场地位的经济主体自主为之,但是这类经济关系与平等法律关系在本质上以及法学方法论上存在着天壤之别。法律对待平等法律关系(典型的如合同)遵循的是意思自治原理、意思自治原则⑤以及法律认可与私法拟制等法学方法论,也就是说只要符合平等法律关系发生的基本要件,该行为就成立并生

---

① 参见李昌麒主编:《经济法学》,中国政法大学出版社 2017 年版,第 23、35 页。

② 参见漆多俊主编:《经济法学》,高等教育出版社 2010 年版,第 46～50 页。

③ 具言之,刘师将经济法的调整对象分为以下几类:(1)经济管理关系(纵向经济关系)。(2)各地区、各部门、各行业、各组织之间在计划指导下的经营协作关系和其他经营协调关系。(3)内部经济关系。(4)涉外经济关系。(5)其他应该由经济法来调整的经济关系。参见刘文华:《中国经济法基础理论》,法律出版社 2012 年版,第 76～87 页。

④ 刘师认为,经济联合关系是指在组织上合并、组合而发生的一种关系。宏观的经济联合关系以及部分"涉及许多组织管理"的微观经济联合关系都应当由经济法调整。经济协作关系是指各组织间在生产业务、经济往来方面发生的协作关系。宏观经济协作关系以及"根据国家计划所发生的"微观经济协作关系由经济法调整。经济竞争关系完全由经济法调整。参见刘文华:《中国经济法基础理论》,法律出版社 2012 年版,第 82～84 页。

⑤ 在民法学话语体系里有两个"意思自治":一个是"意思自治原理",另一个是"意思自治原则"。前者是民法演绎体系的大前提,后者是民法基本原则之一。参见侯佳儒:《民法基本原则解释:意思自治原理及其展开》,载《环球法律评论》2013 年第 4 期。

效。而经济竞争关系虽然表面上以垄断协议、一致行动契约等形式示人，但是法律对待这类经济关系的基本立场并不是私法自治和法律拟制，而是市场规制法体系下的纵向规制。

总之，上述三类“纵横统一说”中的横向经济关系的法律依据是反垄断法、反不正当竞争法等市场规制法和计划法、金融（调制）法等宏观调控法律，而不是合同法、公司法等民商事法律。并且，微观的不涉及组织管理的经济联合关系（比如不涉及反垄断申报的企业并购行为）以及不涉及国家计划的经济协作关系（比如一般的企业间的购销合同、供应链合同），刘师亦认同应归民商法调整。因此，笔者不赞同将横向经济关系列为与纵向经济关系并列的一种经济法调整对象。如日本著名经济法学家金泽良雄教授所言，经济法规制的作用是在一定的意图（政策目的）下，对“市民法的平等关系”或对建立起这种关系的条件（前提），进行修改甚至破坏。① 刘师所列的上述三类横向经济关系无法真正实现“以横制纵”，②即无法对纵向经济关系形成真正的制约。

(三)做好纵向经济关系的调整才能真正维持经济法的独立性

最后，如果纵向经济法律关系、不平等经济法律关系被认定为行政法律关系，由行政法调整而不是经济法调整，那么仅仅依赖于“横向法律关系”的经济法将真正丧失学科的独立性。刘师强调，经济法是“两手论”，是“以公为主，公私兼容”的法。③ 但如同所有的经济法学者一样，刘师亦尤其注重对纵向经济关系的研究。④ 并且，如上分析，刘师“纵横统一说”下的“横向经济关系”并不能简单认定为平等法律关系和横向经济关系，其法律本质依然是纵向经济关系。⑤

经济法的生成晚于其他的法律部门，其根本原因在于经济法所调整的社会经济关系的出现晚于其他法律部门所调整的社会关系。⑥ 经济法学者维护经济法学科的独立性，横向经济关系并不是可靠的依据。相反，“纵横统一说”下的横向经济关系在“需要国家干预说”以及“国家调制说”“国家调节说”等其他的经济法学说中，并不是全然不存在的，而仅仅是不同学理归纳下的分类差异而已。并且，正如刑法恪守谦抑性，在其调整机制上劣后于民商

① ［日］金泽良雄：《经济法概论》，满达人译，中国法制出版社 2005 年版，第 51 页。

② 参见刘文华：《中国经济法基础理论》，法律出版社 2012 年版，第 339 页。

③ 刘文华：《中国经济法的基本理论纲要》，载《江西财经大学学报》2001 年第 2 期。

④ 刘师依据经济管理关系的内容和范围，将纵向经济管理关系划分为三类，从“主体及管理的层次”，将经济管理关系划分为七类。详见刘文华：《中国经济法基础理论》，法律出版社 2012 年版，第 77～78 页。

⑤ 值得注意的是，笔者并不是说刘师的“纵横统一说”中的横向经济关系的划分没有任何理论意义。事实上，刘师对横向经济关系的专门强调，对于政府干预经济在某种意义上是有益的。比如政府协调下的区域合作或者组织联合行为，在刘师“纵横统一说”主张将民法“平等互利”“等价有偿”等基本原则引入经济法之中“指导”横向经济关系的情况下，对于约束政府的非理性干预实际上能够起到一定的约束作用，即政府的这种协调行为，依然要尊重市场机制。关于民法基本原则适用于经济法的论述详见刘文华：《中国经济法基础理论》，法律出版社 2012 年版，第 131～132 页。

⑥ 参见朱崇实：《对经济法调整对象的再思考》，载《现代法学》1998 年第 2 期。

法、经济法、行政法等法律部门，严格遵守"补充性原则之精神"和"谦抑之本性"一样，[1]法律部门的独立性跟法律调整社会关系的先后次序并没有逻辑上的必然关联。经济法学科的独立性的维持，最为核心的问题还是建设好自身学科的理论体系，增强对经济法现象的理论解释力和应变力。

五、"抽象权利"或"系统保障"：中国经济法调控受体权利如何实现？

刘师指出，"需要国家干预说"创制了"调控主体和调控受体"的概念，但只讲"调制主体的权力"——"限制经营主体的权力或者增加经营主体义务的权力"，却忽视"调制受体的权利"。刘师认为，企业在经济法律关系中不但可以获得"实体的、实在的"权利，而且获得的是关系企业命运的更大更长远的"生存权和发展权"。[2] 笔者认为，企业作为经济法调制的受体，其权利必须予以尊重，并应当受到法律的保护，这应是所有中国经济法学人能够达成的普遍共识。顺着刘师提出的"生存权和发展权"问题出发，关于作为调控受体的企业的权利问题，笔者拟从以下两个方面展开分析：(1)生存权和发展权的权利性质为何？其在法学体系中处于何种地位？企业是否应当享有生存权和发展权？如果享有，那么经济法在该权利的法律保障体系中应当扮演何种角色？(2)从长远来看，作为中国经济法调控受体的企业的基本权利到底应当如何保障。

(一)生存权和发展权是"人"的基本权利

生存权和发展权是"人"的基本权利，是一种宪法权利。人权就是"人的权利"，[3]其源于人的本性，这种本性包含自然属性和社会属性两个方面。[4] 在宪法学上，基本权利的诞生是以"保障自然人为其初始目的"的。但随着"社会经济的纵深发展以及社会组织体对公共生活领域的不断渗透"，公司"逐渐成为介于国家和个人之间的、在社会经济、政治诸领域都极具影响力和支配力的社会性组织"，相应的，国家立法与司法在不断演进的过程中开始承认和保障法人的基本权利。比如，虽然依据美国宪法，公司不是基本权利主体，但是"为了迎合美国经济发展的需要"，"美国联邦最高法院不断通过对宪法的解释，逐渐将宪法的保护扩大适用于公司"。[5] 在将人权作个人人权与集体人权的理论划分的前提下，笔者认为，公司、企业、法人等社会性组织的人权可纳入集体人权的范畴予以保护。

"人权的实现程度及形式，受一个国家一定历史发展阶段不同的经济政治制度、历史文

---

① 参见刘宪权：《论互联网金融刑法规制的"两面性"》，载《法学家》2014 年第 5 期。

② 刘文华：《中国经济法"干预论"之批判》，载《首都师范大学学报(社会科学版)》2017 年第 6 期。

③ 李步云：《论人权的三种存在形态》，载《法学研究》1991 年第 4 期。

④ 李步云：《论人权的本原》，载《政法论坛》2004 年第 2 期。

⑤ 陈洁：《企业法人宪法权利的进路》，载《环球法律评论》2011 年第 4 期。

化传统、民族宗教特点和经济发展水平的制约。”①“生存权和发展权是首要人权，是中国人权观的基本观点。”②刘师所虑企业的财产不受侵犯的权利、获得税收优惠的权利、获取信息服务的权利以及对政府行政权力运行进行监督的权利等，其实均可列入企业“基本人权”之下的生存权与发展权予以保障。从中国经济法制实践来看，过度的公权力干预已然对企业（尤其是中小企业）的生存权和发展权造成严重影响。比如金融资源错配，对企业特别是中小企业的生存权和发展权造成危害。在此背景下，金融法学者杨东教授提出了金融（发展）权的概念，并积极倡导保障中小企业金融权。③ 实际上，金融（发展）权就是法人生存权和发展权的子概念，经济法理应进行保障。

（二）生存权和发展权不是与国家调制权相对的权利

这里有一个值得商榷的问题是，企业作为调控受体所享有的生存权和发展权在法学体系中处于一种什么位置？它是一种与国家干预（宏观调控权、市场规制权等）相对应的一种权利吗？或者说，如果企业的生存权和发展权不是与国家调制权相对的权利，那么经济法规定国家单方调制的做法是否属于刘师所言“国家与企业分开”“权义主体分裂”呢？笔者认为，这有必要对国家调制权和企业经济权利进行解析。从法律属性上看，国家调制权是一种经济职权，即“国家机关或其授权单位为维护社会公共利益，在依法干预经济的过程中所享有的具有命令与服从性质的权力”。与它相对应的是经济职责——“国家机关或其授权单位在依法干预经济的过程中，所负担的必须为或不为一定行为的责任”④，而不是企业的经济权利——“经济法律关系主体依法可以为一定行为或不为一定行为、要求他人为一定行为或不为一定行为的自由”。

经济权利是与经济义务——经济法律关系主体为满足权利主体或权力主体的要求，依法为一定行为或不为一定行为的责任——相对应的概念，在这一对概念中二者通常具有对等性、双务性甚至平等性，双方都享有权利和承担义务，并且一方享有的权利对应另一方承担的义务，比如经济合同的签订和履行就是如此，只强调一方的权利而忽视另一方的义务即属刘师所言“权义主体分裂”的情形。但与同属纵向法律关系的行政法律关系同理，“行政权力与职责相对应，公民的权利与义务相对应”⑤，经济权力是与经济职责相对应的法律范畴。国家调制是一种纵向法律行为，国家调制主体与受体的地位实际上也与同属于纵向法律关系的行政法律关系有相似性，呈现为一种“平等下的不对等性”⑥。其法律关系的一方主体是拥有国家调制权的“国家机关或其授权单位”，国家调制权的主体必须负担的是经济职责，也就是在违法调制的情况下，承担违法调制带来的不利法律后果。这种后果主要来自权力机关、上级调制机关的追责，以及在造成调制受体损失的情况下依照司法判决承担赔偿责任

① 李步云、杨松才：《论人权的普遍性和特殊性》，载《环球法律评论》2007 年第 6 期。

② 李步云：《坚持生存权、发展权是首要人权》，载《北京日报》2015 年 12 月 7 日，第 18 版。

③ 杨东文、诚公：《论互联网金融背景下金融权的生成》，载《中国人民大学学报》2015 年第 4 期。

④ 参见李昌麒主编：《经济法学》，中国政法大学出版社 2017 年版，第 23、65 页。

⑤ 李步云、刘世平：《论行政权力与公民权利关系》，载《中国法学》2004 年第 1 期。

⑥ 应松年主编：《行政法与行政诉讼法学》，法律出版社 2005 年版，第 17 页。

等。因此,刘师所谓"国家与企业分开"和"权义主体分裂"的说法有失偏颇。

(三)生存权和发展权需要体系化保障

那么,调制受体的权利到底应当如何保障呢？笔者认为,应当构建一种综合性的调制受体权利保障体系。首先,"人权与宪法相互依存、相互作用"①,"法人争取宪法权利就是要用宪法权利反过来去限制拟制了自己的法律"②。因此,应当在宪法中规定企业基本权利(集体人权)的相关问题。虽然目前世界上由宪法直接规定法人为基本权利的主体者并不多见,但是美国、日本、奥地利等国的司法实践已经开始承认法人基本权利。③ 笔者认为,从我国的经济法制实践以及法学发展状况来看,企业的生存权和发展权的保障有赖于我国宪法对集体人权的基本原则、内容和实现途径等基本问题作出具体的规定。

其次,应进一步完善民商法、经济法上企业作为调制受体所享有的实体性权利和程序性权利。上述金融法中金融(发展)权的提出即是调制受体实体性权利发展的典型。与此同时,"现代社会作为一个'抽象社会',其重要特征是程序性、反思性和非人格性。"④"需要国家干预说""从来没有把国家干预看成是一个绝对'善'的力量,而总是把国家干预看成是一把'双刃剑'",⑤并"极为注重控制公权的无序性、扩张性和私权在无对抗条件下的易侵害性",⑥其特别强调完善经济法的程序规则,比如听证程序等,这实际上对于促进经济民主和保障调制受体的基本权利也具有重要的理论价值。

最后,应当完善经济法的主体法律制度。"需要国家干预说"作为国内最为重视"社会中间层主体"研究⑦和"第三部门"研究⑧的学说之一,其对"社会中间层主体"和"第三部门"等经济法主体权利的研究,无疑对于促进作为调制受体的企业的权利保障意义重大。

六、"批判"与"融合":中国经济法理论争鸣何去何从?

学术进步总是与学术争鸣相伴相生的。刘师对"需要国家干预说"的批判对于激发经济法学者进一步深入研究中国经济法理论问题意义重大。事实上,中国各家经济法思想之间的"批判"从未停止。正如刘师犀利地指出"需要国家干预说"把国家塑造成旧时代找儿媳妇儿(企业)"茬儿"的婆婆一样,"需要国家干预说"的学者也提出"纵横统一说"所强调的"协调

① 李步云、邓成明:《论宪法的人权保障功能》,载《中国法学》2002 年第 3 期。

② 曲相霏:《美国企业法人在宪法上的权利考察》,载《环球法律评论》2011 年第 4 期。

③ 参见陈洁:《企业法人宪法权利的进路》,载《环球法律评论》2011 年第 4 期。

④ 张守文:《论经济法的现代性》,载《中国法学》2000 年第 5 期。

⑤ 李昌麒:《论经济法语境中的国家干预》,载《重庆大学学报(社会科学版)》2008 年第 4 期。

⑥ 刘大洪、廖建求:《论市场规制法的价值》,载《中国法学》2004 年第 2 期。

⑦ 参见李昌麒主编:《经济法学》,中国政法大学出版社 2017 年版,第 63~64 页。

⑧ 参见刘大洪、李华振:《政府失灵语境下的第三部门研究》,载《法学评论》2005 年第 6 期。

主义”[①]之“协调”一词的采用，“包含了国家对经济关系的协调性调整，而排斥了对经济关系的直接规制”[②]。而“国家调节说”的创立者漆多俊教授则认为“纵横统一说”“简直就是中国版的拉普捷夫观点”[③]。

基于本文的分析可以得出，经济法学说之间可能表面上立场迥异甚至针锋相对，但是在经济法的价值追求上却殊途同归。比如，“需要国家干预说”与“纵横统一说”一样，是积极追求经济民主的，都积极倡导对调控受体的权利保护，都同中国经济法的历史相容。两说看似在调整对象和经济法体系问题上千差万别，但“纵向”与“横向”经济关系的划分本身或许就不是泾渭分明的。我们必须清醒地意识到：理论不是万能的！任何一种经济法基础理论也同样有其自身的局限性，或者说存在其固有的解释极限。譬如，对“需要国家干预说”中的“需要”，该说本身并不能提供一个明确的答案，而只能提供一种理论上的分析范式——对“需要”作必要的限定。同理，“纵横统一说”下的“统一”甚至“协调”等理论概括也根本无法直观地给出“国家介入”与“市场自治”之间的明确边界。但这并不能表明两种经济法学说是没有价值的。

社会科学研究无非是理性主义与反思主义之辩，笔者赞同反思主义的观点。任何一种经济法思想都不是绝对的真理，经济法学说之间的思想砥砺与观点碰撞过程，其实也是一个思想进步与融合的过程，因为争鸣可以推动各说克服其在解决具体经济法问题上的理论局限性，增强其理论解释力。[④] 同时，法学研究的沉闷和僵化，需要通过范式的有效转换，不断注入清风与活力。[⑤] 尽管“需要国家干预说”与“纵横统一说”在经济法谦抑性问题上各持己见，但是真正解决到底何时、如何“需要”[⑥]以及多大程度上“加强”国家介入，或许纯经济法学说层面的理论交锋并不能提供有效的解决方法。而更多的，还需要其他学科的知识特别是经济学定量分析的介入与融合。

---

① 参见刘文华：《经济法的本质：协调主义及其经济学基础》，载《法学杂志》2000年第3期。

② 应飞虎：《需要干预经济关系论——一种经济法的认知模式》，载《中国法学》2001年第2期。

③ 参见漆多俊主编：《经济法学》，高等教育出版社2010年版，第43页。

④ 实际上，“纵横统一说”在与其他经济法学说争鸣的过程中，也开始发生一定的变化，比如刘师文反对国家干预的提法，认为中央文件中的国家干预“多半是贬义词”。但部分秉持其学说的著作也已经开始承认干预的提法并对其进行进一步分类，甚至将“有限干预原则”作为经济法的基本原则。参见曹平、高桂林、侯佳儒：《中国经济法基础理论新探索》，中国法制出版社2005年版，第387～391页。

⑤ 张守文：《经济法学方法论问题刍议》，载《北京大学学报(哲学社会科学版)》2004年第4期。

⑥ 这也就是韦灵克概括的“何时干预、为何干预、如何干预、干预多少”等问题，参见[美]A. H. E. M. 韦灵克：《何时干预—为何干预—如何干预—干预多少：取决于各自国情与文化传统的差异》，载《政府为什么干预经济》，中国物资出版社1998年版，第207页。

《厦门大学法律评论》总第三十一辑
厦门大学出版社 2019 年 6 月版
《修复式正义视野下的附条件不起诉运行效果与完善建议》
第 164 页～第 176 页

修复式正义视野下的附条件不起诉运行效果与完善建议*

刘作凌**

摘要：修复主义正义观注重保护具体法益和恢复社会整体秩序，注重加害人、被害人和社区利益的平衡协调，在轻微犯罪领域逐步践行，并成为现代刑事司法处理犯罪的一种方式。我国2012年刑事诉讼法新增设了附条件不起诉制度，体现了我国对未成年被告人实行教育、感化、挽救相结合的刑事司法方针，推动了修复式正义理论之实践，通过规定附条件不起诉的适用条件、考验期限、考察内容以及诉讼各方的程序参与等，使未成年被告人可以通过自己的行为弥补因犯罪所造成的损害，使被害人要求的物质及精神损失赔偿的意愿得以实现，以修复被犯罪所破坏的社会关系。实践过程中附条件不起诉运行效果较好，但还存在不足，应当进一步扩大适用范围、强化监督考察机制以及保障被害人诉权的实现。

关键词：附条件不起诉；修复式正义；实践运行；保障机制

The Operation Effect and Improvement Suggestion of Conditional Non-Prosecution under the Vision of Restorative Justice

Liu Zuoling

Abstract: Revisionism view of justice, focusing on the protection of specific legal interests and the restoration of the overall social order, emphasizing the reconciliation of the interests of the injurer, the victim and the community, gradually practiced in the field of minor crimes, and became a feasible way for modern criminal justice. The establishment of

* 文章 DOI:10.3966/615471682019060031011。

本文为湖南省哲学社会科学基金项目“附条件不起诉修复效果影响因子研究”(项目编号:16YBA226)研究成果。

** 刘作凌，女，1970 年生，湖南邵阳人，法学硕士，湖南商学院法学与公共管理学院副教授，研究方向：刑事诉讼法与司法制度。电子信箱：liuzuoling123@126.com。

conditional non-prosecution system embodies the principle of combining education, persuasion and rescue for the unaccused, and promotes the practice of the theory of reconstructive justice. By setting the conditions for application, the duration of the trial, the contents of the investigation and the participation of the parties to the proceedings, the offender is given the opportunity to make up for the damage caused by the crime through his own actions and the victim's willingness to seek compensation for his own material and moral losses. To repair the social ties that crime has destroyed. In the course of practice, the system of non-prosecution with conditions works better, but there are still shortcomings. It is necessary to further expand the scope of application, strengthen the supervision and inspection mechanism, and ensure the realization of the victim's right of complaint.

Key Words: conditional non-prosecution; restorative justice; practical operation; guarantee mechanism

一、修复式正义的理论与实践

(一)修复式正义理论的内涵与基本精神

修复式刑事司法在人类历史上曾经是处理犯罪的一种主要模式。修复式司法的主要目的是恢复被犯罪侵害的社会关系,重建平等、和谐、相互关怀、相互尊重的社会秩序。有关于修复式正义的含义及其实施型态均不断在演化之中。Bazemore 和 Walgrave(1999)认为:修复式正义是为恢复犯罪所造成的损害为主要目的的所有活动。Sherman(2003)则认为,任何可以达成加害人和被害者及其支持者间之调解,减低愤怒并使各方均满意于司法正义者。① 总言之,修复式正义是某一犯罪行为所牵涉的所有利害关系人,以一种积极的态度,共同聚集在一起协商处理犯罪所造成的后果,尽力去消除犯罪留下的消极后果,去修复因犯罪行为损害的社会关系,从而达到预防犯罪、重塑社会秩序的目的。其核心理念是修复加害人、被害人和社区之间的正常社会关系。这种修复是通过加害人向被害人进行赔礼道歉、物质赔偿或为社区提供劳动服务等方式来实现的。在法律规定的范围内,修复性司法的后果不一定是使加害人受刑罚处罚,而有可能是接受非刑罚处罚措施,甚至可能是非处罚性措施。这种非处罚性措施的理念,是希望用加害人的道歉和悔罪来取得被害人的宽恕和谅解,通过这种恢复性方式来处理冲突和犯罪行为,以避免和预防犯罪再次发生,保持社区和谐和社会稳定。

---

① 参见蔡丽满:《修复式正义应用于少年犯罪协商之研究》,台北大学犯罪学研究所 2010 年硕士论文。

一般来说,现代修复式正义有以下五个要素:

(1)以"社会冲突"的观点对待犯罪事件。修复式正义是以"社会"而非以"法律"的观点来看犯罪问题的,它认为犯罪是一种对个人与社区关系的伤害行为,而不是仅仅违反法律的抽象规定。亦即犯罪不仅是触犯了法律,更重要的是它对被害人以及社区甚至加害人均造成了伤害。因此,在处理这些犯罪事件时最需要考量的因素是如何弥补损害、恢复和平,而不仅仅是通过惩罚加害人来满足报复心理。

(2)修复式正义是一种通过修复犯罪行为所造成损害,恢复社会关系的正义。修复式正义的重点是"犯罪所造成的损害",与传统惩罚与矫治模式将重点放在"加害人行为"有所区别,其主要作用是解决犯罪对被害人所造成的物质和精神损害,而不是惩罚或矫正加害人。

(3)修复式正义主张,通过发现问题、弥补损害、治疗创伤,从而进行广泛的社会革新,为社会创建更多的和谐。犯罪行为所带来的损害可以用很多方式达到修复的目的,如对被害人进行物质赔偿、赔礼道歉和提供服务等。方式可以是直接的、间接的,具体的或象征性的。对象可以是被害人、他的亲人、社区或整个社会。方式可以无限多,只要能修复损害的程序或方法均可称之为修复式正义。因此,方法或程序的"修复性"应是一个连续性的,而非绝对的。因此,只要有可能导致修复效果的程序,均可称之为修复式程序,无论其为自愿或非自愿,正式或非正式。

(4)修复式正义强调加害人、被害人及社区的共同参与。修复式正义实践的过程必须要涵盖所有利害关系人,加害人、被害人、社区及政府等共同参与修复治疗。因为个人之间的关系构成了整个社区,破坏个人之间平等关系的事件也伤害了社区。因此,社区也应参与整个修复的过程。

(5)处理犯罪事件的场所在社区。社区是对犯罪进行非正式控制的组织。在预防与矫治犯罪方面,社区民众应该更充分参与,担负起更大的责任。社区有义务提供支持力量,协助制止暴力与修补伤害,使加害者成为合格的公民。修复式正义期待通过家庭、亲友、邻里、社区的支持,庇佑与帮助被害者,规范约束犯罪者的行为。

总之,修复主义正义观注重对具体法益的保护和社会秩序的维护,强调加害者、被害者、社区的利益协调,在轻微犯罪领域逐步践行,且成为现代刑事司法的一种处理犯罪模式。修复性司法以被害人为核心,站在宽恕的角度上,通过加害人的真诚悔罪得到被害人的谅解,修复被害人与加害人之间的关系,恢复社会秩序。同时兼顾报应主义刑罚观,对犯罪人施以物质上赔偿、精神上道歉以及提供社区服务等非监禁性的处罚手段,让犯罪人受到刑法否定性评价并得到一定的处罚,这种较为轻缓的非监禁性处罚不但实现了对犯罪的报应,也使得被害人及其家属的意愿得到满足,有利于社会整体正义的实现。由此可见,修复主义并没有放弃对犯罪的刑罚处罚,而是精密、能动地发挥刑罚的功能,将刑罚对犯罪本身的报应和对社会秩序的修复进行综合协调考量,以实现社会权利的整体平衡。

(二)修复式司法的实践方式与途径

1. 双重体系下的正义模式

修复式正义如何实践呢？其实务型态又如何呢？要把目前具有惩罚性的刑事司法系统完全转变成修复式刑事司法，不具有现实可行性，也难以为社会大众所接受。虽然采用刑罚手段，耗费非常大，且贬损了被执行人的人格尊严，容易产生负面影响，但是不可能完全放弃以刑罚处罚作为犯罪预防这种策略。在处理轻微犯罪事件方面，可以先尝试使用修复式正义手段处理犯罪，当修复式正义失败以后，则可尝试威吓式正义以及隔离式正义。各种不同正义模式对人性的假设是：修复式正义认为，人性是善良的，如果犯错，是能够自我改过的。威慑式正义认为，人是理性的行为者，精于算计，不会做出对自己不利的事。隔离式正义则认为，人是非理性的行为者，缺少改过自新的能力，只有通过长期监禁才可以避免其再次犯罪，才能保障社会大众的安全。由于刑罚的目的是预防犯罪，通过教育改造，让犯罪人重新回归社会。[①] 所以不主张将监禁作为唯一的隔离方法，有时可以考虑采取其他手段，比如对虐待儿童者取消其监护权，对酒醉驾车者吊销其驾照。总之，如果有其他处置方法，对轻微犯罪行为尽量避免监禁方式。

2. 国外的修复式正义实务型态

(1)被害人与加害人的调解

加害人与被害人和解是被害者及其利害关系人与加害者在安全的环境中会面，对犯罪相关事件进行讨论。这种讨论往往是由一位训练有素的第三方召集或者协助，被害人能够借此机会告诉加害人的犯罪所造成自己身体、精神及财物等方面的损害，也可以通过直接参与对话商谈，使加害人与被害人之间达成赔偿协议。整个过程可以称为加害人与被害者之间的“对话”，这是最常见的实务运作型态。

(2)家庭会议

家庭会议是将犯罪事件涉及的所有人员，包括加害人与被害人以及各自的家庭成员聚集在一起，共同商讨如何解决事件。会议通常由加害人开始叙述事件，然后依次由每个参与人发言，说明共同受到的影响或伤害。通过发言叙述，可以清楚地了解到犯罪事件的后果。被害人有机会陈述自己的感受，提出自己的意愿，其他人也可以提出意见，要求加害人补偿其所造成的损害。经在场的所有参与人达成一致意见后，会议结束。家庭会议和调解有不同点：第一，前者的参与成员较广泛，能有效地建立社区参与、重建社区信任以及预防再犯。第二，家庭会议一般由官方机构，如警察、社区人员等启动。

(3)审判圈

它是将被害人以及其支持人、加害人以及其支持人、法官、检察官、辩护律师、警察及社区相关人士聚集在一起，以诚恳的态度共同寻求事件的解决方案，探讨治疗受伤害人员及如何预防犯罪的方法，无论是少年犯或成年犯都可以运用审判圈。审判圈代表了修复式正义

① 参见许春金：《修复式正义的实践理念与途径——参与式刑事司法》，载《犯罪与刑事司法研究》2003 年第 1 期。

的一种演化，以便于当地居民的参与，发挥社区的功能。其主要目的是希望通过会议，对各方当事人的生活状况、态度及行为均产生影响和有所改变，并且对恢复受到犯罪影响的社区的人文环境等有所助益。

(4)社区修复委员会

在美国及加拿大，有越来越多的社区及老百姓愿意参与司法程序。其中一种方式就是所谓的"社区修复或补偿委员会"。社区修复委员会由一小群当地居民组成，受过专业训练，能与加害人进行面对面的公开对话讨论。在与加害人充分讨论犯罪事件的不良后果后，他们会与加害人共同拟出一套修复和补偿计划，加害人必须承诺在特定时间内完成此计划。完成计划后，委员会将向法院提出报告，说明加害人的执行状况。

其他的实务型态尚包括：被害影响陈述、补偿及社区服务等。被害影响陈述是让被害人的心声能被感知到。它是由被害者以书面、口头或录影等方式来描述犯罪事件如何影响了其及周围人的生活。这样的信息可以提供给法院当作审前调查报告的一部分，或者在量刑、假释时作为参考，也可以促使加害人认识自己行为的危害性，为自己的行为负责，提升社区安全，同时让被害人能更积极地参与到刑事司法程序中来。因此，这也是修复式正义的一种实务型态。补偿通常由法院命令，对被害人所造成的损失加以恢复，可以说是被害人权利保障的核心，也是帮助被害人重建生活的重要方式。同时，加害人也可以更加认识到自己行为的后果，促使其悔罪和赎罪。社区服务则是加害人对社区提供有意义的服务，以弥补其对社区的损害。

二、我国附条件不起诉的立法探索与立法规定

(一)附条件不起诉的立法探索

2008 年中央出台了《关于深化司法体制和工作机制改革若干问题的意见》，提出实行宽严相济刑事法律制度，对轻微犯罪、未成年人犯罪实行宽大处理，尽量教育挽救。为了贯彻和落实该意见，最高人民检察院颁布了《最高人民检察院关于深入推进社会矛盾化解、社会管理创新、公正廉洁执法的实施意见的通知》《"十二五"时期检察工作发展规划纲要》等文件，提出进一步探索对部分犯罪附带一定条件不起诉的意见，在改革试点的主体、范围、适用的对象等方面，与原有的做法相比，有较大的突破。① 由于这类附加一定条件的不起诉与刑事诉讼法原有的相对不起诉有明显的差别，故将其称为附条件不起诉。② 各级检察院对附

---

① 有超过 1/3 以上的省市对附条件不起诉改革进行了探索，试点的主体由以前的基层人民检察院为主变为由省级人民检察院统筹安排为主；改革试点的范围也由以前的以未成年犯罪嫌疑人为主变为范围进一步不断扩大。

② 陈光中先生认为"附加特定条件是此种不起诉区别于其他不起诉种类的关键。其贴切的名称应当是附条件不起诉，因此我们建议将这种不起诉定名为附条件不起诉"。参见陈光中、张建伟：《附条件不起诉：检察裁量权的新发展》，载《人民检察》2006 年第 4 期。

条件不起诉的适用范围、实体性和程序性条件以及所附履行义务内容及所附期限等方面进行了积极探索和改革。这些改革试点为2012年《刑事诉讼法》的修改提供理论实践支持,为增设附条件不起诉奠定了基础。随着新法的颁布实施,附条件不起诉在我国正式确立。

(二)我国附条件不起诉的立法规定

1. 适用范围

根据我国刑事诉讼法的规定,附条件不起诉适用对象只限于未成年人,且只限于刑法分则第4章、第5章、第6章规定的犯罪,可能判处1年有期徒刑以下刑罚,符合起诉条件,但有悔罪表现的,人民检察院可以对未成年犯罪嫌疑人作出附条件不起诉的决定。

2. 适用要件

对于符合附条件不起诉适用范围的案件,并不意味着检察机关都需要作出附条件不起诉决定,检察机关还必须考量未成年犯罪嫌疑人是否有悔罪表现,认为附条件不起诉合适的,才可以作出该决定。

悔罪是未成年犯罪嫌疑人主观心态的一种外化表现。认定未成年犯罪嫌疑人是否有"悔罪表现",必须根据较为明确、客观的判断标准。检察机关作出附条件不起诉决定,必须以特别预防为核心考量,同时兼顾一般预防的需求。具体地说,实践中检察机关应审酌未成年犯罪嫌疑人本身(例如个性、品格、习惯等)、犯罪的轻重情况(例如法定刑的轻重、犯罪的动机、有无计划性、犯罪行为的残忍、对社会的影响等)、犯罪后状况(例如事后有无后悔之情、对被害人有无赔偿、被害人是否宽恕)等有关事项,基于刑事政策及正义的考量,个案斟酌对于未成年犯罪嫌疑人不科以刑罚,是否更加容易促使其复归社会,是否可以同时确保社会秩序的维护,从而决定是否裁量决定附条件不起诉及附设何种条件等。

3. 考验期间

根据刑事诉讼法的规定,附条件不起诉的监督考察机关是人民检察院,未成年犯罪嫌疑人的监护人,应配合人民检察院做好监督考察工作,加强对犯罪嫌疑人的管教。附条件不起诉的考验期间是"六个月以上一年以下"。至于在考验期间内,犯罪嫌疑人最后是否仍会被检察机关提起公诉,要看被附条件不起诉的未成年人在此期间内是否遵守了相关规定,对于检察机关要求其履行特定的负担或指示(如向被害人道歉、悔过、填补损害、提供义务劳动、遵守保护被害人安全及预防再犯的禁止性规定等)是否完成。"考验期间"能积极发挥鼓励未成年人洗心革面,并达到修复社会的效果。

4. 所附条件

附条件不起诉的一大特色,是对附条件被不起诉人科以"负担"与"指示",未成年犯罪嫌疑人在考察期间应该完成相关任务。检察机关作出附条件不起诉决定时,"可以"对未成年犯罪嫌疑人科以负担或指示,亦即附条件不起诉决定并非都须对未成年犯罪嫌疑人附加负担或指示,在此检察机关有裁量决定的权力。刑事诉讼法所规定的附加条件比较笼统,只有大致的应该履行的义务。① 为进一步明确附加条件,《人民检察院诉讼规则(试行)》对刑事诉讼法第 272 条(现为第 283 条)第 3 款第 4 项内容作出更为详细而具体的规定。在监督考察期间,被附条件不起诉人可能被考察机关要求接受矫治和教育的活动共有 6 项。②

5. 附条件不起诉的撤销

在考验期间内,附条件不起诉决定不具有实质的确定力,检察机关可以对未成年犯罪嫌疑人继续观察,使其知所警惕,改过从善。如果在考验期间内,未成年犯罪嫌疑人实施新的犯罪,或者发现在决定附条件不起诉前还有漏罪需要追诉的,或者严重违反相关管理规定的,此时未成年犯罪嫌疑人显然并无反省之情或根本就欠缺反省的能力,检察机关应当撤销附条件不起诉决定,并提起公诉。

三、附条件不起诉制度与修复式正义

(一)附条件不起诉制度包含修复式正义之精神

现代社会越来越注重法律实施的社会效果,体现宽和与人本主义,倡导修复性司法理念。在未成年人刑事犯罪方面,更强调运用修复性措施,促使被害人和社会原谅被告人,减少被害人和被告人的冲突,促进未成年被告人早日回归社会。联合国《维也纳宣言》鼓励制定各种尊重受害者、犯罪者社区以及其他各当事方的权利需要和利益的修复性司法政策程序和方案。强调各国应当酌情通过在适当时鼓励使用调解、冲突解决、和解和其他修复性司法措施作为基于司法程序和拘禁制裁的替代办法,促进对违法犯罪青少年的再教育和康复工作。③ 我国刑事诉讼法增设附条件不起诉制度,体现了我国对未成被告人实行教育、感化、挽救相结合的刑事司法原则,该项制度通过非罪化方式处理,更好地教育未成年人,起到预防和减少犯罪的作用。

附条件不起诉作为一种新设的程序规定,充分体现刑事司法中的起诉犹豫主义,完善了未成年人案件刑事诉讼程序。从其适用范围来看,国家刑罚权的行使应该充分考虑社会效果和犯罪人的身份特征,赋予享有公诉权的国家机关一定的自由裁量权,以对犯罪人进行区别对待,适用不同处置措施。作为一种案件分流的程序措施,基于公共利益的考量,在审查起诉阶段,附条件不起诉制度通过设定考验期和考验条件的方式,将犯罪较轻的未成年嫌疑

① 2012 年《刑事诉讼法》第 272 条(2018 年为第 283 条)第 3 款规定,被附条件不起诉的未成年犯罪嫌疑人,应当遵守下列规定:"(1)遵守法律法规,服从监督;(2)按照考察机关的规定报告自己的活动情况;(3)离开所居住的市、县或者迁居,应当报经考察机关批准;(4)按照考察机关的要求接受矫治和教育。"

② 高检规则第 498 条规定:"人民检察院可以要求被附条件不起诉的未成年犯罪嫌疑人接受下列矫治和教育:(1)完成戒瘾治疗、心理辅导或者其他适当的处遇措施;(2)向社区或者公益团体提供公益劳动;(3)不得进入特定场所,与特定的人员会见或者通信,从事特定的活动;(4)向被害人赔偿损失、赔礼道歉等;(5)接受相关教育;(6)遵守其他保护被害人安全以及预防再犯的禁止性规定。"

③ 参见莫非:《附条件不起诉实证研究报告》,载《国家检察官学院学报》2017 年第 3 期。

人不交付到刑事审判程序，避免了“有罪必诉”“有罪必罚”的公诉理念，以理性而有效的方式实现了对未成人的矫正，对预防犯罪，恢复被破坏的社会关系，维护社会的和谐稳定发挥重要作用。

修复主义正义观改变了传统刑罚观中的“报应刑”理论，而是强调犯罪人通过自己的行为来弥补自己因犯罪所造成的损害。通过设置适用条件、考验期限、考察内容以及诉讼各方的参与等，让犯罪人有机会弥补因犯罪所造成的损害，满足被害人的损害赔偿意愿，这种诉讼程序不仅化解了加害人与被害人的矛盾冲突，修复被破坏的社会关系，而且充分尊重诉讼参与人的诉求，扩大了诉讼参与人的程序参与权，实现了刑事程序的正义。

修复主义正义观摈弃了传统刑罚观主张使用刑罚处罚手段遏制犯罪的观点，强调的是恢复与预防。其关注的是对犯罪后社会关系的恢复和对犯罪的预防。① 附条件不起诉要求犯罪嫌疑人真诚悔过，向被害人赔礼道歉、赔偿损失等方式取得被害人的谅解，这样使被害人能够与加害人直接对话，向加害人提出赔偿的要求，检察机关可以将受害人提出的条件作为附加条件，而加害人为了争取不被提起公诉，不受刑事处罚，往往会主动与被害人沟通，积极进行赔偿，以期取得被害人的谅解。被害人在司法过程中受到了重视和尊重，有利于安抚其因犯罪而受到的精神创伤，弥补其遭受的物质损失。未成年犯罪嫌疑人在这一程序中，认识到自己的行为给加害人及社会造成的危害，主动地诚恳地通过自己的行为提供社会服务以修复因犯罪而受损的社会关系。运用这一司法程序，避免了监禁刑所带来的交叉感染，又使犯罪人受到深刻的教育，不会再次产生对社会的报复心理，重犯率低，有利于改过自新，回归社会。

附条件不起诉从社会整体出发，不只是关注追究犯罪人的刑事责任，而是追求社会关系的良性发展，考虑到加害人、被害人及社会整体利益，使刑事司法具有人文关怀的温度，对化解社会矛盾、修复社会关系和稳定社会秩序发挥重要功能。

(二)附条件不起诉是修复式正义理论的具体运用和实践

附条件不起诉制度被认为本质上包含修复式正义之精神，同时修复式正义理论可以通过现有的附条件不起诉制度具体实践。其理由如下所述：

1. 检察官在作出附条件不起诉时，要求被附条件不起诉的未成年犯罪嫌疑人，应当遵守规定，接受矫治和教育。《最高人民检察院通知》作出的道歉、悔过、提供义务劳务、适当处遇措施、维护被害者安全及预防再犯等应遵守事项的相关规定，不是通过刑罚处罚的方式使得犯罪人“回归社会”，这也是立法新增附条件不起诉制度之目的之一，附条件不起诉制度富有修复式正义之精神。刑事诉讼法在保留相对不起诉制度的同时，针对未成年人的轻罪案件，设立了附条件不起诉制度，将部分涉罪未成年人不提起公诉，以消除审判、执行活动对其身心造成的不良影响，而是以考察帮教促使未成年犯罪嫌疑人改过自新，从而弥补被害人和社区的损伤，更好地回归社会。该项制度彰显了针对未成年犯罪嫌疑人本身可塑性的思索和考量，显示了“教育、感化、挽救”的方针和“教育为主、惩罚为辅”的原则。换句话说就是希

---

① 参见杨志：《附条件不起诉制度研究》，西南政法大学 2014 年博士论文。

望通过恢复性程序寻找具有恢复性的结果作为现实需要的方案，此方案包含了强调以减少犯罪和促成被害人、犯罪人和社区三者之间以再次愈合为目的的恢复性司法政策。

2. 随着修复式正义思潮的兴起，如何具体实践修复式正义理论成为重要的课题。较可行的方式为在既有的传统刑事司法体系中进行妥协、改造，融入修复式正义之精神，通过传统刑事司法制度之运作以实践修复式正义理论。① 而附条件不起诉的设计，是检察官针对未成年人涉嫌犯罪，虽然符合起诉条件，但是有悔罪表现的，可以附加一定条件，规定一定的考验期，如果在考验期内遵守相关规定，考验期满的，检察官不得再行起诉。附条件不起诉已成为现今刑事司法体系中实施的制度，并非专为修复式正义理论设计的新制度，附条件不起诉制度推动了修复式正义理论之实践，其所遭受的阻力较小。最重要的是，在刑事审判以前，利用附条件不起诉来修复因犯罪所造成的加害人、被害人、社区之间被破坏的关系，可以避免刑罚对犯罪人打上烙印、标签，更有利于犯罪人复归社会。对司法机关而言刑事案件按照法律程序结案了，但对于加害者、被害者、社区而言，若伤害未被治愈，则遭到破坏的关系就无法修补，加害人便无法复归社会，则犯罪所造成的影响，并不能随案件的结案而得到很好的解决。由此可见，轻罪案件进入刑事审判以前，能够利用附条件不起诉作为实践修复式正义理论的平台，应该是可行之路。

3. 修复式正义基本要件包括了会面、改善、复归及参与等。其中“参与”是最基本的要件。这四项基本要件也是修复式正义的核心价值。现行司法制度是否可能实践修复式正义之精神？应以制度设计上有无考虑修复式正义的核心价值为判断基准。

我国刑事诉讼法将未成年人有悔罪表现，作为附条件不起诉的适用条件之一，而在实践中对被害人的赔偿则被视为犯罪嫌疑人悔罪的重要表现。法律还规定了检察机关在适用附条件不起诉之前，应当听取被害人的意见。被害人一般会将能否获得比较满意的赔偿作为同意与否的考量因素。实务部门更是基于办案的社会效果与涉检信访问题的实际考虑，强调考察犯罪嫌疑人是否取得了被害人的谅解。毋庸置疑，这些规定及实务做法有助于促进修复被害人遭受的伤害，进而维护被害人的权利。

附条件不起诉处分要求被不起诉人在一定期间内遵守或履行规定的事项，根据刑事诉讼法及最高人民检察院《规则》的相关规定，这些矫治和教育措施大体可分为三种类型：②第一，修复损害型，如向被害人赔偿损失、赔礼道歉[《规则》第 498 条第(4)项]，未成年犯罪嫌疑人通过向被害者赔偿损失、赔礼道歉，以弥补对被害人的侵害，获取被害者的谅解，双方关系能够恢复，以此重构法律秩序的和平，即实践了修复式正义的精神。第二，社区服务型，如向指定的公益团体或社区提供义务服务[《规则》第 498 条第(2)项]，这样可有效疏解讼源，增进司法裁判品质，并降低政府狱政负担及促进政府、被告及被害者三赢，同时可以发挥人本精神，达成社区资源整合，塑造公共事务高度参与的优质文化功能。当加害者积极参与社区公共事务，努力恢复与社区间的关系，此一复归社会的过程，与修复式正义的理念相同。第三，保护观察型，以保护被害人安全或预防再犯为目的，如要求未成年犯罪嫌疑人完成戒

---

① 参见许春金等：《从修复式正义观点探讨缓起诉受处分人修复性影响因素之研究》，载《犯罪与刑事司法研究》2006 年第 7 期。

② 参见刘学敏：《附条件不起诉裁量权运用之探讨》，载《中国法学》2014 年第 1 期。

瘾、心理治疗或遵守检察机关指示的事项[2018 刑事诉讼法第 283 条第 3 款第(1)项、第(2)项、第(3)项及《规则》第 498 条第(1)项、第(3)项、第(5)项、第(6)项]。通过这些措施，让犯罪人得到矫正而不再犯罪，且能复归社会，这也是修复式正义精神的体现。

四、我国附条件不起诉实践运行情况及完善建议

(一)附条件不起诉的实践运行情况

附条件不起诉在化解社会矛盾、修复社会关系以及稳定社会秩序方面，发挥了重要的功能和作用，但该制度在实践运行中也显露出一些问题，主要是检察机关适用的积极性不高，适用率较低，其中适用率低是较为突出和普遍性的问题。截至 2013 年 6 月底，西部某省 100 多个基层检察院、10 余个地级市检察院适用附条件不起诉的只对 20 余位未成年人。① 据统计，截止到 2014 年 7 月，北京市检察机关仅对 98 名涉罪未成年人适用附条件不起诉；而 2015 年浦东新区检察院适用附条件不起诉，至今仅针对 4 人。② 主要原因：

1. 适用范围的限定导致附条件不起诉适用受限

我国附条件不起诉的适用范围，除对适用主体进行限制外，还在罪名和刑期上作出限制，客观上使得附条件不起诉适用比例偏低。附条件不起诉是起诉便宜主义的运用，与起诉便宜相对的是起诉法定主义。起诉法定主义在于确保法的安定性与公平性，以及法的内部一致性，以免检察官恣意决定，同时确保刑事追诉的公正进行，取得社会公众的信赖，并收到一般预防的效果。在这种理解下，考虑到现阶段我国社会的接受程度，刑事诉讼法将附条件不起诉限于未成年人轻微刑事案件有一定的合理性。但是从罪名上看，附条件不起诉适用的罪名只包括我国《刑法分则》第四章、第五章、第六章，即侵犯公民人身权利和民主权利、侵犯财产罪、妨害社会管理秩序罪这三类犯罪，这种规定将危害国家安全罪、危害公共安全罪排除的同时，也排除了破坏市场经济秩序的犯罪，如未成年人实施的假冒注册商标、合同诈骗、信用卡诈骗等犯罪，其实这类犯罪与以上三类犯罪危害程度相当，这样，附条件不起诉的程序分流作用受到了抑制。再从刑期限制来看，我国附条件不起诉对刑期的限制非常严格，规定为 1 年有期徒刑以下刑罚，在实践当中可能判处一年以下的案件比较少，这进一步限制了附条件不起诉的适用。综上所述，我国立法在整体上对附条件不起诉的适用范围进行了限制，同时又分别从多方面对其适用进行了严格的控制，这种限制使得附条件不起诉的适用范围非常窄、适用空间非常有限。立法这种过于谨慎的态度，使得符合附条件不起诉的案件数量极少，不利于附条件不起诉功能的充分发挥。

2. 程序复杂烦琐与案多人少的困局

---

① 参见王东海:《附条件不起诉的适用难题与破解之道》，载《青少年犯罪问题》2016 年第 3 期。

② 参见张宇、杨淑红:《附条件不起诉适用情况、问题及对策建议———以浦东新区情况为切入点》，载《山东警察学院学报》2015 年第 5 期。

由于附条件不起诉适用程序比较烦琐，整个办案流程比较复杂，具体包括听取各方意见、考察前后进行汇报、检委会讨论、检察机关考察监督、两次宣告等，导致法律文书量大，手续多，耗时长，给承办人带来较大的办案压力。在案多人少的办案重压下，许多基层检察院的检察官一般不愿意主动选择适用。数据显示，2013 年，由浦东新区检察院提起公诉，符合附条件不起诉适用范围，最后被判处缓刑的未成年被告人达到 119 人，而该院实际仅对 25 名未成年犯罪嫌疑人适用了附条件不起诉。① 目前在案多人少的现状下，如果对所有符合法定条件的未成年嫌疑人均适用附条件不起诉，存在的难度显然较大。

(二)我国附条件不起诉制度的完善建议

1. 扩大附条件不起诉的适用条件

我国《刑事诉讼法》在第 271 条中对适用条件进行了具体的规定。按照法律的规定，附条件不起诉的适用对象是被明确为触犯《刑法分则》第 4 章、第 5 章、第 6 章规定的罪名可能被判处 1 年有期徒刑以下刑罚，符合起诉条件但是具备相应悔罪表现的未成年犯罪嫌疑人。过于严格的罪名条件和刑罚条件在实践中操作起来会很困难，因此大大减小了附条件不起诉适用的可能性。根据附条件不起诉的适用条件，在司法实践中与附条件不起诉相符合的案件数量的状况会影响检察机关在该制度上的作为空间的大小。在具体实践中，附条件不起诉的适用率远远低于理论中的适用率。因为在相同的条件下，相对不起诉在适用上与规定很严格的附条件不起诉相较更为方便，所以扩大附条件不起诉的适用条件势在必行。

在域外，一般不会特别严格地限制附条件不起诉的适用范围，如果要有限制，一般也只限制某一方面。如在德国与我国台湾地区，只是从刑罚上对附条件不起诉作了限制，在犯罪主体、涉嫌罪名上并没有进行限制，而且刑罚上的限制比我国大陆立法中的限制也要宽松许多。德国法虽然将附条件不起诉的适用范围限定为轻罪，但是司法实践已经有所突破，扩大到了中等程度的犯罪。在我国台湾地区，附条件不起诉的适用范围为除死刑、无期徒刑或最轻本刑 3 年以上有期徒刑以外的犯罪。考察域外及我国台湾地区附条件不起诉的适用情况，我国大陆应当进一步扩大附条件不起诉案件的适用范围。第一，取消有关罪名的限制。现行法律将适用附条件不起诉限定为《刑法分则》第 4 章至第 6 章的犯罪，主要是考虑到未成年人犯罪主要触犯的是这 3 章的罪名，但在司法实践中未成年人触犯其他章节罪名的情形也比较多，其他案件在犯罪性质与情节轻重方面与以上 3 章的罪名区别不大。因此，对罪名不应当作出限制。第二，增加适用的刑期。将附条件不起诉的适用范围从刑期上进行放开，将可能判处 1 年有期徒刑以下刑罚增至 3 年有期徒刑以下刑罚，更适合司法实践的要求。

2. 加强附条件不起诉制度的监督考察工作

(1)确定监督考察主体及责任分担

人民检察院是法定监督考察主体，作为案件的审查机关，对案件情况，犯罪嫌疑人、被害人等案件当事人、犯罪动机，案发原因等情况都比较了解，正因为如此，检察机关针对被附条

---

① 参见张宇、杨淑红:《附条件不起诉适用情况、问题及对策建议——以浦东新区情况为切入点》，载《山东警察学院学报》2015 年第 5 期。

件不起诉人，能够安排相当具体详细而适合的监督考察义务。但现在基层检察院案件繁多，人手不足，假如能在检察院内增设监督考察科，专门用来做被附条件不起诉人的考察工作，必定能缓解检察院的工作压力。人民检察院对其安排的监督考察工作，不仅仅是一项权力，而且是一项不可推卸的责任。为确保监督考察工作的顺利进行，既要发挥人民检察院在监督考察中的主导地位，又要通知被附条件不起诉人的监护人积极配合检察院的工作对其加强教育。未成年的法定监护人首先由其父母担任，在父母死亡或者无监护能力的情况下，可由其祖父母、外祖父母、成年的兄、姐、未成年人父母所工作的单位或未成年人住所地的居民或村民委员会提任，甚至民政部门可以担任。在无监护人的情况下，可以联系未成年人所就读的学校、工作的单位、居住的社区或未成年人保护组织进行管教。

(2)明确监督考察内容

刑事诉讼法规定在具体考验期限内，被附条件不起诉人应当遵守四项规定，却没有详细规定其应该如何遵守法律法规和接受来自检察院的监督，也没有涉及报告其活动的频率、离开居住地的理由与时间、接受矫治和教育的地点和期限。各地检察机关都是按照以往的经验进行监督考察的，这四项规定可操作性较差，导致监督考察流于形式。尽管最高人民检察院《人民检察院刑事诉讼规则》中的第 496 条第 2 款中规定，人民检察院可以联合未成年嫌疑人的监护人、其所就读的学校、所工作的单位、居住地的村民或居民委员会、为未成年人提供帮助的组织等其他相关人员，定期对未成年犯罪嫌疑人实施跟踪帮教。但对个案应进一步制定可供参考的具体监督考察计划、帮教计划及禁止行为规定。

3. 完善附条件不起诉制度的监督制约程序，加强被害人权益保障

历史学家阿克顿勋爵说过，“权力有腐败的趋势，绝对的权力导致绝对的腐败”。正因为如此，检察机关的不起诉裁量权在行使中要受到限制。英美法系实行当事人主义，检察官所享有的不起诉裁量权几乎是不受任何权力机关或是外在力量的限制的。在我国，检察机关的不起诉裁量权要受到来自公权力和公民个人权利的监督制约，表现为公安机关提出复议、复核以及被害人提出的申诉和自诉。2012 年增设针对未成年犯罪嫌疑人的附条件不起诉制度，加强了对犯罪嫌疑人相关合法权益的保护，但是在被害人合法权益方面的保障却存在不足。仅在第 271 条(2018 年《刑事诉讼法》为第 282 条)第 1 款中规定了检察机关作出决定前应当听取来自被害人的意见，在第 2 款中规定被害人不服决定时可以向检察院提起申诉。2014 年全国人大常委会立法解释规定，被害人不服附条件不起诉决定，只可以向上一级人民检察院申诉，不能向人民法院起诉。① 这一规定打破了涉未成年人犯罪案件中，“被告人附条件不起诉”和“被害人刑事自诉”制度的平衡需求。

为保护被害人的合法权益，在检察机关作出的法定不起诉、相对不起诉及存疑不起诉决定中，立法允许被害人按照《刑事诉讼法》第 176 条的规定向上一级检察机关申诉或者不经申诉直接向法院起诉，表明立法扩大了被害人提起刑事自诉的适用范围，使被害人提起刑事自诉成为权利救济的必然选择。但《关于〈中华人民共和国刑事诉讼法〉第 271 条第 2 款的

---

① 全国人大常委会通过《关于〈中华人民共和国刑事诉讼法〉第 271 条第 2 款的解释》规定：“被害人对人民检察院对未成年犯罪嫌疑人作出的附条件不起诉的决定和不起诉的决定，可以向上一级人民检察院申诉，不适用刑事诉讼法第 176 条关于被害人可以向人民法院起诉的规定。”

解释》关于被害人对附条件不起诉决定不服，不能向人民法院提起自诉的规定，扩大了检察机关司法处置权，这不利于对被害人权益的保护。① 同时，设计由法院启动对检察机关附条件不起诉决定进行审查监督，这不仅是司法终结性的内在要求，还是防范检察机关滥用附条件不起诉决定权的关键。因此，“被告人附条件不起诉”和“被害人刑事自诉”一并实施，有利于在强调未成年嫌疑人刑事处罚特殊性的同时，保障被害人自诉救济权的实现，是符合双向保护基本精神的。

① 参见王建平：《附条件不起诉案中的权益平衡——以未成年人案件应赋予被害人自诉权为视角》，载《法律适用》2015年第6期。

《厦门大学法律评论》总第三十一辑
厦门大学出版社 2019 年 6 月版
《网络涉众型经济犯罪的实证分析与应对举措》
第 177 页～第 197 页

网络涉众型经济犯罪的实证分析与应对举措*

——以福建省厦门市为例

李兰英　张　嵘　方晋晔　陈　勇　张　颖**

摘要：本文在福建省厦门市网络涉众型经济犯罪三个维度的实证研究的基础上，分析了当前网络涉众型经济犯罪的整体状况、发展趋势及形成原因；介绍了厦门市通过采取综合措施治理网络涉众型经济犯罪的经验和探索，对于采取金融风险防控预警平台进行技术防范的具体操作原理进行介绍和反思；对于通过政府、行业、个人各个层面进行社会防控，通过行政、刑法"双轨制"进行综合治理的举措进行分析和评价。

关键词：网络涉众型经济犯罪；形成原因；金融风险防控预警平台；社会防控

On Cyber Economic Crime involving Mass Stakeholders: Illustration by Xiamen City

Li Lanying　Zhang Rong　Fang Jinye　Chen Yong　Zhang Ying

Abstract: On the basis of a three-dimension empirical research on cyber economic crime involving mass stakeholders in Xiamen city, Fujian province, this paper analyzes the overall situation, development trend and formation causes of the current cyber economic crime involving mass stakeholders. It introduces Xiamen's experience and exploration in adopting comprehensive measures to control cyber economic crimes, presents and reflects

---

* 文章 DOI:10.3966/615471682019060031012。

本文为李兰英教授主持的国家社科基金重大项目"网络金融犯罪的综合治理"（编号 17ZDA148）的阶段性研究成果。

** 李兰英，女，1966 年 3 月生，河北保定人，刑法学博士，厦门大学法学院教授，博士生导师，电子信箱：lanly009@xmu.edu.cn；张嵘，厦门思明区法院副院长；方晋晔，厦门思明区法院法官；陈勇，厦门大学法学院刑法学专业博士研究生；张颖，厦门思明区法院法官。

本文的调研内容和写作得到了厦门市金融办的李铭处长、苏晨科长的大力支持和指导，在此感谢。

on the specific operating principles of adopting the Financial Risk Prevention and Warning Platform for technical prevention. Social prevention and control through various levels including government, industry and individual, as well as the comprehensive management through "double-track system" of administration law and criminal law, are also analyzed and evaluated.

Key Words: Cyber Economic Crime involving Mass Stakeholders; formation causes; Financial Risk Prevention and Warning Platform; social prevention and control

序 言

涉众型经济犯罪并非法定概念，而是对具有涉众性特征的经济犯罪所进行的犯罪学意义上的类型化统称。① 2006年，公安部首次提出"涉众型经济犯罪"的概念，并将涉众型经济犯罪阐述为，涉及众多受害人，特别是涉及众多不特定受害群体的经济犯罪。将涉众型经济犯罪作为一类特殊犯罪对待，主要出于保护广大公众的经济利益、维护社会稳定的目的。②

根据公安部2018年公布的十大涉众型经济犯罪案件的分析，当前，受国际国内各种因素的影响，我国经济犯罪形势呈现许多新的特点，发案总量持续高位运行，尤其是社会领域犯罪与金融领域犯罪交织、网上犯罪与线下犯罪叠加，防范打击犯罪面临新的挑战。其中，非法集资、网络传销等涉众型犯罪高发频发，2017年以来全国公安机关共立该类案件1.7万起，网络借贷、投资理财、私募股权、虚拟货币、电子商务、消费返利、慈善互助、养老等领域成为"重灾区"，涉及人员多、地区广，蕴含巨大经济金融风险。③ 与此同时，福建省经济犯罪也呈现出"非法集资犯罪风险加剧""网络传销犯罪花样翻新"等特点，2017年以来，福建省非法吸收公众存款和集资诈骗犯罪案件高发，从传统的资源开发、种植养殖、投资担保、房地产开发等"实体经济"领域，向虚拟化、网络化的纯"资本运作"拓展。披着"金融创新"外衣的非法集资犯罪集中爆发，网络借贷、股权众筹、虚拟货币等互联网金融领域成为重灾区，呈现出跨省、跨区域特征，涉及面极广。④ 因此，防范和打击网络涉众型经济犯罪，是当前乃至很长一段时间的攻坚战。课题组成员选取福建省司法案例以及厦门市相关数据为样本，进行实证研究，旨在挖掘网络涉众型经济犯罪发生的问题根源，并有针对性地提出相应的防范处置措施。

---

① 参见莫洪宪、黄鹏：《涉众型经济犯罪违法所得处理问题研究》，载《人民检察》2016年第16期。

② 参见朱江等：《涉众型经济犯罪的剖析与治理》，法律出版社2014年版，第3～4页。

③ 参见新浪网：http://news.sina.com.cn/c/2018-05-22/doc-ihawmaua5598412.shtml，最后浏览日期：2018年9月1日。

④ 参见东南网：http://fjnews.fjsen.com/2018-05/15/content_21046811.htm，最后浏览日期：2018年9月1日。

一、福建省网络涉众型经济犯罪三个维度的实证分析

如上所述，非法集资类犯罪已经成为网络涉众型经济犯罪最主要的类型之一，为此，课题组成员以非法集资犯罪的三个阶段为维度进行实证研究，解剖麻雀，旨在发现非法集资行为实施各个阶段的特点，揭示非法集资犯罪的发生过程，并在此基础上挖掘网络涉众型经济犯罪发生的问题根源。

非法集资从实践来看一般分为"画饼""造势""吸金""跑路"四个阶段，其中前三个阶段的完成意味着非法集资行为的完成。"跑路"阶段不是非法集资犯罪都有的过程，然而一旦完成"跑路"则意味着投资者损失的进一步扩大，甚至无法挽回。无疑，要从根本上治理非法集资犯罪行为，关键得从非法集资前三个阶段着手。

(一)"画饼"：通过低成本设立注册资本雄厚的公司

非法集资的第一个阶段一般表现为，行为人通过极低的成本设立注册资本雄厚的公司迷惑投资人。影响投资人作出投资决策的首要因素是资金安全，其次才是投资回报率，而投资人对资金安全的评估最简单、直接的依据就是投资项目的运营公司的资本实力。行为人往往利用投资人的这种心理特点设立注册资本雄厚的公司，并在此基础上继续对投资人各种利诱、"画饼"，迷惑、吸引投资人。为此，课题组以厦门地区需重点跟踪关注的63家涉金融互联网企业为数据样本，专门对涉金融互联网企业的设立现状进行实证分析。①

1.企业设立现状

(1)企业设立程序

涉金融互联网企业与普通企业在设立程序上并无二致，仅需在市场监督管理局登记注册即可。2016年10月28日，银监会、工信部、工商总局联合发布《网络借贷信息中介机构备案登记管理指引》(简称《指引》)，明确新成立的网贷平台向工商部门登记后，还需向工商登记注册地金融监管部门提出备案登记申请。但并未明确备案登记的具体监管部门，亦未明确备案登记的条件，在实践中难以操作。

(2)企业名称和注册登记地

对样本数据进行统计，可得厦门市涉金融互联网企业名称和注册登记地分布情况。(如图1所示)

从上述数据来看，涉金融互联网企业在名称中含有"信息技术"或"网络技术"的企业最多，为17例；其次为"投资管理"或"资产管理"，有15例；以"金融服务"或"信息服务"为名称的企业有10例；以"投资咨询"或"管理咨询"为名称的企业有7例；以"电子商务"为名称的

① 本文所选取的63家涉金融互联网企业样本，系厦门市思明区金融风险防范和处置工作联席会议上所确定的须重点跟踪关注的企业。

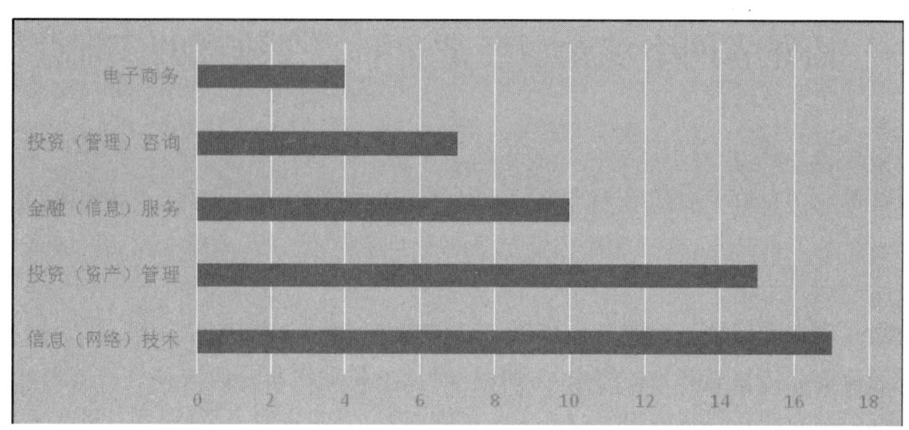

图 1　厦门市涉金融互联网企业名称和注册登记地分布

企业有 4 例。除此之外，也有部分企业名称中含有“财富管理”“融资租赁”“普惠信息”等字样。2017 年 11 月 21 日，互联网金融风险专项整治工作领导小组办公室紧急叫停网络小额贷款公司的批设。① 随着行政监管部门强势管控和公安机关持续打击整治，部分企业通过变换、升级公司名称逃避监管，注册登记的名称中含有“金融互助”“教育科技”的公司渐趋增长。

关于企业注册登记地，从样本数据来看，涉金融互联网企业热衷于将公司注册于高档商务楼和各类经济开发区，如集中在银行中心、财富中心、国际航运中心、自由贸易试验区等。另外，不少企业存在工商注册地与实际经营地不一致的情况，即将工商注册地登记于高档商务楼中，设立企业所谓的“总部”，使投资者对企业资产和实力产生错误认识，以吸引投资者注意，而后在城市各个城区设立一定数量的“服务点”开展业务。

(3)注册资本

对样本数据进行统计，可得厦门市涉金融互联网企业注册资本分布情况。（如表 1 所示）

表 1

	100 万以下	100 万(含)—1000 万(不含)	1000 万(含)—5000 万(不含)	5000 万(含)—1 亿(不含)	1 亿以上(含)
数量(家)	1	7	31	14	10
占比	1.59%	11.11%	49.21%	22.22%	15.87%

① 2017 年 11 月 21 日，互联网金融风险专项整治工作领导小组办公室下发《关于立即暂停批设网络小额贷款公司的通知》，自即日起，各级小额贷款公司监管部门一律不得新批设网络（互联网）小额贷款公司，禁止新增批小额贷款公司跨省（区、市）开展小额贷款业务。

从上述数据来看，注册资本在1000万～5000万的企业所占比重最大，达到了企业总数的一半，注册资本在100万以下的企业仅有1家，注册资本在1亿以上的企业也不在少数。可见，该类企业在设立时注册资本已达到较高数额，企业一方面试图通过较高的注册资本显示企业的经济实力，另一方面因为注册资本实行认缴制，较高的注册资本也不会给企业带来资金压力，上述企业均未披露实缴注册资本金额。

(4)投资者情况

对样本数据进行统计，可得厦门市涉金融互联网企业投资者情况。(如图2所示)

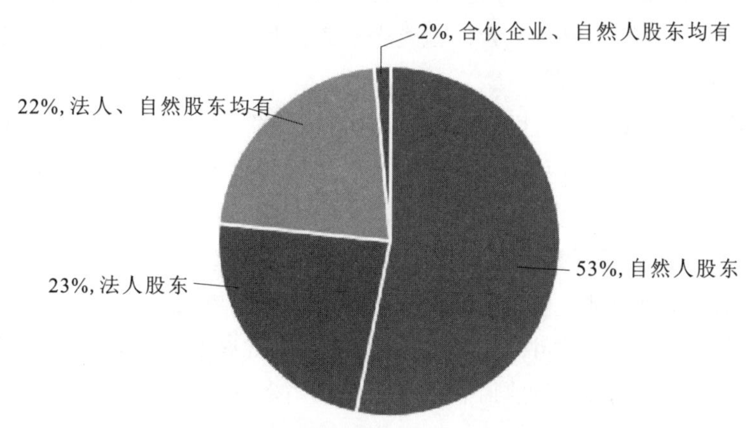

图2　厦门市涉金融互联网企业投资者情况

从上述数据可知，涉金融互联网企业中有超过半数为自然人股东。据了解，该类企业自然人股东主要有四个方面的来源：一是传统金融机构"跳槽"的创业者；二是民间放贷者、资金掮客；三是原互联网、大数据领域从业人员；四是来自制造业、房地产等领域的跨行业经营者。① 因行业准入门槛较低，对从业人员无资质要求，导致从业人员鱼龙混杂、良莠不齐。由法人投资设立该类企业的占比为23%，法人和自然人共同投资设立该类企业的占比为22%。在上述由法人参与投资设立的企业中，有8例属于总公司投资设立子公司的情形，14例属于同类企业法人投资设立该类企业的情形，但也有汽车服务等行业投资设立该类企业的情形。

(5)业务范围

通过对样本数据进行统计，可知厦门市涉金融互联网企业经营范围主要集中在金融信息服务、投资咨询等方面，但也有超过半数的企业除上述经营项目外，还从事广告类、工艺品交易类以及其他商品类批发和销售等，其中同时从事广告类经营的企业居多。究其原因，主要是为了便于该类企业在经营过程中发布产品广告，避免其他广告商对广告内容、性质等进行审查，减少中间环节。另外，上述企业工商登记经营范围均注明："以上根据法律、行政法规、国务院决定等规定需要审批的，依法取得相关审批文件后方可经营。"

---

①　参见陶金、蒋敏、吉海平：《"类金融"风险防治对策研究》，载《上海公安高等专科学校学报》2018年第2期。

2.存在的问题

(1)企业表面“风光”,实际抗风险能力差。涉金融互联网企业在设立时为达到吸引投资者的目的,通常先在城市高档商务区租借办公用房,建立所谓的企业“总部”,而后短时间内“克隆”出大量子公司和关联企业,在企业名称上也极尽所能体现科技、创新,最重要的是通过虚高的注册资本体现企业强大的经济“实力”。而事实上,由于《公司法》并未对注册资本的实缴数额作出规定,加上行政机关办理企业注册登记所提供的“零接触”“一条龙”等便利,在实践中注册一家资本为五千万的涉金融互联网企业只需数千元,一个月内就可以拿到公司营业执照、组织机构代码、税务登记证以及公司的一整套公章,而后只需数万元购买网贷软件、租用服务器便可开设网贷平台。该类企业表面具有强大的经济实力,实际上空壳公司占很大比例,企业抗风险能力差。

(2)市场准入门槛低,专业性不够。目前涉金融互联网企业市场准入与普通企业并无二致。由于企业设立成本低,成功率高导致市场中该类企业大量涌现,企业水平参差不齐。在市场准入中,对企业股东、投资人、管理团队的实力背景、从业经验、征信情况无相应准入门槛,对金融从业人员、互联网技术人员也无相应的资质要求,企业在风险控制、金融业务、互联网技术等方面缺乏专业性,是今后问题集聚爆发的潜在风险。

(3)政府监管难,社会危害性大。涉金融互联网企业往往具有较强的隐蔽性、迷惑性以及跨区域性,给传统金融行业分业监管模式带来了诸多挑战,大部分企业问题直至其资金链断裂时才彻底暴露,能做到事前、事中监管的可谓少之又少。① 在监管的真空下,企业为追求利益最大化,往往利用监管漏洞套利。随着该类企业经营范围不断拓展,经营模式走向集团化,部分企业超出经营范围违法违规进行业务操作,在当前金融市场中爆发的问题也层出不穷。以网贷平台为例,仅 2018 年 7 月爆雷的网贷平台就多达 218 家②,涉案金额巨大,受害者广泛且基本都是普通民众,处理不善有害民生稳定。互联网金融乱象丛生,破坏的不仅是金融市场秩序,还给社会稳定带来极大的负面影响。

(二)“造势”:利用一切资源把声势造大

在实施非法集资行为的过程中,非法集资行为人为吸引更多的投资者,在完成第一个阶段的“画饼”后,要进入第二个阶段的“造势”,即利用一切资源把声势造大,以获取潜在的投资人的信任。近年来,一些中介机构借机在媒体上发布帮助“贷款”“担保”“借款”“代办银行卡”等内容的广告,一定程度上影响投资者作出准确的投资决策,极具欺骗性,但案发后相关广告中介机构并未被追究相应的责任,投资者在维护自身权益时存在实际困难。

经过对中国裁判文书网福建省近 3 年来的 298 件非法集资犯罪案件进行统计发现,绝

---

① 在事前监管上,虽有《指引》对企业备案进行了相应的规定,但由于监管部门、备案条件不明确导致实践中并未真正实施,而《指引》也明确表示备案登记不构成对网络借贷信息中介机构经营能力、合规程度、资信状况的认可和评价。

② 参见网贷之家官网:https://www.wdzj.com/nws/yc/2855600.html,最后浏览日期:2018 年 9 月 1 日。

大部分存在被告人以自然人名义或以设立企业名义，公开发布投资广告资讯信息的行为，主要表现为以下5类：

1. 在各类大众媒体上发布资金募集广告，包括利用报纸刊登、门头广告（也称门牌广告）、广播电影电视等传统媒体发布募集信息，合计95例。其中利用报纸刊登的结果有36例，门头广告（也称门牌广告）次之，有26例，利用广播、电影电视方式发布广告的案件较少；随着互联网的普及，近年来通过新媒体，即互联网等发布资金募集广告的案例也不在少数，且大部分是通过互联网的相关论坛、网站，尤其是利用互联网搭建的众筹平台和借贷平台等进行犯罪。

2. 向社会不特定人群散发资金募集传单，包括写有公司名片的小广告、介绍虚构的集资项目宣传单、宣传图册、展板等，利用此种方式造势的情况最多，达188例。

3. 以打电话、发送手机短信方式或者利用微信、微信群、QQ、QQ群等通讯软体向公众传播资金募集信息，达53例，另外，在利用此种方式造势的案例中，常与某些被告人“锲而不舍”打电话有关，最终骗取被害人存款。

4. 在会议中心、礼堂、星级酒店等场所通过举办研讨会、讲座、论坛、推介会、展览会、酒会、理财说明会等方式发布资金募集信息，合计达45例，最为常见的是推介会与理财说明会。

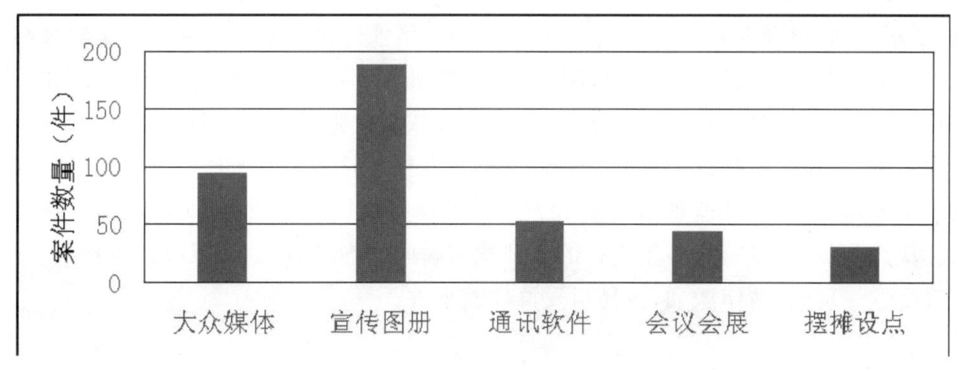

图3　福建省近三年涉众经济犯罪广告行为类型分布

5. 在银行、证券公司等机构柜台或者商场、超市及其他场所散发资金募集信息，在涉及该方式的案例中，被告都存在“发布其与金融机构虚假合作关系的广告册、广告标牌”的行为，或者被告及其公司安排员工到某些特定场所摆摊设点或纯粹到上述场所散发资金募集广告。

该类行为多发原因主要有以下四个方面：一是审查管理依据不足。现行金融监管规则虽然涉及金融广告方面的规定，但是都是原则性的和间接性的规定，并未对金融广告予以直接规定。二是广告发布前审查流于形式。该类广告行为主要由广告经营者、发布者自行审查。在实践中，一方面，广告经营者和广告发布者为了自身的经济利益，对广告主的相关证明文件疏于查验，导致违法广告流入市场；另一方面，广告经营者和发布者广告审查的能力有限对于广告主提供的资质许可真伪难以判断，造成对金融类广告的自我审查流于形式。三是相关行业主管部门沟通不畅，导致取证难、执法难，尤其缺乏相关行业主管部门的协助使得工商部门对广告主应当具备的许可资质、广告经营者、发布者出示的证明文件的真伪难以认定。四是对广告审查失责缺少有效的监督与惩罚机制。例如，对于公安机关认定涉嫌经济犯罪以及有关职能部门认为已经构成或者涉嫌构成非法集资活动的，仅规定广告发布者应当立即停止发布与该活动有关的任何形式的广告，违法成本过低。五是广告行业协会组织缺位。其一是由于广告的信息不对称性、经济活动的逐利性等因素影响，其二是由于广告行业协会组织身份归属不明、权责划界不清，其三是由于广告行业协会组织业内影响力不强、运营模式不合理、惩戒力度不强。①

(三)“吸金”：通过各种形式吸收公众资金

在完成“画饼”和“造势”之后，非法集资进入最关键的阶段“吸金”。当前，非法集资犯罪的涉案数额呈几何级膨胀的趋势是一个需要我们重视的问题。通过分析前述我省近三年非法集资犯罪不难发现，集资数额“高走”态势严峻。案件持续时间长，涉案金额逐年攀升。大部分非法集资案件作案时间长达三年以上，有些长达六七年，时间跨度大，集资对象范围不断扩大，人员规模和涉案金额越来越大，大、要案频发。但因相关职能部门缺乏沟通协调和有效监管，未能及时采取措施对涉案账户冻结止付，造成后期群众较大损失。值得注意的是，非法集资刑事案件在集中爆发前，表面上只是民间借贷等普通民事法律行为，并不对外公开，隐蔽性强，投资人之间一般互不相识，也不了解实际借款规模。除非发生较大纠纷，公安机关一般让投资人到法院起诉而不以集资诈骗处理，延宕了许多案件查扣财产的关键时间窗口，进而难以及时有效处置。案发时，资金多数已被犯罪分子提前转移或用于经营和高风险投资等，可保全财物价值有限。被告人被警方控制时名下财产已所剩无几，涉案赃款被扣缴比率畸低，平均案件追赃率不足10%。这种情况直接导致法院后续作出的退赔判决无法实际执行到位，不少家庭多年累积的全部积蓄瞬间化为乌有，蒙受巨额经济损失。被害人难以接受这一现实，情绪激动，极易引发群体性事件。

二、当前网络涉众型经济犯罪的发展趋势及形成原因

(一)发展趋势：井喷式增长与连续性爆雷

涉众型经济犯罪近年来呈现的最显著特点是涉互联网金融犯罪的井喷式增长，尤其是与互联网金融相关的非法吸收公众存款罪和集资诈骗罪，在这两大非法集资类犯罪中，表现最为突出的当属P2P网络借贷刑事案件。② 特别近几个月北京、上海、广州、深圳、杭州等

① 参见田哲：《从广告审查管理制度看金融类广告监管难点》，载《中国工商报》2016年3月24日。

② 参见国家检察官学院课题组：《P2P网络借贷平台异化的刑事规制》，载《国家检察官学院学报》2018年1月。

城市 P2P 平台出现大规模爆雷潮，更加剧了金融风险，影响社会稳定。据网贷之家统计，截至到 2018 年 7 月，我国累计 P2P 平台数量达到 6385 家，正常运营的平台数量只有 1645 家，累计问题平台 2305 家，累计转型及停业平台 2435 家。问题平台历史累计涉及的投资人数约为 111.9 万人（不考虑去重情况），占总投资人数的比例约为 6.2%，涉及贷款余额约为 777.6 亿元，占 2018 年 6 月底行业贷款余额的比例约为 7.7%。①

时间	停业及问题平台数	涉及投资人数（万人）	占总投资人数比例	涉及贷款余额（亿元）	占总贷款余额比例
2013 年及之前	93	1.6	6.4%	16.1	6.0%
2014 年及之前	394	6.3	5.4%	68.2	6.6%
2015 年及之前	1688	27.7	4.7%	171.1	4.2%
2016 年及之前	3429	45.2	4.5%	258.1	3.2%
2017 年及之前	4039	57.3	3.7%	332.9	2.7%
2018 年 7 月及之前	4740	111.9	6.2%	777.6	7.7%

数据来源：网贷之家研究中心

图 4　停业及问题平台统计表

2018 年 7 月份，全国停业及问题平台数量为 218 家，其中问题平台 165 家（提现困难 143 家、跑路 19 家、经侦介入 3 家），停业转型平台 53 家②，其中不乏钱爸爸、投融家、银票网、牛板金、唐小僧等多家累计交易额在百亿级的 P2P 平台。停业及问题平台主要分布在浙江、上海、广东、北京等地。③ 截至 2018 年 7 月，福建省正常运营平台 39 家，累计 P2P 停业及问题平台 95 家，7 月份新增停业平台两家（宏骏时贷、聚融在线）。④ 网贷平台，连续爆雷，金融风险无处不在。

（二）厦门市网络涉众型经济犯罪刑事案件的特点

与此同时，金融风险加剧了金融犯罪的增加。根据厦门市中级人民法院提供的数据和分析，近三年全市法院非法集资刑事案件的特点为：

一是案件数量呈井喷式增长态势。2016 年，全市法院收案审理非法集资类刑事案件 19 件 39 人（另有刑期变更案件 3 件、复函案件 2 件未计入），含非法吸收公众存款、集资诈骗双罪名的案件 2 件 10 人，涉案金额近人民币 30 亿元，个案涉案投资人人数多达 24000 余人（“e 租宝”案）。上述案件一审均由思明区法院审理，其中 2 件 2 人经厦门中院

① 参见网贷之家官网：https://www.wdzj.com/nws/yc/2855600.html，最后浏览日期：2018 年 9 月 1 日。

② 参见网贷之家官网：https://www.wdzj.com/nws/yc/2855600.html，最后浏览日期：2018 年 9 月 1 日。

③ 参见网贷之家官网：https://www.wdzj.com/nws/yc/2855600.html，最后浏览日期：2018 年 9 月 1 日。

④ 参见网贷之家官网：https://shuju.wdzj.com/shutdown.html，最后浏览日期：2018 年 9 月 1 日。

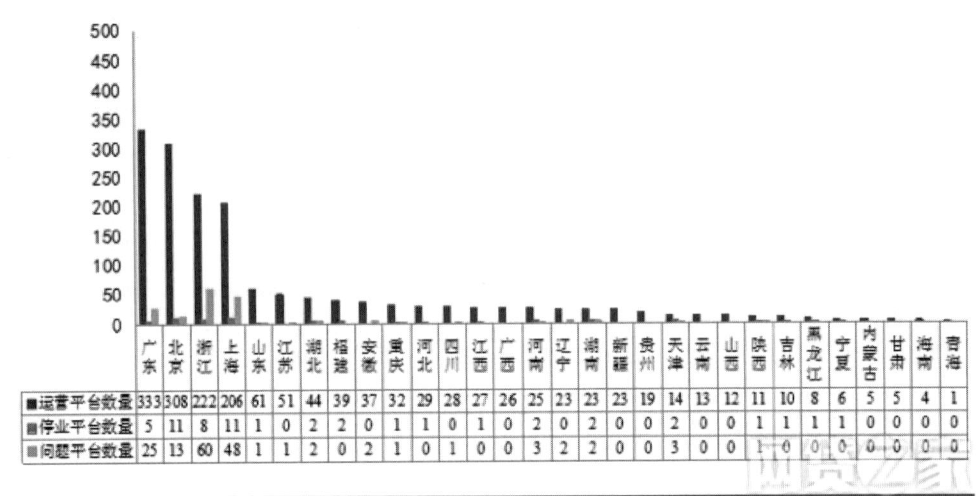

	广东	北京	浙江	上海	山东	江苏	湖北	福建	安徽	重庆	河北	四川	江西	广西	河南
运营平台数量	333	308	222	206	61	51	44	39	37	32	29	28	27	26	25
停业平台数量	5	11	8	11	1	0	2	2	0	1	1	0	1	0	2
问题平台数量	25	13	60	48	1	1	2	0	2	1	0	1	0	0	3

	辽宁	湖南	新疆	贵州	天津	云南	山西	陕西	吉林	黑龙江	宁夏	内蒙古	甘肃	海南	青海
运营平台数量	23	23	23	19	14	13	12	11	10	8	6	5	5	4	1
停业平台数量	0	2	0	0	2	0	0	1	1	1	1	0	0	0	0
问题平台数量	2	2	0	0	3	0	0	1	0	0	0	0	0	0	0

图 5　2018 年 7 月各省运营平台、停业及问题平台数量

二审审理。收案数与往年全年收案不足 2 件相比，呈激增态势，无论是被告人人数，还是涉案投资人人数，均创历史新高。2017 年，全市法院收案审理非法集资类刑事案件收案数高达 26 件，涉案金额居高不下。2018 年上半年，全市法院审结非法集资刑事案件 10 件 26 人，涉案金额 24.6 亿余元，参与集资人数达数千人，跨省作案占 80%；通过互联网诈骗占 50%。

二是高息揽储，诱惑力强，案值巨大。在上述案件中，被告人吸存利率大多集中在 2～5 分之间，其以远高于银行同期存款利率的高息，或其他高额投资回报率作为诱饵，通过种种名目诱骗群众投资。如被告单位香山国际游艇俱乐部(厦门)有限公司、被告人方东洛等人非法吸收公众存款案，非法吸收 87 名投资人存款全额逾 17 亿元。

从对厦门金融办以及法院调研的情况来看，引发网络涉众型经济犯罪行为的行业主要集中在：(1)大宗商品交易平台(如全国范围内的云南泛亚，厦门市内的中经商品交易中心、海沧区的石油交易中心和两岸商品交易中心)及其会员单位；(2)互联网金融平台(以 P2P 网络借贷为主，如全国范围的 e 租宝，厦门市的招宝网、友友贷等)；(3)互联网电商返利平台(如万协云商、堃埲公司、瑶池集庆等)。

从行为性质上看，可能涉嫌非法(变相)吸收公众存款、集资诈骗、组织、领导传销活动、非法经营等罪名，且还存在交叉叠加情况。

从地域上看，网络涉众型的经济犯罪，如非法集资、非法吸收公众存款，特别是组织领导传销的活动，已经出现由城市渗透到农村的趋势。

(三)网络涉众型经济犯罪形成原因分析

1. 市场环境方面原因

受全球经济衰退影响,一方面,一些中小企业资金紧张,对金融服务需求旺盛且日益多样化,但由于银行信贷等金融产品准入门槛高、耗时长、手续复杂,导致企业融资渠道不畅,融资需求得不到满足,资金供求关系失衡。另一方面,银行存款利率持续走低,能够保值增值的投资和理财方式十分有限,大量民间资本急于寻找投资空间,正好与中小企业对资金"需求急、总量少"的特点相契合,催化了民间借贷市场的活跃,为涉众型经济犯罪的发生提供了现实"土壤"。①

2. 企业自身原因

(1)市场准入门槛低,专业性不强

涉金融互联网企业在市场准入上与其他普通企业并无二致,仅需工商部门登记注册即可,企业设立成本低,对从业人员无资质要求,由此市场中涌现大量"杂七杂八"的同类企业。这些企业投资人和管理人员大多缺乏应有的金融专业知识和优质服务,素质和水平参差不齐,企业发展主要依靠打广告和制造噱头,有些就是拼运气或者转投大的平台以获取利差,毫无专业性可言。

(2)企业自律性低,运营风控能力差

为追求利益最大化,部分企业利用监管漏洞谋取利益,打法律擦边球,缺乏风险控制意识。许多企业以高利息率吸引投资者,从而形成了较高的金融杠杆率,企业经营风险进一步加大。以网贷平台为例,截至2019年1月份,运营中的平台有20家平均预期年收益率达16%以上,预期年收益率在12%~16%的平台有161家。② 高收益率无疑对消费者有着巨大的诱惑力,但是一旦因投资失败出现逾期支付等流动性风险或挤兑现象,问题必然爆发。

3. 政府监管方面原因

(1)分业监管模式下的监管真空

互联网金融是传统金融依托互联网和大数据开展业务的新型金融模式,是新领域下的跨界混业经营,对其监管不仅涉及金融监管部门,还涉及通信、工商、广告监管等多个部门。面对金融业务的融合化,新型金融产品涉及领域相互交叉,传统金融机构分业监管模式受到挑战。随着互联网金融企业的大量涌入,传统监管模式责任不明,能力不足、漏洞频出的弊端进一步显现,导致涉金融互联网企业进入监管盲区。

---

① 参见周绪平、邱勇、游若望:《涉众型金融犯罪亟待防范与化解》,载《检察日报》2016年3月20日第003版。

② 参见网贷之家官网:https://www.wdzj.com/dangan/search? filter=e1-c4,最后浏览日期:2019年1月9日。

(2)“运动式”监管下的企业变异

政府在实现金融体系发展的深度与广度过程中的职责就是为参与者制定清晰的规则。① 为抑制互联网金融行业的乱象百出,2015 年 7 月央行等十部委下发《关于促进互联网金融健康发展的指导意见》,开启了我国互联网金融实质监管的征途。2016 年 10 月,国务院办公厅等十七个部委在一天内发布七份文件,监管政策“全面开花”。监管政策虽多,但内容抽象、可操作性不强,缺乏系统性监管框架及顶层设计。运动式监管模式下带来的企业变异问题也加大了监管难度,即企业通过变更注册名称、经营范围等内容规避政府监管。如 2017 年 8 月以后,带有“金融”“理财”“财富”等字样的企业暂停注册,但名称中带有“网络科技”“信息咨询”等公司依然可以进行注册。

(3)重拳监管助推了问题的爆发

2017 年来随着涉金融互联网企业问题爆发式显现,中央及地方相继出台各类监管政策,以期实现重拳出击下的行业出清,然而面对创新层出不穷、风险无处不在的互联网金融市场,要实现“鼓励创新、防范风险、趋利避害、健康发展”的要求还有一定的距离。强监管带来的投资者恐慌,一定程度上加速了问题的爆发,昆明泛亚“日金宝”、钰城集团“e 租宝”、上海快鹿等就是很好的例证,监管进入“治乱循环”的怪圈。

从客观来看,国家对企业和个人从社会公众进行融资的监管缺位,对民间高利放贷行为的制约不足,是导致金融犯罪的一个重要因素。不仅学者有呼声,而且在 2018 年全国两会上 6 位人大代表强烈建议,设立“非法放贷罪”,严厉打击那些乘人之危,以高利贷谋利,并辅以非法拘禁、故意伤害等非法手段的组织和个人。②

4. 投资者方面原因

趋利心理重,风险意识弱。一方面,该类企业在注册资金、办公场所等方面来看具有强大的经济实力,容易使投资者对企业作出错误的判断。另一方面,投资者(受害人)往往只关注高额利润,欠缺金融、投资以及法律、风控等方面知识,加上趋利投机心理较强,有时盲目跟风,对企业信用、资金能力、项目产品的真实性等情况缺乏必要的了解,对经济犯罪识别力、防范力不强,等到企业出现问题,无法归还其投资款时才意识到问题存在,但往往已经回天乏术。

5. 深层原因的思考

除上述原因之外,我们必须意识到当前“金融体制和制度需要进一步改革”“新时代下的社会矛盾正在爆发”等深层次的渊源,是导致金融风险和金融犯罪出现的根本原因。正如党的十九大报告指出的“中国特色社会主义进入新时代,我国社会主要矛盾已经转化为人民日益增长的美好生活需要和不平衡不充分的发展之间的矛盾”③。在新时代下,老百姓生活富裕了,或者为了养老,有了投资理财、追求财富积累的迫切需求,但是,当前的金融制度和金

---

① [美]罗伯特·希勒:《金融与好的社会》,束宇译,中信出版社 2012 年版,第 37 页。

② 参见中国网:http://www.china.com.cn/lianghui/news/2018-03/17/content_50717041.shtml,最后浏览日期:2018 年 12 月 17 日。

③ 参见人民网:http://sh.people.com.cn/n2/2018/0313/c134768-31338145.html,最后浏览日期:2018 年 9 月 1 日。

融业态本身并不平衡且非公平透明，还不能满足普惠金融的诉求，于是，充满诱惑力的互联网金融创新（如 P2P）就如雨后春笋，加之金融市场监管疏漏，导致良莠不分，乱象丛生，爆雷不断。

众所周知，金融机构和金融市场的价值，就在于在储蓄者和企业之间用最优的成本架起一座桥梁。然而，我国拥有超过 100 万亿人民币的储蓄和 3 万多亿美元的外汇储备，但"钱"却很贵。市场更是一边闹"钱荒"，中小企业贷不到款，一边闹"资产配置荒"，金融机构找不到优质标的，企业和储蓄者之间似乎有着一道鸿沟。① 在实践调查中，中小型企业家们直言吐槽说：企业的生存和发展，负债是不可避免的，在银行贷不到款的情况下，就必须向民间借贷。事实上，现在的很多银行对于中小型企业设置了很多贷款壁垒，选择民间融资和贷款也是无奈之举。② 与此同时，金融业也面临一些问题，如资金"脱实向虚"，金融业与实体经济供需失衡、循环不畅；融资体系仍以间接融资为主，直接融资比重依然偏低；金融风险隐患增加等。有鉴于此，习近平总书记在党的十九大报告中指出要"深化金融体制改革，增强金融服务实体经济能力"，要"发挥市场在资源配置中起决定性作用"，这为新时代中国特色社会主义市场经济的金融建设指明了方向。

三、综合应对：厦门防范处置网络涉众型经济犯罪的探索

厦门作为经济活跃、较为发达的沿海城市，设有自贸区的平台，拥有先行先试的众多机遇，但在 2018 年 6 月—8 月全国范围内，尤其是上海、杭州、深圳等城市的网贷平台连续爆雷，风起云涌，维权民众人山人海的重灾区背景下，厦门市却显得波澜不惊，稳妥着陆。这得益于厦门市对于涉及互联网融资理财平台、电商返利平台等网络涉众型经济违法犯罪行为所采取的及时有效的防范以及化解处置措施。譬如，2017 年 2 月 4 日厦门市出台了全国第一个网贷平台备案登记管理细则《厦门市网络借贷信息中介机构备案登记管理暂行办法》。该办法从新设机构备案登记、已存续机构备案登记以及备案登记后管理等方面细化了网贷平台的备案管理操作规则。2018 年 8 月 10 日，厦门市第一时间响应中央统一部署，及时发布《关于打击网贷平台借款人逃废债工作的通告》，将逃废债信息纳入征信系统和"信用中国"数据库，对相关逃废债行为人形成制约。除此之外，厦门市在处置网络涉众型经济犯罪方面的措施可以总结为以下两个层面：

（一）技术防范：实现网络涉众型经济犯罪的源头治理

政府部门对网络涉众型经济违法犯罪的治理往往比较被动，存在早期发现难、监管难等

---

① 参见人民网：http://cpc.people.com.cn/19th/n1/2017/1021/c414537-29600084.html，最后浏览日期：2018 年 12 月 1 日。

② 参见李克勤、张洪峰：《涉众型金融犯罪的防控与治理的实践探索——对某监狱 122 名集资诈骗和非法吸收公众存款罪犯的实证研究》，载《第五届犯罪学论坛：国家治理体系中的犯罪治理与预防》论文集第 1 卷，第 107 页。

问题。如多数违规的 P2P 网贷平台只有在平台控制人携款“跑路”或平台用户因无法提现向公安机关报案后，问题才被发现。所以，P2P 网贷平台一旦爆雷，通常会造成严重的社会后果和经济损失。要实现网络涉众型经济违法犯罪的“早发现、早介入、早处置”，就必须充分利用互联网、大数据等技术手段，畅通信息获取渠道，扭转信息不对称的格局，进行事前监测预警，在源头上防范网络涉众型经济犯罪。厦门市在 2016 年 8 月推出金融风险防控预警平台(第一期)，就是充分利用互联网、大数据技术推动风险防控从被动响应向主动预防转变。金融风险防控预警平台把对近期风险高发的 P2P 网贷平台的监管作为第一期开发重点，后期将逐步覆盖对股权众筹、场外配资、私募基金等互联网金融的监管，预警平台的用户为公安局和金融办。

1. 利用大数据技术编织出数据采集的“天罗地网”

金融风险防控预警平台编织出“天罗地网”，一方面，对线上数据进行每周 7×24 小时不间断的实时监测，根据特征性信息作及时预警，另一方面，广泛发动社区网格员及市民群众收集信息。①

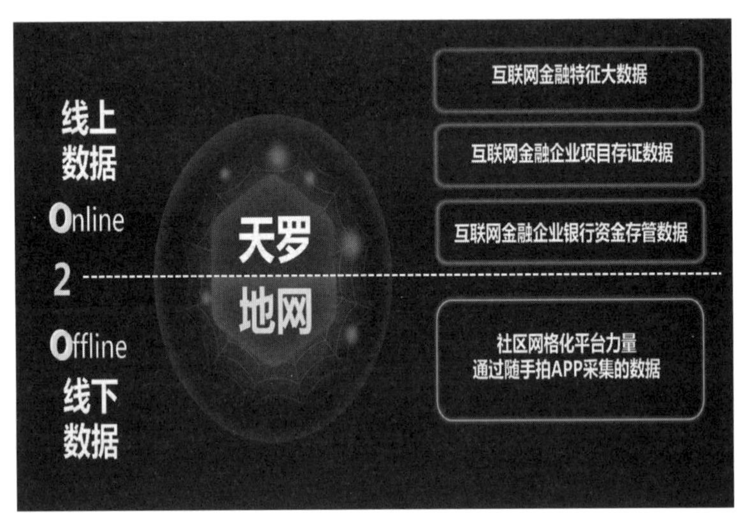

图 6 “天罗+地网”数据采集图

“天罗”即线上数据，包括“互联网金融特征大数据与政务大数据”“互联网金融企业项目存证数据”“互联网金融企业银行资金存管数据”。“地网”即线下数据，它来源于“社区网格化平台力量通过‘厦门百姓’APP(上图中的‘随手拍’更名为‘厦门百姓’)采集的数据”。②

(1)互联网金融特征大数据和政务大数据

①互联网金融特征大数据

互联网成为获取金融风险情报的有效渠道，比如网络上的“P2P 平台负责人婚变”“与子女断绝关系”“公司频繁变更办公地点”“法人变更”“限制提现”“网站故障或升级”等信息都

① 参见美亚柏科官网：https://www.300188.cn/news/detail-1042.html，最后浏览日期：2018 年 12 月 1 日。

② 参见吴芸娟：《美亚柏科，创新提升网络安全核心技术》，载《信息安全研究》2017 年 9 月。

可能成为研判P2P网贷平台爆雷风险的有用情报。这些实时、快速更新的信息散落在浩瀚的网络信息海洋中，只有借助大数据技术才能对其实现高效、精准、全面的挖掘。厦门市金融风险防控预警平台依托厦门超级计算中心，从分布在论坛、微博、博客、微信公众号、新闻客户端、社交网站等媒体上的百万个采集点，进行不间断数据采集形成“互联网金融特征大数据”。

②政务大数据。政务大数据即政府部门掌握的和金融企业相关的管理数据，如工商企业征信数据、法院失信数据等。

(2)互联网金融企业项目存证数据

首先，厦门登记备案的P2P网贷平台与电子数据存证服务平台进行对接后①，P2P网贷平台的合同及标的等业务数据会通过接口，与电子数据存证云②进行动态、实时对接存证(接入企业的每一份合同，都要在传真扫描后上传到存证云平台里面)。其次，P2P网贷平台将接入金融风险防控预警平台并授权电子数据存证服务平台将存证合同内容中的业务数据按要求上传至预警平台③，该部分数据即成为“互联网金融企业项目存证数据”。

(3)互联网金融企业银行资金存管数据

P2P网贷平台的资金存管银行和金融风险防控预警平台进行专线连接，并按要求将P2P网贷平台的资金流数据上传到预警平台。各银行提供的企业实时资金流数据形成“互联网金融企业银行资金存管数据”。

(4)线下数据，是充分利用厦门的网格化平台，直接让网格员和基层群防群治队伍使用“厦门百姓”APP，对身边发现的互联网金融产品的宣传广告等各类信息进行采集，并及时回传至平台，经过平台后台清洗、识别，成为预警模型的数据源之一。

2. 采用“风暴指数”模型构建风险评估体系

“风暴指数”模型是基于“天罗地网”采集的互联网金融数据，结合国务院《网络借贷信息中介机构业务活动管理暂行办法》中关于网络借贷信息中介机构不得从事或者接受委托从事相关活动的规定④，研究并设计的由企业不可信指数、特征性指数、资金流指数、收益率指数、投诉率指数五个维度构成的互联网金融企业风险度量模型，实现了对互联网金融企业风险的实时评估。⑤

(1)企业不可信指数：根据采集的互联网金融特征大数据与政务数据进行大数据分析比

---

① 根据《厦门市网络借贷信息中介机构备案登记管理暂行办法》，网贷平台在备案登记时要提交“已与第三方电子数据存证平台签订合同存证的委托合同复印件”。

② 存证云是厦门美亚柏科公司推出的能提供电子数据规范取证、安全存证以及后期便捷出证的“互联网+司法鉴定”创新应用。存证云具备了网页、文件、录音、邮件、拍照等多元存证功能，可在手机客户端、PC端、Web端使用，并配备了涵盖证据分享、存证函、一键仲裁、司法鉴定等多重纠纷解决机制。参见吴芸娟：《美亚柏科，创新提升网络安全核心技术》，载《信息安全研究》2017年9月。

③ 根据《厦门市网络借贷信息中介机构备案登记管理暂行办法》，网贷平台“自愿、加入厦门市金融风险防控预警平台，同意并授权电子数据存证服务平台将存证合同内容中的业务数据按要求上传，同意并授权合作的资金存管银行业金融机构将资金流数据按要求上传，并与业务数据进行匹配比对”。

④ 详见《网络借贷信息中介机构业务活动管理暂行办法》第10条。

⑤ 参见美亚柏科官网：https://www.300188.cn/news/detail-1042.html，最后浏览日期：2018年12月1日。

对，判断企业注册地址与实际地址是否相符、企业主是否有非法集资前科、在司法机关是否有不良记录等。

(2)资金流指数：将采集的互联网金融企业项目存证数据(信息流)与互联网金融企业银行资金存管数据(资金流)进行匹配比对，如果信息流和资金流匹配不上即预警；利用非法集资类犯罪短时、高频、多笔款项关联到同一或者多个关联账户的资金流向的特点，进行预警。

(3)投诉率指数：一是通过"厦门百姓"APP收集的线下数据，分析相关企业有无被举报或投诉；二是根据采集的互联网金融特征大数据，利用大数据技术分析，判断企业有无在互联网上遭投诉。

(4)特征性指数：对采集的企业的数据进行分析，判断是否存在常见的违规行为的特征，如"挪用或占用客户资金""非法集资"等。

(5)收益率指数：通过夸大融资项目的收益前景来吸引公众投资，是多数违规的P2P网贷平台常用的手法，预警平台基于大数据技术，利用智能模型有效提取收益率相关数据，对相关企业风险进行评估并预警。

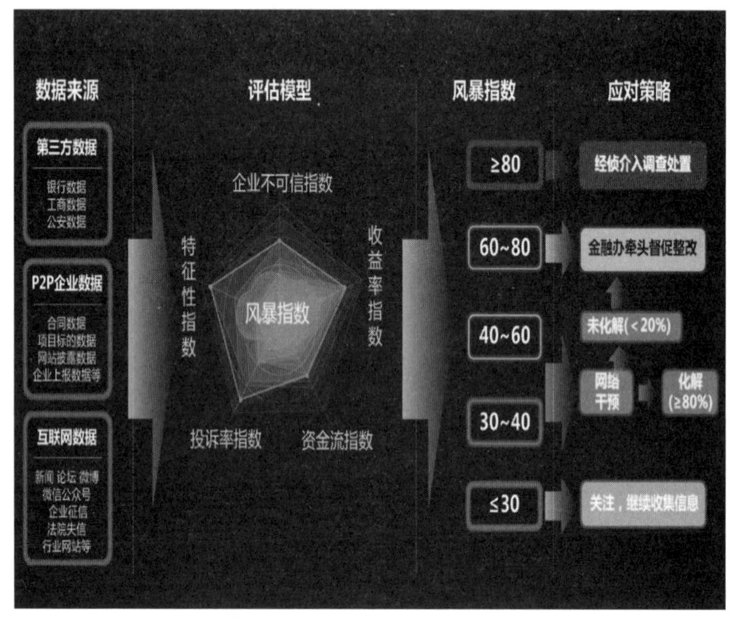

图7 "风暴指数"模型图

评估结果按分值分为五个等级，针对不同等级采用对应的处置策略。如风暴指数达到80分以上，则启动司法程序，由经侦介入调查处置。如风暴指数在60～80分段，则采用行政手段介入，由金融办牵头，联合工商、税务、公安等行政部门采取约谈、走访、检查等方式，督促其整改、规范经营。如风暴指数在40～60分段，予以网络干预。风暴指数在30分以下的，则予以关注，继续收集信息。

以厦门市某某贷公司为例，该公司风暴指数一度高达67分，特征性指数、收益率指数、投诉率指数都出现异常，预警平台对异常指数进行分析后，发现某某贷公司可能存在挪用或占用客户资金、虚假宣传、虚构标的、夸大收益前景、从事线下营销等违规行为，而当时该网贷平台的交易额已有约 4 亿元左右。

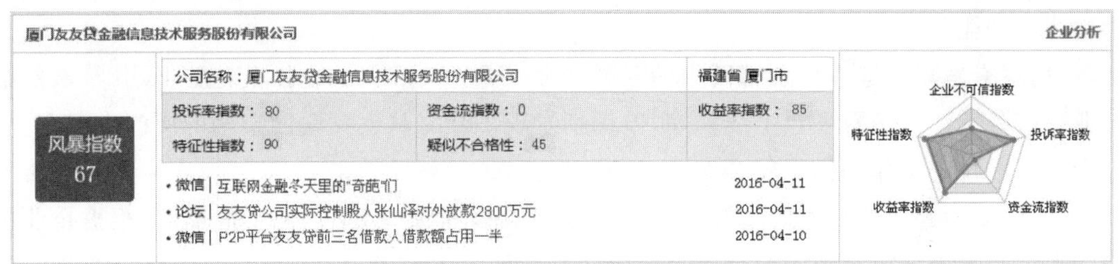

图 8　某某贷公司风暴指数图

厦门市金融办和经侦支队对异常预警高度重视，经过约谈该公司总经理，发现公司在当年 4 月 20 日开始已停止提现。随后，厦门市金融办联合市经侦局、工商、税务部门等，一个月内连续三次采用约谈公司主要负责人，到企业走访的方式督促其整改。在监督之下，该公司采取了一系列企业规范和整改措施，随后，该公司恢复正常运作。①

图 9　某某贷公司风暴指数变化情况图

---

①　参见韩韬、江宏伟:《设以"天罗地网"，处以疏而不漏——厦门美亚柏科助力互联网金融风险防控》，载《金融世界》2018 年第 4 期。

3. 构建全过程的平台防控功能[①]

金融风险防控预警平台具备事前巡查发现未备案企业、监测预警，事中协助有关部门全面掌握事态发展并迅速采取应对措施，事后利用电子数据取证分析手段进行取证溯源的全过程防控功能。

(1)巡查发现。巡查识别辖区中的互联网金融企业，及时发现未备案企业，引导未备案企业进行备案。在预警平台上线初期，就识别发现142家从事互联网金融的厦门本地企业，为专项整治排查工作提供了较全面的基础数据。[②]

(2)监测预警。依托厦门超级计算中心，对已备案企业、人员严格实时监测，根据企业风暴指数进行预警。监测范围包括本地注册的互联网金融企业、外地互联网金融企业厦门分支机构、本地投资者对外投资的互联网金融企业。

(3)专题分析。对特定时间或专题进行跟踪分析，全面掌握事件的动态发展。通过全面了解事件脉络，探索事件背后真相，最终分析探讨应对的办法。

(4)存证出证。利用存证云，事先对企业的合同及重要数据进行实时第三方存证，保证企业数据的真实完整性。存证的数据在事后可以为执法部门执法、监管部门处罚，以及当事人维权提供有效的证据支持。

对技术防范举措的思考：通过对厦门市金融风险防控预警平台的技术防范措施的了解，我们想进一步调查，到底是哪些公司和企业愿意把这些企业的信息交给预警平台呢？换言之，企业的信息，金融的流动和走向某种程度上讲属于商业秘密，这是企业的生命线，如果将这些信息曝光在预警平台，天天接受巡查和监测，那无异于“赤裸游泳”。从而引发了我们对于“企业信息的保护与公共利益和公共安全的保护如何达到平衡”的思考。经过进一步追问方知：这些愿意进入监控视野的企业和平台，大约40家，是有等价交换的前提的。也就是说，没有利益交换或优惠的前提，自愿提供数据和接受监测的空间并不是很大。因此，技术防范是否可以大规模推广和效仿，是否违背个人(企业)信息保护的规定，也是值得反思的问题。

(二)社会防控：实现网络涉众型经济犯罪的多元治理

以政府为中心的治理模式已经无法满足对网络涉众型经济犯罪规制的需求，因此要发挥司法机关作用、重视行业自律、引导公众参与，运用防控、协商、合作、博弈、司法惩治等机制搭建网络涉众型经济犯罪治理的新格局。

1. 政府层面——成立专门小组，明确职能责任。网络金融产品具有替代性强、更新换代快等特征，法律难以对其作出及时、确切的定性，常存在明显的监管主体空白。为填补监

---

① 参见美亚柏科官网：https://www.300188.cn/news/detail-914.html，最后浏览日期：2018年9月1日。

② 《厦门：打造金融风险防控预警平台》，载《人民公安报》2017年3月23日第08版。

管空白，政府部门作为监管主体之间应打破分业监管模式，强化各监管主体间的分工与协作。① 对此，厦门市建立横纵联合的工作机制，通过加强领导，强化分工协作，有效填补监管空白。横向上，建立金融风险防控协作工作机制，组建由分管市领导挂帅的涉众型金融风险防控、网络信贷(P2P)风险防控、地方交易场所涉稳防控、企业信贷风险化解等多个专门小组，按照“属地管理、分级负责、就地解决、信息共享”的原则开展风险处置工作，相关业务部门各司其职、分工协作、协调推进。纵向上，逐步形成省、市、区统筹协调、分工有序的金融监管体系。向上积极争取支持，统筹协同跨区域风险处置联动和信息共享。②

2. 司法机关层面——设立专门法庭，提高审判效率。鉴于当下的金融审判具有非常大的规模性，科技进步和金融创新导致的新问题在审判实务当中不断出现，对法院审判人员的金融专业性要求也越来越高，所以，设立金融法庭，打通金融案件速裁快审通道，也是势在必行的。上海、陕西、深圳、北京等地都已经成立了金融法庭。厦门市思明法院将莲前法庭打造成全省首个集中审理涉金融类纠纷、涉互联网类纠纷以及民间借贷纠纷案件的专业法庭，通过规模化、专业化审判提高审执质效，统一裁判标准和尺度。创新金融案件跨行政区划集中审理新模式，案件由专业法官审理，以科学引导立案为依托，通过要素式审理，借助金融智判系统实现快速周期结案。③

3. 行业层面——成立行业协会，发挥自律功能。健全以准金融机构行业协会为主体的体系外金融机构自律性监管体系，是完善网络金融多元监管模式的关键。厦门市成立了全国副省级城市中第一个承担跨金融行业自律及行业服务职能的地方性行业协会组织——厦门市地方金融协会。作为厦门地方金融机构的有效补充，金融协会将立足于发挥行业自律功能，加强金融风险监测预警、应对能力，谋划厦门金融行业规范发展新思路，为会员提供跨行业的信息交流平台，促进地方金融业大融合，引领厦门金融业走向合规经营、资源共享、创新发展的新征程。④

4. 公众层面——加强普法宣传教育，提高风险防范意识。要充分发挥主流新闻媒体的正面引导作用，引导公众树立正确的理财观念并理性投资，及时披露网络金融犯罪案件信息，使社会公众了解犯罪手段和严重危害，提高风险防范意识和识别能力。厦门市积极开展防范金融风险、远离非法集资宣传，形成了群众积极参与的浓厚氛围。截至 2018 年 11 月，全市各区各镇街开展防范金融风险集中宣传 714 次，“进机关、进乡村、进社区、进学校、进企业、进家庭”六进活动 2240 次，举办 16 次各种专题培训会，用典型案例教育群众，增强金融消费者的风险防范意识。⑤

5. 个人层面——强化教育警示预防，采取失信惩戒措施。首先，培养投资参与人的契约意识和担当意识。做好纠纷解决渠道的宣传解读，积极引导和支持投资参与人通过双方平等协商、仲裁、诉讼等正确途径依法依规解决，降低产生大规模、群体性事件的可能性。其

---

① 参见徐汉明、张乐：《大数据时代惩治与预防网络金融犯罪的若干思考》，载《经济社会体制比较》2015 年第 3 期。

② 《四道“防火墙”护好市民钱袋子》，载《厦门日报》2018 年 11 月 6 日第 A10 版。

③ 《重拳出击，多维度防范打击非法集资》，载《厦门日报》2018 年 11 月 23 日第 A12 版。

④ 《挺立潮头再出发，谱写厦门金融新篇章》，载《厦门日报》2018 年 9 月 8 日第 A06 版。

⑤ 《四道“防火墙”护好市民钱袋子》，载《厦门日报》2018 年 11 月 6 日第 A10 版。

次，要对互联网金融平台负责人、高管们进行警示教育。例如，上海、深圳等地的互联网金融协会“举办互联网金融企业高管走进监狱进行风险警示教育活动”，组织 P2P 高管“走进监狱”。① P2P 高管通过参观监狱，充分了解法律及犯罪后果，切实引以为戒，牢牢守住金融的底线，充分发挥了刑罚的威慑力和震慑力。再次，社会征信机构应逐步扩大向特定主体公开征信信息的范围，将借款人、企业的投资人和董高监等相关人员纳入个人信用管理，对失信个人采取信用惩戒措施，从源头上更有效地防控网络金融违法犯罪行为。例如厦门市已将逃废债信息纳入征信系统和“信用中国”数据库，对相关逃废债行为人形成制约。② 最后，从法律的视角区分投资参与人与被害人之间的差异，并从被害人角度寻找预防的措施。一些被害人明知自己的投资可能陷入风险，但是因为贪婪和侥幸，认为自己不是最后一个接力棒，为了高额利息收入，铤而走险。这也反映了部分被害人本身也有过错，从刑法中被害人答责这个理论来看，在处置赔偿损失时，要结合被害人的过错程度，让其适当承担相应的责任。

对社会防控举措的思考：厦门市采取的社会防控举措，目前在其他省市也陆续开始进行，得到认同与推广，学者和实务界的相关探讨也已经比较深入了。但是，我们在调研中发现，厦门市政府金融办的思路和理念是与众不同的。归纳起来有两点：第一，遵循“行刑并行”“行先刑后”的理念，把刑罚的惩治作为最后的手段。在案件爆发之初，行政部门并不是简单地让公安机关冲在前面，而是采取迂回战术，请公安“冷眼观察”，行政监管先行介入，先进入约谈和整改阶段，将刑法作为所有法律的最后屏障。第二，即使是行政监管介入，也要保持智慧和“风度”，不能简单粗暴地执法。从多方搜集的案例来看，对于非法集资行为，监管部门往往开始时疏于监管，怠于查处。实际上，如果政府早些介入，或许也就可以把犯罪消灭在萌芽之中。而一旦矛盾爆发，平台爆雷，执法部门往往又简单直接，关闭平台，查封企业，没有给原本正规经营的企业和平台留出缓冲地带。譬如，来给予企业和平台一些时间处理事务，促其完成正在进行的一些正当业务，以尽可能减少损失。执法部门这种简单粗暴，缺少智慧和温度的做法，实际上导致了金融秩序和社会稳定的二次损害。在这方面，厦门市政府的执法水平和意识还是值得借鉴的。

此外，针对网络涉众型经济犯罪的处置，在法律层面，课题组提出以下两个方面的措施予以补充：

1. 对网络涉众型经济犯罪的违法者进行从业资格的剥夺。在网络涉众型经济犯罪之中，通过剥夺从业资格，既能实现刑罚报应，也能够达到预防之目的。现有的法律依据不仅有《证券法》《商业银行法》等“准资格刑”的规定，而且要考虑《刑法修正案（九）》致力于犯罪预防与社会防卫，增加了禁止从事相关职业的规定。因此，我们建议，在网络涉众型经济犯罪中，为预防犯罪人再次犯罪，横向上可以在刑事判决之后建立“从业禁止”与“前科制度”“禁止令”三位一体的职业资格限制体系，在纵向上可以根据适用效果的评估，考量“从业禁止”与行政处罚中“准资格刑”的配合适用。

---

① 参见搜狐网：http://www.sohu.com/a/114744291_469988，最后游览日期：2019 年 1 月 1 日。

② 参见厦门市金融工作办公室网站：http://jr.xm.gov.cn/tzgg/bmtz/201808/t20180810_2089735.htm，最后游览日期：2018 年 9 月 1 日。

2. 健全资产追缴处置机制。如何最大化追回赃款关涉群众权益，是事后刑事处置效果的一个重要部分。在资产追缴方面，成立公安为主，检、法等相关部门参与的资产追缴工作组，最大限度追缴涉案资产，不断提高挽损率。一方面，在刑事政策上，确立对网络涉众型经济犯罪适用认罪认罚从宽制度，有助于鼓励犯罪行为人积极退赃，尽力挽回损失，也化解了社会矛盾，为刑事司法展开广阔的前景。另一方面，在追赃过程中，还可以考虑通过资金查控平台及时追赃挽损，2016 年发布的《公安机关侦办电信诈骗案件工作机制(试行)》中对于“快速接警止付”功能的规定就提供了良好的借鉴，网络涉众型经济犯罪的危害性和紧迫性不亚于电信诈骗，可以考虑在网络涉众型经济犯罪中同样引入类似的制度以快速止损，挽回损失。

总之，为有效防范和处置网络涉众型经济犯罪案件，需要各级政府和各个层面坚持“源头治理、系统治理、综合治理”的理念，以防控风险为原则，依法依规分类处置，建立长效机制，齐抓共管，形成合力，综合应对网络涉众型经济犯罪。

网络金融犯罪域内管辖的现实冲突
与规范表达

《厦门大学法律评论》总第三十一辑
厦门大学出版社 2019 年 6 月版
《网络金融犯罪域内管辖的现实冲突与规范表达》
第 198 页～第 206 页

网络金融犯罪域内管辖的现实冲突与规范表达*

董　彬**

摘要：网络金融犯罪缺乏地域之间的距离和界限，不但排除了犯罪活动的空间障碍，而且形成了针对某类案件的犯罪集团。与国际管辖相比，网络犯罪域内管辖的现实瓶颈更具有探讨司法需求和规范解决的实践可能。一方面，网络金融犯罪的遍在性特征给现行地域管辖的规则带来了冲击；另一方面，网络金融犯罪的规模化造成了上下级司法机关之间级别管辖的龃龉。目前的法律规范和理论探讨对上述问题似乎尚无有效的解决方案。本文认为，可以以"斯通公式"为理论起点，建立以行为人为核心的地域管辖制度架构。并从保障行为人利益的角度出发，形成并实施有依据的分级管辖的规则安排。继而，实现合理高效的网络金融犯罪域内管辖的司法目标。

关键词：网络金融犯罪；域内；地域管辖；级别管辖

The Realistic Conflict and Normative Expression of Jurisdiction in the Domain of Internet Financial Crimes

Dong Bin

Abstract: Network financial crimes are deficient in the distance and boundary between regions, which not only excludes the space barriers of criminal activities, but also forms criminal groups for certain types of cases. Compared with international jurisdiction, the actual bottleneck of jurisdiction within the cybercrime domain has the possibility of

* 文章 DIO：10.3966/615471682019060031013。

本文是国家社科基金重大项目"网络金融犯罪的综合治理研究"(编号 17ZDA148)的阶段性研究成果。

** 董彬，男，浙江杭州人，1983 年 11 月出生，浙江省杭州市人民检察院公诉一处正科级助理检察员。电子邮箱：philipvivian@126.com。

discussing judicial needs and normative solutions. On the one hand, the ubiquitous nature of online financial crimes has brought impact to the rules of the current regional jurisdiction; on the other hand, the scale of online financial crimes has caused the embarrassment of the level of jurisdiction between the lower and upper levels of judicial organs. However, the current legal norms and theoretical discussions seem to have no effective solution to the above problems. This paper believes that the "Stone Formula" can be used as a theoretical starting point to establish a framework of territorial jurisdiction with actors as the core. From the perspective of safeguarding the interests of the actor, the rule arrangement of the hierarchical grading jurisdiction is formed and implemented. Then, realize the judicial goal of jurisdiction within the domain of reasonable and efficient network financial crime.

Key Words: network financial crime; intra-domain; territorial jurisdiction; level jurisdiction

晚近以来,网络空间被认为是除了公海、南极洲和外太空之后的第四个全球公域(global commons)。① 于是,互联网在给社会带来信息对称、交易高效、沟通便捷的同时,也拆除了金融犯罪活动的空间障碍,为其提供了向外延伸的触角和温床。网络金融犯罪的管辖包含境外和境内两个基本场域。境外管辖涉及国家主权和国际法的运用,有待通过国家和地区间的司法协作形成较为理想的司法架构。相对而言,网络金融犯罪的域内管辖只涉及国内机构和地域间的协作和安排。因此,考察其域内管辖的现实冲突和法律需求,恐怕更具有探讨价值和操作意义。

一、网络金融犯罪域内管辖的现实瓶颈

(一)地域管辖:网络遍在性带来的冲击

1. 地域管辖的基本规则与冲突解决

犯罪行为的地域管辖是一个程序法问题。《刑事诉讼法》第 24 条规定,刑事案件由犯罪地的人民法院管辖。该条文有两条引申的含义:第一,既然刑事案件某地的人民法院管辖,则除了指定管辖外,侦查活动、审查起诉活动的管辖一般也应以该地为管辖地,由此形成侦查、起诉和审判在同一地区集中进行。因此,实际确定管辖地的往往是侦查机关。第二,犯罪地是确定地域管辖的关键所在,故在确定管辖地时,要精准把握犯罪地在何处。而犯罪地的规定,则由最高人民法院《关于适用刑事诉讼法解释》(以下简称《刑诉解释》)第 2 条明确。

---

① See Darrel C.Menthe, Jurisdiction in Crberspace: A Thory of International Space, 4 Mich. *Telecomn.* & *Tech.L.Rev.*69, 88-93(1998).

该条文除了对一般犯罪的犯罪地认定为犯罪行为和结果发生地外，还特别明确了网络犯罪的发生地包括：网络服务器所在地、网络接入地，网站建立者、管理者所在地，被侵害的计算机信息系统及其管理者所在地，被告人、被害人使用的计算机信息系统所在地以及被害人财产遭受地等。由此，网络犯罪的管辖地似乎形成了一个比较完满的管辖系统。

仅仅从理论上看，《刑诉解释》关于网络金融犯罪地域管辖的规定似乎是对犯罪行为发生地和犯罪结果发生地的具体说明，应当属于注意规定。但网络犯罪活动所呈现出的遍在性问题，与当下办案活动的现实无法完美衔接。在早期，主要体现在案件侦查出现并行，导致资源浪费和管辖错位。比如，A 地与 B 地对某网络集资诈骗犯罪案件均具管辖权。两地也同时侦查、起诉，后来发现案件侦查内容一致，犯罪系同一主体实施，管辖发生争议。于是在 2014 年，公、检、法三机关出台的《关于办理网络犯罪案件适用刑事诉讼程序若干问题的意见》(以下简称《网络犯罪程序意见》)，在重新强调《刑诉解释》规定的基础上进一步强调了对管辖冲突的处理方式，即一般按照最初受理地或主要犯罪行为发生地公安机关管辖，冲突时由上级指定管辖。

2. 网络犯罪的现实特性与管辖难题

“互联网的泛在性、融合化与跨边界特点使得传统的法律效力与管辖制度受到挑战，行为人、行为地、结果发生地、管辖地等发生分离，地域效力难以确定。”①而上述特征，导致了《网络犯罪程序意见》无法解决实践中出现的全部问题。

第一，在办理规制利用互联网实施的表意犯和煽动犯的案件中，犯罪地域管辖的规定往往被虚置。② 比如，出现煽动型犯罪(如煽动颠覆国家政权罪)、宣扬型犯罪(如宣扬恐怖主义、极端主义罪)、传播型犯罪(如传播虚假信息罪)以及侮辱、诽谤犯罪中，由于行为人的犯罪行为出现在网络，并且可以通过网络传播至任何实地空间，导致任何地域的侦查机关都具有管辖权。出现类似情况的，当然也包括规模庞大的涉众型网络诈骗、网络集资犯罪等金融犯罪。第二，在管辖权泛化的前提下，出现最初受理地与主要犯罪行为发生地分离，但侦查管辖并未发生冲突的情况。比如：在某涉众型网络诈骗犯罪中，A 地侦查机关为完成考核目标，对单一被害人报案的情况进行了立案侦查，但犯罪行为的主要发生地位于 B 地，对于 A 地司法机关而言，进行侦查、审查起诉和审判显然是不经济的。由于 A 地侦查机关进行了侦查活动，且管辖权没有发生冲突(理论上也确有管辖权)，导致审查起诉和审判机关均被 A 地侦查机关的侦查行为“绑架”，不得不办理一件异地的网络涉众金融犯罪案件。第三，在承认异地办案存在管辖权的情况下，出现了行为人为躲避较重刑罚进行量刑规避的空间。特别是在以犯罪数额作为量刑标准的金融诈骗案件中，当行为人发现其犯罪行为已经无法避免被查处的后果时，可能会选择向同样数额下量刑较轻的地区投案(一般为经济发达地区)。而经济发达地区本来就属于办案数量与办案人员比重大，办案负担较重的地区。

---

① 周汉华：《习近平互联网法治思想研究》，载《中国法学》2017 年第 3 期。

② 参见刘艳红：《论刑法的网络空间效力》，载《中国法学》2018 年第 3 期。

(二)级别管辖:规模化犯罪造成的龃龉

1. 级别管辖的规范要求与共犯并案

对于犯罪的级别管辖,《刑事诉讼法》的规定是非常明确的。除了特殊罪名的案件外,可能判处无期徒刑及以上刑罚的案件,一审活动应当由中级人民法院管辖。鉴于审、检两家办理案件级别的对等性,该规定也明确了地市级与基层检察机关审查起诉活动的起诉标准区分。从法律当初的制度设计上看,犯罪级别管辖制度的设计主要是以单独犯罪和以人数不多的共同犯罪(即《刑事诉讼法》修订时的现实状况)作为蓝本进行的,对于大规模的团伙犯罪可能缺乏充分的考虑。

网络犯罪不乏个人和小规模、临时性的共同犯罪。但需要承认,大量的网络犯罪是以规模化、集团化、公司制的形式发生的,这在金融犯罪领域表现得尤为明显。而且,随着网络制度管理的健全和网络金融的普及,"孤狼"式网络犯罪的减少和"群狼"式网络犯罪活动的增加正在同步发生。有论者指出,对于此类"群狼"式网络犯罪,多个犯罪嫌疑人、报告人实施的犯罪存在关联的情形,理应允许并案处理,并认为并案更有利于查明事实和严惩犯罪。① 但实际情况是,对于多人的集团犯罪进行并案处理后的初步后果,即是依照主犯的刑期来确定案件的级别管辖。特别是在网络金融犯罪中,金融诈骗、合同诈骗以及诈骗大都以被害人损失数额来确定刑期,很容易使主犯的基本刑期达到无期徒刑,于是根据级别管辖的规定,都上提至地市一级的检察机关和审判机关管辖。但上提管辖能否达到查清案情的效果值得商榷,且容易引发案件上下级司法机关的分歧,产生消极后果。

2. 网络犯罪的管辖纠纷与现行方案

本文之所以得出上提管辖易导致级别管辖纠纷,并会形成消极后果的结论,是基于互联网金融集团犯罪的某些特征所引发的。首先,网络共同犯罪案件特征鲜明,对其上提管辖未必利于查清事实真相。与传统犯罪手段相比,网络集团金融犯罪所使用的方式、手段翻新,行为人与被害人在不接触的过程中完成犯罪,其所需要的配合、协作支持非线下犯罪可比。因此,在同一件网络犯罪中,集团化、公司化的运作方式明显,共犯人数突破百人的也不鲜见。在刑事诉讼法所规定的办案期限内,虽然对案件整体的事实是能够查清的,但是在对每个人的证据事实、行为责任以及量刑标准的确定过程中,出现遗漏、多算数额而引发案件质量的风险不可忽视却又难以避免。其次,上提管辖有可能引发羁押时间与刑期不匹配的后果。为了查明整体案件真相和确定个人刑期,司法机关往往倾向于足期使用办案期限。一些起到次要作用的行为人虽然会被判处实刑,并且符合逮捕羁押的要求(比如因非法吸收公众存款、非法经营等判处有期徒刑一年两个月)。但是在漫长的办案过程中,羁押期限很可能就超过刑罚期限,造成不必要的超期羁押(况且对此类行为人也很难实施羁押必要性审查)。最后,关于级别管辖所引起的纷争,对部分疑难案件的定性可能产生消极影响。网络金融集团犯罪案件办案压力大,还牵涉到信访息诉、财产返还等多种案外因素,司法机关的承办人员出现畏难情绪并非完全不可能。一些网络集资案件,也曾经出现基层办案部门认

---

① 喻海松:《网络犯罪二十讲》,法律出版社 2018 年版,第 127 页。

为行为人构成集资诈骗罪，且数额特别巨大，全案移送地市级司法机关，地市级司法机关又以不构成集资诈骗或者数额不到无期徒刑的标准而退回的情况。

对于级别管辖所引发的纠纷，当下主要采用针对个案的临时性解决方案。多为经更高阶的政法机关协调，强行进行案件分案起诉和审判，包括：先上提管辖再分案审查起诉和针对不同刑期的行为人部分上提管辖，部分人员在基层管辖两种方案。不过，当下的处理方案尚欠完美。在理论上，分案管辖的理由不充分，并案和分案略显随意；在实践中，分案管辖虽然避免了个案的压力，但是也容易造成证据事实重复审查的结果，司法效率提高有限，并存在拖延涉案财产分配的可能。

二、树立行为人为核心——网络金融犯罪地域管辖的原则表达

如上所述，网络金融犯罪所形成的种种地域管辖问题，主要形成的原因并非网络犯罪缺少管辖地，或者管辖地不明确。而是因为网络金融犯罪的行为和犯罪结果缺乏空间限制，导致其明确可管辖地无限宽泛所引起的。由此，以列举或者提示的方式明确或者增加网络的地域管辖(仅指域内)的方法，无异于缘木求鱼。笔者认为，解决网络金融犯罪的地域管辖问题，或许在于建立起以行为人为核心的管辖原则。

(一)以"斯通公式"为起点的理论探讨

事实上，对于网络金融犯罪(特别是网络诈骗犯罪)实施有效的地域管辖已经成为国际难题。在涉外的地域管辖问题中，越来越引发了属人、属地、保护及普遍管辖之间的争论，并大致采用了类似"长臂立法模型"①，这与我国刑法的管辖规定基本一致。

不过，只要对"长臂立法模型"形成的案件背景稍加思索，我们就不难发现两个问题：第一，该模型其实是在伊利诺伊州法院系统，作为美国国内州际案件管辖争议而形成的。因此，其目标系应对金融犯罪的域内管辖而非国际管辖问题。第二，作为主审法官的斯通法官，在金融案件的管辖问题上有其自主的思考，并得出了在网络犯罪管辖中称为"斯通公式"的结论。该公式认为：确定行为的管辖地，首先要考虑被告行为的专属特性，即其在法院地的活动水准。其次要参详行为的外在联系，判断诉讼请求与被告活动的相关程度。② 概言之，斯通法官认为，在网络金融犯罪活动中被告行为的"质"和"量"在确定管辖中具有中心地位。

按照目前的地域管辖规定，网络金融犯罪的管辖权对行为发生地是不分主次的，即：只要和案件存在一定的牵连，均具有同等意义上的管辖权。相反，"斯通公式"着重考虑行为人(被告)行为的"质"和"量"，事实上其是建立在犯罪发生地管辖权(包括行为和结果)泛化和

---

① See §1068Growth and Use of Long-Arm Statutes，4 *Fed.Prac.&Proc.Civ.* §1068(4th ed.).

② 参见[美]史蒂文.N.苏等：《民事诉讼法——原理、实务与运作环境》，傅郁林等译，中国政法大学2004年版，第577页。

虚化的基础之上的，参照民法的相关规定，形成了以行为人为核心的管辖权。易言之，将我国《刑事诉讼法》中关于地域管辖的规定与“斯通公式”中管辖原理相匹配，即形成是否符合犯罪地和与行为人是否有紧密关联两层判断体系。

将行为人作为管辖的核心依据的基本优势在于：(1)对于网络金融犯罪的管辖泛化的倾向进行了必要约束，一般应由主要犯罪地(即行为人所在地或侵害的直接指向地)进行管辖，有利于查清犯罪事实和提升诉讼效率。(2)对管辖地进行约束后，管辖冲突所发生的概率将会大大降低，在管辖权不发生冲突的情况下，最初受理却缺乏紧密联系的侦查机关应当将案件移送具有紧密联系的地域进行管辖。此外，行为人通过泛在的地域管辖逃避严格法律追究的可能性被抽离。(3)防止地域管辖对级别管辖的影响。当案件与管辖缺乏紧密关系的情况下，一旦上提管辖，后续同案犯容易出现与当地没有犯罪行为的联系，而无法分案交由基层管辖的情况。但在行为人所在地为核心进行管辖时，便不存在两级司法机关之间的分案障碍。当然，将行为人作为管辖的核心并非不存在争议，主要容易形成商榷的两点是：第一，如果将行为人作为管辖地，是否会因为地方保护主义而引发不立案，甚至最后放纵犯罪的后果。第二，对于网络金融犯罪案件，被害人报案与侦查立案及其最终权利的实现关系匪浅，采用“斯通公式”的管辖方法，可能导致报案成本的迅速增加。而根本解决上述顾虑的办法，就是在实践中形成保障被害人基本权利的制度框架。

(二)以保障权利为基础的制度构架

1. 正面保障：提高诉讼效率

案件地域管辖确定的主要目的是对被害人权利的保护，并以提高案件侦破和诉讼环节的效率为主要手段。要以“斯通公式”与我国现行的《刑事诉讼法》规定相结合，构建我国网络金融犯罪地域管辖新模式，也有必要以提高诉讼效率为正面关注的重点。

有鉴于此，可以考虑从下列方向构建域内网络金融犯罪的地域管辖制度：第一，在《刑事诉讼法》所规定的犯罪地基础之上，考虑行为是否具有地域的明确指向性。若具有明确的主要地域指向(即主要犯罪结果发生地的)，则“以犯罪行为对公民实际的侵害或者印象关联性为标准确定是否具有刑事管辖权”①。可由主要犯罪结果发生地或行为人实施主要行为的犯罪地进行管辖。若不存在明确的地域指向的，则由行为人实施主要行为的犯罪地进行管辖。第二，形成金融案件报案与管辖可分离和移送制度。即被害人进行报案的，如果侦查机关发现案件具有《刑事诉讼法》规定的管辖权，但又与案件关联性较差的情况。那么应当移送至主要行为指向地或者行为人主要行为发生地的侦查机关进行管辖。第三，形成同一地区的司法机关共同确定地域管辖的协商制度。如上所述，只要《刑事诉讼法》确定有管辖权，侦查机关的管辖即能确定后续司法机关的管辖。为了避免侦查机关“绑架”后续审查起诉和审判管辖的情况，在不符合“斯通公式”要求范围的管辖地，如果公安机关出于各种理由要求管辖，那么可以考虑在司法机关内部进行协商，确定是否需要对案件进行管辖。如果无法得出一致结论的，仍应将网络金融案件移交便于管辖的地区进行管辖。

---

① 于志刚：《关于网络空间中刑事管辖权的思考》，载《中国法学》2003年第6期。

2.负面防范:维护诉讼利益

虽然地域管辖保障被害人诉讼权利的主要手段是提高效率,但是还有防止地方保护,避免司法机关不作为的考虑在内。而这又是对以“斯通公式”为基础来确定网络金融犯罪管辖权的主要疑虑所在。因此,在制度设计时,必须对上述问题予以足够的重视。

首先,对上文所述的管辖移送性质,应当确定为网络金融犯罪案件的整体移送而非线索移送。这主要是为避免案件接收地的侦查机关表面接收线索,但不进行细致审查,最后不予立案侦查的情况发生。其次,对案件下行处理的,应当对移送地机关作出说明。如果接收地侦查机关撤案或不予起诉的,移送地侦查机关可以层报共同的上级机关要求复议或复核;如果接收地检察机关作出不起诉处理的,应给予移送地侦查机关向移送地检察机关与接收地检察机关的上级机关要求进行复议的权力。对于接收地法院作出无罪判决的,移送地侦查机关可以向当地检察机关报送案件相关材料,移送地检察机关认为可以构成犯罪的,可以向接收地检察机关提出要求抗诉的函件。最后,设置被害人权利的当地救济制度。对于网络金融犯罪案件接收地司法机关不立案、不起诉或作出不当判罚的案件,被害人不必舍近求远,可以向被害人所在地(即案件移送地)的司法机关寻求救助。总之,将协调平衡作为创制手段,①是推进网络金融犯罪管辖体系规范化,维护诉讼利益的有效方法。

三、关注行为人权利——网络金融犯罪级别管辖的规范构建

相对于地域管辖,网络金融犯罪的级别管辖在理论上是容易被忽视的。被忽视存在两个原因:一是《刑事诉讼法》对于级别管辖有明确的要求。二是在个案中因上提管辖导致降低办案效率时,可通过司法机关之间临时调整予以解决。但如上所述,个案的调整实际上与《刑事诉讼法》关于管辖的规定并非完全没有冲突。因此,我们首先需要解决,对于上级司法部门以共犯处罚的网络金融犯罪案件,将部分事实和行为人交代给下级司法机关管辖的依据所在。其次是要明确金融案件分级管辖制度构建中需要注意的疑难问题。

(一)分级管辖:制度化依据和实施

如果说提高诉讼效率、防止地方保护和管辖冲突,从而保障被害人的权益,是确定犯罪地域管辖的主要目标。那么对行为人的权益进行保障,不枉不纵地确定行为人应当承担的责任,则是对案件进行级别管辖的主要功能。得出该结论的基础是:如果不是为了更好地确定行为人的责任,那么所有的一审案件都可以由基层司法机关进行审查和审判。相反,正是考量行为人的权益,才将部分案件提级管辖。从上述原理中,还可以引申出的一个级别管辖的制度考虑,就是《刑事诉讼法》的立法者认为,上级司法机关对一个案件的审查、审理和审判,将在查清案件事实和得出法律结论上更具有优势(无论是一审,还是二审)。

但正如上文所述,如果将所有的网络犯罪案件一并交由上级司法机关处理,上述《刑事

① 参见徐建明:《我国网络法治的经验与启示》,载《中国法学》2018年第3期。

诉讼法》对于分级管辖要求的基础就都是不成立的。不但对不可能判处无期徒刑以上刑罚，处于共犯中行为性质相对较轻的行为人之权利无法保障(比如符合逮捕条件，但羁押刑期实际超过其应当承担的刑罚期限)，也不利于对于查清网络金融犯罪集团中每个行为人参与的程度、事实以及形成合理的量刑决定。因此，将部分集团型的金融犯罪分案处理，并非通过协调和调整对个案实施临时性的决定和安排。而是“更带有根本性、全局性、稳定性、长期性”的制度问题，①理应遵照《刑事诉讼法》的立法原理，从制度上形成对网络金融集团型犯罪案件进行分案处理的具有地区特色的文件安排。

从实践中看，进行分案管辖的主要网络金融犯罪案件集中在网络诈骗类犯罪案件中(其实这是整个网络犯罪案件所体现出的特性，因为其他集团型的网络犯罪案件或为需要市级管辖的特殊罪名案件，或者案件中不存在判处无期及以上刑罚)。制度安排的主要内容包括下述方面：(1)需要分级管辖的网络共同犯罪集团案件的行为人总数进行明确约定。比如对于涉案行为人在50人以上的网络金融犯罪，可以根据涉案行为人的刑期进行分案处理。当然，此类规范应当根据犯罪性质以及不同地区的实际情况而定，不宜一蹴而就。(2)对分级管辖的标准进行说明。比如，按照何种标准进行区分，既可以以诈骗或损失数额作为分案处理的标准，也可以以在金融犯罪集团中的层级作为分案处理的标准，还可以以行为人主观认知(如是否具有非法占有的目的)作为分案处理的标准。(3)对于合并处理不影响案件定性和行为人权利，且有利于提高司法效率，维护合法利益的，可由上级司法机关一并处理。比如：对于涉案财产的追缴、处置；在司法阶段对新发现涉案财产的查封、扣押；对被害人员的信访接待工作等。

需要指出的是，由于《刑事诉讼法》中对于级别管辖的规定，仅仅能够追溯至审查起诉环节。因此，本文所提到的分级管辖，并不包含侦查阶段。

(二)个案审查：需关注的难点和解决

以制度的方式确定网络集团犯罪分层级管辖是合理的。但在一些金融犯罪集团案件中，人员的分层管辖认定(即对行为人能否判处无期徒刑)存在认定的难点，故有必要在侦查即将结束、进入司法审查之前，对上述分级管辖的疑难问题加以解决。

1. 分级管辖的标准认定

对同一案件实施分案管辖，其基础标准是刑期。但对案件的刑期判断是一个建立在事实之上的法律判断问题，因此对于需要分案管辖的案件，后续司法部门的提前介入必不可少。由于需要分案管辖的网络金融案件几乎本身就都是需要提前介入的大案。因此，确切的说法应当是，分级管辖需成为上述案件提前介入的一项议题。

按照金融诈骗犯罪的数额来确定分级管辖的刑期标准是一个事实认定问题。因此，只要行为人无法达到无期以上的数额标准，即可视为基层司法机关管辖的范围之内。故对于案件数额的认定，成为需要侦查过程中解决的重要问题。当然，网络金融犯罪形成的痕迹对确定犯罪数额往往相较于线下犯罪更为清晰和明确。相对而言，比较困难的是以行为性质

① 参见习近平：《关于制度建设》，载《人民论坛》2014年第1期。

确定管辖(如集资诈骗和非法吸收公众存款,合同诈骗和非法经营等)。而对于此类需要进行区分管辖的犯罪案件,关键在于解决网络犯罪集团内部表面安排与实际作用存在的“登载不实”①问题,包括在犯罪集团内部职务与任务的差异,在犯罪集团编外与局外的相同点,金融犯罪的受害者和施害者的转换等,并由此综合确定行为人的基本性质并确定管辖。当然,当某个行为人的行为性质存在争议时,比较稳妥的做法是将其作为网络金融犯罪集团首要分子的共犯而上提管辖。

2. 分级管辖的效率保障

如何保障诉讼效率,是将同一金融集团案件进行分案管辖的一项主要质疑,也是在制度构建和个案办理中需要解决的重要问题。既如上文所述,《刑事诉讼法》的立法者认为:上级司法机关的认定比下级司法机关的认定权威性更强。笔者认为,解决分案管辖诉讼效率的制度基础由此引发。

第一,既然认为上级司法机关的定性更为权威,则对于网络金融犯罪案件整体性质的认定,就应当由上级司法机关确定,下级司法机关可以直接引用上级机关的司法认定,不必再次进行审查。因此,此类需要分级管辖的网络犯罪案件之诉讼过程理应是:上级司法机关起诉、抗诉和裁判活动,均应先于下级司法机关进行。当然,案件的移送过程也应与普通案件不同,即应当由侦查机关内部调配后对可能判处无期徒刑的金融犯罪案件直接移送至上级检察机关。上级检察机关进行形式审查后,对需要分级管辖的行为人由上级检察机关再分案至下级检察机关。由此,可以节省下级司法机关对案件整体事实和性质的审查过程。第二,在分级管辖网络犯罪案件中,在犯罪集团中属于同一层次的行为人,理应由同一级别的司法机关进行管辖。比如,在同一网络合同诈骗团伙中,A、B、C 三名行为人均各自为某一诈骗小组的负责人,A 的数额达到无期的量刑标准,但 B 和 C 均未达到,则 A、B、C 三人均应上提管辖,而非分案管辖。从而避免对同一层级,具有类似行为性质的行为人重复审查。第三,进入审查起诉或审判环节后新移交行为人管辖的认定。对于侦查机关主动移送的行为人,由于两级司法机关均未进行审查,故理应按照原有的级别管辖约定,确定新移送行为人的管辖问题。但对于根据上级司法机关要求而追加的行为人,系上级司法机关已经对案件审查后认为有必要移送,故无论是否可能判处有其徒刑,均不再移送下级司法机关管辖。

---

① 转引自黄荣坚:《图利罪共犯与身份》,载《台湾本土法学杂志》1999 年第 1 期。

《厦门大学法律评论》总第三十一辑
厦门大学出版社 2019 年 6 月版
《网络金融犯罪被害情境预防的机理》
第 207 页～第 217 页

网络金融犯罪被害情境预防的机理*

江耀炜**

摘要:网络金融犯罪作为一种社会现象是能够被认识和预防的。网络金融犯罪的一个鲜明特征是犯罪发生过程的互动性。而情境预防理论认为,持久有机地改变可能作案或者经常作案的情境,能够影响行为人的理性选择,从而达到犯罪预防的目的。从被害人角度而言,适格的被害人亦是有利于犯罪的情境。网络金融犯罪被害情境预防就是通过开展对被害人参与或者促成该犯罪过程的研究,发现和揭露对该犯罪的发生具有重要影响的被害性因素,并以此为依据提出旨在减少网络金融犯罪被害现象发生的对策和措施。其自身有良好的扩展性、适应性、可维护性,因而对我国现阶段网络金融犯罪预防工作具有重要的理论和实践意义。

关键词:被害预防;情境预防;互动理论;成本效益原则

On the Mechanism of Situational Prevention of Network Financial Crime

Jiang Yaowei

Abstract: As a social phenomenon, network financial crime can be recognized and prevented. One of the distinctive characteristics of network financial crimes is the interactivity of the crime occurrence process. According to the theory of situational prevention, a sustained and organic change of the possible or frequent crime situation can affect the rational choice of the actor, so as to achieve the purpose of crime prevention. From the perspective of the victim, the appropriate victim is also conducive to the crime situation. The

---

* 文章 DIO:10.3966/615471682019060031014。

本文为国家社会科学基金重大项目“网络金融犯罪的综合治理研究”(项目号:17ZDA148)研究阶段的成果。

** 江耀炜,男,1991 年生,福建宁德人,厦门大学法学院刑法学专业博士研究生,研究方向:刑法学。电子邮箱:yaowei.jiang@foxmail.com。

situational prevention of the network financial crime is to discover and expose the victim factors that have important influence on the occurrence of the crime by carrying out the research on the victim's participation in or contributing to the crime process. Based on this, countermeasures and measures are proposed to reduce the occurrence of the victim of network financial crime. It has good expansibility, adaptability and maintainability, so it has important theoretical and practical significance for the prevention of network financial crimes.

Key Words: criminal victim prevention; situational prevention; interaction theory; cost-effective principle

金融是现代经济的核心组成部分,经济的稳定和健康发展需要金融安全。金融犯罪所指向的客体是国家金融管理制度和管理秩序,金融犯罪危及国家金融安全,严重破坏作为市场经济基础的信用制度和公平、公正、公开准则,损害金融市场的健康发展,同时使得国家、金融机构和投资者的合法权益遭受巨大损失,具有非常大的危害性和破坏力。网络技术和计算机技术的进步和发展给人们的生活、工作带来极大的便利的同时,也给犯罪的演化创造了可以利用的条件。传统金融犯罪逐渐向互联网领域蔓延,网络金融犯罪的治理成为保障金融安全亟须解决的重大问题。网络金融实际上是依托互联网工具实现资金融通、支付、信息中介等业务的一种新兴金融。① 国内关于网络金融犯罪预防的研究主要集中于现状分析与规制路径建构。现状分析趋向于对网络金融犯罪整体态势及宏观特征进行描述。在规制路径的选择上常见的研究方案是从刑法学角度考量个罪的修改与完善、犯罪圈的扩张与限缩,以及从刑事政策的角度分析入罪与出罪的抉择与网络金融风险的刑法规制。这些方案概括而言是社会预防和司法预防措施,对控制和预防网络金融犯罪具有重要的意义。应当承认的是,传统的犯罪预防方法对于预防网络金融犯罪已经取得一定的实效,传统的各种犯罪预防方法已经充分发挥作用,在这种"效果饱和"的状态下要进一步减少和控制网络金融犯罪现象的发生,更为有效而节俭的方式是对传统犯罪预防方法"查缺补漏",开发新领域严密网络金融犯罪预防策略网,而被害情境预防无疑是网络金融犯罪预防体系的新领域。

一、网络金融犯罪的特点

(一)犯罪发生过程的互动性

网络金融犯罪的一个鲜明特征是犯罪发生过程的互动性。互动是社会成员之间的交往而发生的相互促进或者促退的社会心理现象,既包括内在的心理交流,也包括外在行为交往。互动的要素则包括主体、信息和情境,其中信息即主体之间的互动以信息传递为内容,

---

① 参见刘宪权:《金融犯罪刑法学原理》,上海人民出版社 2017 年版,第 551 页。

情境则是在特定时间的互动体系中，能够影响个人行为或者经验的社会因素的全部情形。① 被害人学的创始人汉斯·冯·亨蒂指出被害人“影响和塑造了他的罪犯”，犯罪人与被害人之间存在着互动关系，互为诱因，被害人在犯罪的发生与犯罪预防过程中不是客体，而是主体；②而门德尔松则将二者之间的关系称为“刑事伙伴”关系，认为如果没有被害人的作用就不可能产生犯罪人与被害人这一刑事关系。③

金融犯罪的被害人④与其他类型犯罪的被害人相比，在犯罪中起着更为重要的作用，特别是在很多案件中，被害人存在着积极主动配合犯罪行为的情况，对犯罪行为的发生负有相当的责任。刘宪权教授认为，金融犯罪被害人方面的因素主要表现形式包括被害人违规操作严重，不少被害人的防范意识淡薄，缺乏社会经验和防范意识等。⑤ 赵可等将被害人与犯罪人的互动模式总结为犯罪人主动攻击模式、可利用的被害人模式、被害人推动模式、自愿的被害人模式四种，⑥网络金融犯罪的被害人与犯罪人互动模式则是典型的可利用的被害人模式和自愿的被害人模式，被害人的贪利性往往成为其被害的易感因素；而侥幸心理的存在，认为自己不会“运气这么背”，实际蕴含着对被害的一种预见与默认，属于自愿的被害人模式。如犯罪人常用的策略是利用被害人的“欲望效应”进行“病毒式”传播，先用暴利麻痹被害人，再利用被害人扩大犯罪圈。

(二)犯罪被害对象的涉众性

网络金融犯罪的另一特征就是被害对象的涉众性。金融犯罪从传统领域向互联网领域蔓延过程中，常常与传销相结合，有的被害人在被害后又转化为犯罪人，形成“病毒式”传播效果，被害对象呈现数量级增长。较为典型的是在网络金融诈骗犯罪中，被害人在被害后通过向亲朋好友推荐以及发展下线等方式来减损，有时甚至是借此谋取非法利益，使得网络金融犯罪迅速发展，犯罪影响在短时间内迅速扩大，影响严重。目前金融传销已经对金融环境的安全与社会稳定造成了损害，并有进一步扩大的趋势。金融传销的特点是不存在有形的产品，仅仅通过纯资本运作迅速形成传销的网络，一般以非法集资、网络认购等形式迅速发展下线。

---

① 参见季晓军：《角色视阈下的被害人研究》，中国政法大学出版社 2017 年版，第 68 页。

② 参见[德]汉斯·约阿希姆·施奈德：《国际范围内的被害人》，许章润等译，中国人民公安大学出版社 1992 年版，第 4～5 页。

③ 参见许章润：《犯罪学》，法律出版社 2004 年版，第 145 页。

④ 参见被害人在不同的学科之间有着不同的范畴，传统刑法学立足于规范学，从构成要件理论出发，将行为客体即构成要件所指向的行为对象与被害人区分开来，除去构成要件意义之外，被害人对于犯罪所具备的原因意义并不是规范学所需要探讨的范畴；犯罪学和被害人学立足于现象学，认为被害人是受到犯罪侵害的人，其中犯罪学主要从犯罪原因的视角分析被害人对于犯罪现象发生的意义，进而研究对于预防犯罪的作用；被害人学则强调从被害人视角分析被害现象，进而讨论如何实现被害预防。季晓军：《角色视阈下的被害人研究》，中国政法大学出版社 2017 年版，第 17 页。

⑤ 参见刘宪权：《金融犯罪刑法学原理》，上海人民出版社 2017 年版，第 38 页。

⑥ 参见赵可、周纪兰、董新臣：《一个被轻视的社会群体：犯罪被害人》，群众出版社 2002 年版，第 216～224 页。

网络金融犯罪往往是在“普惠金融”的外衣下吸收参与人，为了吸收更多社会资金，通常设置了极低的进入门槛，有些非法集资项目甚至打着“一元起投”的噱头吸收参与人，在网络的帮助下，这些“项目”几乎人人均可参与，使得这些参与群体成分复杂，涉及各个社会阶层、各个职业群体和各个年龄段，而这些网络项目的参与人最终常常成为网络金融犯罪的被害人。涉及理财融资类的网络金融犯罪被害人的数量往往达到几十人、几百人，个别案件中甚至达到数万人(如e租宝案件被害人数量达到九十多万人)。

(三)犯罪地域范围的广泛性

在改革不断深入的时代背景下，我国各个地区之间、各省之间，乃至和世界各地的联系不断紧密，人、财、物的流动空前的频繁，随之发生的是犯罪分子跨省、跨地区犯罪日益增多。尤其是在互联网技术的帮助下，金融犯罪从传统特定空间领域延伸到互联网领域，犯罪人与被害人的互动不受地理空间的控制，使得再简单的网络金融犯罪影响范围都可能波及数个省份，由此表现出网络金融犯罪地域范围的广泛性。以非法集资为例，通过网络技术的应用，P2P网贷的借款双方由传统的熟人变成了陌生人，借贷双方更具不特定性，借款人与出借人之间形成了多节点的网状结构，打破地域范围限制，P2P异化后即演化为网络非法集资相关犯罪。

(四)犯罪应用手段的隐蔽性

金融犯罪在通常情况下都是有预谋的犯罪，犯罪分子具有专业化、组织化的倾向。由于金融本身的专业性、金融运作的多环节性以及网络的高技术性，网络金融犯罪行为往往难以由一个犯罪人单独完成，而是通过严密的组织实施，并且犯罪人一般具备较为丰富的金融专业知识、计算机专业知识和一定的反侦查专业知识，犯罪活动计划周密，内部分工明确，犯罪手段相较于其他普通犯罪行为更具隐蔽性，犯罪成功后利用各种手段销毁证据、转移资金。随着网上支付手段、网络转账的丰富，犯罪分子往往是在某地注册，然后在其他地区实施网络金融犯罪行为以逃避打击，使得案件横跨多地、多省，同时采用虚假身份跨境转移资金、遥控指挥。网络金融犯罪通过高新技术实施，与传统的抢劫、盗窃等财产性犯罪相比更为复杂。在网络空间中，人与人的交流不是当面进行的，而是需要通过数据的传输实现；同时又由于网络空间的虚拟性不仅犯罪人在其中不使用真实身份，被骗人的网络身份与真实身份也常常不一致。① 由于网络的开放性、不确定性、超时空性等特点，使得网络金融犯罪的犯罪手法、返利方式和集资形式等不断演化更新，犯罪应用手段呈现出极高的隐蔽性。

网络金融犯罪应用手段的隐蔽性还表现在，其大部分过程甚至整个过程都发生在互联网虚拟空间中，一般不会留下传统犯罪的纸质单据、文书、指纹等犯罪痕迹，而其在互联网上留下的系统数据、IP地址、通讯账号等电子证据均以数字化的形式存在，容易被篡改和毁灭，而且需要专业机构或者专业的人员才能顺利提取和固定。

① 参见季境、张志超：《新型网络犯罪问题研究》，中国检察出版社2012年版，第28页。

二、情境预防策略和方法

美国犯罪学家克拉克在对有关青少年犯罪的调查中发现，青少年的不当行为更多地取决于其所处的情境，而不是青少年的性格或者背景，[①]进而提出了情境预防（Situational Crime Prevention）的概念。情境预防是一种预防犯罪的形式，是通过确认（identification）、管理（management）、设计（design）、调整（manipulation）等方式，持久有机地改变可能作案或者经常作案的情境，建立一种特定的预防犯罪的环境，以此影响行为人的理性选择，减少促成犯罪的情境因素（situational precipitators）和犯罪机会情境（situational opportunity），从而达到犯罪预防的目的[②]。

一般认为，情境预防理论根源于日常活动理论、理性选择理论和环境犯罪学理论三大理论板块。[③] 其中，理性选择理论源自经济学上的“理性人”假设，认为犯罪人是一个具有“理性”的人，能够根据具体的情境进行“趋利避害”地作出对自己更为有利的选择，在实施犯罪行为前会经过理性的评估，选择实施风险相对较小和收益相对较大的行为。日常活动理论（routine activity theory）由美国犯罪学家科恩（Lawrence Cohen）和菲尔逊（Marcus Felson）提出，该理论认为学习、工作、娱乐、社会交往等日常普通活动在时空关系上会与犯罪等非法活动的发生相匹配，即犯罪的发生与人们的生活密切相关，被害人的日常活动影响了犯罪发生的机会。犯罪的发生需要通过三种要素同时同地存在：有动机的犯罪人（motivated offender）、合适的犯罪目标（suitable target）、足以遏制犯罪发生的监控者不在场（absence of capable guardian）。[④] 环境犯罪学内部存在两大流派即“犯罪的情境预防”（situational crime prevention，SCP）和“基于环境设计的犯罪预防”（crime prevention through environmental design，CPTED），前者关注的是针对具体情境的干预措施，后者更加关注城市规划和建筑设计及维护等实践领域。[⑤] 基于环境设计的犯罪预防理论认为，犯罪的发生总是存在于具体的地点和环境之中，因而可以通过改变地点或者具体的环境以及空间的布局来预

---

① Rick Linden，Situational Crime Prevention：Its Role in Comprehensive Prevention Initiatives，*IPC Review*，Vol.1（2007），pp.139-159.转引自皮勇、汪恭政：《大数据背景下网络交易平台诈骗犯罪及其防控——以150份刑事判决书为切入点》，载张凌、郭彦：《大数据时代下的犯罪防控：中国犯罪学学会年会论文集》，中国检察出版社2017年版，第324页。

② Derek B. Cornish & Ronald V. Clare，Opportunities，Precipitators and Criminal Decisions：A Reply to Worley's Critique of Situational Crime Prevention，*Crime Prevention Studies*，2003(16)，pp.79～80.

③ Jacobs. J. *The Death and Life of Great American Cities*，New York：Vintage Books，1992.转引自熊伟：《被害预防研究》，武汉大学出版社2016年版，第71页。

④ Lawrence Cohen and Marcus Felson. Social Change and Crime Rate Trends：a Routine Activity Approach，*American Sociological Review*，1979，vol44，pp.588-608.转引自熊伟：《被害预防研究》，武汉大学出版社2016年版，第72页。

⑤ 参见[澳]亚当·苏通、阿德里恩·切尼、罗伯·怀特：《犯罪预防：原理、观点与实践》，赵赤译，中国政法大学出版社2012年版，第72页。

防犯罪。为此，地理学家和建筑学家从预防犯罪发生的角度提出了城市建筑设计、土地使用和空间分布的角度寻求影响犯罪的因素，倾向于通过环境设计和一定的监视系统来减少犯罪的机会。萨瑟兰也认为，犯罪行为的直接决定因素在于情境和个人的复合体，客观情境为犯罪行为提供了一种机会，因此说客观情境对犯罪行为很重要。①

从控制和减少网络金融犯罪现象的途径来看，被害预防与犯罪预防同样重要。如果能够在情境预防和社会预防之间建立平衡，那么预防策略将取得持久而有效的效果②。犯罪的机会、条件等"情境"要素对犯罪人的理性选择和决策有重要影响，1992年罗纳德·克拉克(Ronald V. Clark)首次提出了三类12种具体的情境预防措施，1997年出版情境犯罪预防(situational crime prevention)一书，统整了情境犯罪预防的策略与理论。之后，2003年又将情境犯罪预防策略扩充成五类25小项，五类预防策略即提升犯罪风险、增加犯罪难度、降低犯罪收益、减少犯罪刺激和排除犯罪借口。③ 其中，增加犯罪难度主要是针对犯罪的实施手段和犯罪对象而言；提高犯罪风险则是指增大犯罪被发现的可能性；降低犯罪收益针对侵犯财产性犯罪尤其有效。

情境预防理论是在传统犯罪预防的方法缺乏效能的情况下提出和兴起的，对一些犯罪的预防提供了新的方案和思路。情境预防的作用机理在于从犯罪人角度，一方面，情境预防通过增大犯罪直接成本、降低犯罪预期所得，进而影响犯罪人理性选择；另一方面，犯罪情境影响犯罪心理的形成和促发，从被害人角度而言，适格的被害人亦是有利于犯罪的情境。情境预防的理论基础和作用机理是被害情境预防能够产生控制和预防犯罪效果的理论支撑。

三、被害情境预防与网络金融犯罪治理

(一)实施网络金融犯罪被害情境预防策略的必要性

犯罪治理的两个基本方向分别是打击犯罪和预防犯罪，即打防结合。根据联合国的调查，刑事司法系统的费用占犯罪整个代价的40%到50%，计量经济学研究也表明，针对已知的风险因素采取预防性行动比监禁所花费的费用少1/2到1/7。④ 由于刑事司法打击不仅治理犯罪的效果不明显，而且成本较高，因此在犯罪治理中犯罪预防越来越受到重视。

从犯罪学的角度，减少犯罪的途径有预防犯罪和预防被害，这两条途径相辅相成。其中预防犯罪所针对的对象是已经实施犯罪的人(预防再犯)和潜在的犯罪人(预防犯罪)，着眼

---

① 参见[美]埃德温·萨瑟兰、唐纳德·克雷西、戴维·卢肯比尔：《犯罪学原理》，吴宗宪等译，中国人民公安大学出版社2009年版，第105页。

② Gonczol, Katalin, Strategy of Community Crime Prevention in Practice as a Integrative Part of Public Policy, *Annales Universitatis Scientiarum Budapestinensis de Rolando Eotvos Nominatae: Sectio Iuridica*, Vol. 51, 2015, p.100.

③ 参见张远煌：《犯罪学》，中国人民大学出版社2007年版，第397页。

④ 参见李春雷、靳高风：《犯罪预防理论与实务》，北京大学出版社2006年版，第8页。

于消除和减少促使犯罪人和潜在的犯罪人产生犯罪动机和实施犯罪的各种因素和条件，并减少这些因素和条件对犯罪的发生的积极作用。而预防被害所针对的对象是易被害个人和群体亦即潜在的被害人，着眼于潜在被害人的个性特征和被害性因素，着眼于采取各种有效措施防止其遭受犯罪的侵害。被害预防不论是对个人还是对社会而言，比等到被害发生后弥补被害损失更为重要和有价值。网络金融犯罪的发生常常是犯罪人与被害人相互作用的结果，被害人或者潜在的被害人在一定程度上促成了犯罪的发生。网络金融犯罪的持续增长促使我们反思传统以犯罪人和潜在犯罪人为中心的犯罪预防对策，被害预防尤其是以情境研究方法为中心的被害情境预防策略呼之欲出。

在犯罪预防策略的制定和措施的选择上，应当进行成本效益的分析，即遵循成本效益原则。成本效益原则是所有经济学概念的源头，其核心的思想是判断成本是否应当发生的标准在于收益是否大于为此而发生的成本支出，若有收益大于成本支出，则该项成本是有效益的，是应该发生的。成本效益原则的基本理念在于成本管理要从投入与产出的对比来分析投入的必要性和合理性，产出与投入的比值越大说明成本效益越高，相对成本则越低。被害预防与犯罪预防相比，前者不需要当事人付出巨大的代价，也不需要消费国家大量的人力、物力和财力，更能节省社会资源、更具经济性，能够以最小的付出获得最大的回报，更为容易实行且经济效果更加显著。无论是从预防效果还是从预防措施来看，被害预防均比犯罪预防更具经济性。对网络金融犯罪的治理而言，被害预防必要性还有以下几个方面：

首先，司法预防和社会预防策略已经对网络金融犯罪预防取得一定的效果，进一步控制和预防网络金融犯罪需要开发新的领域，从犯罪被害人学角度的研究是一个全新的尝试，因为“最成功的犯罪预防策略就是混合的策略”①。情境预防的独特作用能够弥补司法预防和社会预防的不足。司法预防中刑罚的威慑作用需要靠刑罚的确定性、均衡性和及时性三个条件来实现；社会预防项目的实施需要大量的资源投入和资金的支撑，并以改变现有的社会状况为手段，其价值取向往往与其他社会发展目标的价值取向发生冲突，其预防效果只有经过较长时间的实施才能显现，同时还会产生诸多难以预料的副作用。对于个人而言，消除被害诱因是其自身的责任、义务，是重要的自我保护措施。个人的自我防范一方面可以提高预防的效果，另一方面可以减少国家的投入。其次，从网络金融犯罪的互动性、被害人在犯罪中的积极作用以及罪前情境在犯罪生成原因中的重要地位来看，从被害人角度采取的情境预防策略具有从源头上控制和预防网络金融犯罪的性质。再次，从网络金融犯罪涉众性来看，网络金融犯罪被害人是个庞大的群体，在科学引导和合理组织下，应当可以在应对网络金融犯罪中有所作为。最后，从网络金融犯罪地域范围的广泛性、犯罪手段的隐蔽性等特性来看，防范金融风险、严惩网络金融犯罪迫在眉睫，各种控制和预防犯罪的策略都是必要的。

(二)实施网络金融犯罪被害情境预防策略的可行性

网络金融犯罪作为一种社会现象是能够被认识和预防的。被害人学的发展、科学技术

① Patricia L. Brantingham, Paul J. Brantingham, Situational Crime Prevention in Practice, *Canadian Journal of Criminology*, Vol. 32, Issue 1 (January 1990).

的进步和国际合作的深入，为被害情境提供了理论依据和途径。通过网络金融被害现象的研究，可以寻求网络金融犯罪被害人的被害特征、被害性以及被害原因，而被害原因的研究能够为网络金融犯罪被害情境预防策略的制定提供理论基础，使得被害情境预防具有一定的针对性和操作性。网络和计算机技术的发展与进步，大数据和人工智能研究的兴起和应用，为网络金融犯罪被害情境预防提供了科学的手段和方法。被害预防的实践为网络金融犯罪被害情境预防提供了丰富的经验。人们在长期的与金融犯罪做斗争的过程中积累了大量的经验和材料，特别是在世界范围内情境预防已经形成较为成熟的预防方案，为网络金融犯罪被害预防提供了坚实的基础。网络金融犯罪被害情境预防可行性在于：

首先，犯罪人和被害人互动关系比较密切的网络金融犯罪（如非法集资犯罪、集资诈骗犯罪和信用卡诈骗犯罪等）天然地适合采用被害情境预防的策略控制和预防犯罪。犯罪事件是犯罪人、被害人以及双方相互作用的组合，是对机会和诱因的反应。① 情境研究方法（situational approach）的主导思想是对于犯罪事件的预防可以通过消除或者减少产生犯罪的机会和情境性诱因来实现的。按照我国刑法理论的划分，金融犯罪被分为破坏金融管理秩序犯罪和金融诈骗犯罪。其中，破坏金融管理秩序罪可以说是无被害人犯罪或者说是国家作为被害人的犯罪，比较特殊的是非法吸收公众存款罪，一方面，从刑法规定来看侵害的法益是金融管理秩序，但是从司法实践来看，本罪通常因为行为人资金链断裂等原因无法归还本金，投资人同时也成为被害人；另一方面，非法吸收公众存款罪并不是行为人单方能够完成的，而是需要投资人（潜在的被害人）配合共同完成非法集资行为。而金融诈骗罪则是典型的交易被害犯罪，是需要犯罪人与被害人互动才能完成的犯罪。在交易被害犯罪中，“被害人是在面对面与加害人进行交易的情况下受到侵害，因而是被害人有机会但没有有效运用自身判断力的情况下‘自愿’向加害人交付利益而遭受的侵害，是在一定程度上对犯罪侵害的‘积极’服从”②。但是，基于交易行为本身的特点，部分金融诈骗犯罪实际上无法在互联网领域发生，在互联网领域常见的金融诈骗犯罪是集资诈骗和信用卡诈骗。以上犯罪人与被害人通过互动完成的犯罪，离不开被害人的参与，通过被害人方面的情境预防策略控制和预防犯罪具有可行性。

其次，从被害人角度提高犯罪难度、降低犯罪收益能够有效抑制犯罪人的犯罪冲动。从犯罪古典学派人具有自由意志的观点来看，行为多是出于自愿而非强迫，进行任何一项行动亦会先作理性思考，亦即趋乐避苦，主动过滤对自己有利的事物而非排除自己所不欲的，犯罪行为与人类一般行为一样，都是追求快乐和逃避痛苦的结果。③ 网络金融犯罪的被害人普遍存在着侥幸心理，被害具有一定的偶然性，正是这种偶然性使得许多潜在的被害人在被害前不以为然。

再次，被害情境预防策略的实施简捷、易行，不需要像司法预防和社会预防那样专门投入大量的资源，即可立竿见影地显现出其实施效果。“找到情境犯罪预防策略比改变社会结

① 参见郭建安：《犯罪被害人学》，北京大学出版社 1997 年版，第 129 页。

② 参见白建军：《关系犯罪学》，中国人民大学出版社 2014 年第 3 版，第 170～171 页。

③ 参见黄富源、张平吾：《被害者学新论》，台湾警察学术研究学会 2012 年版，第 122 页。

构特征或者改变犯罪人的犯罪习性要容易得多。"①虽然情境预防理论是以物态的实体空间为社会基础发展而来的,但是犯罪学理论并不是自身封闭一成不变的,而是能够随着社会的发展变迁相应进行开放式演进和发展的理论,情境预防理论在网络犯罪被害预防方面亦能够发挥出其应有的价值,为网络金融犯罪被害预防提供理论指导和智识支撑。被害预防比犯罪预防更具可行性,改变被害人或者潜在的被害人的行为方式或生活习惯比改变犯罪人或者潜在的犯罪人的行为方式或生活习惯容易得多。就网络金融犯罪的被害情境预防而言,其总结、推广和在理论上升华的很多措施都是我们日常所采取的方法,许多措施十分便利,对使用者亲和力较强,其实施无须改变现有的社会结构和社会制度。一方面,由于近十亿的网民普遍都是潜在的网络金融犯罪的被害人,被害情境预防策略实施主体分散,又贴近生活,诸多情境预防策略的实施实际上并不需要国家和社会专门投入资源,被害预防与公民的生存权利密切相关,因而被害预防比犯罪预防更能最大限度地调动民众自身的积极性;另一方面,部分被害情境预防策略仅仅是技术措施的改进和设备的添置,与其他犯罪预防策略需要投入专项机构、人员、经费等资源相比更为节俭和高效。

最后,情境犯罪预防策略具有普适性和可移植性,可用于时空规律性较为明显的网络金融犯罪的控制和预防。"普通的犯罪预防方法虽然很受欢迎,但因为不能解决犯罪行为的多样性问题,因而不太可能对犯罪率产生实质性的影响",而"情境预防关注具体的问题并寻找针对这些特定问题的本质的解决方案,而不是寻找一种可以广泛应用于各种犯罪问题的通用预防措施"。② 情境预防最初在用来处理偷盗和各种入室盗窃犯罪等传统犯罪中取得了积极的成效。对于有组织犯罪、恐怖主义犯罪和欺诈犯罪等类型的犯罪也是有效而适当的预防方式。③ 部分网络金融犯罪互动性显著,犯罪原因、目的、手段亦是呈现出明显的规律性,对其采取被害情境预防策略应是可行的。

例如,针对网络金融犯罪被害人信息泄露容易诱发网络金融诈骗犯罪的特点,相应的被害预防策略是"个人—社会—国家"多位一体地加强个人信息保护。从个人角度树立信息安全意识,谨慎向他人提供个人信息,从源头上控制和预防个人信息泄露;从社会角度互联网行业组织、银行业等金融机构加强自身监督与管理,健全内控规范,强化信息管理责任,明确个人信息的收集目的、程序和利用范围;从国家的角度在法律层面保护个人信息,落实个人信息的民、刑保护,完善个人信息保护行刑衔接、民刑衔接机制,将侵犯公民个人信息的行为入罪处罚等。

再如,针对网络金融诈骗犯罪被害人贪利性的特点,相应的被害情境预防策略为:一方面,从潜在被害人角度,首先是科学设定投资回报预期,理性投资;其次是树立正确的价值观,杜绝个人崇拜、金钱崇拜(以"e 租宝"非法集资案为例,许多被害人投资的直接原因就是

---

① Patricia L. Brantingham; Paul J. Brantingham, Situational Crime Prevention in Practice, *Canadian Journal of Criminology*, Vol. 32, Issue 1 (January 1990).

② Patricia L. Brantingham; Paul J. Brantingham, Situational Crime Prevention in Practice, *Canadian Journal of Criminology*, Vol. 32, Issue 1 (January 1990).

③ Sohraby, Farzad; Habibitabur, Hossein; Masoudzade, Mohammad Reza: Money Laundering Crime and Its Situational Prevention in Iranian Law and International Law, *Journal of Politics and Law*, Vol. 9, Issue 7 (September 2016), p.58.

明星或所谓专家背书宣传)；最后是养成独立思考的习惯，不盲从跟风(有些犯罪人甚至雇佣网络“水军”制造误导投资人的假象)。另一方面，从社会组织角度，首先，媒体加强自律和社会责任感，不得以虚假或者引人误解的内容欺骗、误导潜在被害人(大量的集资平台不惜花重金投放广告，以央视或各大卫视等媒体为其增信)；其次，公益组织可以宣传、普及金融常识，让更多的网民了解金融规律；再次，金融机构在网民开立投资账户时进行可视化风险提示，必要时可附加典型案例等；最后，网络服务提供者切实履行“通知规则”和“明知规则”。

四、网络金融犯罪被害情境预防的目标

从网络金融犯罪被害情境预防从未被传统犯罪学研究和网络金融犯罪综合治理所关注来看，无疑是犯罪预防的第三条路径，具有重要的理论价值，又能在实践中实现网络金融犯罪预防，降低网络金融犯罪率，有效控制网络金融犯罪的影响范围，构建起“社会预防—情境预防—司法预防”三元预防结构。网络金融犯罪被害情境预防的实施可以说是对诸多网络金融犯罪治理方略的一个补充，至少可以说是对网络金融犯罪治理体系中一个薄弱环节的强化。被害情境预防从效益的角度为整合犯罪预防措施提供了新思路；从价值层面在预防主体上整合了潜在的被害人，为社会力量参与犯罪预防提供了平台；在技术层面采用问题导向的方法产生，对特定被害情境与特定类型的犯罪的互动关系分析更精细，因而措施特定性、针对性极强。被害情境预防理论从微观层面入手，以网络金融犯罪发生的各种情境中被害人方面的因素为预防切入点，将网络金融犯罪的被害人作为犯罪生成的能动情境因素，并致力于开展被害人参与或者促成犯罪过程的研究，发现和揭露对网络金融犯罪生成产生影响的被害性因素有哪些，目的在于更客观地阐明网络金融犯罪发生和发展的过程，并以此为依据结合情境预防理论，从被害人的角度提出旨在减少网络金融犯罪被害现象发生的对策和措施，其自身有良好的扩展性、适应性、可维护性，因而对我国现阶段网络金融犯罪预防工作具有重要的理论和实践意义。通过提高潜在被害人的财产安全意识、普及金融基础知识以及投资风险意识等，最大限度地减少被害，使得传统的情境预防理论在网络时代被赋予新的生命力，从物态的实体环境到网络虚拟情境、被害人心理情境等，“情境”的外延得到扩展，情境预防的原理得以延续。

与此同时，我们也应清醒地看到，网络金融犯罪的治理是一个长期而又复杂的工程，在治理措施见效的情况下还有可能向其他犯罪形式或者其他领域转化，况且被害情境预防策略也仅仅是第一层次的预防措施，只是诸多被害预防策略中的一种，因此我们不可能期待仅仅通过被害情境预防策略的实施就能够消灭网络金融犯罪。从犯罪生成的深层次社会学因素来看，被害情境预防并没有改变网络金融犯罪产生固有的社会制度环境，难以消除或抑制诱发网络金融犯罪的深层社会因素，因而仅具有治标性质；应当承认，以社会预防、司法预防等为犯罪预防的措施仍然是网络金融犯罪治理的主流，更进一步而言网络金融犯罪的根治还有赖于相关网络金融体制、机制的建构和完善。虽然评估情境预防时会出现犯罪转移、行动不便和不平等的问题，但是这些潜在的问题不应被视为不可避免的，也不应阻碍情境预防

技术的充分利用。① 因此，网络金融犯罪被害情境预防的目标仅仅在于从数量上和类型上最大限度地减少网络金融犯罪的发生。如果通过被害情境预防策略的实施，经过一定时间的实证统计能够表明网络金融犯罪的犯罪率有明显下降，或者说被害群体特征有较为明显的变化，再或者说被害损失得到有效控制，那么我们就能够骄傲的宣布，被害情境预防策略是一种成功的网络金融犯罪治理策略。

① Tim Prenzler, Eric Wilson, *Situational crime prevention: Theories, impacts and issues*, in: Tim Prenzler, Professional Practice in Crime Prevention and Security Management, Australian Academic Press, 2014.

《厦门大学法律评论》总第三十一辑
厦门大学出版社 2019 年 6 月版
《组织、领导传销活动罪:法益的嬗变与行为特质》
第 218 页～第 228 页

组织、领导传销活动罪:法益的嬗变与行为特质*

黄罕敏**

摘要:传销在不同的时代背景下经历了从经营型传销到诈骗型传销、再到互联网集资型传销的转变,无论在哪个发展阶段,传销犯罪属于诈骗犯罪或组织领导型犯罪的困惑始终影响着对本罪的正确理解和适用。对传销犯罪的分析可知,随着组织、领导传销活动罪的发展,本罪脱离了经营活动的范畴,不应当再以市场经济秩序为保护法益,本罪的主要保护法益是以风险可控性为内涵的社会稳定法益,次要保护法益是个人的财产法益。现行组织、领导传销活动罪也应当借助法益的违法性评价机能实现立法与司法上的完善。

关键词:组织、领导传销;法益侵害;行为特征

The Crime of Organizing Pyramid Selling Activities: the Evolution of Legal Interest and Behavioral Trait

Huang Hanmin

Abstract: Pyramid schemes experienced the transformation from commodity management pyramid selling to fraud pyramid selling, then to internet financing pyramid selling in different eras. No matter in which stage of development, the confusion that the pyramid selling crime belongs to fraud crime or organizational crime has always affected the correct understanding and application of this crime. Analysis of the pyramid selling crime shows that, with the development of the crime of organizing pyramid selling activities, the crime is separated from the scope of business activities, the order of the market e-

* 文章 DOI: 10.3966/615471682019060031015。
本文为国家社科基金重大项目"网络金融犯罪的综合治理"(编号 17ZDA148)的阶段性研究成果。

** 黄罕敏,女,1991 年生,福建仙游县人,厦门大学法学院博士生,研究方向:刑法学。电子信箱:hanminhuang@163.com。

conomy should no longer be taken as the legal interest. The main legal interest of this crime is the legal interest about the social stability with risk controllability as its connotation, and the secondary legal interest is the legal interest about personal property. The current crime of organizing pyramid selling activities should be perfected in legislation and judicature by means of the illegal evaluation function of legal interest.

Key Words: organizing pyramid selling activities; infringement of legal interest; behavioral trait

一、传销模式的变迁:传销行为的演化及其本质追问

组织、领导传销活动罪的发展模式经历了从经营型到诈骗型、再到互联网集资型的转变,其发展更迭烙印着每个时代的特征,其保护的法益本质究竟为何是本文着力探究的问题。

(一)传销犯罪前传:经营型传销的探索

1998 年 4 月 18 日国务院发布了《关于禁止传销经营活动的通知》(以下简称《通知》),其开篇道明禁止传销活动的目的:保护消费者合法权益,促进公平竞争,维护市场经济秩序和社会稳定,国务院决定禁止传销经营活动。《通知》的规定粗简,其并未对违法传销的概念进行明确的界定,对于传销的认定依托于工商局、公安部、人民银行《关于严厉打击传销和变相传销等非法经营活动的意见》(以下简称《意见》)以及 2005 年 8 月 23 日国务院颁布的《禁止传销条例》(以下简称《条例》)。

《意见》界定了六种传销行为,并规定对情节严重涉嫌犯罪的,对组织者按照非法经营罪定罪处罚。《条例》第 1 条叙明制定条例之目的:"为了防止欺诈,保护公民、法人和其他组织的合法权益,维护社会主义市场经济秩序,保持社会稳定,制定本条例";并明确了传销的概念:"本条例所称传销,是指组织者或者经营者发展人员,通过对被发展人员以其直接或者间接发展的人员数量或者销售业绩为依据计算和给付报酬,或者要求被发展人员以交纳一定费用为条件取得加入资格等方式牟取非法利益,扰乱经济秩序,影响社会稳定的行为"。

除却行政机关的相关规定,2001 年 3 月 29 日最高人民法院《关于情节严重的传销或者变相传销行为如何定性问题的批复》(以下简称《批复》)也作出回应:对传销行为以非法经营罪定罪处罚。该《批复》是《刑法修正案(七)》出台前传销活动入罪的直接依据。

该阶段正值改革开放初期,市场经济尚未发展成熟,关于传销的立法亦处于探索阶段,呈现出如下特征:

首先,随着海外经营理念的引进,鱼龙混杂的经营模式也汹涌呈现,此时的传销行为多以商品经营为幌子,并伴随着和商品经营相关的制假售假、走私贩私等违法行为。因此,该阶段对于传销活动的理解更倾向于认为是对商品经营秩序的破坏,在情节严重的情况下,以

《刑法》第 225 条非法经营罪处置。

其次，在立法目的上，无论是《通知》还是《条例》的规定，除了保障个人合法权益外，还关涉维护社会主义市场经济秩序和维护社会稳定的价值取向。在尚未厘清传销和直销的本质区别的前提下，急于通过行政法规治理经济和社会乱象的痕迹明显，法律家长主义与法律工具主义的倾向突出。

最后，对于传销犯罪的本质缺乏审慎的思考，处罚圈过大且界限模糊。传销行为涵括的范围较广，行为属于"拉人头""团队计酬""收取入门费"之一即可。以团队计酬为例，其存在实际的商品，以下线的销售业绩为依据计算和给付上线的报酬，事实上是扩大市场份额之需要，属于正常的直销经营，并无社会危害性，但仍纳入处罚之范围。除此，在打击传销活动中，组织者、经营者和参与者的身份如何加以认定，刑事责任如何分配，都无明晰的标准。

(二)传销犯罪辩正：诈骗型传销的确立

《刑法修正案(七)》在第 224 条的合同诈骗罪后增设了组织、领导传销活动罪，其规定"组织、领导以推销商品、提供服务等经营活动为名，要求参加者以缴纳费用或者购买商品、服务等方式获得加入资格，并按照一定顺序组成层级，直接或者间接以发展人员的数量作为计酬或者返利依据，引诱、胁迫参加者继续发展他人参加，骗取财物，扰乱经济社会秩序的传销活动的，处五年以下有期徒刑或者拘役，并处罚金；情节严重的，处五年以上有期徒刑，并处罚金"。

《刑法修正案(七)》弥补了此前传销犯罪构成要件的空白状态，明确了传销犯罪的客观要件，该阶段的立法意识到了以"拉人头"和"收取入门费"为手段的传销行为并无实际的经营行为，而是假借商品经营之名，行诈骗之实，因此在构成要件中强调了"骗取财物"这一限定条件，在性质上实现了从经营型传销到诈骗型传销的转变。诈骗型传销的确立在学界达成了共识，但是对于此罪名的法教义学考察仍存在不同的理解。

陈兴良教授认为：虽然条文主体内容是组织、领导传销活动，但是基于该条文对于传销内容的界定，组织、领导这种以拉人头、收取入门费为主要特征的传销活动，其实就是一种诈骗的特殊类型。① 在此，组织、领导行为仅仅是诈骗的手段，行为的本质是诈骗。因此，组织、领导传销活动罪与诈骗罪之间是法条竞合关系，按照特别法优于普通法的适用原则，对于以传销手段骗取财物的行为应当按照组织、领导传销活动罪定罪。张明楷教授持不同的看法，他坚持认为《刑法》第 224 条之一的处罚对象是对诈骗型传销组织的组织、领导行为，"骗取财物"是对诈骗型传销组织的描述，亦即，只有当行为人组织、领导的传销活动具有"骗取财物"的性质时，才成立组织、领导传销活动罪。作为显示诈骗型传销组织特征的"骗取财物"这一要素，并不要求现实地客观化。② 因此，组织、领导传销活动罪与诈骗罪之间是想象竞合关系，从一重罪处罚，按照诈骗罪定罪。

组织、领导传销活动罪果断舍弃了其隶属于非法经营的误解，转向"诈骗型传销"的新解

---

① 参见陈兴良：《组织、领导传销活动罪：性质与界限》，载《政法论坛》2016 年第 2 期。

② 参见张明楷：《传销犯罪的基本问题》，载《政治与法律》2009 年第 9 期。

释。但是，在诈骗型传销犯罪中始终笼罩着这样的迷云：本罪中“骗取财物”应该作何理解？其处于什么样的地位，是否可以直接决定该罪的性质？以及本罪的实行行为究竟是诈骗行为或对传销活动的组织、领导行为？上述未解的难题决定了定罪的方向以及罪数的认定。

（三）传销犯罪演变：互联网集资型传销的更迭

尚未从诈骗型传销的困境中走出，传销活动裹挟着互联网席卷而来。电子交易市场的开拓，新技术和新媒介的介入，在经济的虚拟实在，赛博空间的输入过程中，电子乌托邦加创意，资本全球化空间的完整性、互联网交易市场的时空压缩、技术浪漫主义、理想主义和经验主义的传统在虚拟叙事之中相互协调。① 互联网和虚拟经济改变了经济结构的同时，也出现了与其相生的风险，创新的投资方式结合传统的传销模式开启了全新的传销图景——集资型传销。

纵观互联网集资型传销主要有两种类型：一是资本运作式，二是数字货币式。资本运作式即组织者、经营者首先注册一个电子商务企业，再以此名义建立一个电子商务网站，并假托国家对电子商务产业扶持的相关政策，以网络营销、网络直销等名义，变相收取入门费，并设置各种返利机制，激励会员发展下线，并以其直接或间接发展的下线数量为返利依据。②主要以上市融资、购买原始股、投资理财等形式引诱民众交纳会费。数字货币式假借数字货币的概念，宣传没有价值的虚拟或者实体货币，诱导民众投资，鼓励发展会员并以给予奖励。

新型互联网集资型传销呈现无接触、网络化、地域分散化的新特点，利用互联网平台和金融投资理财产品项目等金融创新的幌子，造成波及地域广泛、受害人数众多的后果。以已经崩盘的钱宝网为例，项目年化收益率高达50％以上，其收益组成＝任务收益＋签到收益＋推广收益＋体验任务收益。其中，拉人头推广收益占了很大的比例，从而吸引大量投资者蜂拥而至，涉案金额高达300亿，影响极为恶劣。③

这种借助互联网平台的集资行为，采用拉人头和交会费的方式，意图扩大集资范围，事实上与诈骗型传销模式并无本质之区别，仅是方式上采用新花样，属于诈骗型传销的新变种。互联网集资型传销利用互联网传销的方法以达至骗取集资款的目的，同时符合集资诈骗罪的构成要件，如何处理组织、领导非法传销活动罪与集资诈骗罪的罪数适用，是互联网集资型传销所要应对的难题。

综上所述，传销犯罪的发展经历了经营型到诈骗型、再到互联网集资型，与社会经济的构建和发展相呼应。《刑法修正案（七）》对于传销活动的规定，明确否定了非法经营的特性，但是在诈骗型传销和互联网集资型传销中仍有诸多的问题尚未解决，落实到根本即：传销犯罪重在“组织、领导行为”还是“诈骗行为”？厘清传销犯罪选择何种法益为基本立场，方可准确认定传销犯罪的实行行为，以及对罪数问题作出科学的研判。

---

① 朱庆：《传销抑或创新：太平洋直购案的法律解析》，载《法商研究》2015年第1期。

② 付胥宇、武宇红：《网络传销犯罪适用罪名探讨》，载《人民论坛》2014年第8期。

③ 参考《腾讯安全2018年上半年互联网金融安全报告》，https://slab.qq.com/news/authority/1755.html，最后浏览日期：2018年11月15日。

二、法益内涵的辨析与批判：传销犯罪法益的取舍

张明楷教授对法益的界定是：法益是根据宪法的基本原则，由法所保护的、客观上可能受到侵害或者威胁的人的生活利益。① 庞德对值得由法加以保护和促进的利益进行了分类和论述，把利益分为三类：即个人利益、公共利益和社会利益。② 法益具有解释构成要件的机能，用以准确区分罪与非罪、此罪与彼罪。明确传销犯罪的法益，方能对传销犯罪作出正确的理解。如何看待传销犯罪的侵害法益，立法已表明了态度，其主要是从三个维度来阐释立法之目的，即公民的合法权益、社会主义市场经济秩序以及社会稳定。公民的合法权益无疑是个人利益，而社会主义市场经济秩序和社会稳定属于社会利益，组织、领导传销罪应当取何者为保护法益，或者兼顾哪几种法益，将影响对构成要件的解释。

(一)个人法益与社会法益的发展交汇

法益的思想基础源于自由主义，自由主义的一项重要内容就是以个人主义反对国家权力的滥用。个人主义要求国家和法律必须服从个体的目的出发，刑罚的动用也因保护个体的生命、身体、自由、尊严、财产等而获得正当性，而非为了国家或法律本身的目的。③ 将保护个人权益视为启动刑事制裁的理由，已是不容置疑的铁律，这正是人本主义的体现，个人是出发点，是任何国家制度和法律制度的最高价值。④

社会法益具有内容抽象、本质模糊的弊端，学者们对社会法益持警惕的态度，隐忧于法益丧失了约束国家权力的初衷而沦为国家权威的治理工具。能否将保护社会法益直接作为刑事处罚的根据一直争议不断，并由此分流出两种观点：一元的法益观认为只有当集体法益间接地也是个人利益时，才能得到认可。共同利益以及国家利益都是从个体出发行使功能的，反推则不允许。⑤ 二元的法益观倾向于认为集体法益与个人法益应当具有平等的地位，相互独立。

然而，坚持一元的法益观，固守个人法益的思维，并不能应对关系愈加紧密且日益复杂的社会情况。互联网社会、信息社会和风险社会无不强调着一个现实：人无法孤立地活着。“我们正从自我决断、个人主义、自由主义以及自我实现的理想转向越来越强调建立在人际间的愿望、期待、需求以及敏感性基础上的社会性、同情心以及宽容心——其影响方式体现

① 参见张明楷：《法益初论》，中国政法大学出版社2000年第，第167页。

② 参见张文显：《二十世纪西方法哲学思潮研究》，法律出版社2006年版，第104页。

③ 参见苏青：《法益理论的发展源流及其启示》，载《法律科学(西南政法大学学报)》2011年第3期。

④ 参见杨萌：《德国刑法学中法益概念的内涵及其评价》，载《暨南学报(哲学社会科学版)》2012年第6期。

⑤ 参见杨萌：《德国刑法学中法益概念的内涵及其评价》，载《暨南学报(哲学社会科学版)》2012年第6期。

为人们所表达的意见与愿望。”[①]只有缔造一个安全、稳定、和谐、相互信任的社会环境，关于人的各种价值才得以实现。一个社会必须拥有某些社会的、经济的、政治的、文化的制度与秩序，以作为个人与他人互动、沟通以及实现个人利益的平台界面。因而将社会各种秩序与制度正常运转的利益，提升为刑法所要保护的对象，本身即具有正当性的基础。[②]

因此，刑法的任务开始转向对社会法益的关注，正如国家制度、像司法机构或者货币体系或者其他的公众法益，虽然不是有形有体的对象，但是它确实是生活所必要的现实，对它的损害会长远地危害社会的效能和公民的生活。[③] 刑法的控制不再局限于对公民个人法益侵害的关注，现代社会的刑事政策在把握风险防控上，将关口大为提前。

(二)传销犯罪中的社会法益分析

打击传销犯罪的目的中所强调的维护市场经济秩序和社会稳定皆是社会法益的一种。在《关于办理组织领导传销活动刑事案件适用法律若干问题的意见》(以下简称《意见》)中对组织、领导传销犯罪的定罪标准予以了明确，即组织内部参与传销活动人员在30人以上且层级在3级以上。该《意见》没有将骗取金额作为入罪标准予以规定。组织传销人员的人数和层级意味着什么？究竟是破坏经济秩序还是破坏社会稳定？虽然说市场经济秩序和社会稳定关涉公民生活的共同安全和自由，但是在没有规定骗取金额的情况下，高举“秩序”的名义处罚组织、领导传销活动的行为，仍有肆意扩大国家刑法权的风险，其同样面临作为法益概念不具体和不明确的质疑，对于市场秩序和社会稳定的理解应当进一步破解其背后的终极法益，这种法益应该是更为具体化和客观化的。

1. 市场经济秩序法益的摒弃：“经营性”本质的缺失

我国《刑法》明确规定了“破坏社会主义市场经济秩序罪”一章，“秩序法益观”受到了普遍的认同。[④] 然而，市场经济秩序因其内容的空泛和不确定受到普遍的批判，主要认为秩序的过于抽象违背了罪刑法定原则及人权保障机能。超个人法益内容不断膨胀、宽泛，将稀释法益概念创立之初所具备的实质内涵，使其限制刑罚权的功能不断萎缩，而观念上的过于空洞的法益概念只能助长没有现实内容的总体概念假冒法益的趋势，由此就会瓦解法益概念的刑法界定力量、贬低其效能。[⑤] 基于此，学者们苦心追问市场经济秩序法益的内在意涵。现今，对于破坏社会主义经济秩序犯罪的法益有了更多元的解读：

有学者提出社会主义市场经济秩序罪保护的是“资本配置利益”，在经济系统中，资本才是最为重要的财富形式，贯穿于生产、交换、分配和消费等经济系统的各个环节，经济系统是资金流动的载体，资本的流动过程表现为在内部市场规律或外部干预下的资本配置过程，通过合理的资本配置，国家、社会、市场主体及市场参与者均能享受到由此带来的财产性利益

---

① 孙国详：《集体法益的刑法保护及其边界》，载《法学研究》2018年第6期。

② 参见何荣功：《经济自由与经济刑法正当性的体系思考》，载《法学评论》2014年第6期。

③ 参见[德]克劳斯·罗克辛：《刑法的任务不是法益保护吗》，樊文译，载陈兴良主编：《刑事法评论》第19卷。

④ 参见魏昌东：《中国经济刑法法益追问与立法选择》，载《政法论坛》2016年第6期。

⑤ 参见时方：《我国经济犯罪超个人法益属性辨析、类型划分及评述》，载《当代法学》2018年第2期。

或利益机会。[①] 有学者提出保护“经济自由”,有学者认为经济自由才是现代自由经济体系下的核心,经济刑法的根本目的在于保护市场主体的经济自由。经济犯罪本质上是平等市场主体滥用经济自由而导致的对其他平等主体或社会、公共利益伤害的行为。[②] 还有学者提出保护“国家与社会利益”,经济刑法的保护法益包括两个方面的内容:其一是国家在经济活动中的经济利益;其二是社会在经济活动中的经济利益,是指一般市场主体享有的经济自由和经济收益,如市场参与的自由、市场交易的自由、市场竞争的自由和财产安全。

将传销犯罪中所关涉的“市场经济秩序”放置在新时代市场经济的解读中,是否能够找到其应有的位置?传销犯罪的资本主要来源于以推销商品、提供服务等经营活动为名,要求参加者以缴纳费用或者购买商品、服务等方式获得加入资格从而收取的入门费,刑法中特意明确了“以推销商品、提供服务等经营活动为名”,一针见血地指出了推销产品、提供服务只是用来作为一个哄骗他人加入传销组织的道具,而收费则是真正的目的。[③] 传销以直接或者间接发展的人员数量作为报酬依据,一旦没有新的成员加入,就将面临资金链断裂的结局。

因此,入门费实际上并未进入生产、交换、分配和消费等经营环节,也就谈不上侵害了资本配置利益;非法传销行为属于非法逐利,但是区别于市场经济中的逐利行为,其不依靠商品或者服务经营获利,也就不是滥用市场经营优势干预他人经营自由的行为,构不成侵害经济自由以及以市场参与自由等为内容的国家与社会的经济利益。

综上所述,传销犯罪无法在经济刑法法益中找到栖身之地,这根源于传销犯罪的发展已经不再是以“市场经营”为依托,其脱离经济系统的运行轨道,不再归属于市场经济生产领域。因此,传销犯罪不属于经济刑法规制的范畴,市场经济秩序不应当再成为传销犯罪的法益。

2. 社会稳定法益的深解读:社会稳定风险的可控性

对于社会稳定的解释,有从哲学的辩证法、观念划分等各个不同的角度进行阐述。[④] 在刑法保护的语境之下,对于社会稳定的理解更多是出于风险的控制和预防,因此本文认同下述对于社会稳定的看法:社会稳定是指通过人们的自觉干预、控制和调节而达到的社会生活的动态平衡。社会稳定是指社会生活的可控性状态。所谓社会生活的可控性,是指现行的社会规范能够有效地组织人们的社会活动、协调人们之间的社会关系,即便人们的社会活动中出现了一些越出现行社会规范的行为,人们之间的社会关系上出现了一些不协调、不和谐的情况,其消极后果也总是能够被有效地限制在一定的范围之内,最终能够为现行的社会规范这样那样地化解掉。[⑤]

长远观之,一个处于可控状态的社会才能保证民众的安居乐业和国家的长治久安,才能营造一个安全、和谐、有序的生活和生产环境。传销犯罪的手段注定与社会稳定相抵牾,传销活动采用的是“直接或者间接以发展人员的数量作为计酬或者返利依据”,这就意味着传销活动

---

① 参见魏昌东:《中国经济刑法法益追问与立法选择》,载《政法论坛》2016 年第 6 期。

② 参见何荣功:《经济自由与经济刑法正当性的体系思考》,载《法学评论》2014 年第 6 期。

③ 参见王恩海:《组织、领导传销活动罪的司法认定》,载《法学》2010 年第 11 期。

④ 具体对于“社会稳定”的定义性阐释详见:张恒山《“社会稳定”概念释义》,载《中共中央党校学报》2013 年第 2 期。

⑤ 参见石柏林:《安定有序社会的法学内涵与构建》,载《广州大学学报(社会科学版)》2008 年第 12 期。

采取的是鼓励不断发展新人员加入的策略，以扩大卷钱的范围，这种“一拉十，十拉百”的传销手法扩张人数速度快且影响范围广，其破坏力不可小觑，使得社会处于失控的危险之中。

传销手段吻合了社会稳定风险扩散性和累积性的特点，在传统诈骗型传销中，还容易衍生出各种犯罪，如非法拘禁、强奸、卖淫、抢劫、绑架屡见不鲜，这也是传销最大的危害所在。① 在现代互联网集资传销中，其危害更是不言而喻，通过互联网的传播，打着集资和金融创新的幌子，传销组织幽灵一般腐蚀着公民的财富和社会的安宁。社会稳定风险是网络时代的系统性风险，风险认知由于网络传媒的发达而被加强，社会稳定风险因此变得极具扩散性和传染性。②

综上所述，传销活动中组织和领导者拟定了传销策略，并将分散的人员汇集于传销组织之内，以拉人头的方式极速扩大了社会的危害范围，使得骗取财物的行为处于不可控的状态之下，亦即破坏了社会稳定。社会稳定是社会法益的一部分，严重的传销活动触碰了可控性的红线，便是对社会稳定这一社会法益的侵害。因此，传销犯罪所侵犯的社会法益为社会稳定，更具体而言，是一种社会风险的可控性。

(三)传销犯罪中的个人法益分析

个人利益包括了人格和财产两大部分，财产为个人赖以为存之必要物质，且为多数人参与社会活动之重要原动力，故也应为社会共同之重要生活利益。刑法所保护者包括财产之所有权与持有权。③ 无论是《宪法》第 13 条还是《刑法》第 13 条皆明确了对私有财产的保护。在传销犯罪中，明确指出，传销行为并无实际的正规经营活动，而是以收取入门费的方式以达骗取财物之目的，骗取财物是传销犯罪中重要的构成要件之一，特别是在集资型传销犯罪中，借由互联网平台吸引被害人投资而使其遭受财产损失的案例比比皆是。因此，立法目的中一再强调的保护消费者合法权益或是保护公民、法人和其他组织的合法权益皆指个人的财产权利，传销犯罪侵犯了公民的财产权利这一个人法益，不言而喻。

综上分析，组织和领导行为是传销犯罪骗取财物得逞的根源，且使得非法传销活动大肆扩张，置社会稳定于失控的风险之中。追究传销犯罪应当走出破坏社会主义市场经济秩序的误区，明确保护公民的个人财产法益和可控性的社会稳定法益方为设立传销犯罪的应有之义。

三、传销犯罪的适用与革新：社会稳定风险的可控性

(一)传销犯罪法益以保护社会法益为优先

确定了传销犯罪中个人法益与社会法益并存的情状之后，定有新的疑问：个人财产法益

---

① 参见贾宇：《论组织、领导传销活动罪》，载《人民检察》2010 年第 5 期。

② 参见徐亚文、伍德志：《论社会稳定风险评估机制的局限性及其建构》，载《政治与法律》2012 年第 1 期。

③ 参见林山田：《刑法特论》(上册)，台湾三民书局印行 1978 年第 5 版，第 8 页。

与社会稳定法益，应当以何者保护为先？本文观点认为应当以保护社会稳定的法益为优先，基于以下几个理由：

1. 骗财手段的特殊性

传销犯罪规定“骗取财物”为构成要件，缺乏“骗取财物”这一关键要素，甚至都不能称为非法传销行为。有学者认为组织、领导传销活动罪作为传销诈骗罪，其与诈骗罪之间显然存在特别法与普通法的竞合关系。① 但事实上，组织、领导传销活动背后的诈骗行为并不能吸收和评价组织、领导的行为。

与传统诈骗或者合同诈骗不同，传销犯罪是席卷范围广的涉众型犯罪，其受骗对象多数且不特定，骗财手法极具特殊性，危害性大。因此“骗取财物”这一行为通过诈骗罪即可得以规制，但诈骗罪无法全面评价这种目标广泛、发展迅速的诈骗行为，打击通过“组织、领导”行为直接或者间接发展下线，扩大传销组织的行为才是本罪设立的重点所在。骗取财物损害的是个人财产法益，“组织、领导”行为危害的是社会稳定的社会法益，本罪重在保护社会法益，而以保护个人法益为辅。

2. 刑事政策的考量

我国奉行“宽严相济”的刑事政策，在案件中区别对待、宽严有度。在涉众型刑事案件中就表现为对负主要责任，起组织、领导、决策作用的，要从严打击；对起次要作用且积极退赃、认真悔罪的，可从宽处理；对于一般参与人，特别是本身也是受害者的，要本着教育挽救的原则，可以考虑不予追究刑事责任。②

传销犯罪是一种非常特殊的犯罪，所有参与者一旦加入传销组织，即参与进骗取财物的非法活动，但是普通参与者同时也是受害者，很多参与者为了使自己早日解套而发展下线以收取人头费，因此对于普通参与者而言，其实质危害性并不大。故而，如若以侵害个人财产法益为主要法益，无论其在传销组织中发挥的作用是大是小，参与诈骗财物的大部分人员都将受到刑事追究，打击面积过大，有失公允。因此，出于刑事政策的考量，将以危及社会可控性风险为核心的社会法益作为主要法益，划定对社会稳定影响较大的传销活动主要领导者以及组织者为刑事责任承担者，才能真正实现宽严相济。

3. 立法原旨的偏向

《刑法修正案(七)(草案)》也规定：“组织、领导实施传销行为的组织，情节严重的，处三年以下有期徒刑或者拘役，并处罚金；情节特别严重的，处三年以上七年以下有期徒刑，并处罚金。”《关于〈中华人民共和国刑法修正案(七)〉(草案)的说明》有如下表述：“当前以‘拉人头’、收取‘入门费’等方式组织传销的违法犯罪活动，严重扰乱社会秩序，影响社会稳定，危害严重。目前在司法实践中，对这类案件主要是根据实施传销行为的不同情况，分别按照非法经营罪、诈骗罪、集资诈骗罪等犯罪追究刑事责任的。为更有利于打击组织传销的犯罪，应当在刑法中对组织、领导传销组织的犯罪作出专门规定”，由上述组织、领导传销活动罪的“立法前史”可见，设立组织、领导传销活动罪的初衷是为了处罚组织、领导传销犯罪的行为。

在《关于办理组织领导传销活动刑事案件适用法律若干问题的意见》中以组织内部参与

---

① 参见陈兴良：《组织、领导传销活动罪：性质与界限》，载《政法论坛》2016年第2期。

② 参见印仕柏、李春阳：《涉众型经济犯罪之刑事政策及其适用》，载《法学评论》2010年第5期。

传销活动人员在30人以上且层级在3级以上为入罪的依据，也体现了对传销行为传播性的警惕，重点打击的是组织、领导行为，而传销资金多寡的量刑规定仅在“情节严重”上体现。因此，从立法的原旨中可以窥见对于组织、领导传销活动罪的设立，意在优先保护社会法益。

(二)组织、领导传销活动罪的立法重构

1. 将本罪调整放置于“扰乱公共秩序罪”中

有学者认为组织、领导传销活动犯罪严重危害公共秩序，应当将组织、领导传销活动罪放入《刑法》第六章“妨害社会管理秩序罪”的第一节“扰乱公共秩序罪”中。因赌博犯罪与传销犯罪都是利用人们投机取巧、不劳而获、快速敛财的人性弱点，两者都是一种投机行为，在《刑法》第303条中增设传销犯罪，列为第303条之三位于赌博罪之后。①

本文认为组织、领导传销活动犯罪不存在实际的经营活动，不适宜放置在破坏社会主义市场经济秩序罪的章节之中，本罪以保护社会稳定的法益为主，第六章第一节的“扰乱公共秩序罪”是其应有的归宿。本文不认同将其放置在赌博犯罪中，因其处罚的并非投机行为，而是传销模式使社会风险失控的行为，因此建议可以在扰乱公共秩序罪这一节中直接增设组织、领导传销活动罪。

2. 增加传销金额为入罪标准

追究传销犯罪以侵害社会法益为主要的参考标准，也应当兼顾侵害个人法益的考量。当前，传销犯罪的认定以传销发展人数和层次为入罪标准，没有考虑“骗取财物”这一因素，其仅仅在“情节严重”上规定了“直接或者间接收取参与传销活动人员缴纳的传销资金数额累计达二百五十万元以上”的数额标准，因此，存有打击范围过大之嫌。在传销犯罪的入罪门槛设置上可以增加收取传销资金数额的标准，除了满足发展传销人员人数和层级之外还需骗取一定的传销资金方能构罪，以此符合侵害个人财产权利这一次要法益，体现刑法的谦抑性原则。

3. 降低传销发展层级的标准

传统传销犯罪多发生于熟人圈内，通过人身和精神的双重控制发展下线。这种通过“杀熟”发展下线的主要方式，以个人基于亲人和朋友的信任为砝码，扩大其骗取财物的范围。在现今互联网集资诈骗的模式中，互联网成了发展下线的新媒介，其突破了固定“朋友圈”的限制，传播速度之快呈指数倍增长，因此互联网的社会稳定风险可控性与传统社会的社会风险可控性不可同日而语，互联网空间的三个层级影响范围远大于传统社会线下发展的三个层级范围，因此，降低传销发展层级的标准才能应对互联网时代的新情势。

(三)组织、领导传销活动罪的司法适用

1. 组织、领导传销活动罪的实行行为

本罪以侵害社会法益为主，组织、领导行为是本罪的实行行为。以行为自身的有责性为

---

① 参见贾宇：《论组织、领导传销活动罪》，载《人民检察》2010年第5期。

基点,组织、领导行为可基本被区分为反映行为实行性和非实行性两类,前者(如非法组织卖血的行为)区别于后者(如一般犯罪集团中的组织、领导行为)的实质在于将传统意义上身居幕后的实行行为提至幕前,以行为的实行性为独立评价标准。① 组织、领导传销活动罪以破坏社会稳定的传销行为为主要规制对象,不同于合同诈骗罪、诈骗罪等传统诈骗罪,其骗财模式以一对多的方式发展,因此,将组织、领导行为视为实行行为,在罗织犯罪网络时即可予以打击,有助于犯罪预防的前置。

2. 组织、领导传销活动罪与诈骗罪、集资诈骗罪的罪数问题

"骗取财物"作为组织、领导传销活动罪一个重要的构成要件要素,同时也符合《刑法》第266条诈骗罪的相关规定,组织、领导传销活动罪是"以拉人头"和"收取会费"为特殊诈骗手段的诈骗犯罪。因此,二者具有普通法条和特别法条的竞合关系,因诈骗罪中明确"本法另有规定的,依照规定",故而,以传销的手段实施骗取财物的行为只能按照组织、领导传销活动罪实施刑事处罚。

在互联网集资型的传销模式中常常混杂着与集资诈骗相互交融的关系,但是以侵害法益不同为界分标准,二者的关系便可泾渭分明。互联网集资型传销中以侵害社会稳定为主要法益,集资诈骗破坏的则是金融秩序法益,如果在集资过程中以缴纳入门费以及以发展人数为计酬依据的话,显见是符合传销犯罪特点的,对其组织和领导者应当以传销犯罪论处,如果并非采取上述的集资手段,而是通过发行股票、债券等方式进行集资的宜认定为集资诈骗罪,对于二者的认定可谓"上帝的归上帝,恺撒的归恺撒"。

对传销犯罪的认定关键在于是否采用缴纳入门费和以发展人数为计酬依据的手段骗取财物,传销的特殊手段是认定传销犯罪区别于其他犯罪的关键。当然,组织、领导传销活动犯罪仅对组织者和领导者予以刑事规制,对于积极参与者,如果未达到组织、领导的层级标准,但是骗取财物较大,具备实质违法性,达到了诈骗罪的入罪标准的,仍然可以按照诈骗罪予以制裁。

本文看来,传销犯罪经历了从经营型到诈骗型再到互联网集资型的转变,立法者所忌惮的是传销这种不切实际的发财梦的急速扩张和蔓延,它所搭建的金字塔没有以现实厚重的经营为支撑,时刻立于摇摇欲坠的危险之中,而这种金钱游戏仍在继续,传销犯罪所要打击的正是这种不可控的危及社会稳定的风险,以恢复免于焦躁的社会风气,并努力于人心秩序的重新建立。

---

① 参见刘博:《刑法中"组织、领导"行为类型探究》,载《西南石油大学学报(社会科学版)》2015年第9期。

《厦门大学法律评论》总第三十一辑
厦门大学出版社 2019 年 6 月版
《法国债法改革:木已成舟》
第 229 页～第 238 页

法国债法改革:木已成舟*

[荷]扬·M.斯密茨　卡洛琳·卡罗梅**　著　邓　辉***　译

摘要:对法国法而言,2016 年 10 月 1 日是历史性的日子。自 1804 年《法国民法典》制定以来,这是首次针对成文债法的根本性改革。本文讨论了这次改革的动机和内容。对于合同原因的废止、情事更变规则的引入、不公平合同条款范围的扩大以及对强制履行的限制等问题,本文予以特别关注。但是,这次改革并未实现法国政府所期望的目标。

关键词:债法;合同法;法国法;法典化;合同原因

The Reform of French Law of Obligation:*Les Jeux Sont Faits*

Jan M. Smits　Caroline Calomme

Abstract:1 October 2016 was a historic date for French law. For the first time since the introduction of the French Civil Code in 1804, a fundamental reform of the codified law of obligations took place. This contribution discusses both the motives for and the contents of this reform. Particular attention is paid to the abolition of causa, the introduction of a rule on changed circumstances, the broadening of the scope of unfair contracts terms and the restraining of the action for specific performance. It is concluded that the reform does not achieve the aims that the French government has with it.

Key Words: law of obligations; contract law; french law; codification; causa

---

* 文章 DOI:10.3966/615471682019060031016。

** 扬·M.斯密茨(Jan M. Smits),荷兰马斯特里赫特大学(Maastricht University)欧洲私法教授;卡洛琳·卡罗梅(Caroline Calomme),荷兰马斯特里赫特大学私法讲师。原文载于《马斯特里赫特欧洲法与比较法期刊》(*Maastricht Journal of European and Comparative Law*)2016 年(第 23 卷)第 6 期。

*** 邓辉,北京大学法学院博士研究生。法国巴黎第二大学金伏海博士在翻译过程中提供了宝贵的修改意见,谨此致谢。

一、引言

法国私法因其民法典所扮演的中心角色而著名。人们通常亲切地称之为《拿破仑法典》(*Code Napoleéon*)的1804年《法国民法典》,仍然被视为法国公民社会的宪法。法国宪法给出了处理国家与公民之间关系的主要原则,而民法典则规定了那些适用于公民之间关系的原则。在这些关系中,渗透着尊重私人财产权、保护合同自由以及对侵权行为施加责任的法典精神。①

2016年10月1日,法国发生了一场小革命。这是自《法国民法典》颁行以来首次对成文的债法(the statutory law of obligations)进行的根本改革。此次改革不仅震撼了法国法律界,也引起了国外法律界的广泛关注。这不仅是因为法典本身发生了实质性的变化,同时也因为对已经施行了200多年的民法典采取了不同的修正方式,即通过政府法令(*ordannance*)而不是由议会所接受的制定法形式来实现债法改革。在回顾本次改革的动因和起源(第二部分)以及讨论债法改革给既有法律所带来的最重要影响(第三部分)之后,我们必须探求对本次改革如何根据其既定的目标进行评价(第四部分)。在本文的最后,可以清楚地看到,人们有充分的理由怀疑本次改革实现其目标的程度。

二、在路上(*En route*):改革的历史和动机

"在一个正在沦为混乱无序状态的领域中,必须每隔一段时间,就有人来创造秩序。"(*Il faut, de temps en temps, mettre de l'ordre dans une matieére, qui est en train de devenir une masse chaotique*)②这不是法国立法者所说的,而是1992年《荷兰新民法典》(*the new Dutch Civil Code of* 1992)的起草者艾都德·毛里兹·梅杰斯(Eduard Maurits Meijers)写于1948年的话。他将此视为法典必须定期更新的理由:对法院的判例法进行体系化并将其整合到民法典中,使立法者能够重获其在大陆法系国家中所具有的传统主导地位。这一动机以及希望用更现代化的规则取代旧规则的愿望,可以用来解释为什么很多国家修订其19世纪的旧法典或者制定新法典。正是由于这种使法律具备更高程度的可理解性(accessibility)和确定性(certainty)的理由,人们尝试全面修订19世纪的法典。不过,这并不意味着法国的家庭法和证券法没有任何修改,而债法实际上仍然和1804年一样。之前债法最大的修订也许是2014年将对人们行为的法律要求标准由著名的"善良家父"(*bon peére de*

① 关于法国合同法的概况,可以参见 Jan M. Smits, *Contract Law: A Comparative Introduction*, Cheltenham 2014.

② E.M. Meijers, La reéforme du Code Civil Neéerlandais(1948), in: E.M. Meijers, *Verzamelde Privaatrechtelijke Opstellen deel* 1, Leiden: Universitaire Pers 1954, 161.

famille)标准替换为更加中立但缺乏想象力的理性人标准。①

当前改革的起源可以追溯到《法国民法典》200 周年庆典之后的时期。② 当时，法国人面临着严峻的现实考验。在 2004 年前后，私法的欧洲一体化似乎达到了高潮。欧洲立法者在合同法领域内颁布了正式的指令；在许多学术项目中，私法的欧洲一体化也达到了顶峰。因此，在那段时间，《欧洲合同法原则》(*Principles of European Contract Law*)刚刚完成，③而"欧洲民法典项目"(European Civil Code-project)恰好启动④。在法国民法典诞生 200 周年的宏伟(*grandeur*)庆祝活动中，法国人只能得出法国法对这些欧洲法律文件几乎没有影响的结论。这些被接受的方案，更多的是基于德国法、英国法或者 1992 年《荷兰民法典》，而不是已经存在了两个世纪之久的法国民法。与此同时，2004 年世界银行《商业报告》(*Doing Business*-reports)第 1 版根据世界上法律体系对国际贸易的吸引力来进行排名，法国的排名甚至低至第 44 位。⑤ 由此便产生了一种动力和政治意愿，它们对法律体系进行重大改革而言是所必需的。除了通过编纂判例法来提高法律的确定性之外，目前改革的主要动机是提升法国法的国际吸引力，另一个动机在于通过加强较弱的缔约方地位来实现"契约正义"(contractual justice)。⑥

改革民法典的通常方式，同时也是大陆法系中立法者和法学家(legal academics)紧密合作的标志，就是由法学家提出初步的草案。在法国的情况也是如此：在 2005 年，由巴黎法学教授皮埃尔·卡特拉(Pierre Catala，1930—2012)领导的委员会出版了《债法改革草案初稿》(*avant-projet*)。⑦ 但是，拥有 37 位左右成员的卡特拉委员会，却止步于对法国私法的吹捧(*tout*)。这或许也是为什么该草案是法国式的而且丝毫没有将《欧洲合同法原则》或其他欧洲的规则纳入考虑的原因。更激进的方案由另一位来自巴黎的法学教授弗朗索瓦·泰雷(Francois Terreé)所提出。⑧ 司法部在 2008 年公布的草案⑨中构成了目前债法改革的基础。

---

① Art. 26 Loi No 2014-873 (4 August 2014) pour l'eégalitée reéelle entre les femmes et les hommes.

② See on the reform e.g. G. Chantepie & M. Latina (eds.), *La reéforme du droit des obligations*, Paris: Dalloz 2016; H. Barbier, Les grands mouvements du droit commun des contrats apreés l'ordonnance du 10 Feévrier 2016, *RTD Civ* 2016, 247; B. Fauvarque-Cosson, 'Towards an important reform of the French Civil Code', *Montesquieu LR* 2015, 67.

③ 《欧洲合同法原则》的第三部分在 2003 年出版：O. Lando et al (eds.), *Principles of European Contract Law Part III*, The Hague: Kluwer 2003.

④ 本项目的最终成果是《欧洲示范民法典草案：共同参考框架草案》(DCFR)：C. Von Bar et al (eds.), *Principles, Definitions and Model Rules of European Private Law: Draft Common Frame of Reference*, Muénchen: Sellier 2009.

⑤ World Bank, *Doing Business in 2004: Understanding regulations*, Washington: World Bank Group 2003. 在最近的 2016 年版本中，法国的排名是第 27 位。

⑥ Rapport au Preésident de la Reépublique relatif aé l'ordonnance no 2016-131, JUSC1522466P, *Journal Officiel* 11 February 2016.

⑦ *Avant-projet de reéforme du droit des obligations et de la prescription*, Paris: La Documentation française 2006.

⑧ F. Terreé, *Pour une reéforme du droit des contrats*, Paris: Dalloz 2009.

⑨ 关于其起源，参见 D. Mazeaud, La reéforme du droit français des contrats, *Revue Juridique Themis* 2010, 243.

大陆法系国家和地区以法典化为目标的另一个重要理由在于,它可以使得国内立法者参与到制定法律的过程中。不同于“法典化”(codification)这一术语的表面含义,它从来不是仅由对判例法的编纂(codifying)构成的,它还需要人们作出许多选择,比如决定对弱势当事人应给予保护的程度以及赋予法院自由裁量权的大小。在起草《荷兰民法典》的时候,荷兰议会被明确要求回答由梅杰斯(Meijers)提出的50个问题。不过,这种国内(修法)程序存在一定的代价:它不仅耗时长久,同时也需要取得议会对所提出的修正草案的同意。这一点在法国已经被证明是有问题的:关于改革的适当程序,法国政府与议会的两个议院即国民议会和参议院进行了长期的争论。政府和国民议会认为改革可以采用法令(ordonnance)的形式,而参议院只愿意接受正式的制定法(statute)。如果民法典确实被看作是公民社会的宪法(*constitution civile*),那么,仅仅通过政府法令就可以修改民法典的做法是卑鄙的(despicable)。有鉴于此,后一种观点是不难理解的,但参议院输掉了这场战斗。通过运用《法国宪法》第38条规定中的特殊权力,法国政府在2013年引入了一项法案,它允许政府通过法令的形式来修改债法。经过议会两院长期的争论之后,此项提议在2015年获得通过,①它开辟了对债法改革方案的公众听证(public consultation)通道。该方案不仅涉及合同法,同时也涉及关于债法总则和证据法的内容。公众听证会收到了来自法国社会各界超过300份的书面意见。② 债法改革法令在2016年颁布,③尽管它仍然需要得到议会的批准,④法令将确定地于2016年10月1日生效。⑤ 接下来的改革已经迫在眉睫:法国侵权法改革的初稿已经公布,将于2017年成为有拘束力的法律。⑥

三、改革:左右为难的选择(*embarras du choix*)

在经过200多年的法律发展后,《法国民法典》第三卷需要修订的条文数量似乎是无穷

---

① Loi no. 2015-177 du 16 feévrier 2015 relative aé la modernisation et aé la simplification du droit et des proceédures dans les domaines de la justice et des affaires inteérieures, JUSX1326670L.《授权法》(*loi d'habilitation*)第8条授权法国政府修改《民法典》第三卷第三编之债法和证据法的权力,使得合同法能够现代化和简明化,并通过让其更容易阅读和理解来确保法律的确定性和有效性。

② 法国司法部网站,www.justice.gouv.fr/modernisation-de-la-justice-du-21e-siecle-12563/la-reforme-du-droit-des-contrats-27898.html.

③ Ordonnance no. 2016-131 du 10 feévrier 2016 portant reéforme du droit des contrats, du reégime geéneéral et de la preuve des obligations, JUSC1522466R,参见www.legifrance.gouv.fr.这一法规的英文译本,可参见www.textes.justice.gouv.fr/dossiers-thematiques-10083/loi-du-170215-sur-la-simplification-du-droit-12766/traduction-de-lordonnance-du-10-fevrier-2016-en-langue-anglaise-28998.html.此译本是在引用新规定时使用的。

④ Projet de loi ratifiant l'ordonnance No 2016-131 du 10 feévrier 2016 portant reéforme du droit des contrats, du reégime general et de la preuve des obligations, JUSC1612295L (6 July 2016).

⑤ 最近的进展可以参见博客*Reéforme du droit des obligations*, http://reforme-obligations.dalloz.fr.

⑥ See www.justice.gouv.fr/le-garde-des-sceaux-10016/consultation-publique-sur-la-reforme-de-la-responsabilite-civile-28940.html.

的。事实上,当许多由法院发展出来的新规则可以被法典化时,很久之前制定的法律条文都能够进行修订。而且,这并非法国政府可以选择的事情。在没有立即明确为什么某一个法律条文发生了改变而另一个没有改变的情况下,改革显得相当有限。在我们看来,改革试图实现三个不同的目标:其一,引入对既有法律的修改;其二,将已经成为实在法的判例或学说进行法典化;其三,引入那些不会对法律实践产生很大影响的带有理论化或体系化色彩的条文。对于以上三种类型所涉及的条款,本文给予了关注。

(一)对既有法律的修改

第一类条款无疑是最有意思的。本文不以对法国法修正进行全面的回顾为目标,而是希望讨论以下四个要点:第一,作为合同生效条件的原因(*cause*)被废除(新《民法典》第1128条);第二,在任何类型的合同中,如果作为合同条件的条款存在显失公平的情形,将被视为没有记载(新《民法典》第1171条);第三,情事变更(*impreévision*)被引入,作为合同变更和终止的基础(新《民法典》第1195条);第四,请求合同履行的权利通常要受到合理性检验的限制(新《民法典》第1121条)。

或许,这次改革最具革命性的方面在于对"合同原因"要件的废除。直到现在,(旧)《民法典》第1108条对合同的效力施加了四个要求:①合意、当事人的能力、作为合同内容的标的必须确定以及合法的原因。目前,新《民法典》第1128条将后两个条件的要求降低为"对合法和确定的内容表示同意"。废除"原因"要件的理由在于,它在合同法中的真正功能并不十分明确,同时也与其他法律制度比如合同订立和错误出现了重叠。在《欧洲合同法原则》和《欧洲私法共同参考框架》中,也不存在合同原因的规定。在此,必须赞扬法国立法者的选择:原因在大陆法系中属于过去的残留物,对它只能进行历史的解释。② 当然,一项有效的合同必须具备现在或将来可以履行的内容(新《民法典》第1163条)且不违反公共政策(新《民法典》第1102条第2款)。值得注意的是,与所有欧洲民法典适用的传统不同,《法国民法典》不再将违反"善良风俗"(good morals)作为合同无效的基础:从今以后,唯一与违反"善良风俗"有关的,仅是对公共政策的违反。但这不会在实践中引起多大的改变。

第二个重要的改变为新《民法典》第1171条第1款,它规定:"格式合同(a standard form contract)的条款,如果造成了当事人在权利和义务方面的明显不平等,那么将被视为未记载。"迄今为止,《法国民法典》从未包含这种一般条款。当然,法国实施了《欧盟关于消费者合同中不公平条款的指令》(*European directive* 93/13),而《法国商法典》也存在着类似的对商事合同的检验要求,③但是很少得以适用。然而,对于这种可以适用于任一种类(B2B、B2C以及C2C)格式合同中不公平条款的检验方式,其实也少有人知。诚然,这里的

---

① 对《民法典》新规定和新编号的概览,可以作为Dalloz Code Civil 2016的补充文件在这一网站进行下载:www.editions-dalloz.fr/livre-blanc-reforme-du-droit-des-obligations.下文所引用的解释性备忘录(explanatory memorandum)指的是2016年2月11日的"主席报告"(Rapport au Preésident)。

② On which J.M. Smits, *Contract Law: A Comparative Introduction*, Cheltenham: Edward Elgar 2014, 77 ff.

③ 《法国商法典》第L 442-6-I条(Art. L 442-6-I Code de Commerce)。

问题是引入这种对商业合同的检验规定可以在多大程度上提升法国法的吸引力。解释性备忘录简单地说,欧盟指令中的标准也可以适用于商事合同。然而,这似乎是不可取的:相较于日常消费合同的情形而言,对于"'当事人权利和义务之间的重大失衡'究竟是什么"的问题,在复杂的B2B关系中必须得到不同的回答。

第三种变化呈现了本次修法与过去的彻底决裂。不同于其他法系和法国行政法,法国私法从不允许法院可以基于"不能预见的变化"的理由来修改或消灭合同。① 在这种做法最初出现的时候,它并没有被当作一个问题。在商业实践中,当事人倾向于在合同中加入不可抗力条款(*force majeure*-clause)来处理因条件变化引发的后果。在重大危机影响到许多人的情况下,法国立法者试图采取一项特别的制定法来帮助处境不利的当事人。如果发生了"在合同订立时不可预见的情事变更,对于未接受此种变化之风险的当事人而言,进行履行的负担过于沉重"的情形,新《民法典》第1195条允许法院变更或终止合同。这一创造受到《欧洲合同法原则》和《欧洲私法共同参考框架》的启发,解释性备忘录将其作为一种防止当事人之间的相互表现过于不平衡的手段。② 不过,法院的介入并不在先进:当事人必须首先再次进行合同磋商,只有一方当事人拒绝磋商或磋商失败,法院才能进行处理。正如人们所知的,新条款所施加的磋商义务来源于《欧洲合同法原则》第6:111条。

第四个主要的变化也受到了《欧洲合同法原则》的启发。仿效《欧洲合同法原则》第9:102条第2款第b项,新《民法典》第1221条规定,如果履行债务已经不可能或"造成债务人的花费与债权人的利益之间严重不成比例"的话,那么债权人不能寻求强制履行。如果履行请求对于债务人来说负担过重,而债权人又不能从这种履行中获得利益的话,债权人的履行请求将归于失败,取而代之的是法律将赋予债权人等值赔偿的请求权。尽管解释性备忘录没有给出任何例子,但是很容易使人想到一个案子:建筑承包商所建造的房屋比当事人约定的高度低了33cm。即使法院认为这并没有使得该房屋不合于其预定用途,它却支持了债权人要求承包方履行其义务即拆除房屋并新建一所房屋的请求。③

(二)对既有判例法和法律学说的法典化

法国立法者提高法律确定性的愿望促成了第二类的新规定。这些规定的大多数是对判例法的法典化或者是对那些被法律学说广泛接受但从未纳入制定法的解决方案之接受。

法国合同法中的一个明显例子是,立法机构和最高法院没有在"通过要约和承诺的方式进行合同订立"这一点上得出明确和直接的结论。所有大陆法系国家和地区都认为承诺到达要约人的时点是决定性的,在法国法中,这一事项交由下级法院根据个案的情形和当事人的意图进行决定。④ 判例法表明法国法接受了到达主义原则(the receipt principle),而且新

---

① Cass. Civ. 6 March 1876, D. 1876.I.93 (*Canal de Craponne*).

② See F. Auque, L'Ordonnance reéformant le droit des obligations: les nouveaux articles 1171 et 1195 du code civil, *Actualiteé Juridique Droit Immobilier* 2016, 184.

③ Cass. Civ. 11 May 2005, RTD Civ. 2005, 596 (*Belhadji/Les Batisseurs du Grand Delta*).

④ See Smits, Contract Law, 59 ff.

《民法典》第 1121 条现在也明确这么规定。新的法令也接受了很多其他形式的关于合同订立的条款。比如，新《民法典》第 1112 条将关于先合同阶段磋商中断的判例法规则进行了法典化，新《民法典》第 1112 条第 1 款设立了通知对方当事人的一般义务，①以及《民法典》第 1117 条规定了要约在要约人确定的期限届满时失效。此外，要约的撤回（withdrawal）和撤销（revocation）也被法典化了（新《民法典》第 1115 条和第 1116 条），即便这两条对于撤回和撤销所用的是同一个术语 *reétraction*。

在过去 200 多年中所发展的其他法律制度现在也被法典化或再法典化了：单方允诺（新《民法典》第 1124 条）、合同无效（新《民法典》第 1178 条以下，包括第 1184 条规定的部分无效）、不确定期限的合同（新《民法典》第 1211 条）、合同责任②（新《民法典》第 1217 条以下，包括第 1218 条对不可抗力的新定义），减价（新《民法典》第 1223 条）和通知解除（新《民法典》第 1224 条）。在合同法之外，作为财产移转之间的纯粹合意（*solo consensus*：新《民法典》第 1196 条）和对他人事务的无因管理（*negotiorum gestio*：新《民法典》第 1301 条）的规则被重新表述。已经由法国最高法院在 1892 年所承认的不当得利行为，③现在也能够在民法典中找到（新《民法典》第 1303 条以下）。《民法典》第三卷的两个新"编"奉献给了包括附条件债务、债权债务移转、债之更新、委托、通知履行（新《民法典》第 1344 条以下）等条款在内的债法总则部分（新《民法典》第四编，第 1304 条以下）以及关于第四编（二）债之证明的部分（新《民法典》第 1353 条以下）。

在合意瑕疵的领域，本次改革进行了一项重要的立法创新。除了年龄错误、欺诈和威胁（这些规定已经被部分地重塑）外，新《民法典》第 1143 条将学说中的经济胁迫（*violence eéconomique*）进行了法典化，作为一项合意瑕疵的类型。本条规定的目的在于，防止一方当事人利用对方所处的依赖状态而使后者受到债务上的约束。在看到本条的草案后，法国企业担心法院在认定合同无效方面拥有过大的裁量权，这解释了为何本来追随《国际商事合同通则》第 3.2.7 条的《民法典》第 1143 条现在被施加了严格的限制，即要求利用对方所处依赖状态的当事人必须从中"获得过分明显的利益"。这大大限制了该条的实际价值。

本次改革也为合同解释带来了新的规则。按照旧《法国民法典》中的经典条款第 1156 条的规定，合同应当按照当事人的共同意图而非合同条款的字面意思进行解释。本次改革没有抛弃这个规定，但是新《民法典》第 1188 条在第二部分对其作了补充，即在当事人的意图不清楚的地方，"合同必须按照一个理性人处于相同情境中的通常意思来进行解释"。这种规定与《欧洲合同法原则》《欧洲私法共同参考框架》是一致的。不过，值得特别注意的是，关于"清楚无误条款"（*clauses claires et preécises*）理论，在 1872 年被法国最高法院（*Cour de Cassation*）所接受，而现在也被法典化了。新《民法典》第 1192 条规定："不得对清楚无误的条款进行解释，以免破坏其性质。"人们不需要成为伽达默尔的哲学诠释学（Gadamer's

---

① On which C. Grimaldi, Quand une obligation d'information en cache une autre: inquieétudes aé l'horizon, *Recueil Dalloz* 2016, 1009.

② 新法规没有使用"救济"（*remeédes*）这个词汇，因为它与普通法中的术语太过于类似。See M. Mekki, L'ordonnance no 2016-131 (_). Le volet droit des contrats: l'art de refaire sans deéfaire, *Recueila Dalloz* 2016, 494.

③ Cass. 15 June 1892 (*Boudier/Patureau-Mirand*), D.P. 1892.1.596.

philosophical hermeneutics)之忠实信徒就可以认识到,无论在其自身语义之内还是之外,文字从来都不是清晰的(words are never clear in and out of themselves)。文本总是需要被解释的:所谓文本毫无模糊之处,乃是解释的结果,而非解释的开始。

(三)学理性质的改变

第三类变化是学理性和体系性的。它们对法律实践没有太大的影响,但是它们是法国民法典朝德国法律传统迈进的证据,这种迈进甚至到了某位评论者将这些变化称为“法国教授法”的程度,①这可不是恭维的话。比如,第三卷第四编不再从对合同的定义(旧《民法典》第1101条)开始,而是引入了新的第1100条以规定债的渊源。其第1款规定,债产生于法律行为、法律事实(fait juridique)以及法律的直接规定。这是自盖尤斯(Gaius)在公元170年左右写下他的《法学阶梯》(*Institutes*)教科书以来对债之分类的有意思的变化。因为这个条款,《法国民法典》惊人地与《德国民法典》《荷兰民法典》同居共处(*bien eétonneés de se trouver ensemble*)起来,加入了使用法律行为(acte juridique)概念的法典之列。

修订后的《法国民法典》也适合于转向更为教义式的法典(dogmatic code),合同法的三原则现在被纳入《民法典》的第三卷第三编中:除了规定合同自由的新条款(《民法典》第1102条第1款)之外,合同具有拘束力的原则(新《民法典》第1103条)占据了中心地位,诚信信用原则(合理和公平)的法律适用范围也扩展到了合同的磋商和订立阶段(新《民法典》第1104条②)。这些已被大量的判例法所接受。③ 合同形式自由的原则规定于新《民法典》第1172条。这些规定全部看起来都像是旧式的:合同自由仍旧受到公共政策的适当限制(新《民法典》第1102条第2款),但是,不同于改革草案中的情形,这里没有提到基本权利对私人之间法律关系的影响。然而,正是在这个领域中,有趣的发展得以发展,法院也需要得到正确的指导。

四、华丽转身或新瓶装旧酒 (*A Volte-face or Plus ça change*)?

剩下的一个问题是:如何评价法国民法典的改革?它提供了突破性的改变抑或只是新瓶装旧酒(*plusça change, plus c'est la meéme chose*)?从国际的视野来看,这次改革并非十分壮观。它只是对民法典中的某些房间进行了迟来的维修,而不是为将来的数个世纪建

① N. Rontchevsky, Les objectifs de la reéforme: accessibiliteé et attractiviteé du droit français des contrats, *Actualiteé juridique Contrats d'affaires*, *Concurrence*, *Distribution* 2016, 112.

② 旧《民法典》著名的第1134条不再存在。同样著名的旧《民法典》第1382条(侵权责任)被重新编排,现在成为新《民法典》的第1240条了。

③ 关于这些原则,参见 M. Mekki, Les principes geénéeraux du droit des contrats au sein du projet d'ordonnance portant sur la reéforme du droit des obligations, *Recueil Dalloz* 2015, 816.

造了新的大厦。法国学者梅基(Mekki)称之为"另起炉灶,却非推倒重来"(*refaire sans deéfaire*)。[①] 最重要的问题是新的规定是否符合法典改革的预定目标:它们是否确实能提升法国法的确定性和国际吸引力?

判例法的法典化可以帮助人们更好地认识法律,对于这一点,几乎没有什么疑问。比起高度依赖个案情形而有时彼此矛盾的判例法而言,从经过仔细起草且简单易懂的规则中认识法律更为容易一些。然而,法国立法者对其手中的权力持有一种天真的认识。法律总是在立法者、司法机关、学术界以及私人行动者之间复杂的互动中得以产生的。人们不可能仅通过学习法律条文来认识法律,任何想要提高法律的可理解性和确定性的人,都应当开发在线信息系统(online information systems)来告诉人们以及他们的律师真实案例的解决方案。[②] 在迄今为止的四大变化中,债法改革废除了令人困惑的对合同原因的要求,这是值得鼓励的,但是,对于以和谐一致的方式进行法律适用而言,新《民法典》第 1171 条(不公平条款)和第 1195 条(情势变更)的规定因其不能为法院提供具体指引而广受批评。[③] 这一点并不令人惊讶:本次改革并非建立在对合同法目标存在明确认识的基础上,而是自治、保护和效率三者的实用型混合。[④]

这次修正是否使得《民法典》(*Code Civil*)对合同当事人以及外国和国际的立法者更具吸引力了呢?在这里,也有理由进行怀疑。我们倾向于认为,合同法只在有限的范围内影响法国法对商人的吸引力。正如世界银行《商业报告》所显示的,法律纠纷解决的速度、税收体制和资金的获得是重要的因素。我们也不会把修订后的《法国民法典》放在模型清单中来激励外国和国际的立法者。这看起来是一个悖论,本次改革四个"创新"中的三个都受到《欧洲合同法原则》和《欧洲私法共同参考框架草案》的启发,仅因为欧洲规则现在由法国的立法者实施就认为法国法从此成为模范法域(model jurisdiction)的观点,也会被证明是一种傲慢。此外,《欧洲私法共同参考框架草案》的真正创新,某些商事合同比如特许经营和分销合同的具体规则,并没有成为本次改革的一个部分。需要强调的是,针对经典法律问题进行规定的简短条文而形成相对小规模的民法典,这使得民法典依然非常法国化。这是立法者有意识的选择,或许也是突破性的改革(*plusça changeintend*)。

在那些模仿法国模式而仍有一部民法典的国家,此次改革可能会是修改法典的动力。为了使比利时民法典"现代化和清晰化",比利时司法部已经设立 6 个委员会,为比利时民法

---

① Mekki, *Recueil Dalloz* 2016, 494.

② On which R. Susskind, *The Future of Law*, Oxford 1998.

③ Rontchevsky, *Actualiteé juridique Contrats d'affaires*, *Concurrence*, *Distribution* 2016, 14-15 and 18.

④ Thus A. Beénabent & L. Ayneés, Reéforme du droit des contrats et des obligations: apercu general, *Recueil Dalloz* 2016, 434.

典的修改提出建议。① 这符合比利时的司法实践和学术要求。② 或许，比利时的立法者确实可以实现法国人没有实现的目标，即起草一部真正意义上的现代法典。③ 但是，不管我们对本次改革的评价如何，在经历了超过十年的不确定性后，法国的法律人将迎来新的规则，这些规则适用于所有在 2016 年 10 月 1 日后订立的合同。而现在，木已成舟(*les jeux sont faits*)。

① Algemene beleidsnota Justitie 10 November 2015, Doc. Kamer van Volksvertegenwoordigers, 54, 1428 (2015/2016), 44.

② E. Dirix & P. Weéry, Pour une modernisation du Code Civil, *Journal des Tribunaux* 2015, 625. See also F. Peeraer & I. Samoy, The Belgian Civil Code: How to Restore its Central Position in Modern Private Law?, ERPL 2016, 601. To be published in 2016: S. Stijns & S. Jansen (eds.), *The French Contract Law Reform: Source of Inspiration?*, Cambridge: Intersentia 2016.

③ E.M. Meijers over de hercodificatie van het Nederlands BW: 'Wijzigingen en aanvullingen van het Burgerlijk Wetboek na 1838', in: P. Scholten en E.M. Meijers (red.), *Gedenkboek Burgerlijk Wetboek 1838—1938*, Zwolle: Tjeenk Willink 1938, 63.

《厦门大学法律评论》总第三十一辑
厦门大学出版社 2019 年 6 月版
《德富林是对的:法律与道德强制》
第 239 页～第 252 页

德富林是对的:法律与道德强制*

[美]杰拉德·德沃金** 著　马　腾　黄佩欣*** 译

摘要:德富林与哈特之论战以及斯蒂芬对密尔的更早挑战,都关乎刑事制裁惩罚不道德行为的合法性问题。当代自由主义者以及大多数法官都站在密尔与哈特一边,认为因行为不道德就予以惩罚并非国家的合法功能。在有关具体法律的大多数问题上,我赞成哈特,反对德富林,认为所考虑的特定行为不应定罪。然而,我赞同德富林在于,不存在这么一种原则性界线,可以使不道德行为与关乎刑事定罪的有害行为泾渭分明。密尔的损害原则及范伯格关于法律限于个人自治与尊重人的价值保护均无法构成真正的"原则性"界线。不道德的事就是不应为的事。刑法作为一种制度,其核心基本原理包括尽可能使人们不务不应为之事,并且充当谴责那些不应为之行为的手段,因此,不存在预先排除刑事程序作为一种阻却手段的原则性理由。

关键词:德富林;哈特;密尔;范伯格;道德的法律强制;家长主义;法律道德主义

Devlin Was Right: Law and the Enforcement of Morality

Gerald Dworkin

Abstract: Hart-Devlin debate and Stephen-Mill debate concerned the legitimate role of the use of criminal sanctions to punish immoral conduct. Contemporary liberal theorists and judges are united in agreement with Mill and Hart that it is not a legitimate function of the state to punish conduct simply on the grounds that it is immoral. On most issues con-

* 文章 DOI:10.3966/615471682019060031017。

译自 Gerald Dworkin, Devlin Was Right: Law and the Enforcement of Morality, in *William & Mary Law Review*, Vol.40, Issue3, No.11, March, 1999, pp.927-946.

** 杰拉德·德沃金,加州大学戴维斯分校哲学教授兼法学教授。

*** 马腾,厦门大学法学院副教授、硕士生导师,电子信箱:macanteng@foxmail.com。黄佩欣,厦门大学法学院法律史硕士研究生,电子信箱:719475468@qq.com。

cerning specific laws, I side with Hart, against Devlin, in believing that the conduct in question should not be criminalized. I side with Devlin, however, in believing that there is no principled line following the contours of the distinction between immoral and harmful conduct such that only grounds referring to the latter may be invoked to justify criminalization. Mill's harm principle and Feinberg's conclusion that the law should be limited to the protection of personal autonomy and respect for persons are not a "principled" line. The immoral is what is not to be done. The criminal law is an institution whose central rationales include making it less likely that acts that ought not to be done are not done and serving as a vehicle for condemning those who o what ought not to be done. The existence of principled reasons for ruling out (in advance) the criminal process as a means of discouragement therefore seems quite implausible.

Key Words: Devlin; Hart; Mill; Feinberg; the enforcement of morality; Paternalism; legal moralism

治安权(The police power)是由宪法授予立法机关的权力,去制定、规定、建立一切健全合理的法律……不管是否有处罚……因为他们会判断这是为了联邦的好处和福利,以及其他相同的目的。

比起去标记治安权的界限或者规定权力运行的限制,察觉认识这种权力的存在及来源容易得多。①

首席大法官　肖恩

自赫伯特·哈特(H. L. A Hart)出版《法律、自由和道德》(*Law, Liberty and Morality*)②迄今已35年,该书的出版标志着哈特与德富林(Devlin)关于以刑法强制执行道德之论战的开始。而自詹姆斯·菲茨詹姆斯·斯蒂芬(James Fitzjames Stephen)出版《自由、平等、博爱》(*Liberty, Equality, Fraternity*)③,向约翰·斯图亚特·密尔(John Stuart Mill)[3]发起类似的论战也已有125年。这两次论战都关乎刑事制裁惩罚不道德行为的合法性问题。正如哈特提出了这样一个问题:不道德本身是否应当是一种犯罪?密尔和哈特认为答案是否定的;菲茨詹姆斯·斯蒂芬和德富林则认为答案是肯定的。当代自由主义理论家,如乔尔·范伯格(Joel Feinberg)、托马斯·纳格尔(Thomas Nagel)和罗纳德·德沃金(Ronald Dworkin)都一致赞同密尔与哈特,仅仅基于行为不道德就予以惩罚,并非国家的合法功能。④

① 英联邦诉阿尔及尔案。

② [英]H.L.A.哈特:《法律、自由和道德》,牛津大学出版社1963年版。

③ [英]詹姆斯·菲茨詹姆斯·斯蒂芬:《自由·平等·博爱》,雷金纳德·怀特·詹姆斯编,剑桥大学出版社1967年版。

④ 参见[英]乔尔·范伯格:《刑法的道德界限(第四卷):无害的不法行为》,牛津大学出版社1988年版,第173~175页;[英]托马斯·纳格尔:《平等与偏爱》,牛津大学出版社1991年版,第166页;[美]罗纳德·德沃金:《认真对待权利》,哈佛大学出版社1977年版,第240~258页。

基于所谓能够强加道德观念的国家权利，从而禁止行为的各种成文法之合宪性问题，当代的法律观点也存在分歧。不管议题是成年人之间自愿的同性恋行为①、酒吧里的裸体舞蹈②，还是动物的仪式性献祭③，法官们并不同意国家应当依照道德好坏来规范行为。

在这篇文章中，我想区分两个问题。第一个问题是实质性问题，即国家实际上是否应当因为认定特定行为不道德而加以规范，如同性恋。第二个问题是，对于国家来说，这样做是否"原则上"非法。在有关具体法律的大多数问题上，我赞成哈特，反对德富林，认为所考虑的特定行为不应定罪。然而，我赞同德富林在于，不存在这么一种原则性界线（principled line），可以使不道德行为与关乎刑事定罪的有害行为泾渭分明。④

一

我的第一要务是尽可能澄清德富林与其反对者之间的区别。我们知道，这种区别关系到能否在国家证成强制限制行为的各种理由之间划出一条原则性界线。可是，在这里原则性界线究竟指什么？我将从自由主义者——我这里是指德富林的反对者——宣称正确的那一条线开始考察，然后我将审视他们那条正确的界线是何含义。

哈特—德富林论战的历史背景是《关于同性恋犯罪和卖淫的委员会报告》（*Report of the Committee on Homosexual Offense and Prostitution*）的发布——依委员会主席之名，世称《沃尔芬登报告》（*Wolfenden Report*）。委员会为刑法职能的特定概念进行了一番表述⑤：

> 正如我们所看到的，刑法功能乃是维系公共秩序与正派作风，保护公民不受侵犯或伤害，并提供充分的反对剥削和腐化他人的保护措施，尤其是针对那些身心羸弱、少不更事，或处于某种特定的身体状况、法定或经济依赖而易受伤害的弱势群体。⑥

经由强制之理由的言说以阐述法律允许什么，该报告至少明确给出这么一种不能允许

① See Bowers v. Hardwick, 478 U.S. 186 (1986).

② See Barnes v. Glen Theatre, Inc., 501 U.S. 560 (1991).

③ See Church of the Lukumi Babalu Aye v. City of Hialeah, 508 U.S. 520 (1993).

④ 很重要的一点，要注意到哈特和德富林的论战几乎都涉及"实在的"道德的强制执行，例如当下公认的社会道德的观念。参见前注 2，哈特书，第 20 页。我特别关心"批判的"道德的强制执行，例如这么一套道德原则，某人相信它是有关在虑社会道德问题的正确（最优证成的、真实的）观点，我很感激莱斯利·弗朗西斯（Leslie Francis）强调这一点。

⑤ 事实上，委员会通过加入限定词"只围绕这一调查主题"，显示出典型的英式谨慎。参见［英］帕特里克·德富林《道德的法律强制》第二讲，牛津大学出版社 1965 年版，其引用"关于同性恋犯罪与卖淫的委员会报告"（以下简称沃尔芬登报告），1957 年，第 13 页。然而，德富林指出，委员会的结论"如果作为总条款是有效的，又为什么不一般地适用于刑法，这似乎没有理由"。同上，第 3 页。译者注：参考马腾中译本。见［英］帕特里克·德富林：《道德的法律强制》，马腾译，中国法制出版社 2016 年版，第 5 页。

⑥ 同上，第 2 页（引自沃尔芬登报告，第 13 页）。

的理由:“关注不道德行为本身并非法律的职责。”①

人们讨论这些问题的通常论题是刑法强制执行道德。上述主张的具体表述是,法律不应以强制执行道德为务。然而,一个明显的质问是:为什么法律要保护其中的公民免受伤害、损害、攻击和下流行为呢?当然,这是因为有些人没有充分的理由和借口,就错误地,即不道德地向他人实施这些行为。事实上,如果人们开始研究一些更具体的类别(categories),其中最突出的类别是“损害”,就能得出该术语本身是一个规范性术语的结论。毕竟,为了证成强制,并非每个对人类利益阻碍的行为都要被当作是有害的,只有那些“错误的”(wrongs)行为才计入在内。②

那些希图拒斥有关道德强制议题的自由主义者们,有时会这么回答问题:虽然强奸是有害的和不道德的,但是法律禁止的仅因其有害性。这是不充分的。由此,其论点也必须在道德的不同部分建立,道德的某些部分可以由法律强制执行,某些部分则不可以。

虽然不同的自由主义者对于界线的划定可能各有差异,但是他们都同意,为了保护个人的利益免受侵害,很多权利是可以被强制的。确实,一些观点认为这是权利概念本身的一部分。还有人援引其他概念,包括保障自治与尊重。那些不该被强制的道德是哪些部分呢?在此,问题相对模糊,但似乎包含了各种各样的理念,如美德与品质的理念、公平与适当的特定理念,以及性行为的理念。

在某些特定问题上,自由主义者们有可能分道扬镳。考虑《善良的撒马利亚法》(*Good Samaritan laws*)——要求所谓“易于援救”的法律。一些自由主义者赞成这样的法律,如范伯格,因为他们认为人们会因为没有被援救而受到损害。③ 其他一些人将损害视为某种现状的减损,从而认为不予施救并不构成一种损害。他们认为,人们不享有一种被援救的权利,只不过在这样的情况下,不能得到他人的救助又是“不合适”的。④ 如果他们希望要求这样的援救,也就愿意去强制推行某些理念,别无他路。进而,为了维护他们的观点,自由主义者们必须能够将道德划分成具体的几个部分,并主张只有某些部分可以合法予以保护,并以强制方式予以促进。

像范伯格所做的那样,我们旨在多多少少地画出这么一条界线——保障自治与平等尊重人。⑤ 这条界线不比我们运用的其他那些标准更加模糊或不清,但它看起来确实能够将那些在自由主义者看来可以规范的行为与不应规范的行为分离开来。现在我们要来看看,

---

① 同上(引自沃尔芬登报告,第 257 页)。关于另一个大多数情况下被我忽略的一种主张,是认为“必须保持私有道德和不道德的领域……不是法律的事务”,在我看来,这把讨论引向狭路。同上,第 3 页。(引自沃尔芬登报告,第 61 页)。要介绍的是私人和公共的区别所在,而不是道德与不道德的状态。

② 关于这个问题和类似问题最精细的讨论,参见[美]乔尔·范伯格:《刑法的道德界限(第二卷):对他人的冒犯》,牛津大学出版社 1985 年版。译者注:参考方泉中译本。见[美]乔尔·范伯格:《刑法的道德界线(第二卷):对他人的冒犯》,方泉译,商务印书馆 2014 年版。

③ 同本页注③,第 12 页。中译本,第 7 页。

④ 参见[美]朱迪斯·贾维斯·汤姆森:《堕胎的辩护》,载《哲学与公共事务》,1971 年,第 1 卷,第 47、62~65 页。

⑤ 参见[英]乔尔·范伯格:《刑法的道德界限(第四卷):无害的不法行为》,牛津大学出版社 1988 年版,第 81~123 页。(他认为,“人们可以在以自由主义所要求的方式倡导个人自治的同时,充分认识到人类生活中社区的核心意义及不可或缺的重要性”。)中译本,第 83~128 页。

哪些论据可以用来证成这一界线，以及这些证据是否充分。

二

德富林的观点至少有两个方面不同于自由主义者，分别是实际区别和理论区别。德富林看起来往往犹如一位对结果有着与众不同看法的结果主义者。他那番不道德行为与叛国罪的著名类比，以及任何一个国家保卫自身权利的拥护，都主张如果社会的实际道德法典允许被攻击和削弱时，损害就会发生。① “与良好政府一样，建立道德对社会福祉也是必要的”，关于这一理论可能呈现的各种形态，以及所提供（或缺失）的各种保护共享道德社会主张的证据，哈特已经全面阐述。② 德富林诸多主张的困境与战略理论家所面临的一样，当被问及各种“计算风险”时，他承认从未做过计算。

即使基于结果主义的考虑，关于某些形式的行为是否应规范的问题，德富林往往也会同意自由主义者，认为不应予以规范。这是因为他认为：

> 法律武器是社会使用的一种工具，决定何种特殊案件需要运用法律则是一个实践问题。既然它是一种工具，那么在决定运用之前，考虑什么与之契合以及由何种机器操作它就是明智的。③

然而，除了这些实际问题，德富林提到：“当立法者考虑制定强制道德法时应牢记于心的原则，也可能以一般性原则加以表述。”④这些包括：“与社会的完整性相协调的个人最大自由化……在任何新的道德问题上，法律都应滞后于行动……更权宜地……尽可能地尊重隐私。”⑤

尽管德富林将之称作“原则”，联系上下文仍可以清晰地看到，这些都是价值的考量，他认为应该利用这些价值考量，决定实已处于法律领域正当调整的事项何时应被强制执行。他区分了三个问题：

> 1.社会是否有权对道德问题进行判断？换句话说，是否应当有公共道德，还是说道德总是私人判断的问题？
>
> 2.如果社会有权判断，那么是否也有权运用法律武器去强制执行？
>
> 3.如果是这样的话，社会是否应当在所有情况下运用这一武器，还是只针对一些情

---

① 参见[英]帕特里克·德富林：《道德的法律强制》，第二讲，牛津大学出版社1965年版，第13页。中译本，第17页。

② 参见[英]帕特里克·德富林：《道德的法律强制》，第二讲，牛津大学出版社1965年版，中译本，第17页。

③ 参见[英]帕特里克·德富林：《道德的法律强制》，第二讲，牛津大学出版社1965年版，第20页。中译本，第26页。

④ 参见[英]帕特里克·德富林：《道德的法律强制》，第二讲，牛津大学出版社1965年版，第16页。中译本，第23页。

⑤ 参见[英]帕特里克·德富林：《道德的法律强制》，第二讲，牛津大学出版社1965年版，第18页。中译本，第24页。

况？如果只针对一些情况，应当以什么原则来区分？①

德富林提供了最后一个问题的答案：

> 我相信我的第三个疑问应当这么回答——不是经由严格规则的公式化，而是通过每一个个案中考虑刚才提到的不同种类的因素而做出判断。划分刑法与道德的界限不是经由任何清晰原则的应用而决定……这其中并不能发现什么逻辑。刑法和道德律分界线的确定，要在每一特定犯罪案件中结合我所指出的各种考量，权衡法律强制的利弊。②

这段文章有一些混杂。症结在于，德富林解答的是他的第三个问题，却纳入适合第二个问题的方式解答。他说，将刑法与道德分开的界限不应由泾渭分明的原则决定。然而，如果他解答第三个问题，就应该说，国家所具有的一种规范事务的权利与实际上应规范什么，二者之间的界限不是一个原则问题。可是，这是任何明智的自由主义者都会同意的观点。假定男人为了满足性欲而欺骗女人的感情显然不道德，而如此被骗的任何女人也都有个人的不满，在此，这就成为我们可以讨论有关刑事定罪的问题。然而，谨慎、有效利用稀缺资源或者隐私价值的考虑，都可能导致我们在这种情况下不运用刑法。自由主义派和“德富林派”(Devlinites)都能对此认同。

将德富林和自由主义派区分开的是第二个问题。我认为德富林对第二个问题的回答是肯定的，而自由主义派的回答是否定的。论战所关注的是，是否可以制定一条原则性界线，指明哪些事项国家有“权利”通过刑法手段进行规范。究竟什么是原则性界线，自由主义者在他们所提出的原则上附加了哪些条件？

三

当这些议题遭受挑战岌岌可危时，与“原则性界线”形成鲜明对比的是什么？其反面不是说根本没有界线，而是通过某种不同方式证成的界线。当然，并不是说这些替代就是无原则性的(unprincipled)——只是非原则性的(nonprincipled)。为了缩聚这个问题，考虑密尔关于描绘原则性界线的观点颇有裨益。密尔说，他的损害原则是“一条极其简单的原则”③，他清楚这个原则是设计来解决国家权限的问题，而不是国家何时应该行使权力的问题：

> 假如有人做出了一个有害于他人的行动，这就是一椿一望而知要对他处罚的案件，可以用法律来办，或者当法律惩罚不能妥善适用时，也可以用普遍的谴责……也常有些好的理由可以不对他课以责任；但那些理由必须是出于特殊的权宜之计：不外是因为事

① 参见[英]帕特里克·德富林：《道德的法律强制》，第二讲，牛津大学出版社 1965 年版，第 7～8 页。中译本，第 10 页。

② 参见[英]帕特里克·德富林：《道德的法律强制》，第二讲，牛津大学出版社 1965 年版，第 21～22 页。中译本，第 28 页。

③ 参见[英]约翰·斯图亚特·密尔：《论自由》(1859)，柯林·希尔兹编，自由艺术出版社 1965 年版，第 13 页。译者注：参考许宝骙中译本。见[英]约翰·密尔：《论自由》，许宝骙译，商务印书馆 2007 年版，第 5 页。

> 情本身就属于这样一类，若由社会依其权力中所有的什么法子来对他加以控制，反不如听他自己加以考量裁处，整个看来似乎会办得更好；或者是因为若试图加以控制，将会产生其他祸害，比所要防止的祸害还大。①

诉诸"案件"，对于如何对待特定侵犯者并没有决定意义，而是要针对行为的类型，从而决定其是否作为适用法律强制的恰当类型。人们可能会认为，基于这样的解释，我们就拥有一种原则性界线，且存在根据"特殊的权宜之计"的例外情况。可这里的问题在于，密尔说他的原则性界线同样也是基于特殊的权宜之计，即什么将促进功利："凡是可以从抽象权利的概念（作为脱离功利而独立的一个东西）引申出来而有利于我的论据的各点，我都一概弃置未用。的确，在一切道德问题上，我最后总是诉诸功利的。"②

所以当德富林写道：

> 因此，我认为不可能从理论上对国家针对不道德行为的立法权进行限制。不可能对一般规则预先设置例外情形，也不可能明确不可变通的道德区域，从而使法律在任何情况下都不允许进入。③

这意味着德富林本质上当然不同意密尔的观点，尽管二者皆诉诸"权宜之计"与结果。

基本上，他们的论战是关于直接结果主义和间接结果主义的。正如我们所看到的，德富林认为，对于所提出不道德行为的每种类型，都需要权衡强制执行的利弊。密尔认为，存在一种缘于"以作为进步存在的人类之永久利益为根据"的长期结果的论据，来建立一般类别（例如对自己的损害），从而认为我们可以画出一条界线，预先确定针对该类行为强制执行的非法性。④ 相应的，也就存在列入国家管制范围的一般类别（例如对他人的损害），尽管确定这类行为是否实际上应认定为刑事犯罪，有待更具体的计算。有人可能会产生一些疑问，诸如此类基于权衡效益超过危害而预先提出的任何界线，能否算作"原则性"的界线。除非是要回避这种反对结果主义者的问题，否则采用"原则性"的宽泛定义似乎是合理的。⑤

最后一个需要解决的问题是，自由主义者、原则性的观点是否应当包含一些对我们所诉诸的原则性本质的限定条件。这里，我指的是某些诉诸这种在虑原则性的资格条件。自由主义者向在诸多方面的反对者阐述自身观点，如德富林。他们有事实上的分歧，对宗教的理性状态有不同的认识，对于性有不同的观念，以及可能在道德推理上也有不同的见解。如果

---

① 参见［英］约翰·斯图亚特·密尔：《论自由》（1859），柯林·希尔兹编，自由艺术出版社 1965 年版，第 14～15 页。中译本，第 6 页。

② 参见［英］约翰·斯图亚特·密尔：《论自由》（1859），柯林·希尔兹编，自由艺术出版社 1965 年版，第 14 页。中译本，第 6 页。

③ 参见［英］帕特里克·德富林：《道德的法律强制》，马腾译，中国法制出版社 2016 年版，第 12～13 页。这里存在关于法律不能进入之"道德领域"的观念纷争。我自己认为存在一些不道德的行为，国家不应该干涉。见下文第 945 页（讨论言论自由）。然而，言论自由这一类别并不是道德的范畴。同样的，我相信存在对他人有害的行为，不应该受到调整。这方面的例子，是一些同意损害的类型。例如，附注 55 中的短文。不过，与德富林在道德领域上的观点平行，我也不相信，有人可以预先确定法律在任何情况下都不能介入的损害领域。

④ 参见［英］约翰·斯图亚特·密尔：《论自由》（1859），柯林·希尔兹编，自由艺术出版社 1965 年版，第 14 页。

⑤ 我怀疑，这个定义是否应该允许有行为结果主义者。他们可以赞成规则只是经验法则。

自由主义者的论证是*有说服力的*,那么就必须有足够的共同基础来提供一个共享的起点。"中性"一词的含义早已被广泛地使用(及滥用)。当然,一个自由主义者可能只不过是在寻找一个她认为有说服力的界线或者论证;如果她的论证合理,也许就颇为自得了。①

合法性问题涉及社会的基本框架;因此,有理由假定自由主义者希望就其论证采取某种"合理的"限定。这可能是罗尔斯式的(Rawlsian)"可以合理预期所有公民认可的唯一原则"②,或者是斯坎伦式的(Scanlonian)"只有不合理的原则可以拒绝"③,或拉莫尔式的(Larmorian)"原则……必须对绑定的所有人都是合理的"④。无论采用哪一种方式,这一想法旨在避免求诸任何实际上蕴含价值的争议概念,假如可能的话。

四

反对强制执行道德的原则性限制的想法,似乎只有两种可能的进路。第一个是考虑所有提出支持这种限制的形形色色论点,然后展现这些论点并非在每种情况下都是合理的。显然,在此我无意于这么做。在别的地方,我已经审视纳格尔和罗纳德·德沃金的论点。⑤在此,我将对范伯格的论点做一番简要考察,进而揭示,任何这一类的论证能够成立纯属天方夜谭。

为避免绕开反对法律道德主义者的问题,范伯格需要定义法律道德主义者所能接受的"损害"和"不法行为(wrongdoing)",这样,便存在着无害的不法行为。范伯格区分了"A 损害$_1$B"意即"A 反向作用于 B 的利益"和"A 损害$_2$B"意即"A 反向作用于 B 的利益,并以此不法侵害了 B(侵犯了 B 的权利)"⑥。前者而非后者的一个例子是,A 基于 B 的请求而打断 B 的腿(例如,因为 B 试图躲避征兵)。现在这个区别让范伯格作出这样的陈述:

> 行为构成无害的不法侵害行为有两种方式。或者是未反向作用于任何人的利益的不法行为;或者是反向作用于他人利益但并未不法侵害他人行为。⑦

在第一种情况下,这种行为虽然错误,但并没有损害$_1$(更不用说损害$_2$)任何人,除了可能犯有不法行为的人。在第二种情况下,不法行为确实损害$_1$了包括要约人这一类人的利益,但不会损害$_2$任何其他人。

---

① 诚然,她依照自己的眼光来判断这种"可靠性"(soundness)。那么她还应该用别人的眼光吗?

② 参见[美]约翰·罗尔斯:《正义论》,哈佛大学出版社 1971 年版,第 11~15 页。

③ 参见[美]托马斯·斯坎伦:《我们对彼此的义务》,1988 年,第 276 页。(未刊稿,作者文档)。

④ 参见[美]查尔斯·E.拉莫尔:《政治自由主义》,载《政治理论》,1900 年,第 18 卷,第 339、351 页。

⑤ 参见[美]杰拉德·德沃金:《平等尊重和道德强制》,载《社会哲学与政治》,1990 年春季号,第 180、180~193 页;参见[美]杰拉德·德沃金:《认识论与强迫》,1993 年 12 月(未刊稿,作者文档)。

⑥ 参见参见[英]乔尔·范伯格:《刑法的道德界限(第四卷):无害的不法行为》,牛津大学出版社 1988 年版。译者注:参考方泉中译本。见[英]乔尔·范伯格:《刑法的道德界线(第四卷):无害的不法行为》,方泉译,商务印书馆 2015 年版,第 25 页。

⑦ 参见参见[英]乔尔·范伯格:《刑法的道德界限(第四卷):无害的不法行为》,牛津大学出版社 1988 年版。译者注:参考方泉中译本。见[英]乔尔·范伯格:《刑法的道德界线(第四卷):无害的不法行为》,方泉译,商务印书馆 2015 年版,第 25 页。

首先，我们注意到，声称存在无损害的不法行为的*可能性*这一说法是基于对某种道德的理解，根据这一道德，可以有不存在损害$_1$的不法行为，或者不损害$_2$要约人以外的人的不法行为。这意味着可能会出现要么是并未阻碍利益，要么是阻碍利益却没有侵犯任何人的权利这种错误行为。让我们依次考虑这些。

范伯格提出可能不会阻碍利益的不法行为例子是“有人不法地违背承诺，但受要约人却侥幸获得报偿”，以及“在他人土地上穿行(侵犯他人财产权)却对他人的财产有利(提升其利益)”。① 这些例子的问题在于，任何试图为损害和不法行为的某种鉴别方式进行辩护的人，都不可能细分到这么一个层次。正如规则与行为功利主义的无休止讨论表明，只有顽固的行为功利主义者才会试图将特定行为的错误与这些行为的具体有害后果联系起来。② 看起来更为合理的版本，则是考虑一个行为错误(act wrong)，如果能作为一种*类型*，其一般表现是有害的。范伯格这些例子的层次(level)显得尤为不当，因为从立法目的而言，要考虑的总是行为的类型。这就需要举出不法行为并未(通常倾向于)阻碍利益的行为类型的系列例证。这种行为类型是否可能存在，则取决于人们对道德本质的看法。

第二类的例子，也就是虽然可能损害$_1$某些人(someone)，但没有损害$_2$任何人(anyone)的不法行为。例如，范伯格考虑，这种行为虽阻碍利益，却为利益受损方所同意。③ 这里至关重要的是，范伯格辨识出侵犯他人权利的不法对待行为。④ 他也常认为，就这一情况而言，是无“被害人”的或者无人有怨愤。⑤ 在这些情况下，没有人被不法行为伤害，因此就有无害的不道德行为的概念——无害是因为损害$_2$要求有人受到不当对待，不道德是因为行为在理论上是错的。因此，道德强制执行的捍卫者必须接受有种不道德、错误行为是无害的这一概念——不是因为没有阻碍利益，而是因为没有人受到不当对待。

在这一点上，强制执行的捍卫者可能会采取几种策略。在关于权利是否已被侵犯的判断上，有人可能持不同意见。强烈相信权利不可剥夺的、不可放弃的人并不认为*同意*法谚(Volenti maxim)——人在同意的情况下不可能被不法侵犯——就是金科玉律。⑥ 或者他可能承认，确实没有权利受到侵犯，但不接受范伯格的规定，即只有当权利受到侵犯时才算是有人受到不当对待。毕竟，范伯格并未主张权利穷尽道德领域。那为什么只有当某人的

---

① 参见[英]乔尔·范伯格：《刑法的道德界限(第四卷)：无害的不法行为》，牛津大学出版社 1988 年版，第 28 页。中译本，第 23 页。

② 另请参见[英]哈特：《功利与权利之间》，载《哥伦比亚法律评论》，1979 年，第 79 卷，第 828～831 页。

③ 参见参见[英]乔尔·范伯格：《刑法的道德界限(第四卷)：无害的不法行为》，牛津大学出版社 1988 年版，第 127～128 页。中译本，第 133～134 页。

④ 参见[英]乔尔·范伯格：《刑法的道德界限(第四卷)：无害的不法行为》，牛津大学出版社 1988 年版，第 153 页。中译本，第 162 页。

⑤ 参见[英]乔尔·范伯格：《刑法的道德界限(第四卷)：无害的不法行为》，牛津大学出版社 1988 年版，第 153 页。中译本，第 162 页。

⑥ 参见[英]乔尔·范伯格：《刑法的道德界限(第四卷)：无害的不法行为》，牛津大学出版社 1988 年版，第 153 页。中译本，第 162 页。这个想法是值得进一步思考的。某些权利，例如不被杀害，有可能不是取决于同意，而预防这种权利侵犯，只是损害原则的适用。请注意，这一点与认为不应禁止一些安乐死行为的信念共存。如果一个人的生活不再好转，那么同意可以改变杀人的道德状态。

权利受到侵犯时,才能认定她受到不当对待?

关于刑事定罪的一个重要实质性理论构成这一规定的基础。对范伯格来说,法律应限于*特定*价值的保护,即个人自治与尊重人:

> 经被害人同意法谚调和的损害原则保护个人自治,并因此彰显“尊重人”的道德价值立场……但还有其他的道德评价、其他的规范评价、其他的原则、其他的价值——有些根基牢固,有些不是——并不为损害原则保护,因为它的目标仅在于尊重个人自治、保护人权,而非提供价值判断的全部标准。①

五

于是,我们看到一个明确的理论,但其主张究竟是什么?为什么法律不能保护理念(ideals)呢?实际上,在范伯格的论述里,我没有找到清晰的论据。他作出如下陈述:

> 我们所说的道德中还包括防止恶的规则,这些恶不以任何人的怨愤为基础……它们是“与人无涉”的恶,不会引起任何个人怨愤……用法律强制的铁腕阻止它们只会造成痛苦和伤害,而不会对任何人有好处。正因如此,对绝大多数与人无涉的恶采取强制手段在道德上是不正当的。②
>
> 自由主义者得承认,防止此类恶也是必须考虑的因素,同时他还要坚持,这个因素无法与个人自由相提并论,并且没有任何人有权就该等恶提出“获得保护”的请求。③
>
> 这种“与人无涉”的特性使得对于这类行为施以刑罚处罚的立场十分可疑。除非针对严重的损害和不法行为,刑法这种不加区分的严重干涉往往只能造成较其试图防止的恶更大的恶。④

最后一点几乎不是一个关于原则的问题。德富林可以同意,在这些情况下不适用法律是审慎的,但仍然坚持,作为一个原则问题,不能排除法律的运用。而正如前文所引,德富林的对手们似乎要么避而不谈,要么论证不足。

判定范伯格的观点是否构成对法律道德主义的原则性反对,是一个相当复杂的问题。他对法律道德主义的初步观点是:“若法律可以防止损害或冒犯以外的恶,则其可以作为支持法律的*相关性*理由。”⑤在这个观点上,范伯格承认法律道德主义是正确的。然而,他认

① 参见[英]乔尔·范伯格:《刑法的道德界限(第四卷):无害的不法行为》,牛津大学出版社 1988 年版,第 12 页。中译本,第 13 页。

② 参见[英]乔尔·范伯格:《刑法的道德界限(第四卷):无害的不法行为》,牛津大学出版社 1988 年版,第 79~80 页。中译本,第 81~82 页。

③ 参见[英]乔尔·范伯格:《刑法的道德界限(第四卷):无害的不法行为》,牛津大学出版社 1988 年版,第 174 页。中译本,第 185~186 页。

④ 参见[英]乔尔·范伯格:《刑法的道德界限(第四卷):无害的不法行为》,牛津大学出版社 1988 年版,第 220 页。中译本,第 237~238 页。

⑤ 参见[英]乔尔·范伯格:《刑法的道德界限(第四卷):无害的不法行为》,牛津大学出版社 1988 年版,第 5 页。中译本,第 3 页。

为，自由主义者只要坚持“仅将其作为支持的理由之一……它几乎无法与保护自由相抗衡……就特定立法而言，自由主义者尽管可能会做出些不情愿的让步，但还是会反对道德主义的立法”①，就能挽住立场。

对范伯格最合理的解释是，道德式考虑总非好理由。如果有理由认为，假定少数情况下决定道德式考虑是好理由的企图，相比预先画一条界线将某些行为全部排除在外，又将会导致更多的错误，那么这个结果正是范伯格希求的反道德主义。

令人惊讶的是，回顾范伯格的论证，却与其反对家长主义的论证不同。反对家长主义的论证涉及关于个人主权性质的一些理论，并且认为，以家长主义式提出的边界划分与个人自治的概念（一种理想）相龃龉。② 然而，他反对法律道德主义的论据大多是对各类罪恶作出五花八门的明确区分，然后只是简单地断言，其中有一部分并不严重到足以许可通过强迫来预防。③

他的一般论点则是，考虑到个人自由的重要性，如果我们无法通过指明某人的怨愤来证成对自由的限制，我们就不能限制自由。然而，起码不亚于这些细琐的怨愤，有诸多理念对我们来说也举足轻重。如果说把孩子看成商品是不合适的，如果代孕也隐含这种态度，④如果值得付出代价来防止一些夫妻通过这种方式生育孩子，那么限制自由之前必须完成的举证责任轻而易举，如同那些具有严重损害的情形。

检视范伯格讨论的重要组成部分——对无害不道德具体案件的处理——可以增强我的观点。对于这样一些情况，他不得不要么不同意现行法律，要么寻找法律道德主义以外的解释。在“顽固的反例”中，⑤范伯格考虑欧文·克里斯托尔（Irving Kristol）提出的在扬基体育场（Yankee Stadium）为自愿观赛的成年观众举办角斗比赛的例子。⑥ 范伯格认为，虽然存在“恶”，但这显然是“一种与人无涉的恶，不直接与人的利益或情感相关。这个恶包括数以万计的观众从残忍血腥中获得的快感，以及从中有人获取暴利”。⑦

恶没有直接联系于此，就是因为没有因果关系使人们在感情上变得更糟，但是如果人们从野蛮中获得快感是件坏事，那么恶依然与人的利益或情感相关，因为人类的情绪表现出堕落的特征。那为什么我们不都去表达一种怨愤，并提出不让我们社会发生这样事件的一种合法性主张呢？最终，范伯格认为，要么有太多的自愿和足够的危险性问题，以致我们可以

---

① 参见[英]乔尔·范伯格：《刑法的道德界限（第四卷）：无害的不法行为》，牛津大学出版社1988年版，第5～6页。中译本，第3页。

② 参见[英]乔尔·范伯格：《刑法的道德界限（第四卷）：无害的不法行为》，牛津大学出版社1988年版，第171页。中译本，第182页。

③ 参见[英]乔尔·范伯格：《刑法的道德界限（第四卷）：无害的不法行为》，牛津大学出版社1988年版，第124～175页。中译本，第130～187页。

④ 我对这个实质性问题并无意见。

⑤ 参见[英]乔尔·范伯格：《刑法的道德界限（第四卷）：无害的不法行为》，牛津大学出版社1988年版，第328页。中译本，第355页。

⑥ 参见[英]乔尔·范伯格：《刑法的道德界限（第四卷）：无害的不法行为》，牛津大学出版社1988年版，第128～132页，第328～331页。中译本，第134～140、355～358页。

⑦ 参见[英]乔尔·范伯格：《刑法的道德界限（第四卷）：无害的不法行为》，牛津大学出版社1988年版，第130页。中译本，第137页。

援引损害原则,要么如果我们无法援引,就必须吞下毒药,并“强硬地坚持……法律不应该干涉,这个反例不具有推翻自由主义原则的力量”。①

一个反例并不足以构成反驳。然而,有足够多的例子,最终迫使自由主义者的立场变得不足为信。已经被定罪的几项中,我最认同的是:投掷侏儒(dwarf-tossing)、信息敲诈(威胁揭露一个洗心革面者的不堪前科)、出售心脏(用于移植)和自愿为奴。② 所有这些例子,无不具有对同意者造成损害的特征。当然,反对法律道德主义的自由主义者可能试图用道德家长式的观念来解释这些例子。③ 这反映出,正像范伯格所澄明的,支持(有限的)家长主义的自由主义者如哈特,已经动摇根基。④ 诸如此类的法律介入并未基于存在怨愤的被害人,而一旦放弃个人怨愤的基础,法律道德主义的延伸似乎就顺理成章了。

六

在本论文的最后部分,我将提出一个论点,即,尽管没有绝对的结论,为什么仍不存在支持自由派立场的好理由。这是一番取决于引入道德判断之合理想法的论证。首先从一段众所周知的引语开始:“我们说某件事情是错误的,意思就是说,某个人应当为自己做了这件事而受到这样那样的惩罚;即便没有受到法律的制裁,也要受到同胞的舆论抨击;即便没有受到舆论的抨击,也要受到他自己良心的谴责。”⑤

这段文章将对错观念与惩罚理念联系在一起。事实上,它连接的是特征上的概念。这并非出自德富林一派,而是渊源于自由主义的守护神约翰·斯图亚特·密尔。在我看来,这不仅享有自由主义者的血统,还体现出对道德错误观念的正确认识。如果一个行为是错误的,那就提供不这样做的理由(不管是否作为结论性理由)。同时,也要提供阻止这种行为表现的理由(不管是否作为结论性理由)。⑥

诚然,这不能说是缘于这么一种实际状况,即一个行为不应去做,就会被任何第三方劝阻、批判或者通过刑事法律的方式加以禁止。然而,所有的这些方式似乎又都是适当的回应。错误的(不道德的)行为*不能去做*(*not to be done*),而这就意味着它们是我们批判与劝阻的合适目标。

---

① 参见[英]乔尔·范伯格:《刑法的道德界限(第四卷):无害的不法行为》,牛津大学出版社1988年版,第329页。中译本,第356页。

② 当然,我想到两种替代策略——否认非法化的合法性,或者找出规范活动的其他规范基础。

③ 道德家长主义者认为,当在道德上对本人更好的情况下,法律可能会限制行为。需要注意的是,这意味着不仅是让她变得更好,而且成为一个更好的人对她自己来说也更好。

④ 参见[英]乔尔·范伯格:《刑法的道德界限(第四卷):无害的不法行为》,牛津大学出版社1988年版,第165～166页。中译本,第175～177页。

⑤ 参见[英]约翰·斯图亚特·密尔:《功利主义》(1861),载J.M.罗伯森编:《约翰·斯图亚特·密尔论集》,多伦多大学出版社1969年版,第203、246页。

⑥ 结果主义者会否认这种推论。采取阻止的步骤总是一个单独的行为,需要单独计算。这似乎误解了认为某事错误与认为某事应予阻却之间的联系。但是,这个问题需要单独讨论。

当然,在具体情况下,可能存在好理由不去批评某个做错事的人,即使其行为本身就值得批评。可是,这种具体情况当然不能成为我们主张实际上从不批评那些做错事的人的原则性理由。

再者,一个行为是否可批评、人们是否应该实际去批评,与人们是否应该试图以更直接的手段阻止这一行为,这两个问题截然不同。通过道德和社会压力的方式干预问题需要相当不同的处理方式。似乎存在一个自主的领域,我们认为其他人进行干预是错误的,即使行为错误而不应得为。然而,这表明,从“错误”到“受干预”的步骤需要更多论证。当然,从“有害”到“受干预”或从“强烈侵犯”到“受干预”的步骤也需要更多论证。我所主张的是,因为“错误的”意味着“不应做的”,不道德行为的类别也同样能为国家干预的合法性确立门槛,一如有害或侵犯行为的类别。①

原则上是否有理由不通过刑法劝阻不道德行为?制裁的性质可能在此区分适用吗?包括剥夺自由,以及极端情形中剥夺生命的刑事制裁,是否实际上已作出这些区分?

首先要注意的是,刑法的实施不仅仅有剥夺生命或自由的制裁,还有罚金刑。除非自由主义者真的只想维护一个比较微弱的论点,例如只是剥夺自由或者生命的威慑才不能用来强制执行道德,否则他们就是认为通过罚金来强制执行道德也是非法的。② 再说,其实有时也不是制裁的强度引致这种原则性限制。要是殴打了一名同事,我们大多数人宁愿花一周时间坐牢,也不愿面对专业同行的厌恶和排斥。

这可以是刑法的谴责或者宣显功能吗?我们已经揭明,不道德的事是不应做的事。那些犯这种错误的人是要受谴责的,至少在某种意义上他们是可以谴责的。谁处于或者应处于受谴责的位置,以及这种谴责是好是坏,这些明显的问题仍然存在。一般来讲,国家限制施加谴责的总量,也许是一个好主意。然而,这些问题似乎是恰当判断和谨慎的问题,而不是原则的问题。

刑法作为一种制度,其核心基本原理包括尽可能使人们不务不应为之事,并且充当谴责那些不应为之行为的手段,因此,存在(预先)排除刑事程序作为一种阻却手段的原则性理由,看来不太可信。③

确实存在着将某些不道德行为的子类排除于刑法之外的原则性理由。一个很好的例子就是言论自由。于是,我们发现有一系列不道德的行为(例如否认大屠杀、种族侮辱),而我们试图避免刑事起诉。这种行为跨越最初的门槛,从而被视为国家干预的合法对

---

① 更确切地说,这里要展现的是那些寻求损害构成的其他前提,或者作为施加刑事制裁好理由的侵犯行为——当然其他前提也是需要的——它们可以帮助证明“错误的”属于同一类别,或者与之有所不同却同样合理的是,前提集可以帮助建立这一点。我已就这两方面做过尝试。

② 我忽略以侵权法、行政法和其他手段调整不道德行为的问题。因为更强和更弱形式的关于有法不依命题的有趣讨论,以及一些与我总体立场类似的研究已有详细阐述。参见威廉·A.埃德蒙森:《三种无政府主义谬论:政治权威论文》,剑桥大学出版社 1998 年版。

③ 对那些我们警惕刑法领域的论证如何看待,例如家庭方面?首先,我们不排除刑法(例如,遗弃儿童和家庭虐待);但我们要更谨慎地运用法律。其次,如果我们不将它适用于不道德的行为,例如忽视对子女的非金钱责任的父亲,理由在于实效性以及保留一个私权领域的重要性。这些考虑,可以抗衡不道德行为的严重性。

象。然而，我们认为，有理由保持个人从事这些行为的一定自主范围。其中的部分原因，在我看来更多的是政策而非原则。例如，考虑到这样一种说法，即尽管干预这种行为是我们大家的权利，但给国家干预的权力太危险了。另外一些论证属于权利问题本身。① 但是，请注意，这一类行为不仅不道德，还是有害的，因此也构成了损害原则的反例。要是这种受保护种类的存在，被视作国家不应干预不道德行为的证据，那么难道它也证明国家不应干预有害的行为？

我们可以承认"在其他领域有做错事的权利"(right to do wrong)，②但也相信行为的"纯粹不道德性"使之进入刑法的合法调整范围，这并不矛盾。这里并不是说，需要添加某些其他的系列要素(损害、侵犯等)，才能将不道德行为纳入国家调整的合法范围。反而是说，只有存在关乎适当原则的进一步要素，才能将其排除。其他诸如损害、侵犯等要素，同样正是如此。

不强制理论深受自由主义者们的追捧，因为他们认为，让别人相信各种有争议的行为道德或不道德，都希望渺茫。不过，如果我的观察没错，要让他们真正地确信不强制理论，希望甚至更为渺茫。正如伯兰特·罗素(Bertrand Russell)在逻辑问题上所察见的，预设总有着很多"犹如窃取比诚实劳动来得快的好处"。③ 我鼓励那些想要抗议诸如同性恋刑事化等问题的自由主义者们，扎扎实实，步步为营，以争辩这种行为不应定罪的理由，乃其本身并没有什么不道德。④

① 更好的例子，参见托马斯·纳格尔：《个人权利和公共空间》，载《哲学与公共事务》，1985年，第24卷，第83页。

② [美]杰里米·沃尔德伦：《做错事的权利？》，载《伦理学》，1981年，第92卷，第21～39页。

③ [英]伯兰特·罗素：《数理哲学导论》，多佛出版社1993年版，第71页。

④ 我要感谢我的点评专家劳伦斯·C.贝克尔(Lawrence C.Becker)和杰夫里·G.墨菲(Jeffrie G. Murphy)的意见，这些意见在文中均有体现。在很大程度上，我没有改变自己的想法——部分是因为我不想面对梅·韦斯特(Mae West)式的诘难：那样会更好吗？也谢谢雪梨·卡根(Shelly Kagan)和罗伯特·亚当斯(Robert Adams)。

《厦门大学法律评论》总第三十一辑
厦门大学出版社 2019 年 6 月版
《法治新论:民主与法院》
第 253 页～第 276 页

法治新论:民主与法院*

[加]阿伦·C.哈钦森**著 程朝阳 李爱爽***译

摘要:传统的法治观念坚持认为,应该由法律而非特定的个人恣意来统治社会,即坚持法的统治而非人的统治,以确保社会治理的有序性、可预测性、恒常性,并防止出现暴政。然而,这一法治理想在司法实践中难以实现并引发诸多争议,因此需要对法治重新作出评价,承认民主政府必须将人的贡献和法律的贡献结合起来,以尽可能地实现正义和法律之间的相互协调而非相互冲突。有鉴于此,本文旨在提出一种基于非基础主义的法治新进路,同时从传统主义者和批评者的角度对民主、司法及立法责任提出一种不同的阐述,强调在公正治理的民主实践中,法律和人是相互作用、相辅相成的,法官既不是完全为法律所压制以致无法行使个人判断,也不是完全不受法律限制以致恣意地实施个人判断,从而重新界定民主社会中的法律和政治以及两者之间的相互关系。

关键词:法治;民主;法官;非基础主义进路

The Rule of Law Revisited: Democracy and Courts

Allan C. Hutchinson

Abstract: At the heart of the rule of law is the powerful idea that it is law that should governsociety and not the arbitrary will of particular persons—a government of

---

* 文章 DOI:10.3966/615471682019060031018。

原文标题为 The Rule of Law Revisited: Democracy and Courts,载于大卫·戴岑豪斯(David Dyzenhaus)编著的《重构法治:法律秩序的局限》(*Recrafting the Rule of Law: The Limits of Legal Order*)一书第 196～224 页,本中文翻译已获授权。

** 阿伦·C. 哈钦森(Allan C. Hutchinson),加拿大多约克大学奥斯古德·霍尔法学院法学教授,著名法理学者。

*** 程朝阳,湖北黄冈人,烟台大学法学院副教授,法学博士;主要研究方向:法哲学、法社会学、法律语言学,电子邮箱:unclesam0506@sina.com。李爱爽,烟台大学法学院 2016 级法理学研究生。

laws, not persons, in order to ensure the orderliness, predictability, consistency of social government and prevent tyranny. However, the ideal of the rule of law is difficult to realize in judicial practice and causes many disputes. Therefore, it is necessary to re-evaluate the rule of law and recognize that democratic government must combine human contributions with legal contributions, achieving as much coordination as possible between justice and law rather than conflict with each other. In the light of this, the essay aims to propose a new approach to the rule of law based on non-fundamentalism, and at the same time to elaborate democracy, justice and legislative responsibility differently from the point of view of traditionalists and critics. It is emphasized that in the democratic practice of fair governance, law and people interact and complement each other. Judges are neither totally oppressed by law so that they cannot exercise their personal judgments, nor entirely unrestricted by law so that they can arbitrarily exercise individual judgments, thus redefining the law and politics in a democratic society and the relationship between them.
Key Words: The rule of law; democracy; judges; non-fundamentalist approach

对法治的讨论从未远离当代法理学争辩的中心。尽管那些讨论的即刻关注点可能更加特别地受关注,但是大多数法学家生产的作品都是建立在一套相当完整的关于法治含义和范围的有效设想的基础之上的。法治的核心在于这样一种强有力观念:应该由法律而非由特定个人的恣意来统治社会——法的统治而非人的统治(a government of laws, not persons)。同样,法治似乎要求国家设置并遵循一套明确的、公正适用的规则体系,所有公民均有一种道德义务去遵守它们,并且只有依照法定的规则才能对它们作出修改。如果法治被看作是作为一种防止暴政的藩篱发挥作用,那么它当然能够并且必须得到支持。那种认为统治应该是有序的、可预测的而不是混乱的和变化无常的观点不容易反驳。然而,这一普遍接受的观点当它被推荐作为司法活动的一个可实现的目标的时候,就遇到了麻烦:它所产生的危害和所带来的好处一样多。由于法的统治而非人的统治这一理想既在法律上不切实际,同时在政治上也受人质疑,以致对法治的传统辩护和批评攻击所产生的问题比它所要解决的问题一样多。因此,需要对法治重新作出评价和确认,承认民主政府必须将人的贡献和法律的贡献结合起来,以便正义和法律更经常地相互协调而非相互冲突。

不幸的是,在法理学的争辩中,那种有问题的、过时的理念或观念常常会占据太多的空间,消耗太多的精力。法学家们纷纷选边站队,然后从其与一种更宽广的社会正义之间的关系视角就法治为何是好的或坏的提出有力论证。虽然传统的、批判的进路在取向和起源上完全不同,但是它们各自都是同一块形式主义硬币的反面。与这些相当令人厌腻的看法相反,我想作出一种远非那么教条式的观点陈述。其挑战在于,丢掉那块贬值的硬币,确立一种更加切实可行的法理学货币。通过突出所有概念及其实际价值的或然性,我坚持认为,法治既可能是好的也可能是坏的或者既好又坏,取决于它获得共识的范围以及用它去表达意义之语境。我想提出一种新的进路,它强调在公正治理的民主实践中法律和人是相辅相成、相互作用的,法官既不是完全为法律所压制以致他们行使个人判断的空间消失殆尽,也不是如此不受法律的影响以致他们行使个人判断的空间无拘无束。因此,一个更为恰当、更加急迫的问题是，从法治的历史以及它被自由主义理论家一直据为己有的情况来看，它是否还能获得拯救，是否还能获得彻底的重新解释以确认其对当代政治理论和实践的价值所在，同时又能抵抗住自由的法条主义的迷惑之音。从一种重要的意义上说，本文接受佩吉·拉丁(Peggy Radin)的邀请，去确证法治的政治相关性及其社会意义，同时却又无须继续坚持对规则和规则遵循作出传统描述，不管这一工作是多么复杂或具渐进性。我对她所提出的问题——"我们怎样才能拒绝形式主义并确认法治呢"——尝试作出回答。①

本文将对法治作一番极简主义的或精简的描述，旨在同时从传统主义者和批评者的角度对民主、司法及立法责任提供一种极不相同的阐述。它不仅将重新界定法律和政治之间的关系，同时也将重新界定民主社会中能够被称作法律和政治的东西。然而，虽然我认为对法治重要性的这样一种确认是可能的，但是我依旧坚持认为法治太过经常地被用以阻碍和挫败大众的参与和渐进行动。然而，我也必须承认，虽然法治一直被用以维持精英政治，但是它也偶尔证明是制衡少数人对多数人肆意滥用权力的一项有效原则。法治被用于反动目的这一事实并不意味着它必须用于或者不可用于更加进步的目的。因此，本文不是对我早期观点的彻底抛弃，而是努力赋予它们以一种更具实用主义的、更少教条主义的风格。事实上，我依旧坚持这样一项结论："在以民主之名限制民主活动的宪法保障和以'正确答案'之名限制民主活动的宪法保障之间，有所区别。"②

本文包括五个主要部分。第一节探讨了那些法治应当是其答案的理论和实践问题。第二节在阐明传统的和批判的进路之后，提出了一种不同的、将要询问和回答的问题方案。在第三节，将参考加拿大的当代宪政发展情况作为便利的论述场域，借此揭示并提倡一种更加具有说服力的精简法治描述。特别是，我将重点关注加拿大最高法院对魁北克省单方脱离加拿大的可能权利之合法性所作的判决：这一判决的魅力在于，它将法治视为宪法契约(constitutional compact)的唯一原则，并避免让它受诱在按理应当做的事情之外做更多的事情。第四节将从一种非基础主义的视角，对法律和法律理论中的规则和规则遵循进行一番总体的批判。通过引入"善意"(good faith)在审判纪律中所能发挥的作用，我将简单介绍一种极简主义的法治描述，及其对宪法解释的影响。在第五节，我将探索我所提出的对法治理论和实践的非基础主义批判所具有的意蕴。特别是，我将对针对我的讨论及其制度建议而可能提出的一些反对意见和一些可以理解的保留意见作出回应。整篇论文自始至终都切实去努力避免在继续进行法理学辩论时选边站队，而是努力从法院和立法机关推进受争议的民主事业的可能能力方面，对他们的是非曲直作出评价。

一、厚的和薄的

法的统治而非人的统治这一众所周知的口号被认为是法治永久附属品之核心。这一法

---

① Radin, Reconsidering The Rule of Law (1989) 69 *B.U.L. Rev.* 781 at 812.

② Hutchinson and Monahan, Democracy and The Rule of Law, 载 A. Hutchinson and P. Monahan (eds.), *The Rule of Law: Ideal or Ideology*, Toronto: Carswells, 1987, p. 122.

理观念旨在强调通过确保每一个人特别是政府官员受一套预先存在的、可经由一种相当客观的、公正的方式加以适用的公共规则约束以防止暴政之需要。的确,坚持法治理念是一种更加宏大的社会学信念的一部分,该信念坚持认为,若没有受规则指引的行为可能性,社会将陷入混乱和专断。① 以此理解,法治被认为是民主政体的极其重要的组成部分。虽然它也许独自不能保证社会正义,但是它的约束将有助于确保公共官员有所制约,并在其行使不可避免的自由裁量权时对公民负责。近些年来,虽然关于法治可能会要求什么、可能会被期望去做些什么,法学家们开始接受一种不那么严格的看法,但是依旧存在这样一种现实观念,即认为依照这种制度理想去行为并受其指导是可能的。特别是,法学家们和法官坚持认为,在规则适用的合法司法行为和规则创制的非法司法活动之间,存在且应当存在一种严格控制的区别。事实上,试图去界定和保护那一区分已然是民主社会中围绕法治而展开的当代争论之核心。针对法治,有三个主要的进路——两个传统的进路,分别是厚的和薄的两个不同的版本,以及一个批判的进路。

法治的传统进路常常会围绕这样一个中心论断展开,即声称规则可以且应当统治——规则是法律交易的基准货币,它们有自己的核心意义,而且应当依赖这些意义去处理大多数情况。这一传统论断的“薄的”(thin)版本相当于是一种合法性宪法原则。在满足人们所假定的规则的明晰性和确定性要求的同时,这些法学家们力图在司法权和立法权之间维持一条鲜明的界限。法官和任何其他公民个人或公共官员一样,都深受法律命令之约束。和以下道德立场相比,这还不算是一种如此非道德性的姿态,那种道德立场为一种严格受法律约束的司法裁判的法条主义辩护,认为它是宪政民主社会对法律和司法裁判作出的最具道德辩解力之论述。它是对法官裁判活动的一种洞察,颂扬了一致性、可预测性和确定性的系统性价值,却忽略了对特定情况下实质正义的关切:形式规则是保护实体价值的最灵验的、最合法的方式。在这一观念的当代版本当中,它认为,虽然法治可以被最佳地理解为是关于规则适用的,但是它只是要求与过去判决保持一定程度的一致:一个法律体系可能遵循法治,但却在总体上(即种族隔离制的南非)以及在特定情况下依旧可能是一个非民主的且/或非正义的。② 由于采纳这样一种观点并不能保证正义,因此许多传统法学家坚持认为,必须用更实体性的价值对它作出补充。

那种“厚的”版本坚持认为,虽然规则及其客观、公正适用是任何貌似言之成理的法治描述的重要部分,但是法律并不仅由规则构成。它认为预先宣布的、客观可知的和公正适用的规则的存在必须辅以将此类形式价值和民主正义的实体性描述作为补充。对这些法学家而言,规则背后和规则之内是政治道德,当规则的适用不明确或不可欲时,这些道德指引并限制法官。法律是关于价值和政治的,但不是通过任何特异的或意识形态的方式。在执行这

---

① 一部好的思想文化史,见 F. Dallmayr, Hermeneutics and The Rule of Law(1990) 11 *Cardozo L. Rev.*1449 at 1451-9,以及一种更为法理学意义上的解释,见 A. Hutchinson, *Waiting for Coraf*: *A Critique of Law and Rights*, Toronto: University of Toronto Press, 1995, pp. 7-15.

② C. Sunstein, *Legal Reasoning and Political Conflict*, New York: Oxford University Press, 1996, pp. 190-195. 在其最为坚定的典型之一中,大法官斯卡利亚(Justice Scalia)(美国最高法院的前任法官)坚持认为,“有时候,即使一项坏的规则也好于完全没有规则”:A. Scalia, The Rule of Law as a Law of Rules,(1989) 56 *U. Chi. L. Rev.*1175 at 1179.

一法理策略的时候，理论家和法官们的主要任务是去发现并培养给法律规则的干瘪躯体注入生命的政客道德原则。在宪法问题上，法治要求实在法要体现一种特定的社会正义观，该社会正义观有其宪法上的正当性，并在国家和公民的机构互动中受个人权利司法实施的政治诉求的支持。因此，依照这一描述，法官有权去处理政治价值，只要他们以一种客观、中立的方式进行即可："法律……在骨子里是政治性的，完完全全是政治性的……但它和个人政治或政党政治不是一回事。"①

虽然两者之间有着明显的差别，但是这些传统主义者在其恒久的形式主义信念方面紧紧地团结在一起，该信念认为"规则能够统治"，认为在有效的司法判决和意识形态争论之间必定存在明显的、可辩解的界线。厚的版本和薄的版本都坚持认为，法律推理是十分超然的、确定性的活动，它能够通过以一种重要的、有意义的方式将其和开放的政治争辩区分开来，进而对社会争端提供正确且可预测的答案。法律虽然深深地沉浸于政治和历史之中，但是依旧被声称是它自身，不可完全化约为其他任何东西。如果没有这样一种可能性，就会担心法治将被彻底颠覆，民主治理将屈从于特殊利益集团的暴政或社会正义的党派理论。此外，如果没有足够的法律话语的确定性，司法的任意性将成为时下的秩序，司法将陷入一系列临时性的、无原则性的遭遇当中，剩下的一切将只是"得过且过"。因此，传统主义者都一致认为，维护法治"具有保证政治安全的价值，可以防止利维坦变成弗兰肯斯坦的怪物……对任意性或专断行为[施加]真正的限制"②。

不用说，并不是所有法学家都相信这一基本主张，即认为立基于规则的司法判决能够（或多或少地）"限制任意性或专断行为"。一些批评者承认，虽然法的统治而非人的统治具有明显的吸引力，但是他们都否认规则能够统治而且的确在统治。他们反而认为，法治更经常地作为意识形态的外衣，他们坚持认为规则永远都不能给法官施加足够的限制，司法裁判将永远是任意性或专断性的运用。司法裁判更多的是关于为权力服务之理性的，而不是关于为理性服务之权力的。按照这样一种批判性描述，规则在司法职责的履行方面几乎毫无价值。在司法判决中，规则只提供"各种可为法官自由选择的合理化"，而"一项裁决的最终依据是一种社会的和政治的判断"。③ 事实上，在我早期的作品中，我是这一批判观点的有力拥护者。在公开谴责政治司法化是对民主理想的歪曲的同时，我认为法治在过去一直被用作位于政府权力和人民主权之间的一个宪法性障碍，它实际上阻碍了一种严格的民主制走向繁荣：

"法治是一个骗局。法律教义深奥难解的本质是模糊其不确定性和无可逃避的司

---

① R. Dworkin, *A Matter of Principle*, Cambridge, Mass.: Harvard University Press, 1984, p. 146.

② N. MacCormick, The Ethics of Legalism,(1989) 2 *Ratio Juris* 184 at 188. 其他著名的散布恐惧心理者，L. Fuller, *The Morality of Law*, New Haven: Yale University Press, 1969, p. 39; O. Fiss, Objectivity and Interpretation,(1982) 34 *Stan. L. Rev.* 739 at 749; Edwards, The Judicial Function and The Elusive Goal of Principled Decision-making[1991] *Wisc. L. Rev.* 837 at 838-41; and Scalia, n. 4 above, at 1182.

③ D. Kairys, Politics and Law,(1984) 52 *Geo. Wash. L. Rev.* 243 at 244, 247, 245 and 247 and "Introduction" in *The Politics of Law: A Progressive Critique* 3rd edn, New York: Basic Books, 1997, pp. 1-15.

法选择要素的一种万能屏障。传统的律师执业活动是一系列笨拙的、重复的引导性论辩,法律话语只不过是政治话语的一种程式化版本。"①

法治的传统描述和批判性描述的问题在于,他们两者都是在同一个关于"规则统治"(rules rule)可以意指为何和可能意指为何的非常严格的概念框架范围内运作的。传统主义者和批评家们都忽略了的一个重要问题不是法律在很大程度上是否可被描述为客观规则的中立适用,而是它是否可能就是这样。关于裁判期望,困难的根源在于将法治非此即彼地理解为代表了一系列鲜明的选择——客观的规则适用或主观性命令,稳定或混乱,权威或无政府状态,正义或压迫。急需对法治在现代社会中的可能性及其作用作出一番更加微妙的、不那么粗糙的评价。实际上,许多法治批评者(包括我自己在内)让自己陷入一场两极分化的辩论当中,认为规则要么有助于实现客观裁判,要么无助于客观裁判,在两者之间,一种更为复杂、不那么严格二分的立场几乎没有立足之地。传统主义者努力去完成基础主义者的工作,证明法律规则及其司法适用是以某种比当前司法者摇摆不定的证成路线要更少偶然性、更多可靠性的东西为根据的。批评者们虽然一如既往地反对这种形式主义方案的价值或可行性,但是他们仍然受制于它的非此即彼(all-or-nothing)的特征。他们坚持认为,法律规则及其司法适用只不过是为意识形态操控装饰门面的。然而,在对"规则统治"所实际表达和能够表达的意思为何提出一种看似更加合理的描述之前,重要的是让自己抽离出来,并对法治在其中发挥作用的那种更广阔的民主语境作出考察,在该语境下人们尤其坚持认为司法裁判必须是客观、公正的。我的观点是,传统主义者的描述和批判性描述都利用了一种贫瘠的民主概念和实践,导致他们在理解法院在促进民主目标方面所可能和能够发挥的作用时,误入歧途。

二、论比克尔与困境

在关于司法审查的民主合法性的嘈杂争论中,那种所谓的反多数主义的困难既激活了也削弱了宪法和宪法理论。从亚历山大·比克尔(Alexander Bickel)的法理学阐述来看,它论及法官运用其拥有的权力去认定代表多数人而制定的政策无效,但他们自己既不是经由多数选举任职的,也不是直接同等同于多数——在一个民主政体中,一个非经选举产生的法官如何能证明自己合理正当呢?② 因此,法理学在对上述反多数主义难题作出任何有说服力的回应方面困难重重,应该没有什么可奇怪的:它是建立在一种意味深长的假定和误导性前提的基础之上的。虽然这一理论的和实践的挑战对经正当选举产生的机构的立法行为和

---

① A. Hutchinson, *Dwelling on the Threshold: Critical Essays on Modern Legal Thought*, Toronto: Carswells, 1989, p. 40.

② A. Bickel, *The Least Dangerous Branch: The Supreme Court at the Bar of Politics* 2nd edn., New Haven: Yale University Press, 1986, p. 16. 参见 Laurence H. Tribe, *American Constitutional Law* 2nd edn., New York: Foundation Press, 1988, pp. 10-12; P. Monahan, *Politics and the Constitution: The Charter, Federalism and the Supreme Court of Canada*, Toronto: Carswells, 1987; and D. Beatty, *Constitutional Law in Theory and Practice*, Toronto: University of Toronto Press, 1995.

非经选举产生的机构的行为之间的紧张关系给予适当的强调，但是这一探求所暗含的假定以及它所激起的回答，往往以无助益的方式限制和歪曲了该争论。特别是，有两个基本主题在起作用，必须加以抵制——一个主题是关于法院的，另一个主题是关于立法机关的。这两个观点结合在一起，提供了一个非常贫瘠的"民主"概念，从而使得法理学在提供一种有说服力的、切实可行的合法裁判描述方面所作出的努力，必然以失败告终。总之，坚持不懈地依附于比克尔的结果是，它既让当代法律也让当代法律理论陷入某种法理学的困境当中。

比克尔式问题的第一个基本前提是，立法机关的政治化决定是民主性的，无需通过简单的基于它们是经选举产生的民主大会的产物而作进一步的证成。民主本质上是一种程序理想的代表：通过投票箱，政治决定被合法化，它依据那一程序获得其政治合法性。虽然心照不宣地隐含的多于公开陈述的，但是似乎也有人一致认为，立法机关可以自由地沿着最具党派性和意识形态性路线作出决定。在这种民主统治模式下，理性的决定是一个可有可无的额外选项。事实上，人们承认立法机关实际上的确常常以一种无原则的、机会主义的方式行为，对社会正义这样更大的问题本身几乎不做真正的讨论和反思。因此，立法过程本身涉及对通过选举程序所表达出来的政策偏好的策略性汇集。对可能有助于推进民主事业的那些价值所做的有原则的慎思和审议被看作是粉饰门面之举。宪法的正当性通常只是意识形态争论中的又一个杠杆而已。

比克尔式问题的第二个基本前提是从第一个前提中推导出来的。同样，立法决定之所以被假定为是民主性的，完全是因为它们是由经选举产生的官员作出的，因此，那些推翻立法决定的司法裁决意见，被推定为是非民主性的，因为它们是由非经选举产生的官员作出的。立法机关被认为是无原则性的、超出了宪法界限的，这一事实使得我们更加急迫地需要对司法审查提出一种充分的、可辩解的描述。在这一背景之下，法院总是在民主作品中扮演反派角色。由于人们期望最高法院以一种跟多数规则相一致的方式行为，不去参与对价值和偏好的任何竞相灌输，因此它是"[民主社会中]一个异于寻常的机构"①。因此，很多法学家都试图对比克尔的反多数主义困境作出回应，去证明一个非经选举产生的司法机关如何可以以一种非政治的方式作出决定。总之，有人声称，可以通过遵守法制的要求和限制——规则统治——来满足这一挑战，以便法官以一种有原则的、理性的方式行为。虽然由任何非经选举产生的机构作出的决定总是位低一等，但是它们也许能够通过谨慎地避免任何求助于那些属于民选机构唯一专属领地的政治或意识形态价值，而获得某种最低限度的合法性。

总体来看，这两个基本前提结合在一起，妨碍并累及对法治的任何进一步的或更好的阐述。虽然存在一种反多数主义的困难，但是它既不是比克尔所理解的那种，也不是主宰法理学和宪法理论的那种。对反多数主义困难的关注正在各个层面产生麻痹作用，导致立法机关被赋予太多的灵活性，而赋予法院的灵活性却太少。或者，更准确地说，它要求法院对自己正在做些什么顶多是装模作样一番，或实在不行就直接撒谎得了。然而，法治理想将持续不变，因为它既给权力结构的合法性提供支持，也给人们相信那一现状如果不算完全公正的话至少也是在试图变得公正提供支持。② 此外，人们仍然普遍认为，任何证明司法判决是以

① Bickel, n. 9 above, at p. 18.

② Hasnas, The Myth of The Rule of Law, [1995] *Wis. L. Rev.* 199.

一种政治偏好的方式作出的做法,都是一个可以通过更好的法律,或者通过能够理解公正客观司法裁判的必要性和价值的更优秀的法官予以修正的缺陷。按照法理学的说法就是,虽然当前的法治实施于法无据,但是法治工程仍然保持不变。然而,如果能对反多数主义的困难作出一种更加丰富的、更有说服力的理解和解释的话,那么给法治社会中法院的角色提供一种更有说服力的、更加实际的描述的可能性将会大大增加。

作为说明和开始那一任务的一种方式,我将审查加拿大最高法院最近的一项判决,并试图将它用作提出一种更加诚实、更加冒险的法治描述的发射台。虽然最高法院在远离比克尔范式和重申对宪政主义和多数人主义之间的民主张力提出的法理学挑战方面取得了长足的进步,但是它仍然成功地保留了和过去相同的雄心和观念。它不可能也不愿意放弃这样一种持续至今的信念,即认为这一平衡可以通过某种持久的方式加以保持,法院在督察这一平衡方面的作用可以一种公正的、政治中立的方式加以实现。

三、一个民主的参考

也许和大多数国家相比,加拿大更是一个在其宪政安排问题上进行持续论辩的国家。该辩论的内容不仅涉及此类安排的法律结构,而且也涉及这一结构借以能够跟为其变革而展开的政治论辩联系在一起的过程。虽然这不止导致它充分地感受到了国民的焦虑,但是加拿大至少不得不去关注其宪政工具箱中那些基本要素的合法性及本质。当然,这场当代辩论的核心是那个持续不断的、关于讲法语的魁北克和加拿大其他部分之间的关系延续问题。它需要采取诸多不同的方式和形式进行,但是最急迫的问题是,在什么条件下(如果有的话),魁北克可以决定自己的宪政命运?这让一系列困难而持久的概念和做法脱颖而出——诸如民主、主权、自决、联邦制,当然还有法治。在过去的一年里,这一辩论和问题在加拿大的宪法戏剧中占据了中心地位,要求加拿大最高法院就魁北克是否可能会以及在何种情况下可能会从加拿大单方脱离出去作出自己的法律判断。加拿大最高法院的决定,生动地反映了在现代宪政民主社会中为赋予法治以一种有意义的、合法的实际内容而展开的任何理论努力都将面临的两难困境。就本文当前的目的而言,它所要概括论述的是这一问题之性质,而不是要对它正式提出一个应当引起法理学关注的解决方案。事实是,最高法院似乎对这一问题及其可能的解决方案提供了一个比很多法理学反思都要复杂的描述。

要回答的主要问题是,“依据加拿大宪法,魁北克的国民大会、立法机关或政府能让魁北克从加拿大单方脱离出去吗?”①(第2段)最高法院的裁决认为它不能,任何从加拿大脱离出去的政治决定都受现存宪法承诺制约,并且都必须依照现存宪法承诺执行。然而,在对民主和法治之间的关系所做的细致分析中,它亦认为,如果民主投票明确支持脱离,那么加拿大的其他部分将不得不和魁北克就其从加拿大联盟中脱离出去的条件展开谈判。最高法院

① Re Quebec Reference (1998), 161 DLR (4th) 385. 对这一判决的引用自此在文中用括号括起来,通过引用法院官方报告中的段落号。关于该判决的策略性特征,有很多可以说的——它的意见一致性、它发布的时机、它的公平性等等。在这里,我将不再追问这些问题。

在平衡宪法权利和义务、法律结构和举措的同时，还试图澄清民主社会中法律和政治之间的微妙互动及其自身在那种动态对抗中的作用。例如，它决定，虽然宪法的法律秩序防止了单方行为，要求集体行动，但是什么才算是“明确的民主投票”和“合法的谈判”依然是一个政治问题，超出了法院的法定权限。一如最高法院一致认为的，“最高法院的任务是去澄清政治决定‘依据宪法’得以接受的法律框架，而不是去篡夺在那一框架内运作的政治力量的特权”(第153段)。在作出这一特别决定并从总体上对它加以证成的过程中，最高法院实施了三个司法步骤，它们与本文的主题高度一致：第一，民主程序的重要性和局限；第二，法治的性质和地位；第三，两者之间的关系和平衡。

在认识到成文宪法规则必须根据过去已经发展起来的潜在的不成文原则作出解释之后，最高法院认为，任何特定的裁决都必须将两种宪法渊源都包括在内：必须根据民主、联邦制、法治和尊重少数人权利的基本原则来理解所制定、颁布的文本。尽管形式主义者们都矢口否认，却自始至终都强调宪法文本是主要的，但他们不去详尽阐述宪法，而且存在“一种历史谱系”，其基本原则是“告知和维持宪法文本”(第49段)。其中的一个基本的解释性考虑是民主原则。然而，最高法院意识到，这一原则的含义和要求远不是不言自明的或普遍接受的。虽然盎格鲁—加拿大的宪法史倾向于把这等同于多数决定原则(majority rule)，但是民主所包含的内容比这要多得多。它不仅仅涉及政府的过程，还存在一个不容忽视的实质性维度。据最高法院，这些实质性的目标包括“对人的固有尊严的尊重，对社会正义和平等的信奉，对各种不同信仰的调和，对文化认同和群体认同的尊重，以及对促进社会个人和团体参与的社会和政治机构的信任等等”(第64段)。然而(对一个非奠基性评论家譬如我自己也是至关重要的是)，最高法院承认，这些价值为何、它们可以如何界定以及如何相互作用，其本身永远都不是固定不变的，而是关于民主的承诺应该包含哪些内容的持续争论的一部分：“一个民主的政府体制承诺去考虑……反对的声音，并试图通过社会中所有人都必须赖以生存的法律去承认和处理那些声音。”(第68段)①

在采取这一做法的过程中，最高法院似乎超越了他们许多法律上的同行。当然，那种认为立法机关牢牢掌握着民主合法性的假设事实上有其严重的缺陷。第一，立法结果不是多数主义的：立法结果没有真正体现多数人的意志，因此它们后来即使被法院撇在一边，不管它可能会产生怎样的影响，也不会推翻由多数人作出的决定。立法者个人很少声称说他是按照选民的偏好投票的，当他们作为一个群体工作的时候，没有证据表明任何特定问题的结果将与多数主义相一致。② 第二，民主程序的确立不会穷尽民主的要求。最为重要的是，多数主义并没有给反少数派的立法行动提供任何实质性的防范。因此，民主的要求不只是要给多数人统治少数人权益提供便利，而是更多。第三，立法行为不仅和意识形态有关，而且应当涉及为全民代表提供便利。在现存的理论之下，立法机关没有任何压力去高出最低标

---

① 很明显，我强烈赞成最高法院坚持将诸如平等、民主以及类似问题与法治分开处理。在没有增加厚的版本不必要的点缀的情况下，努力解决关于法治的一种薄的版本，存在足够多的问题。在加拿大，最近的一次对提供关于法治的一种更厚的且更为实质性的解释的尝试，见 P. Hughes, The Rule of Law and the Meaning of Equality, unpublished manuscript, November 1998.

② Farber and Frickey, The Jurisprudence of Public Choice, (1987) 63 *Texas L. Rev.* 873.

准和期望,以便让政治能够成功地塑造一种更加崇高的自我形象。因此,依据任何受比克尔启发之描述,立法机关完全可以随意地尊重(或忽略)民主的实质价值。一种不同的描述(如最高法院所暗示的那种)也许能有效地迫使立法机关更加认真地对待这样一点:有必要去处理其针对一种更广泛、更实质性的民主说明而采取的行动的正当性问题。

虽然多数主义的描述是以民主不只是涉及过程这一错误主张为前提的,但是一种更加完整、全面的民主描述所涉及的内容则要多得多。程序是重要的,但是它在实现民主结果方面没有内在固有的或持久的优越性,因此才有宪政民主的理念和实践。虽然民主的含义一定比简单多数规则或自治要更为丰富,但是它必须包含一个实质性的要素,该要素既证成经正当选举产生的政府之权力,同时也限制可以集体自治的名义开展事项之范围。特别是,民主的含义一定不只是意味着多数主义,因为这可能会导致许多人被剥夺自治权。简而言之,民主既有实质性的维度,也有程序性的维度。[①] 很难说一种宪法安排能够保证该描述是"民主的",除非它既有一定的最低限度的内容(例如没有奴隶制),也有最低限度的程序(例如民众选举)。无论这种内容或程序是多么的理想化,一个社会如果没有两者的结合,就不能宣称自己是民主的。因此,民主既涉及社会关系,也涉及政治程序,其中任一方面都是对另一个方面的支持和强化。民主程序如果不为那些享有某种基本平等和自由的人所利用,那么就不可能保持其民主性。同样,一个由依法享有自由和平等权利的人所组成的社会,若不允许和包含一定的民选政府程序的存在,则不可能是民主的社会。

这种更加广泛、更加细致入微的民主理解,当然会导致一个明显的困难——宪政民主所承诺的两项基本原则,在情况最坏时两者互不相容,在情况最好时两者处在最严重的紧张之中。根据一项原则,通过现有的政治程序表达的公民意志应该居于统治地位,对这一民众权力(popular power)的任何限制都不是正当合理的。但是这一原则和另一个同等重要的原则相竞争,该原则认为多数人不能以民主的名义为所欲为;在一个声称公正的社会里,都有一些不可容忍的结果,不管导致产生这些结果的程序是多么的民主。[②] 要让社会成为名副其实的"民主"社会,必须在程序性和实质性两个维度之间保持平衡,它们既是偶然性的,又是情境性的,将随着时间的变化而变化。

为了实施这种不止要求多数规则的民主观,最高法院承认人民主权原则必须得到其他宪法原则的补充和限制。连同联邦制一起,加拿大宪法秩序的一个主要原则就是法治。在承认"一种高度结构化的表达"(第70段)自身容许有不同的解释之后,最高法院确认法治是任何稳定的、可预测的和有秩序的社会的一个基本要求。处在相对安全的最抽象层面上,最高法院确认了法治的三大构成要素——存在一部和一套既适用于政府也适用于私人个人的宪法和规则;对一种实际的、体现了更一般性的规范秩序原则的实在法秩序的创立和维护;坚持所有公共权力的行使包括法院的权力行使,都必须在法律规则中找到其最终来源。因此,它明确公开地采纳了这一宪法公理的一种薄的版本,坚持认为"法治原则要求所有政府行为都必须遵守法律,包括宪法"(第72段)。

---

① 见 F. Michelman, Brennan and Democracy,(1998) 86 *Cal. L. Rev.*399 at 421.

② S. Holmes, Precommitment and the Paradox of Democracy, 载 J. Elster and R. Slagstad (eds.), *Constitutionalism and Democracy*, New York: Cambridge University Press, 1988, pp. 196-197.

因此，在最高法院看来，多数规则和其他宪政原则譬如法治结合在一起，以确保民主既以一种程序性的方式，也以一种实质性的方式获得实施和尊重：

> “被统治者的同意是我们理解一个自由、民主社会的根本价值所在。然而，任何真正意义上的民主，都离不开法治。正是法律创造了‘主权意志’确立和实施的框架。为了获得合法性，民主机构必须最终依赖于法律的基础。也就是说，他们必须允许通过宪法确立的公共机构让人民参与，让人民担责。然而，同样的，一个政府制度不可能仅仅通过遵守法律而存续。政治制度也必须具备合法性，而在我们的政治文化中，那需要法治和民主原则之间的互动。该制度必须能够反映人民的愿望……
>
> 宪政必须以一个省的人民的政治代表有能力和权力保证该省将来受正在采用的宪法规则约束之观点为前提。这些规则‘具有拘束力’，不是从其挫败一个省的多数人意志的意义上说的，而是因为它界定了为改变我们社会中的政治权力(包括为联邦制原则所保障的自治权范围在内)、个人权利和少数人权利之间的基本平衡而必须咨询的大多数。当然，这些宪法规范本身需要不断地修改完善，但是只能通过谈判过程来进行，以确保所有各方的宪法权利有机会获得尊重和协调。这样，我们对民主的信念才有可能与我们对宪政的信念相一致。宪法修正案常常需要某种形式的实质性共识，这恰恰是因为我们的宪法基本原则的内容要求如此。宪法要求以‘被放大的大多数’的形式获得广泛支持以实现宪法改革，确保少数派利益必须在可能制定会影响到他们的那些提议修改之前必须有所表达。因此，有人可能会反对说，宪政与民主政府不相容。这是一种错误的观点。宪政通过创建一个有序的框架而有利于——事实上，使之成为可能——民主的政治制度，在这一框架之内人们可以作出政治决定。正确地看，宪政与法治不是和民主相冲突，相反，它们是民主必不可少的。没有那种关系，民主决定赖以被人接受的政治意志本身将会遭到破坏(第 67 段和第 76～78 段)。”

因此，对最高法院而言，多数决定原则并不等同于民主，也并不优先于加拿大宪法秩序的所有其他价值和原则；任何其他论点都深深误解了人民主权的含义和宪政民主的本质。为了达成这一理解，最高法院明确假定，这样的理想能够在“规则统治”的意义上实现，其实现路径以这样一种主张为前提，即认为在许多情况下规则是以一种相对确定和无争议的方式被表达出来并予以适用的。这种对需要为客观的、排除司法价值选择和不侵犯立法决策民主性的司法解释实践提供理由的持续关注，注定会以失败告终：20 世纪的法理学和宪政理论的历史几乎被无穷无尽的、试图对法院的作用提供一种和多数主义民主优先性相一致的徒劳描述所主导。由于司法审查涉及未经选举产生的法官认定经选举产生的立法者的行为无效，因此所有的司法审查都是反多数主义的，因此被推定为不民主，没有任何理论可以调和司法审查与多数决定原则之间的紧张关系。① 而且，也许更为重要的是，这种持续的对法理圣杯(jurisprudential grail)的寻找是不必要的。在放弃对法院的民主合法性提出一种粗糙的比克尔式挑战之后，最高法院应该遵循其自身的政治逻辑，并将其坚持到底。它必须具备有关自身法理信念的制度性勇气。

---

① E. Chemerinsky, *Interpreting the Constitution* (New York: Basic Books, 1988), pp. 11-12 and Chemerinsky, Foreword: The Vanishing Constitution, (1989) 103 *Harv. L. Rev.* 43.

从比克尔式问题的禁锢中解放出来之后,法院是否应该以及如何按照民主合法性行为,是一个其层次和性质极不相同的问题。比克尔式反多数主义争论对什么价值对民主而言而非对多数主义程序的盲目尊重而言至关重要,几乎没有什么可说的。一旦民主原则被认为既具有一种形式的维度也具有一种实质的维度,对司法行为的证成也就必须也被看作是既具有形式性的方面也具有实质性的方面。法院的工作既不必以其是否有能力保持客观公正为标准作出判断,也不必以他们是否愿意遵守和不干预多数政治(majority politics)为标准作出判断。相反,可以根据他们所作出的价值选择以及他们的决定在此时此刻为促进民主所做的贡献来评价他们。假若比克尔式假定——立法机关是无原则的、政治性的、不道德的和政治的,法院是有原则的、理性的——被抛弃,则可能会达致一种很不相同的关于法院和立法机关之间关系的理解和描述。例如,可以得出结论说,在不同的时间,立法机关和法院在某种程度上既是有原则亦是无原则的,它们各自都能在某个特定问题上促进(以及抑制)司法正义事业。因此,更急迫的问题是,如果民主程序不能保证民主的结果,民主的结果不一定由民主程序所导致,那么我们又怎么可能会去组织最佳的宪法安排,以让整个民主更可能为人们所普遍接受呢。因此,对宪政民主问题的正确探询,不是问法院是否在政治上采取了行动——因此是不正确的问法,而是问他们所做的政治选择是否为民主服务。此外,在民主政体中,什么算是“民主”,其答案是或然性的和情境性的。由于这一问题是实质性的和修辞性的,不是形式性的和分析性的,因此它将永远是一个有争议的问题——法律即政治。

然而,什么才算是民主的决定呢?这一问题并不能完全化约为一个关于在当时以及在哪种情况下什么是最适当的民主的一种政治性因此也是开放性的辩论。民主的形式维度强调,应该接受对相关政府机关的一般性制度定位和立场所做的某种描述:立法者是经选举产生的,法官是非经选举产生的,这一事实具有某种政治特性。这正是法治的一个精简版本发挥其作用的地方。民主的底线是,不同于立法者,法官们应该尊重和遵守既定法律原则的指引和约束。然而,按照现行的法律游戏规则来玩,就必须明白,法律游戏规则自身也处于游戏之中,是游戏的一部分,因为玩游戏的意思是什么,是一个永远有争议、永远不能解决的问题。用一种更传统的说法就是,法官必须“适用规则”这一简单强制令之所以简单,绝不是因为什么算是规则、适用规则涉及什么不可能被置于争议之外。同样,从什么算是法律这一问题绝不是政治问题这一意义上说,法律即是政治。因此,在下一节中,我对“规则”如何“统治”提出了一种非基础主义的描述,意在区别于传统法学家的形式主义主张和批评者的虚无主义论断。①

四、规则如何统治

事实上,客观的法律适用之理想是不可能实现的:不可能有不涉及个人价值运用的职业

---

① 对这一进路的一项充分的解释与辩护,见 A. Hutchinson, *It's All in the Game: A Critical Account of Law, Politics and Adjudication*, Duke University Press, forthcoming.

性法律适用。然而，承认这一点并不意味着必然会沦为棕榈树[①]司法或任意统治。在某种重要意义上，评论家们把进步的婴儿和传统的洗澡水一起扔掉了。我认为法官比任何一位批判法学家或传统主义的批判法学家所认为的要更多地同时也更少地受规则限制。尽管规则不统治，它们并不完全像碎肝那样，纯属可有可无之物。说法官更多地受规则限制，意思是说他们不能完全脱离于规则，作出完全自由之选择；而说它们更少地受规则限制，则意思是说他们不必因为承诺通过规则适用去解决争端而必须作出任何特定的决定。说这么多的意思不是说规则是不存在的，而是说他们不是作为其含义清晰明确无须解释并可客观用以处理案件的规范性指令而存在的。一项规则的含义及其适用绝不是简单的是(is)——它是某种需要为之争论而对其展开争辩(argue for and about)的东西，而不是某种需要从其出发进行争辩(argue from)的东西。作为传统的社会问题，规则的含义和应用是情境性的，因此也是公开的：对不受规则约束之选择的恐惧，跟对受规则约束之选择的信任一样是人为的。任何声称法官只不过是被规则的拘束力压制了自己恣意的疯狂行为之论断，不仅和现实不符，而且也没有给大多数法官的正直和努力以充分的肯定。因此，我抵制诱惑去将司法行为神圣化或妖魔化，以及在这一过程中，将法官奉若半个神灵或者将其诅咒为蛊惑人心的煽动者。我的描述不仅有助于惩罚那些傲慢自大到足以妄想把法律编织成一张无缝的教义之网的传统主义者，而且还将用作对那些急于将规则适用说成不过是一种自我欺骗式透明运用的批评者的一种急需的纠正。

传统的法学家都错误地断言，对法律和司法的任何或所有替代性描述“都完全拒绝提供理由，拒绝将权力或游戏抑或传统放在其合适的位置上”[②]。在不愿依附于法律和司法的基础主义描述及其对融贯的、确定的和正确的答案之承诺，和屈从于专断权力及空想理论家横行的无信义的世界之间，一种鲜明的对比被设想出来。我所提供的那种非基础主义的批判，并不否认提供理由或作出共同理解的可能性。虽然理智与权力是不可分割的，但是它们并不是完全相同或者完全可以相互融合的。同样，理性不可能完全和权力相脱离以确定其自身说服力之条件，权力也没有耗尽所有理性而将政治仅仅化约为任意的、随机的权力游戏。虽然我的非基础主义的方法的确有损于作为一种完整的、合理之技艺的法律推理实践，但是它没有将判断和决策行为总体上描述为不过是尼采式的权力意志的一种古怪的或特殊的运用和实现：查拉图斯特拉不是非基础主义的司法密友。相比之下，虽然非基础主义的描述拒绝将司法审判理解为和政治相分离，但是它不赞同“什么都行”伦理。其之所以如此，乃在于它主张意义赋予行为不仅是主观的和自恋的，而且还受到同样的限制，以致所有个人都受自己所身处的关系和惯习情境之限制并由其建构而成。因此，我的非基础主义的批判不依赖于这样一种对司法判决所做之描述：将司法判决要么理解为忠实于持久理性的基础主义行为，要么理解为对变化无常的非理性的批判性屈服——只要司法裁判正是通过那种它意图指引的司法论证并在此过程中予以建构而成的，它就是基于理性的。

---

① 或译为棕榈树审判或个案裁判，意指伊斯兰国家的民事法官(cadi)坐在棕榈树下，不以先例与典籍为依据的司法，指不考虑法律原则和法律规定而作出裁判。这种做法对具体案件可能达到公正的结果，但如对每一案件都单独决定，则类似的案件将难以保持统一。——译者注

② C. Sunstein, Analogical Reasoning, (1992) 105 *Harv. L. Rev.* 741 at 779, n. 130.

因此,我这里实际提出的法理主张是,法官不是站在规则之外,而是以一种特定的方式生活在规则之中。法官(和法学家)总是处于自由和限制的情境当中,他们既非完全受限,也非完全自由。在法律的语言游戏中,法官给规则以及他们自身的生活赋予意义,他们生活在为协调那些自由和限制的力量而进行的不断斗争中,规则以及他们的生活是由那些自由和限制的力量构成的。他们是自由地受限制的,是受限制地自由的。的确,自由和限制只能相互理解。受规则约束的法官既非情境依赖的,也非情境超越的。规则和规则的适用者都深陷于一种相互影响的关系当中。虽然有时会有阴险的操纵,但是若因此认为法官具有完全的解释自由则是错误的,就跟认为法律完全控制着法律解释是错误的一样。就像人们在与他人的生活关系中(重新)建构自己一样,法官也是在参与法律语言游戏的过程中(重新)建构自己的。虽然关于这一动态的互动没有什么是固定不变的或确定无疑的,但是随着法官们对构成其司法判决实践的差异游戏(the play of difference)的参与,他们将继续作出改变。事实上,那种声称已经超越了权力游戏或已经置身于其外的观点,其实是一种最狡诈的权力游戏。司法裁决的非基础性描述既认真对待规则的限制性遏制,也认真对待解释的自由推进。不可能不遵守规则,也不可能不需要解释它们,二者是一个硬币的两面,相辅相成。不仅没有哪一套规则是可以摆脱其解释学属性而无须作出解释努力的,而且也没有哪一种字面解释——一种声称是在显明表达而非模糊建构的解释——能作为其他解释对比参照的对象。

虽然我同意批评者们的观点,即认为"法律推理不是在特定情况下引导理智的、能干的和公正的人们得出特定结论的一种方法或过程",以及认为"一项决定的最终依据是社会政治判断",但是我并不认为法律只是"一个法官可以从中自由选择的各种各样的理由或借口之一",不认为"该决定不是基于法律推理作出的,或是由法律推理所决定的"。① 有些法官的确仅将法律推理用作替现存偏见进行辩护的理由或借口,虽然这无疑是正确的,但是这种对司法行为的描述没有将以下事实包含进来,即大多数法官的确是基于法律推理作出决定的,因为他们真诚地去努力解释和适用法律规则,以作为其作出决定的论证资源和理由。任何其他观点都会将其倡导者束缚在这样一个站不住脚的命题上,即当所有法官在声称他们的决定和判断是建立在法律教义规则的基础上并受其制约时,他们都是在参与一个巨大而又不可避免的骗局。相反,我坚持认为,事实上法官们并不是那么的无视规则以至于他们无法遵守那些规则,即使他们想那么做——许多批评者完全否定了规则作为决定的启发式指示的可用性。此外,任何法理学批评只要坚持认为规则在司法责任履行方面几乎毫无价值,它就常常会加剧这样一种形式主义的担忧,即如果没有某种对确定的规则遵循的合理描述,将会导致出现一种官方的无政府状态,在这样一种社会状态之下,规则将毫无用处,或者被完全用作事先决定的一种粗暴的事后合理化:政治的大灰狼将不过是披着司法的羊皮而已。

因此,诚信行事的要求是一种修正后的法治理解之核心。带着心中多少有些明确的结论不是问题所在:大多数的法官都是从某个关于他们认为其判断应该走向哪里或者从何而来或多或少有些模糊的概念开始的。关键问题是,它们该如何将那一结论跟法律材料联系起来或关联在一起。最低限度的民主约束要求法官通过参考那些规则而作出一些真正的努

---

① Kairys, n. 7 above, at 244, 247, 245 and 247.

力以支持那一结论;法官必须借助法律规则和论证资源并在其范围内开展工作。这种"诚信"的证成性要求不是为审判实践所独有的,虽然它要求一个人的行为要诚实和真诚,但是这些品质只不过是这一要求的一部分。赞同一个人必须行为真诚,就等于承认目的并不总是能证成手段的合理和正当,就等于承认有时情况可能并非总是如此。当然,没有理由因此假定两个行为正直的人会就什么是对什么是错,或者在共同的行动方针上达成一致。诚实本身不能告诉人们在不确定和有怀疑的情况下该怎么做;它只能给他们以勇气,让他们有勇气以一种严肃对待公正行为之责任的方式,依自己的信念行事。① 同时,它也不坚持一种顽固的一致性;当人们的行为既不是教条主义的也不是无原则的,而是向约定开放并从而随时接受改变时,他们就是行为正直的。简而言之,诚实行为的要求是在坚持那种认为"怎么做都行"(anything goes)的不负责任的主张和无原则地信奉"怎么做可能都行(但也可能不行)"的信念之间的差别所在。因此,诚信可被认为是按照企业精神去行为,在这一精神指引下,一个人将遵守约定,并尊重其他人对应该发生的事情所形成的预期。它至少要求,这应该在没有偷偷摸摸地或机会主义地将自己对什么应该发生的观点强加于他人的情况下实现;它意味着不只是要避免公开的欺骗或欺诈。② 虽然这一标准是开放的、不确定的,但是它施加了一种行为约束,即便没有任何客观的或无争议的规范要求去服从,即便诚信的约束总是在起作用。虽然在那些诚实裁判的人和不诚实裁判的人之间存在区别,但是在那些依现行游戏规则游戏的人和那些为改变规则而游戏的人之间,则不存在任何区别。每一位法官都参与司法裁决的政治实践,只是他们对特定规则及其在特定情况下的适用在作出不同的选择而已。

例如,在宪法解释问题上,在那些试图理解特定文本含义——即便那一过程的确会产生多种相互矛盾的意义理解——的法官和那些根本不做此努力的法官之间,存在着显著的差别。在法官努力参与文本或规则但却选择忽略其结果,而是故意将一个外来的、不同的含义移植到某个特定的文本中时,情况尤其如此。③ 这种诚信限制无论如何都不会限制可归于不同规则的意义种类或范围,法官仍然会在规则的许可和约束的语境范围内自由地构建意义。然而,无论提出什么样的解释,或无论提出什么样的适用建议,都必须通过真正努力理解手头规则,或者以一种认真负责的方式运用法律论证资源来实现。由此理解,诚信的要求

---

① S. Carter, Integrity (New York: Basic Books, 1996), p. 7.

② 我不考虑"恶意"的意识形态基础——法官如何向他们自己解释当他们裁判时他们在做什么,尤其是应对他们正在依据意识形态而非依据法律行事的指责,不是我的关注点。见 D. Kennedy, *A Critique of Adjudication*, Cambridge, Mass.: Harvard University Press, 1997, pp. 180-212. 在主张"裁决最好被描述为由许多恶意的行动者进行的……意识形态选择"的过程中,他将任何实际否认裁判是如此被实施的法官列入其中;见 ibid. at p. 4 和 J-P. Sartre, *Being and Nothingness*, H. Barnes (trans.), New York: Washington Square Press, 1965, pp. 89-90. 肯尼迪(Kennedy)更多的是对那些通过遵循他们的意识形态倾向却不试图使之与有效的法律材料相符而故意欺骗的法官们发表演说。我更倾向于这一观点,即"没有人会声称他们自己的想法是意识形态的,正如没有人会习惯性地将自己称作是'胖子'(Fasto)一样……从这一意义上看,意识形态如同口臭,是另一个人所具有的东西": T. Eagleton, Ideology: *An Introduction*, London: Verso Books, 1991, p. 3.

③ 参见 S. Fish, Play of Surfaces: Theory and The Law, 载 G. Leyh (ed.), *Legal Hermeneutics: History, Theory, and Practice*, Berkeley: University of California Press, 1992, p. 297 at p. 302.

与其说是一个分析准确问题，不如说是一个道德操守问题；与其说是关于法律公正性的问题，不如说是关于政治合理性的问题。一个特定的司法行为是为他人所接受还是为他人所拒绝，不会是因为它通过援引基础主义的算法作为对该规则的一个正确的或真实的解释而在某种程度上被证明为合法有效。一项判断之所以会被人接受或会被人拒绝，乃是因为法官能够说服他人，让他人认为它是一种合理的解释，让他人认为它通过其支持性论据的说服力而赢得了自己的合法性。认为只有那些对特定行为所做的良好演绎才算是合法有效的行为表现，将意味着一种“蹩脚的”行为表现一定会被视为是一种矛盾的修辞法。在传统的实践领域，坚持认为一个拙劣的表演甚或对某一艺术作品的拙劣模仿仍然是对那一作品的表演，是一个相当合理的观点。① 因此，合法行为和不合法行为之间的区分并不是一条鲜明的界线，而是一系列的选择和抉择。退回到受争议领域之外的某个合理位置，以证明评价或批评的客观标准有效或赋予其效力，是不可能的：无法逃避从相互竞争的价值中间作出选择之责任。问得多，是对基础主义进路诱人吸引力的一种戏弄；问得少，是对批评进路的诱人假象的一种屈从。

按照我所提出的非基础主义的叙述，某个时候某个地方的某个人很可能会以当前看似怪诞或反常的方式去制定规则，或适用熟悉的规则。然而，为了把法律判断行为看作是一种善意的行为，必须证明的一切在于，那些法官持有一种实际的、真实的信念，即认为规则的确允许这样的一番行动。如果有这样一种感觉，即感觉一项规则或若干规则可能会被合理地解释为意指为何，那么该意义之争将和其他争议结合在一起，成为关于实质智慧而非解释正确性之争论。那些法官可能会相信，有更好的或更令人信服的方式来适用某个特定规则，但是那一争论将是对实质合理性的一种修辞性论战，而不是对形式真理的一种哲学反思。如果那些法官不被他们的同事或评论员的论辩所说服，那么将会出现这样的结果：他们随后作出的判决只会落入教条主义一边，成为又一个虽努力去说服法律界相信该判决之政治美德或良知却以失败告终之例证。结果不应该是去指责那些法官，说他们没有正确履行他们的机构角色，或者认为他们的判决无效而拒绝接受。司法判决不仅允许和容忍拙劣的行为表现，而且还积极鼓励那些意在改变其操作规则以及那些将冒失败风险的冒险性做法。法官对特定规则的适用有别甚至相互矛盾之事实，和法官们没有认真对待法律规则相比，算不上是什么大问题。虽然法官有义务去适用规则，但是这并不要求他们必须作出某些决定。当然，承认一项规则可能有几种被认为是有效或合法的适用方案，等于是承认法律充斥着不确定性，审判不可避免地渗透着政治选择。因此，传统法学家不必太担心本来是司法判决，最后却变成了“怎么做都行”——法官可能会基于抛硬币、当事人的发色、占星术之类来判决案件。事实上，作为一种规则适用问题并通过一种理性的分歧过程，法官可能会证明几乎任何结果都是正当合理的——“怎么做可能都行”。再一次，这种非基础性叙述并未将司法判决化约为简单粗暴的个人偏好，也未排除理性辩论的可能性。它只是坚持认为，应该这样去理解理性辩论理念，即承认“理性辩论”是该论辩的一部分，而不是该辩论继续进行或对其展开批评之基础。

① 参见 J. Passmore, *Serious Art*, London: Duckworths, 1991, p. 65.

五、暗含的重要意义

我的建议集中在法治作为一种制度道德原则上，它对官方权力和自由裁量权的行使施加限制。它寻求实现这种自由裁量权的稳定行使，而不是要束缚它的行使。它检查法官的活动，使他们不至于随心所欲地去做他们想做的任何事情，而不是真正地、认真地去作出一些努力，努力去遵循当下施行的那些原则、程序和实践，包括特别是那些涉及如何才能对上述原则、程序和实践作出改变的原则、程序和实践。诚然，这里所提出的“诚意”约束是非常有限的，而且当然，它本身是不确定的，但它总是在起作用。① 然而，此种狭隘的法治叙述是为实现某个在理论和实践上都切实可行（也就是说，从理论上看，它在总体社会规划当中起着适当谦和的、互补的作用；从实践上看，它要求法官去做他们实际可能做到的事情，而非去做他们一厢情愿地认为可能值得做的事情）的宪法机制而必须付出的代价。跟那种总体上由法治以及其他宪法要素组成的混合体一样，法治的民主要求也将有赖于特定的语境：有时它会扮演一个次要角色，有时它会发挥更大的作用。例如，像东欧和拉丁美洲这样的社会当前正处于从压制统治到民主治理的转型期，什么被视为公正和适当，将取决于先前不公正的强度和偶然性程度。法治在促进那一转变方面可能有其重要作用，“它不是给法律秩序提供基础，而是为促成这些特殊时期所特有的司法规范性转变服务”②。事实上，在某些危机和动荡的情况下，司法机关可能是最适合临时受命去以一种强有力的、公开且有效的方式实施大规模变革的机构。

通过将法院在民主中的复兴作用论证和规则适用的政治性质论证结合在一起，法治开始呈现出一种更加切实可行、更少异化性的存在。事实上，这样一种修正后的法治表述，对法律理论和法律实践有许多重要的含意。首先，它强烈地表明，法律理论不是身处于规制或预测法律实践的游戏当中：断言法律理论服务于此种目的，等于是将法律误解为由规定性规则构成的一种无机集合物，也等于是将司法裁判活动错误地说成是一种规范分析方面的技术练习。坚持认为法律理论的作用是给一套源于法律实践并指导法律实践，但在某种程度上又脱离于法律实践、不能完全还原为法律实践的有限的确定规则提供基础，是错误的和不切实际的。将法律视为对理性的方法论度量，以及将法官的工作视为对那种度量标准的公式化适用的趋势，与我认为法官所做的、所能够做的和所应该做的完全相反。因为规则是不确定的，所以也就不可能有自身无须求助于判断的关于规则适用的规则。几乎所有的当代

---

① 虽然我提出了关于法治的一种毫不掩饰的薄的版本，但是我没有像一些支持者那样，认为它在政治上是中立的。见，例如，R. Summers, A Formal Theory of the Rule of Law, (1993) 6 *Ratio Juris* 127. 我通过参考一种独特的民主观，证明自己对于法治的那一独特解释合理正当，那一独特的民主观自身从未超出政治的讨论或辩护。同样，我的解释目的不在于去精心论证法治的政治地位，而在于去证明其观念和实践不可避免的政治特征。

② R. Teitel, Transitional Jurisprudence: The Role of Law in Political Transformation, (1997) 106 *Yale L.J.* 2009 at 2016.

主流法理学都在“徒劳地努力去克服判断的任性不羁之本质”①,但法律理论不是那样的,它还有一个更为温和得多的任务——揭示假设,阐明矛盾,并为法律的偶然性改进提出语境性建议。法学家不是法律的伟大建筑师,他们更是法律的卑微临时工。

当司法裁判被理解为一种实践活动而不是一种理论反思时,法官通过将当前受青睐的司法裁判理论投入实践而让自己从被认为应当作出权威宣判的义务中解放出来。相反,他们除了处理手头一般性的法律材料,通过一种经由法律推进正义的方式将它们打磨以便和摆在他们面前的问题的特定要求相适应之外,不要指望他们会去做更多的事情(和更少的事情):在他们渴望正义的时刻,法律的过去促使他们前进,而不是在把他们拉回来。因此,伟大的法官不会无视过去或者沉迷于过去,而是对过去展开作业,以便认识到其当前所蕴含的未来创新的可能性。这是否会满足当代法理学的理性主义幻想,几乎和这里讨论的问题无关:法官将依其实际行为表现的政治功绩接受评判,而不是依其理论反思的概念融贯性接受评判。此外,从我所提出的非基础主义的观点来看,关于法律与政治道德是否必然联系在一起,以及关于法官的政治道德诉求是否被客观地确立,也不再和这里所讨论的问题相关或对其具有紧迫性。通过将自己投身于法律和司法审判的事业当中,法律职业参与者以一种既非客观也不确定的方式涉及政治道德。法官和法学家不能继续对政治道德问题视而不见或糊弄过关,正如他们不可推卸其通过阐明法律的内在逻辑而去实际地解决那些问题之责任一样。不存在任何所谓的“疑难案件”,因为所有的案件都和一定的社会判断和历史语境相对应,相对于社会判断和历史语境的(不)稳定性而言,所有的案件都既是疑难案件,也是简易案件,它们促进了法律语言确定性和不确定性之间的动态互动。将规则适用于事实,无法不涉及在各个相互竞争的价值和相互对立的解释之间作出意识形态选择。很少有例子能比加拿大的宪法史更好地表明,“宪法文本所表达的正式规则可以保持不变,但其含义和适用却可以改变”。在加拿大存在140年来,其所制定的联邦制宪法结构没有发生任何实质意义上的变化;1867年为人们所深思熟虑的措辞,在今天照样是人们深思熟虑的对象。然而,即使是对加拿大的宪政历史仅有零星了解也将让人确信,加拿大的宪法教义已经随着政治和社会环境的变化而有所演进和变化。②

法律作为一种个人和党派政治事项,具有深深的、彻底的政治性,不过,这一事实并不让人感到遗憾。所面临的挑战不在于去抵制它的规范力量,而是要超越灾难性的绝望或宿命般的听任顺从,进而把它变成民主的优势。这可以通过认识到“法律即政治”之洞见乃是提高社会公正的一个契机,而不是阻碍其实现之障碍加以实现。在做意识形态选择时,法官们最有效履行其民主责任的方式,既不是通过掩饰其政治承诺,也不是通过磨削有利的政治斧头。相反,他们必须准备去坦诚地和自我批判地表达出自己的价值观。事实上,法官应该以对待法律资料的方式去对待他们的政治信念——把它们当作需要接受质疑和重新加工的资源来看待,以服务于自身一直在不断修正和转变的社会正义之民主愿景。伟大法官的标志不在于要去创立一种详备的正义理论,并通过学说的厚薄来坚持它,这会把政治傲慢误解为民主义务。相反,伟大的法官们都承认,虽然他们必须承担政治选择的责任,但是他们“通过

① P. Nonet, Judgment, (1995) 48 *Vand. L. Rev.* 987 at 989.

② 见 P. Hogg, *Constitutional Law of Canada* 3rd edn., Toronto: Carswells, 1995.

保持问题的开放性，在迷惘中反思、回味所获得的启迪，以致当下一个洞见出现的时候[他们]不至于将其错过”，从而以一种适当的民主方式做到这一点的。① 通过这种方式，法官将能够让自己的实质性政治承诺与其正式的民主责任保持一致：他们会承认，法治精神有时要求他们将具体的正义放在优先于体系一致性的位置上。

此外，从修正后的法治角度来看，关于如何在一个民主的社会中实际地实现法官工作和立法者工作可持续性区分，并在理论上证明这种区分的合理性这一历久不衰的难题，开始呈现出一种极不相同的面貌。虽然当代法理学界正在开始走出比克尔范式的弱化效应，但是仍然存在一种明显的不情愿，即明显不情愿放弃那种公认的、应该根据一个持久和详细的计划来分配机构责任的需要。非基础主义的路径承认，虽然宪政主义与多数主义之间的张力是持久的，但是却没有任何持久或永恒的办法来解决那种紧张。去识别和捍卫一种合适区分的努力，注定会以失败告终，因为根本就不存在这样的区分。② 或者说，至少在司法裁判实践和立法实践之间，不存在任何可以一种自身是基础性的或固定的方式来维持的区分；任何这样的区别或实践都不会成为争辩的依据，或有助于澄清争辩，因为它们始终是所要展开的争辩的一部分。从非基础主义的视角来看，最高法院关于“我们的民主制度必定有助于推进一个不断地讨论和反思的过程”(第150段)的声明有两点重要的含意。第一点也是最明显的一点是，民主的要求本身总是向“讨论和反思”开放的，当然也向变化开放：什么算是民主，是一个偶然的、语境性的考量。第二点也是经常被忽略的一点是，法院是那些“民主机构”之一。与比克尔式的、将法院描述为“一个离经叛道的机构”相反，③把法院理解为民主机构要更加准确和有吸引力得多，因为它们在那一对民主的含义和要求进行“不断地讨论和反思的过程”中发挥着重要的补充作用。法院和立法机关很少会相互竞争或相互冲突，但在界定和捍卫民主事业方面，它们各自都扮演着一种重要的政治角色。

当然，曾经出现过而且将来还会持续出现这样一种情况，即两者明显相互冲突，法院所追求的是一套完全不同于立法机关的实体价值。然而，分歧的存在不一定总是民主危机的一个可怕迹象，它可能仅仅代表了在民主问题上的一种富有成效的交流而已。危机可能会因为坚持比克尔式的观念和信仰而突然发生，即认为立法机关在什么是民主什么不是民主问题上享有独断权，法院必须服从其决定。一如我在本文通篇所试图表明的，其一，对法院和立法机关相互关系的这种错误观念弊大于利；其二，关于民主的辩论是以遮遮掩掩的、拐弯抹角的方式进行的。然而，我所提出的非基础主义的替代性进路，则避免此类鲁莽、愚钝的评价，它坚持认为，法院和立法机构都是同一游戏的参加者，即都致力于创立和实施一种可为当前社会所面临的挑战提供切实可行解决方案的民主观念。而且，在这么做时，无论是法院还是立法机关，对最佳做法为何都没有一个固定的政治上的判断。在一个繁荣而进步的民主社会当中，所获致的结果之内容跟这些结果所发生的程序位置一样，都应该受到充分的批评性关注。允许将那种关于宪政民主的更广泛辩论仅仅化约为制度合法性问题，是对

---

① Meyer, Is Practical Reason Mindless?, (1998) 86 *Geo. L.J.* 647 at 652.

② 这么做的主要尝试，见 R. Dworkin, The Partnership Conception of Democracy, (1998) 86 *Cal. L. Rev.*453 at 458.

③ Bickel, n. 9 above, at p. 18.

该民主诉求的一种歪曲。

在我所采用的非基础性路径中,其一,立法机关或政府的决定必然比法院的决定要更为民主这一假定是有缺陷的;其二,法院"并非独一无二地受制于回归性社会压力之影响,遭受策略无效或适得其反之风险"①。法官和立法者各自的责任不可能在永无休止的关于民主的要求为何,以及在特定的历史背景和社会政治语境下什么最有利于实现民主的辩论之外加以界定。一如法官在其判决中不受法律教义的约束,以致从最终的或客观的意义上看其结果是"怎么做可能都行"那样,立法者不能不受制度约束自由地作出决定,以致"怎么做都行"。在这两种情况下,司法审判和立法实践只有在一系列法律规则、制度预期、解释约束、物质条件、社会观点、知识环境等条件下才有意义,这些条件使得任何决定成为可能,并影响到所做决定之类型。尽管有人可能会认为,一个不太理想的(选举产生的)立法机构比一个尽可能理想的(非选举产生的)法官要好,但是这种普遍化的、一劳永逸性的评估需要抵制。当然,所有的评论家和批评家都会带着自己的偏见和假设去着手处理特殊问题,但是他们又必须努力将那些假设和偏见置身于政治和司法的游戏当中。特别是,他们必须避免那种允许可普遍化原则成为实际利益之敌人的基础主义倾向,必须抵制那种允许政治目的为制度手段辩护的批判诱惑。

传统法学家和批判法学家的教条主义信念,都迫使他们在特定司法判决和制度安排中保持一种不必要的墨守成规的立场和态度。虽然传统主义者觉得自己必须去捍卫法庭的大多数决定,但是批评家们往往会觉得自己必须谴责几乎所有的决定。② 此外,由于在法治的传统叙述和批判性叙述中缺乏细微精妙之处和辗转腾挪的空间,他们可能会常常发现自己和一帮无趣的政治学者在学术上团结在一起。事实上,特别是法治的批判性叙述,已经沦为右翼大众主义团体手中的工具。例如在加拿大,右翼改革党已经充分调动批判法理学横扫一切的修辞,去挑战最高法院在处理同性恋权利和土著人土地索赔等问题上所表现出的能动主义倾向。③ 通过一种非常聪明的举措,改革党业已能够将其特定的同性恋和种族主义行动方案隐藏在对法院能动主义的更一般化、更少冒犯性的批评当中。借用批评法理学者们的比克尔式逻辑,它从议会和法院的正式宪法角色方面对某些实质价值的采用提出了自己的反对意见:

> "尊重议会和法院的适当角色对民主国家的健康而言至关重要。正式当选的议员担负有辩论、制定和修改国家法律这一独一无二的责任。法院可以根据宪法去解释它们,并宣布其有效或无效,但应避免在其判决中创立公共政策或改写法令。法院应当适当地听从民选代表的意见,而不是对加拿大法律的措辞提出自己的看法。"

这种姿态不是关于民主的辩论,更多的是关于某些实质性决策智慧的辩论。当然,它可能会被视为一场关于民主的辩论,也可能会被视为关于任何其实质性基础备受争议之决定

---

① J. Bakan, *Just Words: Constitutional Rights and Social Wrongs*, Toronto: University of Toronto Press, 1997, p. 147.

② Contrast Hogg, n. 28 above, and M. Mandel, *The Charter of Rights and the Legalisation of Politics*, 2nd edn., Toronto: J. Lorimer, 1997.

③ 参见 *Delgamuukw v British Columbia* [1997] 3 SCR 1010 and *Vriend v Alberta* [1998] 1 SCR 493.

的任何争论。从法理学界以贫乏的术语就宪政民主制下的司法审查展开的辩论当中，改革党为其政治观点寻找到了一种毫无根据的合法性，尽管那些政治观点跟一种对民主的公正要求的更丰富阐释直接相悖。最高法院在其对法治核心的勾勒中强调，它“为个人对抗任意专断的国家行动提供了盾牌”(第 70 自然段)。这不是对司法能动主义的惩戒，更不是对司法裁决过程中诉诸政治价值的一种禁止。虽然它应当被视为对法官的一种警告和提醒，提醒法官不要忘记自己在事物的相对宪法方案中的机构位置，但是它只不过是给他们施加一项禁令而已，禁止他们以一种反复无常或不负责任的方式行事。通过诚心诚意的行为，他们不只是满足了这种普遍的约束。盲目遵循判例和原则，比通过一种理性的、合理的司法努力去推进民主治理的事业更有可能导致任意专断的行动。事实上，一如比克尔式进路所表明的那样，法官们很难以一种非专断任意的方式行事。

相反，我业已指出，民主不能被化约为一种纯粹的程序理想，对法院的绩效评估不能仅依积极主义者/消极主义者的范式设计展开。一旦一种更加实质性的民主叙述被接受，对法院贡献的评估将必定不会那么广泛、全面，而是更加具体化。此外，“直到脸红脖子粗我们都可能会同意说，立法机关并不是完全民主性的，但那并不会让法院比立法机关更民主”这一至关重要的口号不再具有消除疑虑的优势。① 法院不太可能会更加民主：在我的论证当中，没有什么东西迫使我对法院整体或是对法院所作出的任何特定判决进行辩护。然而，相反的情况也同样为真——没有什么东西迫使我对法院整体或是对法院所作出的任何特定判决提出谴责。特定的判决是好是坏，都将是一个语境性的、偶然性的决定，是基于对民主的要求为何以及在那一特定的时间民主具体要求什么而作出的情境性判断。同样，在民主社会中，什么才是民主必定总是一个有待回答的问题，因此，哪个机构更适合按照民主价值去有效地展开行动也将总是一个有待回答的问题。

最高法院在法律和政治之间的区别方面作出诸多判断。最高法院煞费苦心地强调，“本法院的任务是去澄清政治决定将在其中‘依据宪法’被接受的法律框架，而不是去篡夺在该框架中运作的政治力量之特权”(第 153 段)。虽然对法院和评论员而言这是一个重要的问题，但是它完全是一个政治问题——关于什么算是法律或政治、什么不算是法律或政治的问题，是一个深刻而普遍的政治询问。毕竟，最高法院曾明确表示，这里所提出来的并且起决定性作用的，是“法院自身对其在民主政体宪法框架内应有作用所做之评估”(第 26 段)。此外，和任何政治评估一样，这种区分将在其法律适用和政治含意方面有所转向和改变。因此，最高法院宣布说某些事情是政治的因此不在其管辖范围之内，无论如何都不会对“法律即政治”的主张造成打击。相反，若从一种非基础主义的视角加以理解，则它是对以下主张的一种确认：关于什么被合法地认为是法律(因此应当是司法考虑的对象)、什么被合法地认为是政治的(因此不应当是司法考虑的对象)之决定，是一个高度政治性问题，其解决将具有偶然性、情境性和争议性。随着那种鼓舞人心的政治愿景的改变，什么是政治和什么不是政治之间的区分也将发生变化。此外，任何将某个东西指定为是“政治的”、更适合立法政治学领域——例如，关于什么构成“明确多数”、什么是“明确问题”和“善意协商”问题——之司法决定，都不意味着其他的一切都不是政治性的，都可以交由法院作出合法处理。认为最高法

① J. Ely, *Democracy and Distrust*, Cambridge, Mass: Harvard University Press, 1980, p. 67.

院的作用在于划分包括法院在内的民主机构之间在处理政治事务方面的责任,是一个更为有用的观点。这并不是说,法院正在做的并不比国家其他官方机构正在做的更少政治性,只是说此类政治事务更适合由法院作出处理而不是由立法机关加以考虑,至少从目前现有的情况来看是这样的。

最后,一些评论家开始提出主张,说法治不仅是加拿大宪法世界中的一个理想,而且由于其期望之范围和实质是确定的而具有一种固定的意义。例如,帕特里克·莫纳汉(Patrick Monahan)在一篇富有想象力的文章中坚持认为,基于司法宣判整体数量的不断增长,法治在加拿大已经获得了宪法性地位,以致法院将有权在没有明确的,和手头正在处理的事项(即财产权或合同权利)直接相关的宪法规定的情况下使立法无效。事实上,他甚至认为,法治"代表着对议会通过法律之能力的一种实质性限制"。① 我抵制这样一种基础主义的结论。我并不是主张说法治不能像莫纳汉所希望的那样作出宽泛的解释;这是一个政治性说服问题,而非准确的法律分析。然而,我完全抵制莫纳汉的含蓄论断,即认为他的扩张性解释是对这一宪法原则的最佳的、必要的或是唯一的解释。从他声称它是一个关于法律是什么的描述性陈述这一点来看,它似乎是一个极不合理的、难以令人信服的解释。此外,从他声称它是一个关于法律应当是什么的规定性陈述这一点来看,对立法机关施加一种如此严厉的约束无论如何都不是对在加拿大当前情况下什么最有利于民主的最佳的、必要的或是唯一解释。虽然莫纳汉的解释从其最好意义上看是一种激进的解释(即它是创造性的和范式转换的),但是从其最坏意义上看它也是一种保守的解释(即十分重视过去的决定及其棘手性)。

此外,正如最高法院在《魁北克参考》(*Quebec Reference*)中所暗示的那样,在特定情况下法治要求什么和不要求什么,以及它如何跟其他宪政命令相互作用,并不是固定不变的或是不可改变的,"这些界定性原则相互共生,协同作用:没有一个原则可以独立于其他原则而被界定,也没有哪一原则可以击败或者排除任何其他原则的运作"(第 49 段)。因此,法治就像最高法院对它所做的解释那样,从任何最终的或永久的意义上看,它从来都不完全是这个东西或那个东西:它必须通过他们与当时的普遍环境和语境条件的偶然共鸣来判断。此外,由于"民主原则……不能用以超越……法治"(第 91 段),因此我认为法治亦不能超越民主原则:这两个原则必须尽可能地相互协调以实现最优化。当然,有时在这两者当中,赋予一个的权重会比赋予另一个的权重要大,但是这和宪法原则的层级体系很不相同,在宪法原则的层级体系当中,一个原则绝对优先于另一个原则。因此,在有些情况下,法治在重要性上已

① P. Monahan, Is the Pearson Airport Legislation Unconstitutional ?: The Rule of Law as a Limit on Contract Repudiation by Government, (1995) 33 *Osgoode Hall L.J*. 411 at 416. 法院对于法治作为一种单独宪法原则的信赖,始于 Roncarelli v Duplessis [1959] SCR 121,近年来保持飞速发展的势头。虽然它被《宪章》的序言(the Charter's preamble)即"加拿大是建立在承认上帝和法治的至高无上性这一原则的基础之上的"所强化,但是它被法院视为具有独立的宪法地位。见,例如,*Patriation Reference* [1981] 1 SCR 753; *Re Manitoba Language Rights* [1985] 1 SCR 721; *OPSEUv Ontario* (*A.G.*)[1987] 2 SCR 2; and *Re Remuneration of Judges*[1997] 3 SCR 3.

经超越了个人权利，而在其他情况下，它却被其他宪法考量所抵消。[①] 重要的是需要强调这样一点，即虽然总是同样的成分占上风，但是它们的混合和平衡则总会饱受争议，难有最后的定论。当然，没有哪一元原则可以确定什么是正确的混合——那是关于民主本身的持续争论的一部分。为了重新表述宪法话语受人欢迎的形象，与其说宪法是"一棵活的树"，倒不如说它更像是一片活的森林，一个由那些随着社会和经济环境的变化其关系亦发生转变和转型的共生部分组成的政治生态系统。[②]

六、结论

20 世纪 80 年代中期，欧文·菲斯(Owen Fiss)发表了一篇颇有影响力的文章，哀叹法理学的批判性转向。他在准确表达了主流法学家的不适和失望的同时，又不无遗憾地指出，许多批判法学家已经开始背弃法律，及其有助于阐明和实施一种更加平等的社会愿景之判决潜能。在他看来，法院未能兑现其转型承诺，是导致需要加倍努力以实现法理学复兴，而不是将法院抛弃的原因所在。特别是，他严厉批评批判学者轻视并危及法律"最骄傲和最崇高的志向"，即通过法庭这一官方活动场所发挥作用，通过它去锻造和维持一种公共道德。菲斯的质疑和抱怨被学者广泛接受。然而，和他对批判法理学的描述相反，我并没有对法律和司法审判作出一种以其"纯粹的否定论"著称的批判性说明。虽然对法律和司法审判的一些批判性说明可能会成为此种严厉批评的对象，但是我的非基础主义说明既不是纯粹否定性的(purely negative)，也不是否定地纯粹性的(negatively pure)；对司法裁判的一种玩笑般的理解，既包括法律的建构维度，也包括法律的解构维度，同时它还强调司法裁判实践的实践性和语境性特征。事实上，我同意菲斯的观点，认为"所需要的是法官在其判决过程中有所限制，而且他们当然应有所限制"[③]。我只是对那些限制的性质和效力持有不同的观点。

法官在努力履行其制度性职责的过程中既是自由的又是有所限制的：他们不是站在法律之外，而是以一种特定的方式栖身于法律之中。由于总是身处自由和限制的法律语境之中，法官(和法学家)因此从来都不是完全受到限制的，也不是完全自由的。以法律为业的法官既非语境依赖的亦非语境超越的，而是身处于一种和法律相互影响的关系之中的。虽然关于这一动态互动，没有什么东西是固定不变的或是确定无疑的，但是法官随着他们对那种构成法律及其司法裁判实践的差异游戏的参与，将继续作出改变。采用这样一种俏皮的、既认真对待法律规则的限制性拉力亦认真对待法律解释者的解放性推力的法律说明，我并不是要坚持这样一种法理学，即认为司法裁判将一如菲斯所担心的那样，只是一种特殊主义的或排他性的工具。相反，它既是特殊主义的亦是工具性的，因此对法治的非基础主义的说明

① 参见 the *Manitoba Language Rights* n. 36 above (维护法律秩序，比即刻宣告其在宪法上的无效性更为重要)。

② 见 *Edwardsv Attorney-General for Canada*[1930] AC 123 at 136 per Lord Sankey (PC).

③ O. Fiss, The Death of Law?, (1990) 72 *Cornell L. Rev.*1 at 1, 9 and 11.

能够解释和培养一种司法裁判行为模式,该司法裁判模式最能抓住它作为一项特殊的职业实践(其中它作为自在之物而独立存在)和作为一项深刻的意识形态事业(其中它与社会大背景有机地联系在一起)之意义:它接受基础主义的主张,即认为司法裁判是在真诚地努力处理法律材料,同时又坚持反基础主义的主张,即认为法律是一种政治选择活动。至少,法治要求,除了将"心存怀疑的承诺……和……对自身信念……及矛盾容忍之偶然性的一种具讽刺意味的自我意识相结合"之外,法官和法学家应该沿着当前的道路继续前行,好像宪法和法律论证十分重要一样。①

因此,将司法裁判视为法律语言游戏中的一种顽皮的、实验性的表现,结局并不会像菲斯最后的结论所说的那样,是"没有灵感的法律",也不会是"法律的死亡……一如我们已经开始欣赏的那样"。一种非基础主义的法治说明和菲斯的天真乐观的结论相比,要更少悲观得多,更加现实得多。虽然我的批判进路很可能会导向"法律的死亡,一如我们通过历史已经知晓的那样",但是它能够极大地推动法律的复兴,使之成为"我们公共生活的生成性力量",以及法理学的复兴,使之成为司法实践者的"启示"。② 关于法律、政治和司法审判的一种非基础主义说明,不是要传递一种公共道德,但是它确实提供了一种公共实践,通过它来再生出一种尊重法律和生活游戏特性的道德。此外,在一个仍然坚持现行制度安排的社会里,法院可能会(当然,也可能不会)成为一系列政治实践和转型实践发生的场所,人们不仅可以欣赏它们,而且也可能会为它们所鼓舞。需要警惕的是"怎么做可能都行"的观念,任何司法或法学贡献的价值所在总是"未有定论";对它是好的之期望总是被它是坏的之风险所掩盖。最重要的是,法律的司法裁判行为永远不可能超越被授予此种行为机会和责任的个人的道德品质和意识形态观念。当那一天结束时,一定不要忘记"法律即政治",以及对一种多元政治参与者群体之需求;民主,尤其是法治,它们的要求不比这少。

---

① L. Seidman and M. Tushnet, *Remnants of Belief*: *Contemporary Constitutional Issues*, New York: Oxford University Press, 1996, pp. 200-201.

② Fiss, n. 39 above, at 15 and 16.

《厦门大学法律评论》注释体例

所有来稿请以下列注释体例为准：

一、文中注释一律采用脚注，每页重新注码，样式为：①②③等。

二、直接引用非原文时，注释前加“参见”；间接引用时，应注明“转引自”。

三、数个资料引自同一出处的，请重新作出完整注释。

四、引用自己的作品时，请作出完整注释。

五、具体的完整注释范例：

（一）著作类

1. 谢晖：《法学范畴矛盾辨思》，山东人民出版社 1999 年版，第 43～44 页。

（二）期刊类

1. 李琦：《宪法哲学：追问宪法的正当性》，载《厦门大学学报（哲社版）》2005 年第 3 期。

（三）文集类

1. 毛泽东：《关于正确处理人民内部矛盾的问题》，载《建国以来毛泽东文稿》(6)，中央文献出版社 1992 年版，第 325～326 页。

（四）译作类

1. [德]海德格尔：《面向思的事情》，陈小文等译，商务印书馆 1996 年版，第 118 页。

（五）报纸类

若为新闻类文献，格式为：

1.《全国社会治安工作会议在京举行》，载《人民日报》2001 年 4 月 4 日。

若为报纸类其他文献，则与“期刊类”格式同。

（六）法条类

1.《国家司法考试实施办法（试行）》(2001)，第 13 条。

2.《中华人民共和国法官法》第 9 条。

（七）古籍类

1.《论语・为政》。

2.（清）沈家本：《沈寄簃先生遗书》甲编，第 43 卷；或（汉）司马迁：《史记・卷十七》，中华书局 2006 年版，第 116 页。

（八）辞书类

1.《新英汉法律词典》，法律出版社 1998 年版，第 24 页。

（九）网络资料类

1.《六国"国家安全审查制度"》，http://www.competitionlaw.cn/n2156c25.aspx，最后浏览日期：2007年10月5日。

（十）外文文种

依照该文种注释习惯注释。

六、涉及文献是多作者或多译者情况的，若作者或译者为3人以下（含3人）的，请标明全部作者或译者姓名；若作者或译者为4人以上（含4人）的，则请注明排名第一的作者或译者名，并以"等"代称其他作者或译者，如"××等"或"××等译"。